BARRON'S

HOW TO PREPARE FOR

SAT II

FRENCH

7TH EDITION

BARRON'S

HOW TO PREPARE FOR

SAT II

FRENCH

7TH EDITION

Christopher Kendris
B.S., M.S., Columbia University
in the City of New York
M.A., Ph.D., Northwestern University
in Evanston, Illinois
Diplômé, Faculté des Lettres, Université de Paris
et Institut de Phonétique, Paris
(en Sorbonne)

Former Assistant Professor
Department of French and Spanish
State University of New York
Albany, New York

BARRON'S

About the Author

Christopher Kendris earned his B.S. and M.S. degrees at Columbia University in the City of New York and his M.A. and Ph.D. degrees at Northwestern University in Evanston, Illinois. He also earned two diplomas with *Mention très Honorable* at the Université de Paris (en Sorbonne), Faculté des Lettres, École Supérieure de Préparation et de Perfectionnement des Professeurs de Français à l'Étranger, and at the Institut de Phonétique, Paris.

Dr. Kendris has taught French and Spanish. He has also worked as interpreter and translator for the U.S. State Department at the American Embassy in Paris and has worked at the Library of Congress, Washington, D.C., using his foreign language skills.

Dr. Kendris is the author of the following books, workbooks, study cards, and audiocassettes for the study of French and Spanish: *501 French Verbs, 501 Spanish Verbs, French Now Level I, Spanish Now Level II, Write It in Spanish, Write It in French, Master the Basics: French, Master the Basics: Spanish, Pronounce It Perfectly in French, How to Prepare for SAT II: French, How to Prepare for SAT II: Spanish,* new editions completely revised and enlarged with ten practice tests and listening comprehension practice on CD, *Spanish Grammar, French Grammar, French Vocabulary, Card Guide to Spanish Grammar, Spanish Fundamentals, French Fundamentals, Spanish on the Road,* and others, all published by Barron's Educational Series, Inc. He is listed in *Contemporary Authors.*

© Copyright 1999, 1994 by Barron's Educational Series, Inc.

Prior editions © Copyright 1991, 1986, 1981, 1971, 1959 under the title *How to Prepare for the College Board Achievement Test—French* by Barron's Educational Series, Inc.

All inquiries should be addressed to:
Barron's Educational Series, Inc.
250 Wireless Boulevard
Hauppauge, New York 11788

Library of Congress Catalog Card No. 98-39422

International Standard Book No. 0-7641-7141-0

Library of Congress Cataloging-in-Publication Data
Kendris, Christopher
    How to prepare for SAT II—French / Christopher Kendris. — 7th
ed.
        p.   cm.
    ISBN 0-7641-7141-0
    1. French language—Examinations—Study guides.   I. Title.
PC2119.K4   1998
448'.0076—dc21
                                                            98-39422
                                                               CIP
                                                                AC

PRINTED IN THE UNITED STATES OF AMERICA

9 8 7 6 5 4 3

For my wife Yolanda, my two sons Alex and Ted,
my daughter-in-law Tina, and my four
grandchildren Bryan, Daniel, Matthew, and Andrew

With love

TABLE OF CONTENTS

PREFACE TO THE SEVENTH EDITION

This new 1998 edition has been revised and updated with new features so you can get the most benefit to help yourself do your best on the next SAT II French test that you take.

If you plan to take the SAT II French test with Listening Comprehension, Part VI of this book provides considerable practice with fifty questions based on ten pictures, ten short dialogues, and six long dialogues and monologues. This new feature conforms to the expectations on the actual test that you take. Everything in the listening comprehension part of the test is contained in the compact disc (CD), which is in an envelope on the inside of the back cover of this book. Also provided are answer keys, analysis charts, and answer sheets.

This new edition is divided into nine parts.

Part I contains a diagnostic test modeled on the actual French SAT test. Used with the analysis charts, answer keys and explained answers, it will help you assess your strengths and weaknesses.

Part II contains nine more practice tests. That makes ten full-length practice tests in all. There is an answer key and explained answers for each test plus analysis charts for your use.

Part III contains additional reading comprehension passages and visual material with questions based on them to give you extra practice. Compare your answers on your answer sheet with the answer keys and analysis chart to see how many new words you are learning and how much progress you are making.

Part IV is a minireview book that contains the essentials of French grammar, extensive vocabularies including synonyms, antonyms, idioms, and idiomatic expressions, sentence structure, use of verbs and tenses, and other basic elements that are always found on the actual SAT II test. If you study thoroughly all the features in Part IV, you will be able to achieve a high score on the actual test. The general review is arranged in a decimal system, making it easy to locate a particular topic and subtopic with explanations and examples. In addition, the explained answers of all the tests contain many references to specific sections in the review, allowing you to refresh quickly your knowledge of a specific grammatical element or to learn it for the first time.

Part V is a new feature consisting of definitions of basic grammatical terms with examples in English and French. The purpose of this section is to prepare you to become aware of the different parts of a sentence and the grammatical terms used when you analyze the structure of a sentence in French to figure out the correct answer to a question.

Part VI contains the Listening Comprehension test and Part VII contains the complete compact disc (CD) script of the listening test. Part VIII consists of a French-English Vocabulary and Part IX contains a detailed index to help you make the best possible use of this book.

I want to thank Françoise Lapouille, my friend and colleague, who was born and educated in France and has been a teacher of French for many years. She holds the degree of *Licence ès Lettres* from the Université de Paris (La Sorbonne). I sincerely appreciate her helpful suggestions while reading the manuscript to make sure that the French contained in this book is *juste et comme il faut*, correct and as it should be.

Christopher Kendris
B.S., M.S., M.A., Ph.D.

HOW TO USE THIS BOOK

You should begin preparing for SAT II: French well in advance of the test. This book has been designed to make studying quick, easy, and effective, and the following step-by-step approach will help assure you of your best performance on the test.

Step 1 As the first step in using this book, study the General Review (Part IV of the book). Establish a schedule, aiming perhaps to review ten pages a day or at whatever pace is comfortable. Spend more time on sections that contain unfamiliar material. In addition, study the French-English Vocabulary in the back of the book to make sure you know the French words listed there.

Step 2 After this preliminary review, take the Diagnostic Test in Part I of the book. It's similar to the actual SAT II: French test and will give you a good idea of what to expect. Use the answer sheet at the end of the test and correct your answers by referring to the Answer Key. Then consult the Analysis Charts to help spot your strengths and weaknesses in the three main areas covered by the test—vocabulary in context, grammar, and reading comprehension. Study the Explained Answers for help with questions that gave you difficulty.

Step 3 Referring to the Analysis Charts of the Diagnostic Test as well as to suggestions in the Explained Answers, study the General Review again, concentrating on those areas with which you had difficulty. You'll probably want to review the French-English Vocabulary too.

Step 4 After completing the review outlined in Step 3, take Practice Test 1 in Part II of the book. Use the Analysis Charts to gauge your performance, consult the Explained Answers for help on specific questions, do some more reviewing, and then take Practice Test 2. Repeat this procedure until you have completed Test 9. You'll very likely see your score improve steadily as you take the tests. By the time you complete Practice Test 9 you'll be well prepared for the real thing—you'll be familiar with the format of the test and you'll have a more solid grasp of the French language. The ten full-length tests in this book include the diagnostic test in Part I and the nine practice tests in Part II.

Step 5 After you have completed the ten practice tests and have analyzed your scores based on the Analysis Charts, you may feel the need for additional practice. In Part III, there are extra reading comprehension passages (some with pictures) for practice and enrichment, consisting of one hundred questions with an Answer Sheet, Analysis Chart, and Answers. It would be a good idea to do those also.

Step 6 If you plan to take the Listening Comprehension Test, Part VI contains considerable practice consisting of fifty questions based on pictures, short dialogues, long dialogues, and monologues. In this part, you are provided with an Answer Sheet, Analysis Chart, Answers, and a compact disc (CD), which is in an envelope on the inside of the back cover of this book. The complete script of the CD is in Part VII.

TIPS AND STRATEGIES TO PREP YOU FOR THE SAT II FRENCH TEST

The Purpose in Taking the SAT II French Test

The purpose in taking this standardized test is to find out how extensive your knowledge is of the French language. What have your grades been in high school in your French classes? Around 75? 85? 95? Your score on the SAT II French Test will not be significantly lower or higher because that test is fair and it contains French words that are of various levels of difficulty. The test is not all easy, not all difficult. It will be easy for you if you have an extensive knowledge of French vocabulary. But, *mes amis*, it will be difficult if your vocabulary needs to be expanded. If that's the case, you have a lot of studying to do in this book.

If you think that the extent of your knowledge of the French language is less than you would like it to be, if you are honest with yourself and say that there is a lot of vocabulary you still have not learned, if you are telling yourself that you would like some day—before the real test—to be able to understand and use correctly the basic pronouns, adjectives, verbs, and other essential elements of the French language, then you will reach your goal if you prepare yourself for the test beginning today, immediately, *tout de suite*, by using this book seriously and wisely, by studying everything in it from the beginning to the end.

Every once in a while, ask yourself if you are prepared and ready for the real test. Do you think you have acquired a sufficient command of the French language to earn a high score? Will you take the test this year or next year when you will have learned more of the language? Normally, a student does better on a foreign language SAT II test after several years of study because knowledge of a language is cumulative. It is very easy to forget vocabulary, idioms, phrases, and grammar if you do not use the language. When that happens, you need to do a lot of reviewing and you need to learn a lot of new words—not just to communicate—but to do your best on the SAT II French Test.

The day will come when you will take the official test prepared by the Educational Testing Service (ETS) for the College Board. In the meantime, you must start today to take all the ten practice tests that I have prepared for you in this book to help you expand your knowledge of the French language. After you have finished them all, do them again! Use the Explained Answers section to understand your mistakes, consult the General Review in Part IV for in-depth explanations that contain plenty of examples, and study the vocabulary lists in this book. Too much to do? Enjoy it!

The score you earn on the official test will help the college of your choice to determine the level of the French course that is best for you when you begin your college program.

What to Expect on the Test

On the test, you can expect a total of 85 multiple-choice questions to answer in 60 minutes. When you take the official test on a specified date in the future, you may find that there are more than the traditional 85 questions, maybe something like 85 to 90 on the entire test. Some questions are easy, some are somewhat difficult, and some are definitely difficult. From my experience as a teacher of French, I can say that the test includes extensive French vocabulary and elements of French grammar that are on all three levels: beginning, intermediate, and advanced—all pretty much equally distributed.

In the past, there have been three types of questions. Now, a new type of question is being added. Therefore, on some tests to be given in the future, there will be four types of questions. Let me say this: No matter how many different types of questions you find on the official test you take, they all test your knowledge of vocabulary, which includes idiomatic phrases and idiomatic expressions, and all parts of speech (for example, nouns, pronouns, adjectives, prepositions, conjunctions), as well as elements of French grammar.

If you find three types of questions on the official test you will take, they will be arranged in Parts A, B, and C. If you find four types, they will be arranged in Parts A, B, C, and D on the test. Remember that all are multiple-choice questions. You will not have to write anything in French and you will not have to write any translations from English to French or from French to English—at least, not as of now—according to the latest types of questions they include on their test.

Does it matter to you in what order the different types of questions are arranged? I shouldn't think so. Maybe, in the future, the type of question in Part B will be moved to Part C, or vice versa.

Traditionally, Part A has tested your knowledge of French vocabulary in a variety of short, simple sentences.

Part B has tested primarily grammar in a variety of short sentences.

Part C has tested vocabulary and grammar combined in a single paragraph where you are expected to fill in the blanks with the correct verb form, or correct adverb, or correct form of an appropriate adjective, or the correct preposition, or the correct idiomatic expression, or other elements of the French language—all in multiple-choice questions; in other words, you have to choose the correct missing word or words. In Part C, you may also find a reading selection that contains a picture or an advertisement from a French newspaper or magazine, or a railroad ticket or an airline ticket with French words printed on it. If that is what you find in the test you take, you will be expected to base your answer in the multiple-choice question on what you read in the selection.

Part D has traditionally tested reading comprehension in the form of paragraphs, some short, some long.

I am not a prophet and I am not a magician (sometimes I wish I were!) to predict exactly all the French words, all the French verb tenses, and all the elements of French grammar that will appear on the next official SAT II French test. And I don't have a crystal ball to predict exactly the order of the different types of questions you may expect to find on the actual official SAT II French Test that you will take. Nobody knows. Only the members of the official committee who make up the test questions know what they will include on the test. Things change from test to test and from year to year.

I have done my homework. I have thoroughly examined the sample French questions found in the most current official booklet entitled, *SAT Program: Taking the SAT II Subject Tests*, prepared and produced by Educational Testing Service (ETS), which is available from The College Board SAT Program. If you want to examine that booklet for yourself (and I urge you to do so), all you have to do is ask your French teacher or a member of the Guidance Department in your school.

Remember that the sample issue they have on file in your school may not be the same issue that I consulted; it may be an older issue or even a newer issue, maybe one that has been issued since I wrote this book. Let's hope that there aren't any changes in the types of questions, the number of questions, and the order of the different types of questions on the official test that you will take in the future. I have done my research in trying to find out what you may expect on the test and I have shared the information with you here. Also, please remember that Barron's Educational Series, the publisher of this book, always does its best to keep up with major changes in standardized tests given on a state or national level. When it does so, a new edition of a book is issued as fast as possible, as in the case of this book you are using, which is now in its seventh edition. A new edition of a test prep book that contains the latest new information available is not produced instantly or overnight as if it were a daily newspaper.

I have also done my best to provide you with lots and lots of practice selections in the ten full-length sample tests that I came up with in this new edition. Also, in Part III of this book I have given you a large section of Extra Reading Comprehension Passages for practice, all of which are of the exact same type that, hopefully, you will find on the actual test that you will take at some time in the near future.

The Four Types of Questions

The four types of questions are presented in four parts on the real official test that you will take: Parts A, B, C, and D. There have been variations in the past in the number of questions you will find in each part on the actual test. In the ten full-length practice tests I offer you in this book, I may have more or fewer questions than you will find on the actual official test when you take it. Nobody knows in advance exactly how many questions there will be of each of the four types because they vary. But you can expect a total of 85 to 90 questions in the entire 60-minute test—at least, as of now.

Let's Analyze Each Type of Question

Part A tests mainly your knowledge of vocabulary, which includes all parts of speech (for example: nouns, pronouns, adjectives, adverbs, conjunctions), as well as idiomatic expressions. It is not possible to know beforehand how many questions there will be in this part. It varies from test to test. At times there have been 26 to 28 questions, all of them given in the form of simple sentences or statements. In the ten full-length practice tests that I made up for you in this book, I have included 31 questions in this part of the test and they are also in the form of simple isolated sentences. Let's look at an example of this type:

Directions: This part contains incomplete statements. Each has four choices. Choose the correct completion and blacken the corresponding space on the answer sheet.

> Une abeille nous donne . . .
> A. du lait.
> B. du fromage.
> C. du miel.
> D. de l'eau.

The correct answer is C because **du miel** is *honey*. A is *milk*. B means *cheese*. D means *water*. In order to figure out that the correct completion is **du miel,** you first had to understand the meanings of the other words in the statement. I hope you understood immediately that **nous donne** means *gives us*. Those two French words are on an elementary level in any Level One course in any school in the entire country. Did you recognize them at once? If you did, then all you had to do was to choose the French word among the multiple-choice answers that means *honey*.

The word **une abeille** (which means *bee*) is not normally in a beginning French vocabulary. It is not a word that is commonly used, like cow, horse, cat, dog. The word **miel** is not used frequently either. You probably did not recognize it as easily as the remaining French words in choices A, B, and D, which are all elementary. You could have arrived at the correct answer by the process of elimination in this question, if you knew the meaning of the other French words!

If you do not understand all the words in a statement and all the words in choices A, B, C, and D, it is risky for you to guess the answer because **for every wrong answer you lose a certain fraction of credit.** However, you do not lose any credit if you do not answer a question. **What matters is how many questions you answer correctly. If you are not sure of an answer, skip it and go back to it later if you have time. Answer those questions whose answers you recognize immediately as being correct and you are certain you are answering correctly.** You must keep that in mind. Not many students ever complete all 85 to 90 questions. The point is **to show how much French you know, not how much French you don't know by guessing wrong.** If you don't go about the test this way, you will not have time to reach the last question and there may be easy questions at or toward the end of the test.

Part B tests primarily your knowledge of French grammar; some people avoid the word *grammar* and they say *structure*. A variety of grammatical constructions is tested in the form of sentences. All elements of French grammar are discussed in the General Review section in Part IV of this book.

Directions: In the following statement there is an underlined word. From the four choices given select the one that fits grammatically and makes sense when substituted for the underlined word.

> Voyez-vous cet <u>homme</u> là-bas?
> A. femme
> B. arbre
> C. garçon
> D. maison

The correct answer is B because right in front of the underlined word you see the demonstrative adjective **cet,** which is used instead of **ce** in front of a masculine singular noun that begins with a silent h, as in **homme** and **hôtel,** or in front of a masculine singular noun that begins with a vowel, as in **oiseau, ami,** and **arbre,** which is in choice B.

In this type of question, when you think about choosing an answer that is grammatically correct and makes sense in a statement, either to take the place of one or two underlined words or just to fill in the blank, **you must examine carefully the French words that appear *before and after* the word or words to be replaced or the blank space that you are expected to complete—as I just did here in the above explanation of how to figure out the correct answer in this type of question.**

Also, study §5.7–§5.9 in the General Review section in Part IV of this book where **ce, cet, cette, ces** are presented in detail.

Part C tests your knowledge of French grammar (structure) and, at the same time, it tests French vocabulary, all presented in one paragraph, not isolated sentences as in Parts A and B. It also tests your ability to understand what the paragraph is about by selecting the correct missing words. First, read the entire paragraph to determine its general meaning. Then, read it again. Finally, choose the correct completion.

Directions: There are blank spaces in the following selection. Under each blank there are four choices. Choose the answer that is grammatically correct and makes sense. At times, choice A consists of dashes to indicate that nothing is required to fill in the blank.

_ _ _ _ _ _ les matins Richard se _ _ _ _ _ _ à six heures et _ _ _ _ _ _ . Il _ _ _ _ _ _ sa toilette

1.	**2.**	**3.**	**4.**
A. Tous	A. lever	A. demi	A. donne
B. Tout	B. lève	B. demie	B. aime
C. Toute	C. levé	C. demis	C. déjeune
D. Toutes	D. lèvent	D. demies	D. fait

et il descend _ _ _ _ _ _ prendre son petit déjeuner. A huit heures il attend _ _ _ _ _ _ l'autobus pour

5.	**6.**
A. pour	A. _ _ _
B. de	B. pour
C. pourvu	C. un
D. afin	D. son

aller à l'école.

The correct answer in number 1 is A. The answer must be **tous** because it is a masculine plural adjective that modifies **les matins**, which is a masculine plural noun. An adjective must agree in gender (masculine or feminine) and number (singular or plural) with the word it modifies or describes. Review §5.1 in the General Review section in Part IV of this book. Also, see the entries *adjectives, gender,* and *number* in Part V where you can review the definitions of basic grammatical terms with examples in English and French. The other choices are wrong because in B the form is masculine singular; in C it is feminine singular; and in D it is feminine plural. You are dealing with **tous les matins**, which is masculine plural.

The correct answer in number 2 is B. The word in front of the blank space is **se** and it refers to **Richard**, which is the subject of the verb and it is third person singular, present indicative. The only correct verb form in the third person singular of the present tense is **lève** in choice B. In choice A the verb is in the infinitive form. In C, it is the past participle. In D the verb is in the third person plural of the present. Remember that the form and tense of the verb must agree with the subject of the verb. Sometimes the subject and verb are found after the blank space. That's why you have to examine the words in front and after the blank space in all questions of this type when you have "to fill in the blanks."

The correct answer in number 3 is B. We use **demie**, the feminine singular form, when the word **heure** is stated because **heure** is feminine.

The correct answer in number 4 is D. In front of the blank space, the subject of the sentence is **il**, which is third person singular. All the verb forms in the choices are third person singular but only **fait** in choice D is correct because it is the only one that makes sense in this sentence. Here, we are dealing with **faire sa toilette**, which is among other idiomatic expressions that you must know in §12.36 in Part IV of this book. Study them all.

The correct answer in number 5 is A. *In order to + infinitive* is expressed by **pour + infinitive**.

The correct answer in number 6 is A. Nothing is needed to complete the blank space because in front of the space is the verb form **attend** whose subject is **il**. The verb **attendre**/*to wait* or *to wait for* does not require a preposition. Review §7.50 for other French verbs that do not need a preposition.

Part D tests your ability to understand what you read in French, commonly known as reading comprehension. It involves your knowledge of French vocabulary, idiomatic expressions, and grammar, as well as your ability to spot ideas, themes, and other elements in a reading passage.

Directions: The following passage is for reading comprehension. After the selection there are incomplete statements or questions. Of the four choices, choose the correct one based on the passage.

Autrefois, dans la région montagneuse où se trouve la ville de Grenoble, la saison d'hiver était la saison du repos à l'intérieur. La vie s'y concentrait dans les distractions et les travaux intellectuels; c'était la saison des représentations théâtrales et des concerts; dans les confortables logis de l'aristocratie ou de la bourgeoisie, celle des réceptions, des dîners et des bals. Mais cette animation se manifestait seulement pendant la nuit, et par les rues couvertes de neige. On se limitait aux sorties nécessaires, sans songer à sortir inutilement en plein air, s'exposer à la violence du vent du nord. Tout cela changea dès que les sports d'hiver furent introduits.

7. Ce passage nous apprend quelques détails sur
   A. la vie paysanne dans la vieille France.
   B. l'ancienne façon de s'amuser en hiver.
   C. les dangers de sortir quand il fait froid.
   D. les orages dans les montagnes.

8. Dans cette région, on sortait rarement de la maison à cause
   A. de la rigueur du temps.
   B. de la peur des bandits.
   C. de la possibilité de rencontrer des animaux sauvages.
   D. des dangers d'une révolution sociale.

9. Comment la situation a-t-elle changé à Grenoble?
   A. On enlève toute la neige.
   B. On essaie de s'habiller plus chaudement.
   C. On fait plus d'athlétisme.
   D. Le climat n'est plus le même dans la montagne.

10. Jadis, les habitants de la ville de Grenoble
    A. appartenaient à l'aristocratie.
    B. appartenaient à la bourgeoisie.
    C. menaient une vie religieuse.
    D. menaient une vie animée après le coucher du soleil.

11. Aujourd'hui, la ville de Grenoble est animée surtout à cause des sports d'hiver qui sont
    A. interdits.
    B. défendus.
    C. populaires.
    D. impopulaires.

The correct answer in number 7 is B. This passage informs us of a few details on the old way of amusing oneself in winter in Grenoble. In choice A, the passage says nothing about country life in Old France. In choice C, the passage is not about the dangers of going out when it is cold. In choice D, the passage does not tell us anything about mountain storms.

Here is a tip to remember for the reading comprehension passages. Generally speaking, the answer to the first of a series of questions is usually in the beginning of the reading selection; the answer to the question after that one is usually a little farther on, and the answer to the last question is usually found toward the end or at the very end of the selection.

This may not always be so. Sometimes the answer to the last question of a reading selection might be found at the beginning of the selection or even in the middle. Remember that your best bet is to increase your knowledge of French vocabulary, idiomatic expressions, and verb tense forms. If you know what the French words mean, you will have no problem. In a reading selection, look for French words that are cognates and synonyms. Associate them with key words in the question and in the multiple-choice answers that are also cognates and synonyms of the same words.

The correct answer in number 8 is A. In this region, people went out of the house rarely during winter because of the harsh weather/**la rigueur du temps**. They went out only when it was necessary/**On se limitait aux sorties nécessaires.** Choice B is wrong because nothing is mentioned in the paragraph about being afraid of bandits. In C, nothing is stated about any possibility of coming across wild animals. In D, there is nothing in the paragraph about the dangers of a social revolution. For basic expressions of weather and verbs used about the weather, review §16.–§16.5.

The correct answer in number 9 is C. How did the situation change in Grenoble? It changed when winter sports were introduced, which is stated in the last sentence of the paragraph. Associate **l'athlétisme** in choice C with **les sports d'hiver**. In choice A, nothing is said in the paragraph about removing all the snow. In B, there is nothing in the selection about trying to dress more warmly. In D, nothing is said about any climate changes in the mountain. On the real SAT II French test, you must be sure to recognize the meaning of irregular forms of verbs that are commonly used, as **furent** in the last sentence of the paragraph. It is the *passé simple* (simple past literary style), third person plural of the frequently used verb **être** and it means *were*. You must study §7.142 in the General Review section in Part IV of this book to learn to be able to recognize the infinitive form of those irregular verb forms that are used abundantly in the SAT II French tests.

The correct answer in number 10 is D. Note that **jadis** means *formerly, in days gone by* and is a synonym of **autrefois**, which is the first word in the first sentence of the paragraph. The inhabitants of the city of Grenoble used to lead a lively existence/**menaient une vie animée** after sunset/**après le coucher du soleil**, which is stated in choice D. Read again the sentence starting with **Mais cette animation** and note that you must associate **pendant la nuit** with **après le coucher du soleil**. Choice A is not correct because nowhere in the selection does it say that the inhabitants of Grenoble belonged to the aristocracy. In choice B, nothing is said about their belonging to the bourgeoisie. In choice C, there is nothing in the paragraph about leading a religious life.

The correct answer in number 11 is C. Today the city of Grenoble is lively especially because of winter sports, which are popular. In choice A, **interdits** means *forbidden*. In choice B, **défendus** also means *forbidden* or *defended*. The word **impopulaires** in D means *unpopular*.

There is another type of question that tests reading comprehension. I offer you many samples in the last few pages of Part III in this book, the section called *Extra Reading Comprehension Passages*. They are usually announcements, advertisements, theater tickets, train tickets, a French painting by a famous French artist, pictures with French words in them, and other varieties. Try this one:

12.

12. A quoi cette carte de réservation vous donne-t-elle droit?
    A. à dîner dans un restaurant
    B. à voyager en chemin de fer
    C. à assister à une pièce de théâtre
    D. à occuper une chambre d'hôtel

The correct answer in number 12 is B. The question is: To what does this reservation card give you the right? To have dinner in a restaurant in choice A? To go on a trip by railroad in B? To go to a theater to see a play in C? To occupy a hotel room in D? The card is for a train reservation. In the picture of the card there are several words and letters that are clues so you can choose the correct answer; for example, **départ, arrivée, train, TGV (Train à Grande Vitesse**/High Speed Train), **voiture, Paris, Lyon, SNCF**. Did you recognize that **SNCF** (in the upper left-hand corner of the card) stands for **Société Nationale des Chemins de Fer?** That is the official name of the French National Railroads. You must increase your knowledge of French vocabulary.

How to Increase Your French Vocabulary

The best way to increase your vocabulary is to do a lot of reading and to use a dictionary to look up the meaning of words you forgot or never learned. During your three or four years of French studies in school, did you read any French magazines and newspapers? Did you read any short stories or novels in French? If you did a lot of reading in French every day, then you must have a pretty good vocabulary. If all you did was just use your textbook and do your daily homework in twenty minutes, that is only the minimum. If that's the case, then you have to learn many, many new words.

Now, to catch up and **learn at least 400 *new French* words** before you take the next SAT II French Test, I suggest you do the following:

1. Get four packs of 3 × 5 cards with no lines printed on them. There are usually 100 blank cards in a pack. Make your own flash cards. Writing the words yourself will help you remember them better. The flash cards sold in bookstores are too easy and too few. On one side of your own cards write the new French word three times as you say it aloud and on the other side write the English meaning. Write not only new French words but also new idiomatic expressions. If you are ambitious, on the French side write a short sentence using the new word or new idiomatic expression. In doing so, the words and meanings will stick in your memory. And on the other side do the same in English. Carry them around with you and from time to time, in study hall, on the school bus, during intermission of a TV show, study the French words and idiomatic expressions that you have written on your cards. You can start right now with these sample test questions and explanations of answers that you have been reading. During the next several weeks you will have to shower yourself in a fountain of French vocabulary.

2. What is the primary source where you can find new words and expressions to write on your flash cards? You will find them right here in this book that contains thousands of French words. As you do each of all the ten practice tests, use your cards for new words. Do not use a typewriter or word processor. You must write them in your own handwriting in pen, not in pencil because they will remain legible longer if written in ink.

3. Also, you can find words and expressions that are new to you in the General Review section in Part IV of this book. For example, take a few minutes right now and turn to §18 of the review section. Just look at all the new words and their synonyms! And turn to §19. Just look at all those new words and their antonyms! You must also write on your cards about twenty pages of French vocabulary in the back pages of this book. You say you know a lot of them already? Great. But I'll bet you don't know them *all*. You must know them *all* because they are basic and commonly used in the SAT II French Tests. While studying these lists of basic vocabulary, use a blank 3 × 5 card as a ruler to guide yourself up and down the list. Also, cover one side of the line and try to recall the synonym or antonym. Then, cover the other side and try to recall the other word. Too much work, you say? Too much writing on cards? Too much to review? Too many words and idiomatic expressions to remember? You say you're overwhelmed with so much to study in this big thick book? It even contains Listening Comprehension Practice and a CD in an envelope on the inside of the back cover. It's there for your use in case you have decided to take the Listening Comprehension Part of the SAT II French Test. Too much work to do?

No, it's not too much work to do. I thought you wanted to improve your knowledge of French vocabulary, idioms, idiomatic expressions, and grammar so you could get a respectable score on the next SAT II French Test you take. Carry the flash cards you create with you everywhere you go and test yourself by reading the French words and giving the English. It might be difficult for you to give the French for the English. What is most important is to recognize the meaning of the French words.

How to Use Your 60 Minutes Wisely

Here are a few tips on how to use your 60 minutes wisely during the test.

1. Remember to have a wristwatch with you. There may not be a clock on the wall in the room where you take the test. If there is, it may be on the back wall behind you. Don't waste time turning around every few minutes to see what time it is.
2. Of the 60 minutes allowed for the test, you have less than one minute to spend on each of the 85 questions. Sometimes there are 90 questions.
3. Do not waste any time by dwelling on a question for more than one minute if you do not recognize the correct answer immediately among the multiple-choice answers.
4. Skip the troublesome questions and go on to the next.
5. Answer those questions whose answers you recognize immediately as being correct and you are certain you are answering correctly.
6. It is risky to guess an answer because for every wrong answer you lose a certain amount of credit.
7. Remember that you do not lose any credit if you do not answer a question. You are penalized only for wrong answers.
8. Show how much French you do know. Don't show how much French you don't know or don't remember by guessing wrong.
9. Skip the difficult questions and go back to them later if you have time. If you don't have time, it doesn't matter because you do not lose any credit for questions you did not answer.
10. If you waste precious minutes trying to decide on an answer you are not sure of, you will not have time to reach the last question. Sometimes there are easy questions at or toward the end of the test.

Not to Worry! Help Is on the Way!

In the ten full-length practice tests that I wrote for you in this book, I took the opportunity to help you by giving you a lot of practice in drilling certain grammatical points that you must master. The important thing for you to do is to practice, practice, practice the basic elements in French grammar and vocabulary that you still have not mastered so you can do your best on the real test.

In some of the practice tests in this book there are three or four, sometimes five or six questions in the form of statements one right after the next that test a particular element in French grammar that you must know. For example, question numbers 31 to 34 in Test 9 all test the use of the present subjunctive. I did that on purpose to help you drill that element of French grammar, especially for students who still cannot recognize the present subjunctive form of a verb in a multiple-choice question and still do not know when it is used. In my Answers Explained sections, I try to help you by referring you to certain sections (indicated by the symbol § plus a number) of the General Review in Part IV of this book. All you have to do is turn to those sections, read them, study them, and examine the examples so you can finally master the elements of French grammar that you need to know.

In conclusion, let me say this: The tests in this book are, after all, practice tests and this is your chance to do a lot of practice so you can improve your knowledge of French grammar to score high on the real test. Surely you must not expect to find on the "real official test" that you take three or four or more questions, all in a row, one right after the next, that test the same element of French grammar! I did that on these practice tests for your benefit, but only as a drill, to drive home certain basic elements of French grammar.

All elements of the French language cannot be tested in one official test that contains only 85 to 90 questions. That is why I think you need a lot of practice on certain basic elements of French grammar more than once, because once is just not enough to help you master any French grammar at all.

Repetition, drilling, and practice are all extremely important when learning a foreign language. After practicing many questions on the use of particular points in grammar—let's say, for example, French pronouns, in the ten practice tests in this book, maybe you will come across only one question on the real test where you will have to choose the correct pronoun. And you will get it right.

Remember, your goal is not just to get an 800 on this test and then forget about French for the rest of your life. Hopefully, you will go on to study more French in college, or travel to France or to another country where **on parle français!**

Think of the test, then, as an evaluation of your *current* level of knowledge.

ABBREVIATIONS USED IN THIS BOOK

abs. absolute
adj. adjective
adv. adverb
advl. adverbial
ant. anterior
art. article
aux. auxiliary (helping)
ca. circa, about, around
cf. compare
cond. conditional
conj. conjunction
def. definite
dem. *or* **demons.** demonstrative
dir. direct
disj. disjunctive
ed. edition
e.g. for example
etc. et cetera, and so on
exclam. exclamation
expr. expression

f. *or* **fem.** feminine
fam. familiar
ff. and the following
fut. future
i.e. that is, that is to say
illus. illustration
imper. imperative
imperf. imperfect
indef. indefinite
indic. indicative
indir. indirect
inf. infinitive
interj. interjection
interrog. interrogative
m. *or* **masc.** masculine
n. noun
neg. negative
no. *or* **num.** numeral, number
obj. object
p. page

par. paragraph
part. participle
per. personal
perf. perfect
pers. person
pl. plural
plup. *or* **pluperf.** pluperfect
poss. possessive
prep. preposition
Pr., pres. present
pron. pronoun
qqch. quelque chose (something)
qqn. quelqu'un (someone)
refl. reflexive
rel. relative
s. *or* **sing.** singular
sub. subjunctive
subj. subject
v. verb

DIAGNOSTIC TEST

PART

I

The following Diagnostic Test, which is similar to the actual SAT II: French test, serves several purposes. It will acquaint you with the level of difficulty of the SAT II: French exam. It will also help you identify your strengths and weaknesses. The Analysis Charts on page 13 will give you an idea of your level of performance after your first attempt at taking the test. To improve your score, follow the directions given on the Analysis Charts so that when you take the test a second time, your score will improve.

This Diagnostic Test consists of 85 questions. You have 60 minutes to complete it. The Answer Key, Analysis Charts, Answer Sheet, and Explained Answers are at the end of the test.

PART A

Directions: This part contains incomplete statements. Each has four choices. Choose the correct completion and blacken the corresponding space on the answer sheet.

1. Madame Durand ne peut pas lire parce qu'elle est . . .
   A. aveugle
   B. heureuse
   C. muette
   D. sourde

2. J'avais beaucoup de camarades . . . j'étais enfant.
   A. dès que
   B. aussitôt que
   C. lorsque
   D. bien que

3. La petite fille sourit parce qu'elle est . . .
   A. malade
   B. heureuse
   C. mécontente
   D. triste

4. Hier soir j'ai bien . . . pendant que je regardais un film comique à la télévision.
   A. pleuré
   B. ri
   C. su
   D. rendu

5. A cause du bruit infernal qui vient de la rue, je ne peux pas . . .
   A. m'endormir
   B. m'éveiller
   C. me dépêcher
   D. me promener

6. Paul, je te demande de nettoyer ta chambre parce qu'elle est bien . . .
   A. en ordre
   B. propre
   C. jolie
   D. sale

GO ON TO THE NEXT PAGE

7. Le tonnerre va faire . . . aux enfants.
   A. peur
   B. beau
   C. joli
   D. méchant

8. Je t'ai déjà dit de ne pas faire cela! Ai-je besoin de te le répéter . . . ?
   A. autrefois
   B. sans arrêt
   C. rarement
   D. à la fois

9. On ne peut pas aller dehors à cause . . .
   A. de l'orage
   B. de l'horloge
   C. de l'orange
   D. des hors-d'oeuvre

10. Cette étudiante travaille bien . . . celle-là est paresseuse.
   A. à moins que
   B. tandis que
   C. à cause de
   D. avant que

11. Ne quittez pas la salle . . . je revienne.
   A. avant que
   B. tandis que
   C. quand
   D. lorsque

12. Robert, tu parles trop et tu dis des bêtises. Je te demande . . .
   A. d'être bavard
   B. de te taire
   C. de causer de plus en plus
   D. de te laver le visage tout de suite

13. Monsieur Durant ne donne jamais de cadeaux à personne à Noël parce qu'il est . . .
   A. riche
   B. gros
   C. généreux
   D. avare

14. Pour chasser, il faut aller . . .
   A. au bord de la mer
   B. dans un bois
   C. aux toilettes
   D. chez le confiseur

15. La semaine dernière je suis allé au cirque et j'étais stupéfié quand j'ai vu . . .
   A. un ours énorme et effrayant
   B. une barrière peinte en noir
   C. un enfant qui donnait à manger aux lapins
   D. une dame en train de prendre son déjeuner

16. La conduite de l'enfant était si mauvaise que sa mère . . .
   A. lui a donné quelques bonbons
   B. l'a remercié de tout coeur
   C. l'a grondé
   D. l'a embrassé

17. Madame Duval s'est coupé . . . en faisant la cuisine.
    A. le doigt
    B. la viande
    C. le droit
    D. l'endroit

18. On vend du pain dans une . . .
    A. confiserie
    B. boucherie
    C. blanchisserie
    D. boulangerie

19. La bouche d'un animal s'appelle . . .
    A. la grippe
    B. la gueule
    C. le gueulement
    D. la guêpe

20. On achète des livres . . .
    A. chez un libraire
    B. dans une bibliothèque
    C. dans une papeterie
    D. chez un teinturier

21. On emprunte des livres dans . . .
    A. une bibliothèque
    B. une brasserie
    C. un café-restaurant
    D. une discothèque

22. On lave et repasse le linge dans une . . .
    A. blanchisserie
    B. quincaillerie
    C. confiserie
    D. boulangerie

23. Cette soupe n'a pas de goût. Elle est vraiment . . .
    A. délicieuse
    B. fade
    C. sâle
    D. fâcheuse

24. Je sais qu'il pleut parce que j'entends des . . . qui tombent sur le toit.
    A. goûts
    B. gouttes
    C. souris
    D. jupes

25. Vous avez des soucis! Moi, j'en ai . . . vous.
    A. afin que
    B. tandis que
    C. à moins que
    D. autant que

26. Passez-moi . . . d'eau parce que j'ai soif.
    A. la carafe
    B. le ventre
    C. la chenille
    D. la cheville

GO ON TO THE NEXT PAGE

27. Pour mettre une lettre à la poste, j'ai besoin . . .
    A. d'un numéro d'appel
    B. d'un timbre
    C. d'une cravate
    D. d'une piste

28. Le canard est une espèce . . .
    A. d'oiseau
    B. de poisson
    C. de poison
    D. d'insecte

29. Pour acheter un marteau il faut aller dans . . .
    A. une quincaillerie
    B. un magasin où l'on vend des fourrures
    C. une piscine
    D. un grenier

30. En général, on a . . . au mois de juillet.
    A. soleil
    B. frais
    C. chaud
    D. froid

PART B

Directions: In the following statements there are underlined words. From the four choices given, select the one that fits grammatically and makes sense when substituted for the underlined word or words.

31. Voyez-vous cet <u>arbre</u> à côté du garage?
    A. voiture
    B. homme
    C. femme
    D. auto

32. Cet été, j'aimerais aller au <u>Portugal</u>.
    A. Mexique
    B. Espagne
    C. France
    D. Etats-Unis

33. Est-ce que tu veux bien aller au cinéma avec <u>Robert</u>?
    A. leur
    B. lui
    C. leurs
    D. il

34. Ces garçons courent <u>beaucoup</u> plus vite.
    A. moins
    B. moindre
    C. le
    D. les

35. Le professeur <u>nous</u> a promis un examen facile.
  A. les
  B. leurs
  C. eux
  D. m'

36. Je <u>lui</u> ai dit franchement que vous m'avez menti.
  A. vous
  B. t'
  C. leurs
  D. les

37. Jacques est plus <u>bête</u> que Robert.
  A. intelligente
  B. faible
  C. forte
  D. grande

38. A qui est cet <u>avion</u>?—Il est à moi.
  A. automobile
  B. voiture
  C. oeuf
  D. ombre

39. <u>Combien de</u> ces cerises désirez-vous?
  A. Lequel de
  B. Lesquels de
  C. Laquelle
  D. Lesquelles de

40. Madame Fleury <u>a placé</u> un vase de fleurs sur la table.
  A. a mis
  B. a souri
  C. a admis
  D. a creusé

41. <u>J'espère</u> qu'il fera beau demain.
  A. Je sais
  B. Je doute
  C. Je ne pense pas
  D. Je ne crois pas

42. A mon avis, Henriette est l'élève la plus jolie que <u>j'aie jamais vue</u>.
  A. je connais
  B. je connaisse
  C. je sais
  D. je sache

43. Samedi prochain nous <u>dînerons</u> chez nos voisins.
  A. sommes allés
  B. avons causé
  C. bavarderons
  D. seront

44. Je vais me promener dans le parc bien qu'il <u>pleuve</u>.
  A. pleut
  B. pleure
  C. fait beau
  D. fasse mauvais temps

GO ON TO THE NEXT PAGE

45. Avez-vous oublié votre parapluie? Moi, j'ai <u>le mien</u>.
 A. celle de mon père
 B. les miennes
 C. la vôtre
 D. celui de mes parents

46. Quel <u>programme</u> de télévision préférez-vous?
 A. actrice
 B. acteur
 C. actrices
 D. acteurs

47. Tous <u>les colis</u> ont été sans doute reçus.
 A. les élèves
 B. les lettres
 C. les valises
 D. les malles

48. Ce matin Paulette <u>s'est bien lavée</u> avant de quitter la maison pour aller à l'école.
 A. s'est rassise
 B. s'est bien rasé
 C. a pris un bon petit déjeuner
 D. a pris l'autobus

49. Je partirai quand mon amie <u>arrivera</u>.
 A. partira
 B. est parti
 C. est partie
 D. parte

PART C

Directions: There are blank spaces in the following selections. Under each blank there are four choices. Choose the answer that is grammatically correct and makes sense. At times, dashes are used in choice A to indicate that nothing is required to fill the blank.

Je voudrais vous _ _ _ _ _ _ _ _ _ ce livre. Je vous assure que c'est un livre _ _ _ _ _ _ _ _ _ lire.

50. A. donnez
 B. donner
 C. donne
 D. donné

51. A. à
 B. de
 C. que
 D. sans

Vous êtes un bon _ _ _ _ _ _ _ _ _, n'est-ce pas, Monsieur Robert? Et vous aimez la _ _ _ _ _ _ _ _ _,

52. A. lecture
 B. lectrice
 C. lecteur
 D. lisible

53. A. livre
 B. lavage
 C. lecture
 D. lecteur

n'est-ce pas? A propos, les deux livres que je vous ai _ _ _ _ _ _ _ _ _ la semaine _ _ _ _ _ _ _ _ _, les

54. A. donné
 B. donnés
 C. donner
 D. données

55. A. dernier
 B. passé
 C. passer
 D. dernière

avez-vous _ _ _ _ _ _ _ _ _?

56. A. lu
 B. lue
 C. lus
 D. lues

Hier _____ une lettre à des amis en France. Demain _____

57. A. j'ai envoyée
   B. j'enverrai
   C. j'ai envoyé
   D. j'envoie

58. A. j'enverrais
   B. j'ai envoyé
   C. j'enverrai
   D. j'envoyais

une lettre à mes amis _____ Italie. J' _____ bien une lettre _____ Chine, mais je

59. A. à
   B. dans
   C. en
   D. au

60. A. enverrais
   B. enverrai
   C. ai envoyé
   D. avais envoyé

61. A. à
   B. en
   C. dans
   D. au

ne connais _____ dans _____ pays.

62. A. pas personne
   B. personne
   C. quelqu'un
   D. pas

63. A. cette
   B. ces
   C. ce
   D. cet

As-tu _____ quelque chose? Non, chéri, _____ entendu.

64. A. entendre
   B. entendue
   C. entendu
   D. entendant

65. A. j'ai rien
   B. je n'ai rien
   C. je n'ai
   D. j'ai

PART D

Directions: The following passages are for reading comprehension. After each selection there are incomplete statements or questions. Of the four choices, choose the correct one based on what you have read in the passage.

Ma chambre donnait sur la rue principale du village. C'était un bel après-midi. Cependant, les gens étaient peu nombreux, et pressés malgré tout. C'était d'abord une famille en promenade, deux petits garçons en costume marin, la culotte au-dessous du genou, mal à l'aise dans leurs vêtements neufs, et une petite fille avec un gros ruban rose sur la tête et portant des souliers vernis noirs. Derrière eux, une mère énorme, en robe de soie marron, et le père, un petit homme assez maigre que je connaissais de vue. Il avait un chapeau de paille sur la tête et une canne à la main. En le voyant passer, j'ai compris pourquoi dans le quartier on disait de lui qu'il était distingué. Un peu plus tard passèrent les jeunes gens du village, cheveux soigneusement peignés et cravate rouge, le veston très étroit, et des souliers à bouts carrés. J'ai compris qu'ils allaient au cinéma du centre. C'est pourquoi ils étaient partis si tôt vers le tramway en riant très fort.

Après eux, la rue peu à peu devint déserte. Les spectacles étaient commencés partout. Dans la rue il n'y avait plus que les chats et le silence.

66. L'auteur de ce passage décrit
   A. une fête au village.
   B. une scène dans une rue.
   C. une présentation de mode.
   D. un film intéressant.

67. Le premier groupe à passer était
   A. des matelots.
   B. des marchands.
   C. des touristes.
   D. une famille de cinq.

GO ON TO THE NEXT PAGE

68. Comment les enfants étaient-ils habillés?
    A. avec soin
    B. comme leur père
    C. très pauvrement
    D. pour le sport

69. L'auteur indique que
    A. les parents étaient vêtus chaudement.
    B. la mère était extrêmement élégante.
    C. le père semblait avoir des goûts très raffinés.
    D. le père et la mère étaient de taille égale.

70. Les jeunes gens du village étaient très gais parce qu'ils
    A. trouvaient les promeneurs amusants.
    B. connaissaient tout le monde.
    C. aimaient faire des emplettes.
    D. se rendaient au spectacle.

71. Quel aspect prenait le village pendant la représentation?
    A. Le silence s'installait dans le quartier.
    B. Les chats disparaissaient.
    C. La circulation devenait intense.
    D. La foule augmentait dans les rues.

Que sont devenus maintenant les aviateurs canadiens de la deuxième guerre mondiale? Au moment de la démobilisation, les membres d'un groupe surnommé *Alouettes,* qui faisait partie de l'armée de l'air, décidèrent de former un club. Ils voulaient continuer des liens d'amitié, maintenir l'esprit de corps qu'ils avaient développé durant la guerre, et participer au maintien d'une paix durable. L'emblème des *Alouettes* évoque encore chez plusieurs les actes héroïques que des centaines de ces Canadiens accomplirent durant la dernière guerre. L'alouette agile que l'on a choisie rappelle le dynamisme, le bon esprit, et le sens des responsabilités, manifestés par les membres de ce groupe d'aviateurs.

72. Quand les membres de l'escadrille ont-ils décidé de former un club?
    A. à la fin de la guerre
    B. avant la guerre
    C. entre les deux grandes guerres
    D. au cours d'une mission récente

73. Un des buts de cette organisation était de
    A. conserver la santé.
    B. protéger les oiseaux.
    C. faire apprécier son courage.
    D. travailler ensemble à la paix.

74. Les *Alouettes* se sont acquis une si haute renommée à cause de leur
    A. nombre.
    B. héroïsme.
    C. imagination.
    D. originalité.

75. Les aviateurs ont choisi l'alouette comme emblème parce qu'elle
    A. est originaire de leur pays.
    B. fait partie de leur folklore.
    C. figure au drapeau national.
    D. possède les mêmes qualités qu'eux.

Nice compte parmi les plus antiques cités d'Europe. Les Grecs qui la fondèrent au IVe siècle avant le Christ, lui donnèrent son nom éclatant: "Niké, la victoire." Les Romains qui leur succédèrent établirent dans la banlieue un centre administratif et militaire dont les ruines subsistent sur la colline. La ville moderne, née du tourisme, riche aujourd'hui de plus de 500 hôtels, connaît une expansion qui la place actuellement au sixième rang des villes françaises. Nice jouit d'un climat privilégié. En hiver, il ne gèle pratiquement jamais, et le climat de Nice est réputé pour son caractère tempéré et ensoleillé. Par contre, en été, la brise marine rafraîchit l'atmosphère.

La douceur de la température et le soleil toute l'année favorisent une extraordinaire végétation, et les fleurs règnent dans la ville même, où leur présence est liée à la vie de la cité. Chaque soir, d'immenses quantités de fleurs cultivées dans la région sont expédiées à travers toute l'Europe, par camions, wagons et avions.

76. L'histoire nous apprend que Nice
    A. date de l'ère chrétienne.
    B. a moins de quatre cents ans d'existence.
    C. est une ville très ancienne.
    D. doit son nom à une brillante bataille romaine.

77. Quel rôle les Romains jouèrent-ils dans l'histoire de Nice?
    A. Ils détruisirent d'abord la ville et la rebâtirent plus tard.
    B. Ils en firent une station thermale.
    C. Ils en firent un siège de leur gouvernement.
    D. Ils en changèrent le nom.

78. L'expansion de Nice est due principalement à
    A. la multitude de ses visiteurs.
    B. la gloire de son passé.
    C. sa base navale.
    D. sa haute altitude.

79. Le climat de Nice se distingue par
    A. sa douce uniformité.
    B. ses hivers rigoureux.
    C. ses vents violents.
    D. ses températures basses.

80. Toute l'Europe importe de Nice et de ses environs des
    A. spécialités culinaires.
    B. instruments agricoles.
    C. voitures de toutes sortes.
    D. produits de ses vastes jardins.

Un empereur du Japon avait rassemblé, dans son palais, vingt vases de porcelaine, les plus beaux qui fussent alors dans tout son empire. Or, il arriva qu'un officer en brisa un par inattention. L'Empereur entra dans une colère violente et ordonna que le coupable fût mis à mort. Le lendemain, au moment où la sentence allait être exécutée, un très vieux Brahmane qui marchait péniblement à l'aide d'un bâton se présenta au palais, —Seigneur, dit-il, je possède un secret pour réparer le vase brisé. A peine le Brahmane fut-il en présence des dix-neuf vases qui restaient que, d'un coup violent de son bâton, il les renversa tous sur le sol où ils se brisèrent en mille morceaux.

—Misérable, qu'as-tu fait? s'écrie l'Empereur.

—J'ai fait mon devoir, répond tranquillement le Brahmane. Chacun de ces vases aurait pu coûter la vie à l'un de vos sujets. Qu'il vous suffise de prendre la mienne.

L'Empereur fut frappé de la sagesse de ces paroles.

GO ON TO THE NEXT PAGE

—Vieillard, dit-il, tu as raison; tous ces vases dorés sont moins précieux que la vie d'une créature humaine.

Et il eut pitié de l'officier maladroit et du courageux Brahmane.

81. Que fit le monarque quand l'officier maladroit brisa un des vases précieux?
    A. Il frappa l'officier.
    B. Il bannit l'officier du royaume.
    C. Il condamna l'officier à mourir.
    D. Il entra dans le palais.

82. Comment marchait le vieillard?
    A. difficilement
    B. rapidement
    C. sans aucune aide
    D. d'un pas léger

83. Que fit le Brahmane, à peine arrivé devant les objets d'art?
    A. Il emporta le vase brisé.
    B. Il brisa dix-neuf vases.
    C. Il brisa son bâton en mille morceaux.
    D. Il renversa l'Empereur.

84. Le Brahmane convainquit l'Empereur
    A. que les vases de porcelaine étaient aussi beaux que les vases dorés.
    B. que l'Empereur avait raison.
    C. que l'officier maladroit était courageux.
    D. qu'une vie humaine valait plus qu'un vase.

85. Comment se termine cette anecdote?
    A. L'Empereur pardonna au Brahmane mais pas à l'officier.
    B. L'Empereur pardonna à tous les deux.
    C. L'Empereur félicita l'officier de son courage.
    D. L'Empereur remercia l'officier.

END OF DIAGNOSTIC TEST

ANSWER KEY: DIAGNOSTIC TEST

PART A	PART B	PART C	PART D
1. A	**31.** B	**50.** B	**66.** B
2. C	**32.** A	**51.** A	**67.** D
3. B	**33.** B	**52.** C	**68.** A
4. B	**34.** C	**53.** C	**69.** C
5. A	**35.** D	**54.** B	**70.** D
6. D	**36.** A	**55.** D	**71.** A
7. A	**37.** B	**56.** C	**72.** A
8. B	**38.** C	**57.** C	**73.** D
9. A	**39.** D	**58.** C	**74.** B
10. B	**40.** A	**59.** C	**75.** D
11. A	**41.** A	**60.** A	**76.** C
12. B	**42.** B	**61.** B	**77.** C
13. D	**43.** C	**62.** B	**78.** A
14. B	**44.** D	**63.** C	**79.** A
15. A	**45.** D	**64.** C	**80.** D
16. C	**46.** B	**65.** B	**81.** C
17. A	**47.** A		**82.** A
18. D	**48.** C		**83.** B
19. B	**49.** A		**84.** D
20. A			**85.** B
21. A			
22. A			
23. B			
24. B			
25. D			
26. A			
27. B			
28. A			
29. A			
30. C			

ANALYSIS CHARTS

After you have finished the Diagnostic Test, complete the Analysis Charts below to determine your strengths and weaknesses in the three skills tested by the SAT II: French test. The three skill areas are vocabulary, grammar, and reading comprehension. Before you take the first Practice Test in this book, review those areas in which you had difficulties. This book's General Review and French-English Vocabulary have been carefully designed to make reviewing as efficient and easy as possible. For pointers on specific questions in the Diagnostic Test, consult the Explained Answers that follow.

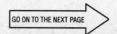 GO ON TO THE NEXT PAGE

PART A (30 questions)

Part A of the Diagnostic Test mainly involves vocabulary. It tests your knowledge of all parts of speech as well as idiomatic expressions.

Enter the number of correct answers in Part A in the box ☐
In evaluating your score, use the following table:

> 28 to 30 correct: *Excellent*
> 25 to 27 correct: *Very Good*
> 22 to 24 correct: *Average*
> 19 to 21 correct: *Below Average*
> fewer than 19 correct: *Unsatisfactory*

You should study the French-English vocabulary at the back of the book as well as relevant parts of the General Review even if your score was Excellent or Very Good. This will solidify your knowledge of French and may fill in some gaps the test didn't reveal. The need to review is especially important if you start with a score of Average or less. If you review conscientiously, you should see your score improve steadily as you complete each Practice Test in this book.

PARTS B and C (35 questions)

Parts B and C of the Diagnostic Test principally concern your knowledge of French grammar. A variety of grammatical constructions is tested. All are discussed in the General Review of this book.

Enter the number of correct answers in Parts B and C in the box ☐
In evaluating your score, use the following table.

> 33 to 35 correct: *Excellent*
> 30 to 32 correct: *Very Good*
> 27 to 29 correct: *Average*
> 24 to 26 correct: *Below Average*
> fewer than 23 correct: *Unsatisfactory*

You should study relevant parts of the General Review in this book even if your score was Excellent or Very Good. This will solidify your understanding of French grammar and may fill in gaps the test didn't reveal. The need to review is especially important if you start with a score of Average or less. The Explained Answers will point you to specific parts of the General Review that you should study. If you study hard, you should see your score improve steadily as you complete each Practice Test in this book.

PART D (20 questions)

Part D of the Diagnostic Test deals with reading comprehension. It involves both your knowledge of French vocabulary and grammar and your ability to spot ideas, themes, and other elements in a reading passage.

Enter the number of correct answers in Part D in the box ☐
In evaluating your score, use the following table.

> 19 or 20 correct: *Excellent*
> 17 or 18 correct: *Very Good*
> 15 or 16 correct: *Average*
> 13 or 14 correct: *Below Average*
> fewer than 13 correct: *Unsatisfactory*

Reading comprehension involves your overall knowledge of French. If you had difficulty on this part of the test, you need to review French vocabulary and grammar and practice reading material in French. If you study conscientiously, looking closely at the General Review and the French-English vocabulary in this book as well as reading a variety of passages in French, your score should improve steadily as you take each Practice Test in this book.

EXPLAINED ANSWERS: DIAGNOSTIC TEST

Please note: These explanations cover key items in the questions and answers. For more help, look up the relevant section (indicated by a § number) in this book's General Review. Study the French-English vocabulary at the back of this book or a dictionary for help with questions of vocabulary.

PART A

1. **A**   The question asks why Madame Durand cannot read; the translations of the possible answers are: **aveugle** / blind; **heureuse** / happy; **muette** / mute; **sourde** / deaf.

2. **C.**   **Lorsque** is a conjunction meaning when.

3. **B.**   The word **sourit** means smiles or is smiling.

4. **B.**   **Ri** / laughed is the irregular past participle of **rire** / to laugh. You should study carefully the commonly used irregular past participles in §7.24.

5. **A**   You will find the idiomatic expression **à cause de** / on account of, because of listed alphabetically among idioms containing the preposition **à** in §12.20 of the General Review. **Parce que** / because would be incorrect in this sentence as it should be followed by a new clause with a subject and verb. Example: **Marie n'est pas sortie à cause de la neige** / Mary did not go out on account of the snow; **Marie n'est pas sortie parce qu'il neige** / Mary did not go out because it is snowing.

6. **D**   Paul is asked to clean his room because it is **sale** / dirty. Check the vocabulary at the back of this book or a dictionary for the meaning of the other words.

7. **A**   **peur** / fear; **faire peur** / to frighten is listed in §12.36, idiomatic expressions containing the verb **faire**. In this sentence, the thunder is going to frighten the children.

8. **B**   Study the French-English vocabulary in the back pages and other sections of this book.

9. **A**   One cannot go **dehors** / outside because of **l'orage** / storm.

10. **B**   This student works well **tandis que** / whereas that one is lazy. Study conjunctions in §11. of the General Review.

11. **A**   The subjunctive **je revienne** / I return in this sentence indicates the need for the conjunction **avant que** / before. Look at §7.123 in the General Review.

12. **B**   **Te taire** / to be silent is the request to Robert, who talks too much.

13. **D**   The word **avare** / miser, miserly, stingy describes a man who never gives Christmas presents.

14. **B**   In order to take part in **la chasse** / hunting, one does not go to **la mer** / sea, but to the **bois** / wood, woods. **Chasser** means to hunt. Study the French-English vocabulary in the back pages.

15. **A**   The most common thing found at **le cirque** / circus is **un ours** / a bear.

16. **C**   The child behaved badly and therefore his mother **a grondé** / scolded him.

17. **A**   The reflexive verb **se couper** / to cut oneself is the key to determining the right answer, **le doigt** / the finger, and to eliminating another possible answer, **la viande** / the meat. Review §7.5–§7.7 in the General Review.

18. **D**   **la boulangerie** / bakery

19. **B**   **la gueule** / mouth of an animal

20. **A**   **le libraire** / bookseller; **chez un teinturier** / at a dry cleaning and dyeing shop.

21. **A**   **la bibliothèque** / library

22. **A**   **la blanchisserie** / laundry

23. **B**   **fade** / tasteless; **vraiment** / really; **fâcheuse** / angry, upset

24. **B**   Be careful here to make the distinction between **une goutte** / drop of liquid and **le goût** / taste. The verb **pleut** is a form of **pleuvoir** / to rain.

21. **A**   **la bibliothèque** / library

22. **A**   **la blanchisserie** / laundry

23. **B**   **fade** / tasteless; **vraiment** / really; **fâcheuse** / angry, upset

24. **B**   Be careful here to make the distinction between **une goutte** / drop of liquid and **le goût** / taste. The verb **pleut** is a form of **pleuvoir** / to rain.

25. **D**   **Autant que** means as much as, as many as. If you don't know the meaning of the other conjunctions, check §11.3 and §11.4 of the General Review.

26. **A**   **la carafe** / decanter, carafe; **le ventre** / belly; **la chenille** / caterpillar; **la cheville** / ankle

27. **B**   **Mettre une lettre à poste** is to mail a letter; therefore one would need **un timbre** (or **timbre-poste**) / postage stamp.

28. **A**   **canard** / duck

29. **A**   **la quincaillerie** / hardware store; **le magasin** / store; **le grenier** / attic, garret

30. **C**   **Avoir chaud** / to be (feel) warm is explained in §12.24 of the General Review—idioms and idiomatic expressions that contain the verb **avoir**. **Avoir froid** / to be (feel) cold.

PART B

31. **B**   The word in front of the underlined word is **cet,** a demonstrative adjective used before a masculine singular word beginning with a vowel or silent h. Review §5.9 of the General Review.

32. **A**   **Au** is the masculine singular form when **à** and **le** are combined; therefore, **Portugal** is masculine, and the only masculine singular country among the choices is **Mexique.**

33. **B**   The word **avec** is a preposition, and a disjunctive pronoun is required as the object of a preposition. The only disjunctive pronoun among the choices is **lui** / him. Review §6.22 of the General Review.

34. **C**   **Le plus vite** / the fastest describes how the boys **courent** / run. Review adverbs in §9. of the General Review.

35. **D**   **Nous** is an indirect object pronoun because the verb **promettre** / to promise takes the preposition **à.** Review §7.47 of the General Review and the indirect object pronouns in §6.20. **M'** / to me is the only indirect object pronoun among the answers.

36. **A**   **Lui** is an indirect object pronoun because the verb **dire** takes the preposition **à.** Review §7.47 of the General Review. Although **t'** / to you is also an indirect object pronoun, it would be incorrect to use the second person singular in one part of the sentence and then switch to the subject **vous** in the same sentence. Review §6.20.

37. **B**   **Faible** / weak is the only masculine singular adjective among the choices describing Robert. **Faible** and **Bête** / stupid are adjectives that can be masculine or feminine because they end with *e* in the masculine form. Review §5.11(b) of the General Review.

38. **C**   **Cet** is a masculine singular demonstrative adjective; the only masculine singular choice given is **oeuf** / egg. Review §5.9 of the General Review of Grammar.

39. **D**   Since you are talking about **ces cerises** / these cherries, which is a feminine plural noun, you would need **lesquelles de** / which ones of. Review §6.30 of the General Review.

40. **A**   **Mis** is the irregular past participle of **mettre** / to place, to put. Review past participles in §7.23–§7.24 of the General Review.

41. **A**   **J'espère** does not require the subjunctive form of the verb in the clause following it because **espérer** / to hope is not used in the negative. **Je sais** / I know is the only positive expression given as a choice. Look at §7.130–§7.133 of the General Review.

42. **B**   **Je connaisse** / I know (a person) is the subjunctive form required after a superlative (the prettiest student) and **que j'aie jamais vue** / that I have ever seen. Review **connaître** and **savoir** in §7.115 and §7.141 of the General Review. Also review §7.126 of the General Review, regarding the use of the subjunctive after a superlative expressing an opinion.

43. **C** **Dînerons** / we will dine is the first person plural future of the verb **dîner**. This form is used because future time is implied in the words **samedi prochain** / next Saturday. The only verb form in the future given as a choice is **bavarderons** / we will chat. Note that D is in the future tense but in the third person plural.

44. **D** **Pleuve** is the present subjunctive, third person singular of **pleuvoir** / to rain. It is in the subjunctive because of the special conjunction **bien que**, which introduces that clause. The only subjunctive given in the choices is **fasse mauvais temps** / is bad weather. In order to be sure of the conjugations of **faire, avoir, être**, and other commonly used verbs, study §7.141 of the General Review. Study §7.122ff.

45. **D** **Le mien** / mine is masculine singular; the only other masculine singular choice given is **celui de mes parents** / the one belonging to my parents. Review possessive pronouns in §6.35 and demonstrative pronouns in §6.13 of the General Review.

46. **B** **Programme** is a masculine singular noun; therefore, the answer is **acteur** / actor, the only masculine singular noun given as a choice. In this sentence, **quel** / which is your clue as to the gender and number to look for in your answer, since **quel** is masculine singular. See §5.12 in the Grammar Review.

47. **A** **Les colis** / the packages is a masculine plural noun. Check the vocabulary at the back of the book or a dictionary for the other words. Your clue is **tous**, masc. pl. See §12.52–§12.54 in the Grammar Review.

48. **C** The words **s'est bien lavée** / washed herself well is the **passé composé** of **se laver** / to wash oneself. Review reflexive pronouns and reflexive verbs in the General Review. Note that B also is a reflexive verb in the **passé composé,** but is in the masculine form of the verb and the sentence is about Pauline. Choice A is also a reflexive verb in the **passé composé** but the meaning would make no sense in the sentence. Look at §7.5 and §7.6 in the General Review.

49. **A** The underlined word, **arrivera** / will arrive, is the third person singular in the future. The only choice given in the third person singular future is **partira** / will leave.

PART C

50. **B** The infinitive form **donner** is needed because an indirect object (**vous** / to you) comes before it. Do not be misled by the word **vous** and choose **donnez** / you give. Review indirect object pronouns in §6.20 of the General Review; verbs with or without prepositions in §7.42–§7.50; infinitives in §7.116.

51. **A** The idiomatic expression **C'est un livre à lire** means It's a book worth reading.

52. **C** You need a masculine singular noun because of **un bon.**

53. **C** You need a feminine singular noun because of **la.**

54. **B** The masculine plural of the past participle (**donnés**) is required because it is conjugated with **avoir** and there must be agreement with a preceding direct object (**livres** / books). Review agreement of past participles of an **avoir** verb with a preceding direct object in §7.12–§7.22 of the General Review. See also §6.44, §6.52, and §7.12. Review the relative pronoun **que** in §6.52 and all the relative pronouns and their uses in §6.43–§6.53.

55. **D** **Dernière** / last describes **la semaine** / week, which is feminine singular. Review adjectives and their agreement in §5.–§5.20, especially §5.11(c), of the General Review.

56. **C** See the explanation for 54. The masculine plural form of the past participle (**lus**) is needed because the verb **lire** is conjugated with **avoir** to form a compound tense and must agree in gender and number with the preceding direct object pronoun **les** / them (which refers to **livres**).

57. **C** Because **hier** / yesterday is given in the sentence, you know right away that the past tense is needed. Choice A is wrong because the past participle **envoyée** is feminine singular; there is no preceding direct object which is feminine singular in the sentence. See §7.14 in the General Review.

58. **C** **Demain** / tomorrow is the clue to look for a verb in the future. Study verbs in all the tenses.

59. **C** If you don't know which preposition to use in front of the name of a country or continent, look up the entries *continents and prepositions* and *countries and prepositions* in the index.

60. **A**   You need to read the rest of the sentence to know that the conditional of **envoyer** (**enverrais** / would send) is needed here. Study the conjugation of French verbs in all the tenses.

61. **B**   See the explanation for 59.

62. **B**   **Ne** in front of the verb **connais** requires the completion of the negation with **personne** / I do not know anybody. Review negations in §8.–§8.1.

63. **C**   **Pays** is masculine singular; therefore **ce** is the correct answer. Review demonstrative adjectives in §5.7–§5.9 of the General Review.

64. **C**   The past participle of **entendre** is **entendu;** this is needed because of the auxiliary verb **as** and the subject **tu** / you (familiar). Review the regular and irregular formation of past participles in §7.23–§7.24 and §7.16 of the General Review.

65. **B**   The negation **rien** / nothing needs **ne** in front of the verb to complete the negation. Review negations in §8. of the General Review.

PART D

66. **B**   The correct answer, a scene in the street, is in the first sentence of the passage. **Décrit** / describes is a form of the verb **décrire.**

67. **D**   The fourth sentence describes a family of five: two little boys, a little girl, the mother, and father.

68. **A**   **Avec soin** / with care describes the way the children were **habillés** / dressed, as described in the fourth sentence.

69. **C**   **Distingué** / distinguished is in a sentence near the end of the first paragraph; therefore, the key word is **raffinés** / refined.

70. **D**   **Se rendaient** is a reflexive verb that can be used synonymously with **aller** / to go.

71. **A**   **Représentation** and **spectacle** are synonymous for a theatrical show.

72. **A**   The answer is in the second sentence, **au moment de la démobilisation,** which is synonymous with **à la fin de la guerre** / at the end of the war.

73. **D**   **Participer au maintien d'une paix durable** is synonymous with **travailler ensemble à la paix,** meaning to work together for peace.

74. **B**   **Héroïsme** / heroism is associated with **les actes héroïques.**

75. **D**   The answer is in the last sentence of the passage.

76. **C**   The answer is in the first sentence of this passage.

77. **C**   **Un siège de leur gouvernement** has the same meaning as **un centre administratif et militaire,** found in the third sentence.

78. **A**   **La multitude de ses visiteurs** is synonymous with words in the sentence beginning **La ville moderne.** Note that the word **actuellement** does not mean actually; it means at present, now.

79. **A**   Link the following words: **Nice . . . climat privilégié. . . . climat . . . tempéré et ensoleillé.**

80. **D**   **De fleurs** / flowers are mentioned in the last sentence.

81. **C**   The answer is found in the third sentence (**fût mis à mort** / put to death).

82. **A**   **Difficilement** / with difficulty is synonymous with **péniblement** / painfully, mentioned in the middle of the selection.

83. **B**   **Brisa** / broke is associated with **se brisèrent** / broke and **un coup violent** / a violent blow, near the end of the first paragraph.

84. **D**   The assertion that a human life has more value than a vase is in the next to last sentence.

85. **B**   See the last sentence of the selection.

Answer Sheet: Diagnostic Test

PART A

1 Ⓐ Ⓑ Ⓒ Ⓓ
2 Ⓐ Ⓑ Ⓒ Ⓓ
3 Ⓐ Ⓑ Ⓒ Ⓓ
4 Ⓐ Ⓑ Ⓒ Ⓓ
5 Ⓐ Ⓑ Ⓒ Ⓓ
6 Ⓐ Ⓑ Ⓒ Ⓓ
7 Ⓐ Ⓑ Ⓒ Ⓓ
8 Ⓐ Ⓑ Ⓒ Ⓓ
9 Ⓐ Ⓑ Ⓒ Ⓓ
10 Ⓐ Ⓑ Ⓒ Ⓓ
11 Ⓐ Ⓑ Ⓒ Ⓓ
12 Ⓐ Ⓑ Ⓒ Ⓓ
13 Ⓐ Ⓑ Ⓒ Ⓓ
14 Ⓐ Ⓑ Ⓒ Ⓓ
15 Ⓐ Ⓑ Ⓒ Ⓓ
16 Ⓐ Ⓑ Ⓒ Ⓓ
17 Ⓐ Ⓑ Ⓒ Ⓓ
18 Ⓐ Ⓑ Ⓒ Ⓓ
19 Ⓐ Ⓑ Ⓒ Ⓓ
20 Ⓐ Ⓑ Ⓒ Ⓓ
21 Ⓐ Ⓑ Ⓒ Ⓓ
22 Ⓐ Ⓑ Ⓒ Ⓓ
23 Ⓐ Ⓑ Ⓒ Ⓓ
24 Ⓐ Ⓑ Ⓒ Ⓓ
25 Ⓐ Ⓑ Ⓒ Ⓓ
26 Ⓐ Ⓑ Ⓒ Ⓓ
27 Ⓐ Ⓑ Ⓒ Ⓓ
28 Ⓐ Ⓑ Ⓒ Ⓓ
29 Ⓐ Ⓑ Ⓒ Ⓓ
30 Ⓐ Ⓑ Ⓒ Ⓓ

PART B

31 Ⓐ Ⓑ Ⓒ Ⓓ
32 Ⓐ Ⓑ Ⓒ Ⓓ
33 Ⓐ Ⓑ Ⓒ Ⓓ
34 Ⓐ Ⓑ Ⓒ Ⓓ
35 Ⓐ Ⓑ Ⓒ Ⓓ
36 Ⓐ Ⓑ Ⓒ Ⓓ
37 Ⓐ Ⓑ Ⓒ Ⓓ
38 Ⓐ Ⓑ Ⓒ Ⓓ
39 Ⓐ Ⓑ Ⓒ Ⓓ
40 Ⓐ Ⓑ Ⓒ Ⓓ
41 Ⓐ Ⓑ Ⓒ Ⓓ
42 Ⓐ Ⓑ Ⓒ Ⓓ
43 Ⓐ Ⓑ Ⓒ Ⓓ
44 Ⓐ Ⓑ Ⓒ Ⓓ
45 Ⓐ Ⓑ Ⓒ Ⓓ
46 Ⓐ Ⓑ Ⓒ Ⓓ
47 Ⓐ Ⓑ Ⓒ Ⓓ
48 Ⓐ Ⓑ Ⓒ Ⓓ
49 Ⓐ Ⓑ Ⓒ Ⓓ

PART C

50 Ⓐ Ⓑ Ⓒ Ⓓ
51 Ⓐ Ⓑ Ⓒ Ⓓ
52 Ⓐ Ⓑ Ⓒ Ⓓ
53 Ⓐ Ⓑ Ⓒ Ⓓ
54 Ⓐ Ⓑ Ⓒ Ⓓ
55 Ⓐ Ⓑ Ⓒ Ⓓ
56 Ⓐ Ⓑ Ⓒ Ⓓ
57 Ⓐ Ⓑ Ⓒ Ⓓ
58 Ⓐ Ⓑ Ⓒ Ⓓ
59 Ⓐ Ⓑ Ⓒ Ⓓ
60 Ⓐ Ⓑ Ⓒ Ⓓ
61 Ⓐ Ⓑ Ⓒ Ⓓ
62 Ⓐ Ⓑ Ⓒ Ⓓ
63 Ⓐ Ⓑ Ⓒ Ⓓ
64 Ⓐ Ⓑ Ⓒ Ⓓ
65 Ⓐ Ⓑ Ⓒ Ⓓ

PART D

66 Ⓐ Ⓑ Ⓒ Ⓓ
67 Ⓐ Ⓑ Ⓒ Ⓓ
68 Ⓐ Ⓑ Ⓒ Ⓓ
69 Ⓐ Ⓑ Ⓒ Ⓓ
70 Ⓐ Ⓑ Ⓒ Ⓓ
71 Ⓐ Ⓑ Ⓒ Ⓓ
72 Ⓐ Ⓑ Ⓒ Ⓓ
73 Ⓐ Ⓑ Ⓒ Ⓓ
74 Ⓐ Ⓑ Ⓒ Ⓓ
75 Ⓐ Ⓑ Ⓒ Ⓓ
76 Ⓐ Ⓑ Ⓒ Ⓓ
77 Ⓐ Ⓑ Ⓒ Ⓓ
78 Ⓐ Ⓑ Ⓒ Ⓓ
79 Ⓐ Ⓑ Ⓒ Ⓓ
80 Ⓐ Ⓑ Ⓒ Ⓓ
81 Ⓐ Ⓑ Ⓒ Ⓓ
82 Ⓐ Ⓑ Ⓒ Ⓓ
83 Ⓐ Ⓑ Ⓒ Ⓓ
84 Ⓐ Ⓑ Ⓒ Ⓓ
85 Ⓐ Ⓑ Ⓒ Ⓓ

NINE MORE PRACTICE TESTS

PART

II

TEST 1

This test consists of 85 questions. You have 60 minutes to complete it. Answer Keys, Analysis Charts, and Explained Answers are at the end of Part II.

PART A

Directions: This part contains incomplete statements. Each has four choices. Choose the correct completion and blacken the corresponding space on the answer sheet.

1. Une abeille nous donne . . .
   A. du lait
   B. du fromage
   C. du miel
   D. de l'eau

2. Un synonyme du verbe *abîmer* est . . .
   A. lutter
   B. procurer
   C. habiter
   D. ruiner

3. Le verbe *abréger* veut dire . . .
   A. rendre bref
   B. donner de l'abri à quelqu'un
   C. mettre son manteau
   D. effacer

4. L'acier est . . .
   A. un métal
   B. quelque chose à manger
   C. une forme de bois
   D. une chose qu'un animal nous donne

5. Le verbe *adoucir* signifie . . .
   A. faire des bêtises
   B. aller à cheval
   C. manger et boire énormément
   D. rendre plus doux

6. Une personne adroite est une personne qui . . .
   A. est habile
   B. va toujours dans une certaine direction
   C. s'amuse tout le temps
   D. regrette toujours tout

7. Si une personne vous agace, cela veut dire que cette personne vous . . .
   A. irrite
   B. aide
   C. aime
   D. oublie

GO ON TO THE NEXT PAGE

8. Une personne affranchie est une personne . . .
  A. rendue civilement libre
  B. mise en prison
  C. à qui on écrit une lettre
  D. qui est propriétaire d'un magasin

9. Quand on s'agenouille, on . . .
  A. prend une douche
  B. se baigne
  C. se met à genoux
  D. mange beaucoup de nouilles

10. Quand un enfant grandit, cela veut dire qu'il . . .
  A. devient plus grand
  B. devient plus intelligent
  C. agit d'une manière bête
  D. joue trop

11. Je parle . . . à cause du bruit.
  A. à voix basse
  B. à haute voix
  C. doucement
  D. au vent

12. Pour bien apprendre dans la classe de français il faut . . .
  A. faire la sourde oreille
  B. faire attention
  C. faire du bruit
  D. avoir congé

13. Si je vous dis que je n'en peux plus, cela signifie que . . .
  A. je puis continuer
  B. je ne peux pas continuer
  C. je veux continuer
  D. cela m'est égal

14. Quand vous faites peur à quelqu'un, vous . . .
  A. l'effrayez
  B. l'adorez
  C. le détestez
  D. lui faites plaisir

15. Nous avons les yeux pour voir et les oreilles pour . . .
  A. attendre
  B. entendre
  C. courir
  D. parler

16. Le travail d'un pompier est d'éteindre . . .
  A. un incendie
  B. une lumière
  C. l'eau
  D. une pompe

17. Pour ouvrir une porte j'ai besoin d' . . .
  A. une clef
  B. une pantoufle
  C. une écharpe
  D. un savon

18. J'ai besoin de me laver la figure mais je n'ai pas de . . .
    A. brosse à dents
    B. savon
    C. dentifrice
    D. peigne

19. Le professeur de mathématiques ne peut pas parler à haute voix parce qu'il a mal . . .
    A. à l'épaule
    B. au dos
    C. à l'épingle
    D. à la gorge

20. Cette petite fille aime beaucoup jouer avec . . .
    A. sa poupée
    B. les nuages
    C. son voeu
    D. le trottoir

21. Mon père ronfle pendant qu'il . . .
    A. travaille
    B. dort
    C. nage
    D. attrape le train

22. Je ne peux pas voir les enfants dans la cour à cause . . .
    A. de la vie compliquée
    B. de la vitre sale
    C. du bruit
    D. de la volaille

23. Il est . . . de stationner la voiture dans cet endroit.
    A. interrompu
    B. brisé
    C. interdit
    D. enfoncé

24. Quand je lui ai dit, "Au revoir, à bientôt," il m'a . . . la main.
    A. coupé
    B. serré
    C. emprunté
    D. prêté

25. Madame Dufy est en deuil parce que son mari . . .
    A. est bien content
    B. est au bal
    C. assiste à une conférence
    D. est mort

26. Si vous voulez acheter des billets pour la représentation de ce soir, il faut . . . au guichet.
    A. faire la queue
    B. faire la vaisselle
    C. être bouleversé
    D. les perdre

27. Marguerite est entrée dans une boulangerie pour acheter . . .
    A. de la viande
    B. du pain
    C. de la peine
    D. des produits laitiers

GO ON TO THE NEXT PAGE ⇨

28. La pauvre vieille femme . . . en voyant qu'il n'y avait rien à manger dans le buffet.
    A. a frémi
    B. a avalé du pain
    C. semblait heureuse
    D. a mangé

29. Le poulet est une espèce de . . .
    A. voleur
    B. volaille
    C. brume
    D. brouillard

30. Madame Tellier va arriver . . . d'un mois.
    A. au bas
    B. au bout
    C. à la fois
    D. à l'étranger

PART B

Directions: In the following statements there are underlined words. From the four choices given, select the one that fits grammatically and makes sense when substituted for the underlined word or words.

31. De quoi parlez-vous?
    A. qui
    B. quel
    C. lequel
    D. lesquelles

32. Ce matin Charles est arrivé à l'école à huit heures.
    A. venu
    B. marché
    C. parti
    D. quitté

33. Voyez-vous cet homme là-bas?
    A. femme
    B. arbre
    C. garçon
    D. jeune fille

34. Ce stylo est à elle.
    A. me
    B. le
    C. lui
    D. tu

35. Rien n'arrive.
    A. Quelque chose n'
    B. Personne n'
    C. Tout le monde n'
    D. Quelqu'un n'

36. Lequel de ces livres allez-vous acheter?
   A. Combien de
   B. Lesquelles de
   C. Quels
   D. De laquelle

37. La semaine prochaine ce groupe ira au <u>Canada</u>.
   A. Etats-Unis
   B. France
   C. Portugal
   D. Amérique du Sud

38. <u>Auquel</u> de vos amis écrivez-vous tous les jours?
   A. Auxquels
   B. Duquel
   C. Laquelle
   D. Quel

39. <u>Qui</u> cherchez-vous?
   A. Qu'est-ce que
   B. Que
   C. Qui est-ce qui
   D. Quoi

40. Que voulez-vous que je vous <u>dise</u>?
   A. réponde
   B. fais
   C. dites
   D. faites

41. Robert est plus petit que <u>ce garçon</u>.
   A. celui
   B. celui-ci
   C. celle
   D. lequel

42. Mademoiselle Duval <u>a fait une promenade</u> aujourd'hui.
   A. s'est promené
   B. s'est promenée
   C. s'est levé
   D. s'est lavé

43. Quelles jolies cerises! Donnez-<u>m'en</u>, s'il vous plaît.
   A. l'en
   B. lui en
   C. le lui
   D. le leur

44. Ce <u>livre</u> est magnifique!
   A. homme
   B. arbre
   C. thème
   D. peinture

45. Ce monsieur a <u>bien des</u> amis.
   A. beaucoup de
   B. beaucoup des
   C. beaucoup d'
   D. peu des

GO ON TO THE NEXT PAGE

46. Cette voiture-ci roule plus vite que <u>la mienne</u>.
   A. le leur
   B. la leur
   C. le sien
   D. les siens

47. En <u>voyant</u> la dame, il l'a saluée.
   A. parlant
   B. voir
   C. quitté
   D. quittant

48. Le bonhomme a fait cela pour <u>eux</u>.
   A. nous
   B. me
   C. ils
   D. je

49. Le professeur <u>me les</u> a expliquées.
   A. les leurs
   B. les leur
   C. vous l'
   D. nous le

PART C

Directions: There are blank spaces in the following selections. Under each blank there are four choices. Choose the answer that is grammatically correct and makes sense. At times, dashes are used in choice A to indicate that nothing is required to fill the blank.

Quand Elizabeth est entrée _ _ _ _ _ _ la salle _ _ _ _ _ _ manger, elle a

50. A. ___
   B. en
   C. pour
   D. dans

51. A. ___
   B. de
   C. à
   D. en

vu, sur la table, un vase contenant _ _ _ _ _ _ jolies fleurs que Robert

52. A. des
   B. de
   C. à
   D. aux

lui avait _ _ _ _ _ _.

53. A. envoyé
   B. envoyée
   C. envoyés
   D. envoyées

Une dame, _ _ _ _ _ _ de soixante ans, Mme Lucille Belair, s'est _ _ _ _ _ _

54. A. âgé
   B. âgée
   C. avoir
   D. ayant

55. A. défendue
   B. défendu
   C. défendait
   D. défenderait

comme une lionne _ _ _ _ _ _ un bandit masqué _ _ _ _ _ _ un jour dans sa boutique.

56. A. puisqu'
    B. lorsqu'
    C. de sorte qu'
    D. pourvu qu'

57. A. l'a surpris
    B. l'a surprise
    C. l'a surprises
    D. l'eût surprise

En Angleterre, on parlait récemment d'une jeune _ _ _ _ _ _ qui

58. A. Français
    B. Américaine
    C. Espagnol
    D. Anglais

était _ _ _ _ _ _ dans une rivière glacée. Elle _ _ _ _ _ _ est restée dix

59. A. tombé
    B. tomber
    C. tombée
    D. tombante

60. A. _ _ _
    B. y
    C. en
    D. y en

jours et a été retirée presque _ _ _ _ _ _ de froid.

61. A. mort
    B. morte
    C. mourant
    D. meure

A minuit Pierre _ _ _ _ _ _ réveille et dit à son frère: Lève- _ _ _ _ _ _ _!

62. A. me
    B. se
    C. te
    D. les

63. A. moi
    B. toi
    C. nous
    D. vous

J'entends quelqu'un marcher _ _ _ _ _ _ bas dans la salle _ _ _ _ _ _ manger!

64. A. _ _ _
    B. en
    C. au
    D. de

65. A. _ _ _
    B. de
    C. à
    D. en

PART D

Directions: The following passages are for reading comprehension. After each selection there are incomplete statements or questions. Of the four choices, choose the correct one based on what you have read in the passage.

Anne était une écolière vive et de belle humeur. Elle s'entendait bien avec tous ses professeurs. Cependant le vieux Monsieur Keller, professeur de mathématiques, resta fâché contre elle assez longtemps. Elle bavardait trop pendant les leçons. Il la réprimanda plusieurs fois avant de la punir. Elle dut écrire un essai sur le sujet "une jeune fille bavarde". Une bavarde! Que pouvait-on bien écrire là-dessus?

Le soir, après avoir fini ses devoirs, Anne se mit à réfléchir en mettant le bout de son stylo entre ses dents. Evidemment, elle pouvait, d'une grande écriture, et en laissant le plus d'espace possible entre les mots, écrire quelques phrases sur le sujet imposé—mais avoir le dernier mot en prouvant la nécessité de parler, c'était ce qu'elle voulait essayer de faire. Elle y réussit. Voici son argument: Le bavardage est un défaut

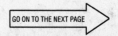

féminin qu'elle pouvait bien s'appliquer à corriger un peu, sans s'en débarrasser tout à fait puisqu'il s'agissait d'une chose héréditaire.

66. Pourquoi Anne s'entendait-elle mal avec Monsieur Keller?
    A. Elle n'aimait pas le sujet qu'il enseignait.
    B. Elle trouvait son professeur trop âgé.
    C. Elle croyait qu'il connaissait mal les mathématiques.
    D. Elle parlait sans permission.

67. Après que M. Keller eut réprimandé Anne plusieurs fois, qu'est-ce qui se passa?
    A. Elle dut quitter la classe.
    B. Elle dut faire un devoir supplémentaire.
    C. Elle fit des efforts pour changer de conduite.
    D. Elle cessa de bavarder.

68. Que fit Anne avant d'écrire sa composition?
    A. Elle décida de se soumettre sans restriction.
    B. Elle se mit en colère.
    C. Elle demanda au professeur de lui pardonner.
    D. Elle médita sur le thème de sa composition.

69. Quelle décision Anne a-t-elle prise?
    A. de terminer plus vite ses devoirs
    B. de s'exercer à garder le silence
    C. de chercher à se justifier
    D. d'essayer d'avoir une meilleure note

70. Son raisonnement était
    A. qu'il est facile de se corriger de ses défauts.
    B. qu'il vaut mieux écrire que de parler.
    C. que son défaut était tout naturel.
    D. que cela ne lui arriverait plus.

Il y avait Monsieur Babor le père, grand, gros et rose, sa femme, couverte de bijoux, et leur petit garçon, Paul Babor, que ses parents appelaient Trop-Beau. C'était leur fils unique, gâté plus qu'on ne saurait le dire. Dès qu'il exprimait un désir, il avait ce qu'il voulait. Et il voulait toujours quelque chose: un train électrique, une automobile à pédales, un cinématographe électrique avec des films en couleur. Un jour, il dit: "Je veux un bateau."

–Un bateau comment, Trop-Beau? lui demandèrent ses parents. Comme le Q*E-2*?

–Ou un beau yacht, peut-être?

–Ou bien un bateau de guerre avec des canons?

Mais Paul secouait la tête à chaque question de ses parents. "Non, non, non. Vous n'y êtes pas du tout." Et il était déjà en colère. Il commençait à taper du pied. "Je vous dis que je veux un bateau, un bateau d'homme pour me promener sur la rivière, pour m'y asseoir et m'amuser en plein air. Voilà le bateau que je veux."

Ses parents étaient tristes. "Voyons, Paul, tu n'es pas raisonnable. Nous voulons bien te donner un bateau, mais pas pour aller sur l'eau. As-tu pensé que tu pourrais tomber à l'eau et perdre la vie? Tu ne sais même pas nager."

"Eh bien," dit Paul, "vous n'avez qu'à me faire apprendre." Et il continua tellement à insister que ses parents finirent par capituler et lui promirent un vrai bateau.

71. Qu'est-ce qui semble montrer que les parents étaient prospères?
    A. Les parents avaient beaucoup d'enfants.
    B. La mère portait beaucoup de bagues et de colliers.
    C. Trop-Beau avait plusieurs bateaux.
    D. Le père était propriétaire de cinémas.

72. D'ordinaire, lorsque Trop-Beau demandait quelque chose, les parents
   A. refusaient obstinément
   B. ne promettaient rien.
   C. perdaient patience.
   D. cédaient à la longue.

73. Paul Babor voulait un bateau
   A. à pédales.
   B. à vapeur.
   C. de commerce.
   D. de sport.

74. Les parents craignaient que leur fils
   A. ne se fâchât.
   B. ne tombât à l'eau.
   C. n'allât trop loin.
   D. ne perdît son temps.

75. Pour avoir le bateau, le fils eut besoin
   A. de mieux étudier.
   B. d'entrer dans la marine.
   C. de demander plusieurs fois.
   D. de promettre d'être obéissant.

Les chasseurs ont souvent constaté que l'imagination du renard, lorsqu'il s'agit de trouver sa nourriture, n'a pas de limites. Voilà pourquoi beaucoup de personnes croient que la fable du corbeau et du renard est vraie.

Dans certaines fermes d'Europe, on avait autrefois l'habitude de laisser les poules coucher dehors, même l'hiver, perchées sur les branches des arbres. A partir du mois de décembre, quand la neige enveloppait la campagne, les fermiers constataient la disparition des poules pendant la nuit. Comment le renard faisait-il descendre les poules de leur arbre? Ils ont monté la garde. A une heure du matin ils ont aperçu le renard sous l'arbre. Il lève la tête pour s'assurer que les poules sont là. Avec ses pattes, il commence à gratter le tronc de l'arbre, faisant ainsi un petit bruit. Puis il "aboie" doucement. Après une dizaine de minutes lorsqu'il est certain que les poules sont éveillées, il commence à courir autour de l'arbre, d'abord lentement, puis de plus en plus vite. Bientôt une poule, qui a suivi ses tours, perd l'équilibre—ayant certainement le vertige—et tombe. Le renard s'arrête, l'attrappe et, en un clin d'oeil, s'enfuit.

76. On croit que la fable du corbeau et du renard est
   A. une anecdote qui ridiculise les paysans.
   B. une invention des villageois.
   C. un conte en vers basé sur des faits.
   D. un récit inventé par des amateurs de chasse.

77. Autrefois, les poules passaient la nuit
   A. dans une cabane.
   B. en plein air.
   C. en ville.
   D. au dortoir.

78. Quel problème les poules causaient-elles aux fermiers?
   A. Elles s'envolaient de la cour.
   B. Elles disparaissaient mystérieusement en hiver.
   C. Elles se perdaient dans la forêt.
   D. Elles les empêchaient de dormir.

79. En apercevant les poules endormies, que faisait le renard?
   A. Il grimpait les chercher.
   B. Il marchait sans bruit.
   C. Il leur faisait peur.
   D. Il les réveillait peu à peu.

GO ON TO THE NEXT PAGE

80. Comment le renard réussissait-il à prendre les poules?
   A. Il leur faisait perdre l'équilibre.
   B. Il leur faisait signe de descendre.
   C. Il se cachait au pied d'un arbre.
   D. Il faisait semblant de dormir.

Madame de Charlus soupait un vendredi soir en compagnie de personnages bien connus chez Madame la Princesse de Conti. Elle portait, comme c'était la mode, une perruque de haute taille. Madame de Charlus était assise auprès du maire de Reims. On servit des oeufs à la coque; elle ouvrit le sien, et, s'avançant pour prendre du sel, mit sa coiffure en feu à la flamme d'une chandelle, sans s'en apercevoir. Le maire, qui la vit tout en feu, se précipita sur la coiffure et la jeta par terre. Madame de Charlus, dans la surprise et l'indignation de se voir sans cheveux sans savoir pourquoi, jeta son oeuf au visage du maire. Il ne fit qu'en rire et toute la compagnie l'imita en voyant la tête grise de Madame de Charlus et le visage du maire transformé en omelette. La coiffure était brûlée. Madame de Conti en fit donner une autre à Mme de Charlus et après avoir enfin compris ce qui lui était arrivé celle-ci se calma et retrouva sa bonne humeur.

81. Le repas était offert par
   A. Madame de Charlus.
   B. Madame de Conti.
   C. le maire de Reims.
   D. un coiffeur renommé.

82. Madame de Charlus portait une coiffure
   A. à la mode de l'époque.
   B. très différente de celle des autres femmes.
   C. très naturelle.
   D. mal soignée.

83. Que fit alors le maire?
   A. Il se contenta de regarder le feu.
   B. Il courut chercher de l'eau.
   C. Il arracha la perruque à la dame.
   D. Il tomba à la renverse.

84. Quelle fut la première réaction de la dame?
   A. Elle demeura très calme.
   B. Elle se défendit avec énergie.
   C. Elle se sauva à la cuisine.
   D. Elle demanda qu'on lui apporte son chapeau.

85. Comment cet incident finit-il?
   A. On fit venir un coiffeur.
   B. Mme de Conti fut brûlée vive.
   C. La victime rentra chez elle en colère.
   D. Mme de Charlus se remit de ses émotions.

END OF TEST 1

TEST 2

This test consists of 85 questions. You have 60 minutes to complete it. Answer Keys, Analysis Charts, and Explained Answers are at the end of Part II.

PART A

Directions: This part contains incomplete statements. Each has four choices. Choose the correct completion and blacken the corresponding space on the answer sheet.

1. En général, on . . . froid en hiver.
   A. fait
   B. est
   C. a
   D. tient

2. Nous habitons près . . . gare.
   A. du
   B. de la
   C. le
   D. la

3. L'année dernière nous sommes allés . . . France.
   A. à la
   B. en
   C. à
   D. au

4. Voilà les livres . . . vous parliez hier.
   A. de quoi
   B. lesquels
   C. lesquelles
   D. dont

5. Ce monsieur-là est riche; . . . est pauvre.
   A. ce qui
   B. celle-ci
   C. lequel
   D. celui-ci

6. Vous avez deux soeurs; . . . chante bien?
   A. lequel
   B. laquelle
   C. celle
   D. de qui

7. Voici la maison . . . je demeure.
   A. dans lequel
   B. dans quoi
   C. de laquelle
   D. où

GO ON TO THE NEXT PAGE

8. Si je vous dis que je travaille à cette heure, cela signifie que . . .
  A. je n'aime pas travailler
  B. je suis occupé à ce moment-là
  C. je travaille çà et là
  D. tout travail m'est égal

9. Le contraire de l'expression *à droite* est . . .
  A. au milieu
  B. au centre
  C. à gauche
  D. à la fin

10. Si je fais quelque chose de bon coeur, je le fais . . .
  A. pour moi-même
  B. avec plaisir
  C. avec dégoût
  D. sans aucune intention

11. Que pensez-vous . . . votre professeur de mathématiques?
  A. de
  B. à
  C. en
  D. au

12. Pourquoi pensez-vous . . . elle tous les jours?
  A. à
  B. de
  C. d'
  D. en

13. Le contraire d'*en bas* est . . .
  A. en robe de chambre
  B. en arrière
  C. du moins
  D. en haut

14. Si je fais quelque chose sur-le-champ, je le fais . . .
  A. lentement
  B. avec soin
  C. tout de suite
  D. doucement

15. Je ne peux pas sortir maintenant parce que je n'ai pas de parapluie et . . .
  A. il pleut à verse
  B. il fait frais
  C. les parachutes sont dans les avions
  D. il fait un temps doux

16. Monsieur Robert a retrouvé son chien perdu; celui-là . . .
  A. avait l'air intelligent
  B. a eu de la chance
  C. a eu mal de mer
  D. avait grand faim

17. Si je vous dis d'essayer de faire les devoirs, cela signifie que je vous demande de . . .
  A. tâcher de les faire
  B. ne pas les faire
  C. vous arrêter de les faire
  D. refuser de les faire

18. Si je vous demande d'essuyer la table, cela signifie que je vous demande de . . .
    A. la nettoyer
    B. la casser
    C. la salir
    D. la déplacer

19. Le directeur est en train de parler avec quelqu'un dans son bureau; alors, . . .
    A. il aime beaucoup voyager
    B. ne le dérangez pas, s'il vous plaît
    C. il va faire un voyage
    D. il va faire ses valises

20. C'est aujourd'hui dimanche; aujourd'hui en huit sera . . .
    A. dimanche
    B. lundi
    C. mardi
    D. mercredi

21. Madame Fifi a l'air triste; donc, . . .
    A. elle semble malheureuse
    B. elle est tout à fait contente
    C. elle est laide à faire peur
    D. elle jette son assiette par terre

22. Quand on a une bonne aubaine, on a . . .
    A. de la chance
    B. du malheur
    C. besoin de prendre un bain
    D. besoin de manger quelque chose

23. J'aime bien faire la grasse matinée quand . . .
    A. j'ai le temps d'aller au cinéma
    B. j'ai de l'argent pour aller au théâtre
    C. je n'ai pas besoin de me lever tôt
    D. j'ai besoin de me lever tôt

24. Quand Madame Dutout est entrée dans la maison de son amie Madame Dupuis, celle-ci lui a dit:
    A. Faites comme chez vous.
    B. Faites venir l'eau à la bouche.
    C. Faites mon affaire.
    D. Tournez autour du pot.

25. Je n'aime pas ces haricots verts parce qu'ils sont . . . ; passez-moi le sel, s'il vous plaît.
    A. épatants
    B. fades
    C. las
    D. gaspillés

26. Je préfère le bifteck cuit à point; je ne l'aime pas . . .
    A. saignant
    B. à l'enquête
    C. en argile
    D. en tête

27. Ce voleur refuse d'admettre que c'est lui qui a volé mon vélo parce que ce qu'il a fait est . . .
    A. un crime
    B. une vente
    C. un vent
    D. un vélo

GO ON TO THE NEXT PAGE ➤

28. Le pauvre garçon a mal aux jambes; c'est pour cela qu'il ne peut pas . . .
   A. courir
   B. parler
   C. entendre
   D. bavarder

29. Nous avons passé la nuit dans . . .
   A. un collier
   B. une fourrure
   C. un four
   D. une auberge

30. Je viens de lire un beau . . .
   A. roman
   B. romain
   C. lettre
   D. histoire

PART B

Directions: In the following statements there are underlined words. From the four choices given, select the one that fits grammatically and makes sense when substituted for the underlined word or words.

31. Ta jupe est plus jolie que la sienne.
   A. celui de Georgette
   B. celle de Monique
   C. ceux de Paulette
   D. leur

32. Cet arbre est très beau, n'est-ce pas?
   A. maison
   B. garçon
   C. ciel
   D. homme

33. Ce livre est à moi; et ce livre-ci à qui est-il?
   A. celle-ci
   B. ceux-ci
   C. celles-ci
   D. celui-ci

34. Je me suis couchée tôt.
   A. arrivée
   B. partie
   C. levée
   D. sortie

35. Elle s'est mise à écrire une lettre à sa soeur.
   A. a fini
   B. a commencé
   C. est devenue
   D. s'est tue

36. Madame Choquette dit à son enfant: Tais-toi, je te dis.—Et tout de suite, il <u>a cessé de parler</u>.
    A. s'est tu.
    B. s'est tué.
    C. s'est mis.
    D. est devenu.

37. Vas-tu cesser de parler constamment?—Oui, je vais <u>cesser de parler</u>.
    A. me dépêcher de parler.
    B. me blesser.
    C. me bénir.
    D. me taire.

38. Monsieur Maillot a fini par <u>surprendre</u> ses amis.
    A. étonner
    B. écrivant
    C. les offrant des cadeaux
    D. les leur lisant

39. Mademoiselle Marin <u>a épousé</u> un docteur de l'hôpital.
    A. a marié
    B. a mariée
    C. s'est mariée avec
    D. a pris comme femme

40. Il <u>a voulu</u> rendre trois francs à la vendeuse.
    A. a essayé
    B. a désiré
    C. a refusé
    D. a oublié

41. Pourquoi as-tu l'air si distrait?—Je <u>songeais</u> à mon examen.
    A. Je pensais
    B. Je connais
    C. J'étudiais
    D. Je préparerais

42. <u>Ils veulent</u> dire bonsoir aux invités.
    A. Ils refusent
    B. Ils ont envie de
    C. Ils essayent
    D. Ils regardent

43. Madame Bouchard a fait de la <u>politique</u>.
    A. pâtisserie
    B. travail
    C. faute
    D. droite

44. Monsieur Laflamme est <u>arrivé</u> tôt.
    A. parlé
    B. discuté
    C. couché
    D. parti

45. Voici les fleurs que j'ai <u>achetées</u>.
    A. vendus
    B. cueillies
    C. volé
    D. pris

GO ON TO THE NEXT PAGE

46. Elle a ouvert la <u>fenêtre</u>.
    A. bureau
    B. boîte
    C. parapluie
    D. yeux

47. Ces garçons ont <u>soif</u>.
    A. en retard
    B. mal
    C. malades
    D. intelligents

48. A <u>qui</u> penses-tu?
    A. que
    B. lequel
    C. quel
    D. quoi

49. Jean m'<u>avait promis</u> de m'envoyer une carte postale de Paris mais il n'a pas tenu sa promesse.
    A. a dit
    B. avait assuré
    C. aurait dit
    D. avait voulu

PART C

Directions: There are blank spaces in the following selections. Under each blank there are four choices. Choose the answer that is grammatically correct and makes sense. At times, dashes are used in choice A to indicate that nothing is required to fill the blank.

Je _ _ _ _ _ _ appelle Paul. _ _ _ _ _ _ seize ans. Je vais à l'école

    50. A. m'
        B. me
        C. se
        D. s'

    51. A. Je suis
        B. J'ai
        C. Je tiens
        D. Je me suis

tous les jours et j'apprends _ _ _ _ _ _ français. J'aime beaucoup _ _ _ _ _ _ mes amis.

    52. A. _ _ _
        B. bien
        C. à
        D. le

    53. A. toutes
        B. tout
        C. tous
        D. toute

Tous les matins Richard se _ _ _ _ _ _ à six heures et demie. Il _ _ _ _ _ _

    54. A. lever
        B. lève
        C. levé
        D. mange

    55. A. donne
        B. aime
        C. déjeune
        D. fait

sa toilette et il descend _ _ _ _ _ _ prendre son petit déjeuner. A sept

    56. A. pour
        B. de
        C. pourvu
        D. afin

heures et demie il attend _ _ _ _ _ _ l'autobus pour aller à l'école.

57. A. ___
B. pour
C. un
D. son

—Dis-moi, Pierre, as-tu donné à ta mère les fleurs que j'ai _ _ _ _ _ _?

58. A. acheté
B. achetée
C. achetés
D. achetées

—Oui, papa, je _ _ _ _ _ _ ai _ _ _ _ _ _

59. A. les lui   **60.** A. donné.
B. lui les   B. donnée.
C. la lui   C. donnés.
D. lui la   D. données.

—Et as-tu _ _ _ _ _ _ la

61. A. envoyé
B. envoyée
C. envoyés
D. envoyées

lettre à tes grands-parents?
—Oui, papa, je _ _ _ _ _ _ ai envoyée.

62. A. les lui
B. la leur
C. les leur
D. leur la

Il y a deux parcs dans cette ville. Il y _ _ _ _ _ _ un près _ _ _ _ _ _ l'église

63. A. a   **64.** A. de
B. en a   B. d'
C. en   C. de la
D. ait   D. de l'

et un autre en face _ _ _ _ _ _ grand magasin Au Bon Marché.

65. A. de
B. du
C. de la
D. le

PART D

Directions: The following passages are for reading comprehension. After each selection there are incomplete statements or questions. Of the four choices, choose the correct one based on what you have read in the passage.

Pour retrouver l'oeuf de Pâques tel que nous le mangeons de nos jours, il faut remonter trois siècles en arrière, précisément en 1667, au moment où la cour de Louis XIV était avide de plaisirs. Habituellement, des joies frivoles marquaient la fête de Pâques où princes et princesses s'offraient des boîtes en forme d'oeuf qui contenaient des bonbons succulents.

GO ON TO THE NEXT PAGE

Cette année-là, le Roi-Soleil avait décidé de transformer la distribution des oeufs de Pâques en un Jeu de Pâques où celui qui montrerait le plus d'originalité dans la présentation de son oeuf aurait l'honneur de causer dix minutes avec sa Majesté le roi. C'était tout dire!

Le dimanche de Pâques, quelle ne fut pas la surprise de Sa Majesté à la vue du ministre Colbert qui s'approche de la reine Marie-Thérèse pour lui offrir un gigantesque oeuf de Pâques emprisonné dans un magnifique coffret garni de rubans! La reine se saisit aussitôt de l'oeuf appétissant, puis en prend royalement le premier morceau. Dès qu'elle y eut goûté, un sourire tout en fleur apparut sur ses lèvres, si bien que Louis XIV accorda le prix à Colbert sans tarder.

Avec quelle gourmandise la reine mangea-t-elle ce premier oeuf en chocolat?—Nul ne saurait le dire. De fait, le lendemain de la fête, Marie-Thérèse tomba malade; trop de chocolat sans doute!

Pour cette raison, le roi édicta une loi: à l'avenir, on ne laissera plus de gros oeufs de Pâques en chocolat sur le marché. On ne permettra que la vente des oeufs de grosseur naturelle, c'est-à-dire pas gros du tout. Voilà pourquoi, aujourd'hui, nous n'avons que de petits oeufs de Pâques, ou s'ils sont plus gros, l'intérieur est souvent rempli d'air.

66. La tradition moderne des oeufs de Pâques date
    A. du début du christianisme.
    B. du Moyen âge.
    C. de la monarchie française.
    D. de notre époque.

67. Pour rendre la célébration de Pâques plus intéressante, le roi a
    A. demandé d'organiser un concours.
    B. distribué des oeufs lui-même.
    C. offert un oeuf de Pâques en récompense.
    D. fait un discours de longue durée.

68. Le ministre Colbert a surpris le roi le dimanche de Pâques en
    A. présidant à un office religieux.
    B. allant voir la reine en prison.
    C. apportant un cadeau délicieux à la reine.
    D. offrant un bouquet aux monarques.

69. Quel effet cette surprise produisit-elle chez la reine?
    A. Elle refusa d'accepter le cadeau.
    B. Elle invita Colbert à dîner.
    C. Elle resta sans parler.
    D. Elle eut mal à l'estomac.

70. Le roi a proclamé une nouvelle loi limitant la grosseur des oeufs de Pâques pour
    A. protéger la production des oeufs.
    B. augmenter la consommation des oeufs frais.
    C. empêcher les gens de manger trop de chocolat.
    D. prohiber la vente des oeufs vides.

La vieille grange qu'avait bâtie Joseph-Edouard Hardy, sur le chemin de la Grande-Côte, à Rosemère, en 1897 et qui, il y a quelques années à peine était encore solide . . . n'est plus! Elle a été transportée dans la ville même, pièce par pièce.

Cette vieille grange, toute de pin, a son histoire bien à elle. D'une dimension considérable pour l'époque, elle a servi, dans les premières années du siècle, de lieu de réunions politiques. C'est dans la belle grange neuve d'alors que les Chapleau et les Nantel, et après eux les Prévost et les David, prononcèrent leurs discours devant le peuple de Terrebonne avant d'atteindre plus tard les sommets de la politique provinciale.

Et ne s'est-on pas laissé dire qu'au cours d'une partie de chasse, lors d'un voyage au Canada, le Prince de Galles, l'héritier du trône d'Angleterre, serait venu chasser les oiseaux migrateurs de la rivière des Mille-Iles et que la vieille grange aurait servi de pavillon de chasse pour recevoir l'illustre visiteur?

Et voilà comment cette vieille grange construite à la campagne il y a près de trois-quarts de siècle, est venue à Montréal. Elle sera désormais connue sous le joli nom du GOBELET. Rien n'a été négligé pour reconstituer la chaude atmosphère et la cordiale hospitalité de nos vieilles auberges d'autrefois. Son style typiquement canadien, son mobilier et son décor rappelant le vieux régime français ont été soigneusement choisis afin de faire du GOBELET le restaurant le plus recherché de ceux qui s'y connaissent en bonne cuisine canadienne.

71. Qu'est-il arrivé à cette vieille grange de Rosemère?
   A. On l'a réparée.
   B. On l'a reconstruite ailleurs.
   C. Elle a été frappée par la foudre.
   D. Elle est tombée en ruines.

72. Qu'y avait-il d'extraordinaire à propos de cette grange?
   A. Des candidats y rencontraient leurs électeurs.
   B. On pouvait y coucher sans payer.
   C. On interdisait au public d'y entrer.
   D. Elle appartenait au gouvernement.

73. Quelques-uns ont rapporté
   A. qu'on y gardait des chevaux de course.
   B. qu'elle avait été emportée par une inondation.
   C. qu'un futur roi s'y était arrêté.
   D. que les bêtes sauvages s'y réfugiaient.

74. On peut maintenant visiter l'ancienne grange de M. Hardy
   A. sur le chemin de la Grande-Côte.
   B. aux Mille-Iles.
   C. à Terrebonne.
   D. à Montréal.

75. Cette grange qui s'appelle aujourd'hui le GOBELET sert de
   A. salle de conférences.
   B. musée national.
   C. club de chasse.
   D. rendez-vous gastronomique.

On peut prendre un repas en voiture, au restaurant, en pique-nique ou chez soi. A Montréal, on peut aussi, à midi, prendre son repas au théâtre, formule nouvelle qui attire chaque jour les hommes d'affaires, les employés, les acheteurs ou les visiteurs du gratte-ciel Place Ville-Marie.

Un restaurant-théâtre! Voilà, direz-vous, une façon bien peu orthodoxe de rendre hommage à l'art dramatique. La formule, cependant, a déjà fait fortune en attirant à l'heure du déjeuner une foule de clients-spectateurs à qui l'on offre, outre les sandwichs et le café que l'on achète dans le foyer du théâtre, des pièces en un acte représentées trois ou quatre fois par jour entre midi et deux heures et demie.

Ces pièces, de grande qualité, ont une durée de 25 à 40 minutes. Les spectateurs sont autorisés à prendre dans leur fauteuil le repas de leur choix, à condition de ne plus manipuler, après le lever du rideau, le papier qui enveloppe ce repas.

Ce Théâtre de la Place est dû à la double initiative d'un étudiant de 23 ans et d'une jeune comédienne. "Nous souhaitons, dit le jeune homme, un théâtre destiné au public le plus nombreux, composé de spectacles de qualité à un prix à la portée de toutes les bourses." En réalisant ce souhait, on a amené aux guichets de ce théâtre des dizaines de milliers de gens qui travaillent dans les bureaux ou font leurs achats dans les boutiques du grand complexe.

"Faites du bon théâtre professionnel en un lieu qui convient au grand public, et vous le verrez accourir à vous," prédisaient les directeurs du théâtre-lunch qui, se voyant forcés de refuser l'entrée à des centaines de personnes, purent constater jusqu'à quel point ils avaient raison.

GO ON TO THE NEXT PAGE ⇨

76. Que fait-on de nouveau pour attirer plus de clients vers ce théâtre?
    A. On organise des repas en plein air.
    B. On permet aux gens de manger à leur place.
    C. On leur sert de la nourriture gratis.
    D. On leur fait visiter un édifice à multiples étages.

77. Quand les représentations ont-elles généralement lieu?
    A. au début de l'après-midi
    B. au cours de la soirée
    C. avant midi
    D. aux heures de bureau

78. Qu'est-ce qu'il est défendu de faire après le lever du rideau?
    A. de quitter sa place
    B. de boire ou de manger
    C. de faire du bruit avec son papier
    D. d'écrire des lettres

79. Qu'est-ce que les organisateurs du Théâtre de la Place ont tenté de faire?
    A. de donner du travail à un grand nombre d'acteurs
    B. de présenter des oeuvres dramatiques supérieures et à bon marché
    C. d'encourager les collégiens à jouer la comédie
    D. d'aider les marchands à vendre leur marchandise

80. Qu'est-ce qui a fait le succès de l'entreprise?
    A. les suggestions faites par le public
    B. les réunions des hommes d'affaires
    C. l'exclusion des indésirables
    D. le choix de l'endroit et des pièces

Voltaire croyait que la doctrine et l'histoire d'un peuple aussi extraordinaire que les quakers méritaient la curiosité d'un homme raisonnable. Pour s'en instruire, il alla trouver un des plus célèbres quakers d'Angleterre, qui, après avoir été trente ans dans le commerce, avait su limiter sa fortune et ses désirs, et s'était retiré dans une campagne non loin de Londres. Il alla le chercher dans sa retraite; c'était une maison petite, mais bien bâtie et ornée de sa seule propreté. Le quaker était un vieillard frais qui n'avait jamais eu de maladie, parce qu'il n'avait jamais connu l'intempérance; Voltaire n'avait point vu dans sa vie d'air plus noble ni plus engageant que le sien. Il était vêtu, comme tous ceux de sa religion, d'un habit sans plis sur les côtés, et sans boutons sur les poches ni sur les manches, et il portait un grand chapeau sur la tête. Il s'avança vers Voltaire sans faire la moindre inclinaison du corps.

81. Voltaire voulait parler à un des quakers pour
    A. le renseigner.
    B. chercher à mieux comprendre leur culture.
    C. acheter quelque chose.
    D. célébrer une date importante.

82. Le commerçant s'était retiré dans
    A. le centre de la ville.
    B. une maison propre et bien construite.
    C. une caverne difficile à trouver.
    D. un château du Moyen Age.

83. Il paraît que le quaker
    A. avait toujours été en bonne santé.
    B. avait mené une vie de plaisir.
    C. était un homme timide.
    D. accueillait les visiteurs avec cérémonie.

84. Les quakers d'Angleterre s'habillaient généralement
    A. comme à la cour.
    B. d'une façon négligée.
    C. d'un vêtement de soirée.
    D. d'un costume très simple.

85. Le quaker reçut le visiteur
    A. avec beaucoup de chaleur.
    B. en lui serrant la main.
    C. d'une manière réservée.
    D. en faisant la révérence.

END OF TEST 2

TEST 3

This test consists of 85 questions. You have 60 minutes to complete it. Answer Keys, Analysis Charts, and Explained Answers are at the end of Part II.

PART A

Directions: This part contains incomplete statements. Each has four choices. Choose the correct completion and blacken the corresponding space on the answer sheet.

1. Il est important . . . si vous voulez apprendre.
    A. écouter
    B. d'étudier
    C. à jouer
    D. pour travailler

2. Je désire . . . longtemps avoir un petit chien.
    A. pour
    B. depuis
    C. puisque
    D. dès

3. Ce matin Monique est allée prendre . . . petit déjeuner dans un café-restaurant.
    A. son
    B. ma
    C. sa
    D. la

4. Hier soir, les grands-parents de la petite Hélène lui ont donné une jolie poupée; elle l'a . . . dans ses bras tout de suite.
    A. couché
    B. prise
    C. prends
    D. joué

5. Demain je . . . mon possible pour obtenir de bonnes notes dans tous mes cours.
    A. serai
    B. ferai
    C. sais
    D. donnerai

6. Hier, la petite Christine . . . seule à l'école.
    A. est allé
    B. est allée
    C. va
    D. ira

7. Je pense; donc, je . . .
    A. suis
    B. vais
    C. dois
    D. prends

44

8. Voir . . . croire.
  A. aura
  B. ce doit
  C. c'est
  D. être

9. C'est aujourd'hui . . .
  A. vendredi
  B. pleut
  C. Paris
  D. beau

10. Que faites-vous ici?—Vous voyez, j'attends l'autobus. Je l'attends . . . dix minutes.
  A. lors
  B. depuis
  C. quand
  D. pour

11. Tous les soirs ma soeur lit pendant que . . .
  A. j'écris.
  B. je dormais.
  C. j'ai mangé.
  D. je vais faire mes devoirs.

12. Hier soir . . . un bon roman quand tu es entré dans ma chambre.
  A. je prendrais
  B. je lisais
  C. j'ai vu
  D. j'écrirai

13. Si je veux faire . . . , je vais dans la cuisine.
  A. la vaisselle
  B. la grasse matinée
  C. suivre le courier
  D. du vélo

14. Le toit de cette maison est . . .
  A. en ardoise
  B. du ciel
  C. en papier
  D. de maïs

15. Je vais balayer le trottoir et j'ai besoin . . .
  A. d'une roue
  B. d'une baleine
  C. d'un balai
  D. d'une malle

16. Un chef d'orchestre se sert . . .
  A. d'un bâton
  B. d'une épingle
  C. d'un morceau de fil
  D. d'une bourse

17. Madame Delangue est bavarde; elle . . . constamment.
  A. parle
  B. pleure
  C. crie
  D. boit

GO ON TO THE NEXT PAGE ▷

18. Quelquefois un pompier a besoin . . .
    A. d'étain
    B. d'une échelle
    C. d'un écran
    D. d'un coffre

19. Le contraire du mot *paradis* est . . .
    A. durée
    B. carré
    C. cadre
    D. enfer

20. Une personne qui est folle est une personne . . .
    A. qui ne peut pas voir
    B. qui ne peut pas bien entendre
    C. qui a de belles qualités
    D. qui se comporte d'une manière insensée

21. Je ne veux pas prendre le métro tous les matins parce qu'il y a beaucoup de monde et je n'aime pas être . . .
    A. bousculé
    B. bouffée
    C. denrée
    D. enflé

22. Combien d' . . . voulez-vous, madame?
    A. oeufs
    B. huit
    C. un
    D. acheter

23. J'ai honte quand . . .
    A. je reçois de bonnes notes
    B. je mens
    C. je suis honnête
    D. je mange

24. Il y a des animaux qui font des . . . dans le sol pour se cacher.
    A. trous
    B. plantes
    C. éponges
    D. croûtes

25. La femme de Monsieur Dutour est morte récemment et il est maintenant . . .
    A. neuf
    B. veuf
    C. veuve
    D. cloué

26. Le criminel refuse d' . . . son crime devant le juge.
    A. acheter
    B. avouer
    C. user
    D. éteindre

27. Une personne aveugle est une personne qui ne peut pas . . .
    A. entendre
    B. marcher
    C. boire
    D. voir

28. L'aigle est un grand . . .
   A. oiseau
   B. carré
   C. chauffage
   D. chêne

29. En montant dans l'autobus ce matin, je n'ai pas . . . parce que j'avais couru.
   A. pu reprendre haleine
   B. pu m'asseoir
   C. vendu mon billet
   D. entendu la musique

30. Si je vous dis que j'ai passé une nuit blanche cela signifie que . . .
   A. je préfère le jour
   B. je n'ai pas dormi du tout
   C. j'ai bien dormi
   D. j'ai rêvé toute la nuit

PART B

Directions: In the following statements there are underlined words. From the four choices given, select the one that fits grammatically and makes sense when substituted for the underlined word or words.

31. Je suis triste que tu <u>tombes</u> malade.
   A. es
   B. sois
   C. ait
   D. aies

32. Voulez-vous que je vous <u>explique</u> la vérité?
   A. dis
   B. dirai
   C. dise
   D. direz

33. Demain nous allons en <u>France</u>.
   A. Canada
   B. Portugal
   C. Etats-Unis
   D. Italie

34. Cette femme a <u>bien des</u> amis.
   A. beaucoup des
   B. beaucoup d'
   C. peu des
   D. guère d'

35. Ma soeur est plus jolie que <u>la tienne</u>.
   A. ta
   B. votre
   C. celui de Paulette
   D. celle de Pierre

36. Quelles belles pommes! Donnez-<u>m'en</u> cinq, s'il vous plaît.
   A. les lui
   B. lui en
   C. les moi
   D. les leur

GO ON TO THE NEXT PAGE

37. Je regrette, mais je n'ai pas <u>d'argent</u> aujourd'hui.
  A. assez de temps
  B. des devoirs
  C. guère d'argent
  D. du café

38. Ce matin Robert <u>s'est habillé</u> vite.
  A. a déjeuné
  B. est resté
  C. s'est passé
  D. a habillé

39. J'ai un bon <u>appartement</u> pour lequel je n'ai pas payé beaucoup.
  A. voiture
  B. maison
  C. livre
  D. pomme

40. Madame Bouffé ne peut <u>jamais</u> entrer dans une pâtisserie sans manger tout ce qu'elle voit devant elle.
  A. plus
  B. toujours
  C. moins
  D. mois

41. Aimez-vous la cuisine de ce <u>restaurant</u>?
  A. réfectoire
  B. hôtel
  C. auberge
  D. cuisine

42. <u>Pourquoi</u> demeurez-vous dans cette maison?
  A. Depuis combien de temps
  B. Pour quand
  C. Puisque
  D. Lors

43. Monsieur et Madame Auclair viennent de <u>trouver</u> une belle maison.
  A. acheter
  B. louer
  C. annoncer
  D. plaire

44. Je <u>leur</u> ai téléphoné à midi.
  A. lui
  B. les
  C. tu
  D. leurs

45. Janine <u>aime</u> sa mère.
  A. parle
  B. téléphone
  C. écrit
  D. écoute

46. Voulez-vous aller le <u>voir</u> ce soir?
  A. visiter
  B. parler
  C. écouter
  D. entendre

47. A Paris les parcs sont vraiment <u>immenses</u>.
  A. énormes
  B. grandes
  C. petites
  D. jolies

48. Je cherche une personne qui <u>parle</u> chinois.
  A. comprend
  B. comprenne le
  C. connaisse
  D. sait le

49. Connaissez-vous quelqu'un qui <u>puisse</u> réparer mon téléviseur une fois pour toutes?!
  A. sache
  B. sait
  C. connaît
  D. connaisse

PART C

Directions: *There are blank spaces in the following selections. Under each blank there are four choices.* *Choose the answer that is grammatically correct and makes sense. At times, dashes are used in choice A to* *indicate that nothing is required to fill the blank.*

Moi, j'aimerais aller au théâtre ce soir. Pourquoi ne veux-tu pas _ _ _ _ _ _

  50. A. allez-y
  B. y allez
  C. aller y
  D. y aller

avec moi? Je viendrai te _ _ _ _ _ _ après le dîner. Tu sais, nous

  51. A. prendre
  B. chercher
  C. emmener
  D. cherches

pourrons _ _ _ _ _ _ parce qu'on y joue une comédie. Dis-moi que

  52. A. s'amuser
  B. nous amuser
  C. amuser
  D. amusons

tu _ _ _ _ _ _, je t'en supplie

53. A. viendras
  B. viennes
  C. est venu
  D. vient

Je doute fort que Jeanne _ _ _ _ _ _ déjà partie. Quand je l'ai _ _ _ _ _ _

  54. A. est   **55.** A. vu
  B. serait   B. vue
  C. ait   C. ´ parlé
  D. soit   D. rencontré

avec Richard _ _ _ _ _ _ quelques minutes, elle _ _ _ _ _ _ si gaie, si heureuse!

56. A. il y avait B. y avait-il C. y a-t-il D. il y a	**57.** A. a semblé B. semblait C. a eu D. serait

---

Si je répondais sérieusement _ _ _ _ _ _ votre question, qu'on ne sait

58. A. _ _ _
B. à
C. la
D. de

_ _ _ _ _ _ arrivera, je suis certaine que vous _ _ _ _ _ _ de moi,

59. A. ce qui B. ce qu' C. ce que D. quoi	**60.** A. moqueriez B. vous moquerez C. vous moqueriez D. moquerez

et je le _ _ _ _ _ _, sans doute. Cependant, je me défendrais assez bien, si je le _ _ _ _ _ _.

61. A. mériterais B. méritais C. mériterai D. méritai	**62.** A. voulais B. voudrais C. voudrai D. veuille

Si vous m'aimez, monsieur, ne m' _ _ _ _ _ _ point. Vous ne craignez

63. A. interroge
B. interrogez
C. interroges
D. interroger

que mon indifférence et vous êtes trop heureux que je _ _ _ _ _ _.

64. A. taise
B. me tais
C. me taise
D. tais

Que vous _ _ _ _ _ _ mes sentiments?

65. A. importent
B. importe
C. importants
D. importez

PART D

Directions: The following passages are for reading comprehension. After each selection there are incomplete statements or questions. Of the four choices, choose the correct one based on what you have read in the passage.

—Ces gens de la lune, reprit-elle, on ne les connaîtra jamais; cela est désespérant.

—Si je vous répondais sérieusement, répliquai-je, qu'on ne sait ce qui arrivera, vous vous moqueriez de moi, et je le mériterais sans doute. Cependant, je me défendrais assez bien, si je le voulais. J'ai une pensée très ridicule, qui a un air de vraisemblance qui me surprend. Je ne sais où elle peut l'avoir pris, étant aussi impertinente qu'elle est. Je gage que je vais vous réduire à avouer, contre toute raison, qu'il pourra y avoir un jour du commerce entre la terre et la lune. Remettez-vous dans l'esprit l'état où était l'Amérique avant qu'elle eût été découverte par Christophe Colomb. Ses habitants vivaient dans une ignorance extrême. Loin de connaître les sciences, ils ne connaissaient pas les arts les plus simples et les plus nécessaires. Ils allaient nus, ils n'avaient point d'autres armes que l'arc; ils n'avaient jamais conçu que des hommes pussent être portés par des animaux; ils regardaient la mer comme un grand espace défendu aux hommes, qui se joignait au ciel, et au delà duquel il n'y avait rien. Cependant voilà un beau jour le spectacle du monde le plus étrange et le moins attendu qui se présente à eux. De grands corps énormes qui paraissent avoir des ailes blanches, qui volent sur la mer, qui vomissent le feu de toutes parts, et qui viennent jeter sur le rivage des gens inconnus, tout écaillés de fer, disposant comme ils veulent des monstres qui courent sous eux, et tenant en leur main des foudres dont ils terrassent tout ce qui leur résiste. D'où sont-ils venus? Qui a pu les amener par-dessus les mers? Qui a mis le feu en leur disposition? Sont-ce les enfants du Soleil? Car, assurément, ce ne sont pas des hommes. Je ne sais, Madame, si vous entrez comme moi dans la surprise des Américains; mais jamais il ne peut y en avoir eu une pareille dans le monde. Après cela, je ne veux plus jurer qu'il ne puisse y avoir commerce quelque jour entre la lune et la terre. Les Américains eussent-ils cru qu'il eût dû y en avoir entre l'Amérique et l'Europe qu'ils ne connaissaient seulement pas? Il est vrai qu'il faudra traverser ce grand espace d'air et de ciel qui est entre la terre et la lune. Mais ces grandes mers paraissaient-elles aux Américains plus propres à être traversées?

—En vérité, dit la Marquise en me regardant, vous êtes fou!

—d'après Fontenelle, auteur des *Entretiens sur*
la pluralité des mondes (1686)

66. De quel siècle ce passage date-t-il?
    A. quinzième
    B. seizième
    C. dix-septième
    D. dix-huitième

67. Dans ce passage il s'agit de la possibilité d'avoir des relations entre . . .
    A. l'Amérique et l'Europe.
    B. la mer et le ciel.
    C. la terre et le soleil.
    D. la lune et la terre.

68. Qui sont les deux interlocuteurs dans cet entretien?
    A. un professeur et un étudiant
    B. un homme de commerce et une cliente
    C. une femme de commerce et un client
    D. un savant et une femme

69. Les grands corps énormes qui paraissent avoir des ailes blanches sont des . . .
    A. oiseaux
    B. bateaux
    C. avions
    D. monstres de la mer

70. Selon la Marquise, son interlocuteur a des pensées . . .
    A. folles
    B. importantes
    C. nobles
    D. ignobles

GO ON TO THE NEXT PAGE

Il y a quelques années nous avons salué à Paris l'arrivée d'un pianiste inconnu en France, mais que·nous trouvions grand. Après un travail continu, Cziffra est devenu aujourd'hui un virtuose qui a autant d'admirateurs qu'une grande étoile de music-hall et c'est bien rassurant pour la musique classique et pour le piano.

Il est agréable de fêter la même année l'anniversaire du premier concert à Paris de Cziffra et le cent cinquantenaire de Liszt dont il est le plus célèbre interprète. En cinq ans Cziffra est devenu pour le monde entier l'interprète romantique pour qui Liszt semble avoir écrit ses plus brillantes compositions musicales.

Généreux et tourmenté, ce pianiste impétueux et violent vit paisiblement dans une grande maison près de Paris, entouré de sa femme, de ses enfants, de ses six chiens et d'autant de pianos. Là, ce grand travailleur voudrait oublier le charme de l'ancienne ville de Budapest qu'il a quittée il y a moins de dix ans.

71. Au moment de son arrivée à Paris, le pianiste était
    A. célèbre dans tous les pays.
    B. peu connu dans sa nouvelle patrie.
    C. entouré d'amis.
    D. révolté contre le sort.

72. Pendant ses premières années à Paris, Cziffra a
    A. fait du cinéma.
    B. abandonné la musique.
    C. chanté à l'Opéra.
    D. joué du piano.

73. Le succès de Cziffra prouve que le public moderne
    A. apprécie la musique des grands compositeurs.
    B. aime seulement la musique de danse.
    C. préfère le concert de musique populaire.
    D. s'intéresse peu aux instruments à cordes.

74. Cziffra est de nos jours l'interprète de Liszt qui
    A. chante le mieux.
    B. est le plus connu.
    C. est le plus âgé.
    D. reste le plus ignoré.

75. La vie de ce musicien est
    A. très solitaire.
    B. une chose qu'il essaie d'oublier.
    C. marquée par beaucoup de travail.
    D. continuellement troublée par des considérations politiques.

   Mon rêve familier

Je fais souvent ce rêve étrange et pénétrant
d'une femme inconnue, et que j'aime, et qui m'aime,
et qui n'est, chaque fois, ni tout à fait la même
ni tout à fait une autre, et m'aime et me comprend.

Car elle me comprend, et mon coeur, transparent
pour elle seule, hélas! cesse d'être un problème
pour elle seule, et les moiteurs de mon front blême,
elle seule les sait rafraîchir, en pleurant.

Est-elle brune, blonde ou rousse?—Je l'ignore.
Son nom? Je me souviens qu'il est doux et sonore
comme ceux des aimés que la Vie exila.

Son regard est pareil au regard des statues,
et pour sa voix, lointaine, et calme, et grave, elle a
l'inflexion des voix chères qui se sont tues.

—Paul Verlaine, *Poèmes saturniens* (1866)

76. Le poète et la femme dans son rêve s'aiment-ils?
  A. Oui, c'est évident.
  B. Non, ce n'est pas certain.
  C. Peut-être, ce n'est pas clair.
  D. Quelquefois oui, quelquefois non.

77. Le poète ne sait pas . . .
  A. s'il aime la femme dans son rêve
  B. si la femme dans son rêve l'aime
  C. si la femme est morte ou vivante
  D. la couleur des cheveux de la femme

78. Le rêve est familier au poète parce que la femme inconnue y apparaît . . .
  A. fréquemment
  B. rarement
  C. peu souvent
  D. une fois par semaine

79. Qui est capable de soulager le visage pâle du poète avec ses pleurs?
  A. la femme inconnue
  B. la femme connue
  C. la voix de la femme inconnue
  D. la Vie

80. Il est évident que la femme . . .
  A. existe dans le monde réel
  B. est une statue dans un musée
  C. est transparente
  D. vit dans l'esprit du poète

"Pour Dieu," dit le maréchal, "que cette bataille nous apporte honneur! Celui qui se conduirait mal serait banni de la gloire de Notre-Seigneur. Souvenez-vous de nos ancêtres très courageux dont les noms sont encore rappelés dans les histoires. Sachez bien que celui qui mourra pour Dieu dans cette bataille, son âme s'en ira toute fleurie au paradis. Le champ de bataille est à nous, pourvu que nous ayons pleine foi en Dieu. Si les ennemis sont plus nombreux que nous, que nous importe? Ils sont arrogants aujourd'hui parce qu'ils nous ont trouvés ces jours-ci un peu las; mais nous voilà reposés et prêts à les étonner. Pour Dieu, n'attendons pas qu'ils nous attaquent les premiers. J'ai assez l'expérience de la guerre pour savoir que si on attaque ses ennemis du premier coup avec promptitude, on a moins de peine à les mettre en déroute. Allons! celui qui s'épargnera dans ce combat, que le Dieu de gloire ne lui donne jamais honneur!"

81. Nous savons que nos ancêtres
  A. n'ont pas oublié leurs noms.
  B. sont restés dans l'oubli.
  C. se racontaient des histoires.
  D. vivent dans les livres d'histoire.

GO ON TO THE NEXT PAGE ➤

82. Celui qui mourra dans cette bataille
    A. sera banni de la gloire de Notre-Seigneur.
    B. ira au ciel.
    C. sera vite oublié.
    D. recevra le blâme de la postérité.

83. Pour gagner la bataille, il faut
    A. croire en Dieu.
    B. être arrogant.
    C. être plus nombreux que l'ennemi.
    D. mourir.

84. Aujourd'hui l'ennemi va nous trouver
    A. disposés à fuir.
    B. sur le point de dormir.
    C. désireux de combattre.
    D. résignés devant la mort.

85. Dans la bataille, il vaut mieux
    A. prendre ses aises.
    B. attendre l'attaque de l'adversaire.
    C. éviter le combat.
    D. attaquer d'abord l'adversaire.

END OF TEST 3

TEST 4

This test consists of 85 questions. You have 60 minutes to complete it. Answer Keys, Analysis Charts, and Explained Answers are at the end of Part II.

PART A

Directions: This part contains incomplete statements. Each has four choices. Choose the correct completion and blacken the corresponding space on the answer sheet.

1. Je l'écoute mais je ne dis . . .
   A. rien
   B. aucun
   C. beaucoup
   D. jamais

2. Je . . . bien qu'elle soit partie.
   A. sais
   B. doute
   C. connais
   D. fais

3. Je voudrais savoir . . . tu as acheté.
   A. ce qui
   B. qu'est-ce
   C. ce que
   D. que

4. Avez-vous bu du vin aujourd'hui?—Oui, . . . bu.
   A. je l'ai
   B. j'en ai
   C. j'y ai
   D. je lui ai

5. Si vous avez besoin d'argent, alors . . . -en.
   A. prêtez
   B. donnez
   C. achètes
   D. empruntez

6. Ces garçons n'ont pas . . . soeurs.
   A. de
   B. des
   C. d'
   D. les

7. Il désire . . . présenter.
   A. me les
   B. les me
   C. les moi
   D. moi les

GO ON TO THE NEXT PAGE

8. Vas-tu visiter leur . . . et la mienne?
   A. musée
   B. parc
   C. école
   D. maisons

9. C'est moi qui . . . acheté ces fleurs.
   A. a
   B. ai
   C. est
   D. suis

10. C'est nous qui . . . fait cela.
    A. a
    B. avons
    C. ayons
    D. ai

11. La mère . . . son enfant avant de sortir.
    A. s'est habillée
    B. a habillé
    C. ait habillé
    D. s'était habillée

12. Ce matin . . . la maison à huit heures et demie.
    A. je suis parti
    B. j'ai passé
    C. j'ai laissé
    D. j'ai quitté

13. La semaine . . . je vous donnerai l'argent que je vous dois.
    A. prochaine
    B. passé
    C. dernière
    D. avant

14. Je doute fort que Madame Dulac . . . malade.
    A. a
    B. ait
    C. soit
    D. devient

15. Si vous . . . , vous sauriez la leçon.
    A. étudiez
    B. étudiiez
    C. étudierez
    D. avez étudié

16. Avez-vous mis l'argent dans le tiroir?—Oui, je . . . ai mis.
    A. l'y
    B. lui en
    C. le leur
    D. l'en

17. As-tu mis les fleurs sur la table?—Oui, je les y ai . . .
    A. mis
    B. mise
    C. mises
    D. mettre

18. Si je vous dis que j'agis à la légère, cela veut dire que . . .
   A. je ne suis pas sérieux dans mes actions.
   B. je suis bien certain de ce que je fais.
   C. je me rends compte de ce que je fais.
   D. je refuse d'agir.

19. Quand je suis entré dans la cuisine, ma mère . . .
   A. préparerait le dîner
   B. prépara le dîner
   C. est en train de préparer la soupe
   D. était en train de faire la cuisine

20. Je suis tellement fâché que . . .
   A. je suis hors de moi
   B. je l'ai échappé belle
   C. je connais à fond
   D. j'ai une faim de loup

21. Quand nous avons fait du camping, nous avons . . .
   A. fait autant
   B. dormi à la belle étoile
   C. eu la langue bien pendue
   D. regardé de plus près

22. Quand une personne me dit "merci," je lui réponds: . . .
   A. Je suis à tue-tête
   B. Je vous en prie
   C. J'ai de quoi vivre
   D. Ne dites pas de mal

23. Madame Duval a acheté une nouvelle robe mais . . .
   A. elle ne lui va pas
   B. elle reprend la parole
   C. elle lui en veut
   D. elle parvient à tout ce qu'elle fait

24. Ma soeur a refusé de garder les enfants des voisins parce qu'elle . . .
   A. ne veut pas s'en charger
   B. n'aime pas faire la grasse matinée
   C. s'en est servi
   D. pense ne pas avoir inventé la poudre

25. Mon père . . . en coupant la viande.
   A. s'est rasé
   B. s'est fait mal
   C. devenait
   D. mangeant

26. Henri est le plus grand garçon . . . la classe.
   A. dans
   B. en
   C. de
   D. à

27. Aimez-vous les souliers que je viens . . . acheter?
   A. à
   B. de
   C. en
   D. d'

GO ON TO THE NEXT PAGE ▷

28. Je n'aime pas du tout . . . que tu as achetée.
    A. le manteau
    B. les crayons
    C. les fleurs
    D. la blouse

29. Je voudrais voir votre père . . . j'ai besoin de lui parler.
    A. parce que
    B. à cause de
    C. avant
    D. après

30. Maman va nous dire tout de suite que le déjeuner . . . prêt.
    A. soit
    B. est
    C. a
    D. ait

PART B

Directions: In the following statements there are underlined words. From the four choices given, select the one that fits grammatically and makes sense when substituted for the underlined word or words.

31. Madame Paresseuse parle beaucoup plus lentement maintenant.
    A. le
    B. la
    C. moins
    D. très

32. Mon amie m'a dit d'aller voir ce film.
    A. voulu
    B. demandé
    C. désiré
    D. insisté

33. Paul a une meilleure bicyclette que son frère.
    A. cadeau
    B. vélo
    C. note
    D. balai

34. A quelle heure Monsieur et Madame Paquet sont-ils allés à l'aéroport?
    A. vont-elles
    B. vont-ils
    C. ont-ils quitté
    D. sont-ils sortis

35. Où a-t-elle déjeuné hier soir?
    A. va-t-elle
    B. est-elle allée
    C. ira-t-elle
    D. irait-elle

36. Quand j'ai vu Mademoiselle Fifi dans le métro hier, elle était triste.
    A. avait l'air
    B. avait
    C. allait
    D. va

37. Quelle équipe a perdu le match hier?
    A. a gagné
    B. a exigé
    C. a fourni
    D. a allumé

38. Après être arrivée, elle s'est mise à travailler.
    A. être parti
    B. être entré
    C. avoir mangé
    D. arrivant

39. Nous sommes arrivés à Londres au beau milieu d'une pluie battante.
    A. d'un orage
    B. d'un bateau
    C. en avion
    D. d'un trottoir

40. J'insiste que tu fasses tout de suite tes devoirs de mathématiques.
    A. écrives
    B. emmènes
    C. empêches
    D. empruntes

41. Je te dirai tout quand je te verrai.
    A. parlerai
    B. écrirai
    C. verrais
    D. lâchais

42. En général, tous les étudiants doivent se lever tôt le matin.
    A. se couchent
    B. se lèvent
    C. s'habiller
    D. à manger

43. Je ne veux plus te voir parce que tu m'as menti.
    A. vois
    B. parler
    C. écrire
    D. perds

44. La lettre que je t'ai écrite, l'as-tu lue?
    A. entendu
    B. envoyée
    C. promis
    D. permis

45. Vous souvenez-vous de moi?
    A. elle
    B. nous
    C. ils
    D. eux

46. Ta maison est grande mais la maison de Claudine est petite.
    A. laquelle
    B. lequel
    C. celle
    D. celui

GO ON TO THE NEXT PAGE

47. Je ne comprends pas ce que vous dites. De <u>quoi</u> parlez-vous?
    A. qui
    B. lequel
    C. duquel
    D. dont

48. Je vous assure que vous auriez dû <u>venir</u> plus tôt.
    A. couchez
    B. dépêchez
    C. étudié
    D. téléphoner

49. Je regrette, mon cher ami, mais je ne peux pas te prêter d'argent parce que je n'en ai <u>pas</u>.
    A. quel
    B. quoi
    C. point
    D. que

PART C

Directions: There are blank spaces in the following selections. Under each blank there are four choices. Choose the answer that is grammatically correct and makes sense. At times, dashes are used in choice A to indicate that nothing is required to fill the blank.

Les habitants de Paris _ _ _ _ _ _ d'une curiosité qui va jusqu'à l'extravagance.

      50. A. ont
           B. sont
           C. aient
           D. soient

Lorsque j'arrivai, _ _ _ _ _ _ regardé comme si j'avais _ _ _ _ _ _ envoyé

   51. A. j'eus   **52.** A. été
        B. je fus   B. eu
        C. je fis   C. dû
        D. je fisse   D. plu

du ciel: vieillards, hommes, femmes, enfants, tous _ _ _ _ _ _ me voir.

         53. A. voulaient
             B. voudraient
             C. voulait
             D. voudrait

Quand je sortais, tout le monde _ _ _ _ _ _ aux fenêtres; quand

       54. A. se mettaient
          B. se mettait
          C. se mettraient
          D. se mettrait

j'étais aux jardins des Tuileries, je _ _ _ _ _ _ aussitôt un cercle _ _ _ _ _ _ autour de moi:

   55. A. vois   **56.** A. se formait
        B. voyais   B. se formerait
        C. verrai   C. s'est formé
        D. verrais   D. se former

les femmes mêmes faisaient un arc-en-ciel, nuancé de mille couleurs, qui _ _ _ _ _ _.

57. A. m'entourait
B. m'entouraient
C. m'entourerait
D. m'entoureraient

Quand _ _ _ _ _ _ aux spectacles, je trouvais d'abord cent lorgnettes _ _ _ _ _ _ contre ma figure;

58. A. j'eus
B. je fus
C. je serais
D. j'étais

59. A. dressé
B. dressés
C. dressée
D. dressées

enfin, jamais homme _ _ _ _ _ _ a été tant vu que _ _ _ _ _ _. Je souriais quelquefois

60. A. _ _ _
B. n'
C. nul
D. aucun

61. A. je
B. moi
C. me
D. leurs

d'entendre des gens qui n'étaient presque jamais _ _ _ _ _ _ de leur chambre.

62. A. sorti
B. sortie
C. sorties
D. sortis

Je ne me croyais pas un homme si curieux et si rare; et, quoique _ _ _ _ _ _ très bonne

63. A. j'ai
B. j'aie
C. je suis
D. je sois

opinion de moi, je ne me serais jamais imaginé que je dusse troubler le repos d'une grande ville où je n'étais point connu. J'eus sujet de me plaindre de mon tailleur, qui m'avait fait _ _ _ _ _ _ en un instant l'attention _ _ _ _ _ _.

64. A. perdre
B. perdu
C. perdant
D. perdait

65. A. public
B. publique
C. publics
D. publiques

PART D

Directions: The following passages are for reading comprehension. After each selection there are incomplete statements or questions. Of the four choices, choose the correct one based on what you have read in the passage.

—A ce compte, dit la marquise, la philosophie en est arrivée au point de suivre les lois qui règlent les machines?

—A tel point, répondis-je, que je crains qu'on n'en ait bientôt honte. On veut que l'univers ne soit en grand que ce qu'une montre est en petit, et que tout s'y conduise par des mouvements réglés qui dépendent de l'arrangement des parties.

—Et moi, répliqua-t-elle, j'estime l'univers beaucoup plus depuis que vous me dites tout cela. Il est surprenant que l'ordre de la nature ne roule que sur des choses si simples.

—Je ne sais pas, lui répondis-je, qui vous a donné des idées si saines; mais en vérité, il n'est pas trop commun de les avoir. Assez de gens ont toujours dans la tête un faux merveilleux, enveloppé d'une obscurité qu'ils respectent. Ils n'admirent la nature que parce qu'ils la croient une espèce de magie où l'on n'entend rien.

66. La philosophie de nos jours
    A. est très mécanique.
    B. donne lieu à la honte.
    C. règle les lois de l'univers.
    D. est peu mécanique.

67. Certaines gens disent que l'univers
    A. est petit comme une montre.
    B. ne ressemble aucunement à une montre.
    C. donne peu d'indications d'ordre.
    D. est réglé comme une montre.

68. La marquise est surprise
    A. que tout soit si incompréhensible.
    B. qu'il n'y ait que confusion dans le monde.
    C. que le principe de l'univers soit tellement facile à comprendre.
    D. que l'ordre des choses soit si compliqué.

69. Les idées saines sont
    A. peu communes.
    B. forcément claires.
    C. obscures.
    D. très communes.

70. Certaines personnes admirent
    A. ce qui fait du bruit.
    B. ce qu'elles ne comprennent pas.
    C. ce qui est silencieux.
    D. ce qui est clair.

Rendu à sa famille, Robert parvint à force de travail et avec le secours de quelques amis à rétablir ses affaires. Cependant son fils s'occupait toujours à découvrir le généreux bienfaiteur qui se cachait si obstinément aux remerciements de sa famille. Un an s'était écoulé sans qu'il eût pu le découvrir, lorsqu'il le rencontra enfin, un dimanche matin, se promenant seul sur le quai.

71. Où Robert retourna-t-il?
    A. à l'hôpital
    B. à son bureau
    C. chez lui
    D. chez des amis

72. Comment Robert réussit-il à rétablir ses affaires?
    A. très facilement
    B. par la force
    C. avec l'aide de son fils
    D. avec l'aide d'autres personnes

73. Que faisait le fils de Robert?
    A. Il cherchait une personne inconnue.
    B. Il cachait un bienfaiteur.
    C. Il remerciait la famille.
    D. Il continuait à se cacher.

74. Combien de temps le fils mit-il à cette affaire?
    A. une fin de semaine
    B. douze mois
    C. plusieurs journées
    D. quinze jours

75. Où se trouvait le personnage évasif?
    A. près de l'eau
    B. dans la mer
    C. dans une voiture
    D. à l'église

"Tu devrais te faire couper les cheveux," dit Boris à son ami Henri Troyat, le grand écrivain français.

L'idée de se faire couper les cheveux par un coiffeur américain plut à Henri qui entra d'un pas décidé chez le coiffeur. Lorsqu'il en ressortit, il avait dépensé cinq dollars, mais éprouvé des sensations tellement singulières que cette expérience aurait bien valu le double. Lui ayant taillé les cheveux et les ayant brossés avec une brosse en fer, le coiffeur s'était fixé sur la main un petit appareil électrique qui la faisait vibrer au contact du crâne du Français dont toute la tête tremblait comme une gélatine. Il avait l'impression que ses dents jouaient aux quatre coins dans sa bouche. Ce premier massage fut suivi d'un shampooing à l'huile, d'un rinçage des cheveux à l'eau tiède, d'une douche glacée, d'un séchage à air chaud, puis d'une application de lotions diverses. Ensuite le coiffeur s'attaqua aux joues, au menton et au front de son client dont il remuait la figure comme de la pâte malgré des expressions de ressentiment. Quand vint le tour d'un énorme appareil de rayons ultraviolets, Henri entendit Boris qui disait, "C'est pour brunir." L'idée de bains de soleil dans une cave semblait tellement ridicule à Henri qu'il éclata de rire, ce qui fâcha le coiffeur.

Puis Henri abandonna ses mains à la manucure et ses pieds au cireur de souliers. Trois personnes s'occupaient de lui.

Quand tout fut fini, Henri se regarda dans une glace, le coiffeur le contempla en clignant des yeux avec satisfaction, comme un artiste devant sa toile. La manucure se mirait dans ses ongles et le cireur dans ses chaussures. Alors Boris dit à son ami:

"Tu te sens mieux, n'est-ce pas?"

Henri paya et sortit dans la rue avec la sensation délicieuse qu'une fleur précieuse avait poussé sur ses épaules.

76. Le Français, Henri Troyat, fut poussé à entrer chez le coiffeur par
    A. le besoin de se reposer.
    B. les prix très bas.
    C. une vanité excessive.
    D. un conseil amical.

77. Après avoir coupé les cheveux à son client, le coiffeur se mit à lui
    A. serrer chaleureusement la main.
    B. prodiguer de multiples traitements.
    C. parler français.
    D. brosser les dents.

78. Qu'est-ce qu'Henri trouvait désagréable?
    A. le massage de son visage
    B. la température du rinçage
    C. l'odeur des lotions
    D. l'usage de l'huile

79. Le coiffeur s'irrita à cause
    A. du nombre excessif des employés.
    B. du long travail exigé par son client.
    C. d'une remarque faite par Boris.
    D. d'une réaction de son client.

GO ON TO THE NEXT PAGE ▷

80. L'auteur précise que tous les employés du salon de coiffure pour hommes avaient accompli un travail
    A. trop lent.
    B. peu soigné.
    C. très artistique.
    D. presque inutile.

A environ 20 milles de Paris, on a vendu un village entier avec ses 300 maisons. Inscrit dans les registres de l'administration sous le nom de Noisiel, il est de fait connu sous celui de "Village Menier". C'est ce dernier nom qu'on entend partout dans les rues, et surtout, dans les conversations de certains de ses habitants.

Situé dans le département de Seine-et-Marne, le village a pris son second nom de la fabrique de chocolat qui lui fournissait du travail. Il y a quelque temps la fabrique a dû se séparer du village où elle s'était établie en 1816.

L'usine avait été fondée par Antoine-Brutus Menier. Elle a connu avec le village des heures de gloire. On peut même dire que les deux ont grandi ensemble. Mais, aujourd'hui, la séparation se produit parce que l'usine s'est vue obligée de sacrifier son "enfant", en vendant ses propriétés voisines afin de pouvoir refinancer et moderniser son établissement.

La manufacture de chocolat qui jadis parvenait à nourrir plus de deux mille ouvriers, n'en comptait plus que 200. Autrefois, tous les habitants de Noisiel gagnaient leur vie en faisant du chocolat. En 1963, ce n'est plus qu'une faible minorité des habitants du village, qui prennent tous les matins le chemin de l'usine. Les autres ont été forcés de chercher du travail ailleurs.

Un village au complet, ses maisons, ses rues, ses arbres, ses canalisations, vendus à un établissement commercial! En plein 1963, on éprouve quelque difficulté à s'imaginer qu'un village puisse appartenir à une autre institution que l'Etat. En apprenant que tout, sauf quelques hectares occupés par l'usine, avait été vendu, les habitants ont ressenti une inquiétude que l'on comprend facilement.

81. Qu'y a-t-il de particulier au sujet du village français de Noisiel?
    A. Il est situé près de Paris.
    B. Il comprend beaucoup de maisons.
    C. On l'appelle par un autre nom.
    D. Ses habitants parlent différentes langues.

82. Comment quelques habitants de Noisiel gagnent-ils encore leur vie?
    A. Ils travaillent pour leur département.
    B. Ils fabriquent des produits alimentaires.
    C. Ils sont fonctionnaires à Paris.
    D. Ils sont à la retraite.

83. Qu'est-ce qui a fait autrefois la gloire du village?
    A. la date de sa fondation
    B. les soins accordés aux enfants
    C. la production du chocolat
    D. l'importance attachée à la culture physique

84. Qu'est-ce qui a rendu la séparation nécessaire?
    A. le manque de chocolat
    B. la dissatisfaction des travailleurs
    C. les mauvaises routes
    D. la situation financière de l'usine

85. On a finalement décidé de
    A. vendre le village.
    B. fermer l'usine.
    C. remettre le village au gouvernement.
    D. forcer les gens à cultiver la terre.

END OF TEST 4

TEST 5

This test consists of 85 questions. You have 60 minutes to complete it. Answer Keys, Analysis Charts, and Explained Answers are at the end of Part II.

PART A

Directions: *This part contains incomplete statements. Each has four choices. Choose the correct completion and blacken the corresponding space on the answer sheet.*

1. Je . . . un cours de biologie.
   A. suis
   B. baisse
   C. déduis
   D. pèse

2. Pour entrer dans un cinéma ou un théâtre j'ai besoin . . .
   A. d'une poupée
   B. d'un billet
   C. d'un portefeuille
   D. d'un papillon

3. Aimeriez-vous un peu de . . . sur le morceau de pain?
   A. beurre
   B. peur
   C. jupe
   D. chiffre

4. Le contraire de <u>belle</u> est . . .
   A. beau
   B. jolie
   C. laide
   D. laitue

5. Il commence à pleuvoir. Il y a des . . . de pluie qui tombent.
   A. goûts
   B. gouttes
   C. gouttières
   D. pleurs

6. En France, on rentre à l'école . . .
   A. en hiver
   B. au printemps
   C. en été
   D. en automne

7. Le soleil . . . la terre.
   A. refroidit
   B. gèle
   C. fond
   D. chauffe

GO ON TO THE NEXT PAGE

8. Généralement, en été, on peut entendre le gazouillement des . . .
   A. nuages
   B. cieux
   C. vents
   D. oiseaux

9. Généralement, il neige . . .
   A. au printemps
   B. en été
   C. en hiver
   D. en automne

10. Pendant la saison de l'année où il gèle, on peut patiner sur . . .
    A. la glace
    B. les collines
    C. la mer
    D. les épaules

11. Quand il pleut et qu'on voudrait sortir, on peut prendre avec soi . . .
    A. un manteau d'hiver
    B. une canne à pêche
    C. une ligne de pêche
    D. un parapluie

12. Qu'est-ce que vous aimeriez manger ce soir? De la viande ou . . .?
    A. du poisson
    B. de la poisson
    C. du poison
    D. de la poison

13. Si je veux aller à la pêche, je vais au bord . . .
    A. d'un chapeau
    B. d'un lac
    C. d'une tour comme la Tour Eiffel
    D. d'un monument comme l'Arc de Triomphe à Paris

14. Pour manger du potage, de quoi se sert-on?
    A. d'un couteau
    B. d'une fourchette
    C. d'une nappe
    D. d'une cuiller

15. Le chiens aboient, les poules caquettent, et les grenouilles . . .
    A. coassent
    B. caquettent aussi
    C. aboient aussi
    D. gazouillent

16. La girafe a . . . très long.
    A. un cou
    B. un coup
    C. un prix
    D. une coupe

17. En général, on prend le . . . à seize heures.
    A. goûter
    B. dîner
    C. déjeuner
    D. petit déjeuner

18. La bouche d'un animal s'appelle . . .
   A. le gogo
   B. la gueule
   C. le gueulement
   D. le mensonge

19. Quel temps fait-il?—Il grêle.
   A. Il fait beau
   B. Il fait du soleil
   C. Il fait chaud
   D. Il fait mauvais

20. Quel est votre métier?—Je suis chauffeur. Ah, bon! Alors, vous savez . . .
   A. conduire
   B. poursuivre
   C. atteindre
   D. trancher

21. Le vêtement pour hommes sans manches qu'on met sous la veste est . . .
   A. un manteau
   B. un gilet
   C. une jupe
   D. un pantalon

22. Cet homme gémit parce qu'il . . .
   A. est gravement malade
   B. a trouvé beaucoup d'argent
   C. est heureux
   D. va chasser

23. Ordinairement, on va dans . . . pour chasser.
   A. la cuisine
   B. la cave
   C. une caverne
   D. une forêt

24. Cet écolier a des soucis parce que demain . . .
   A. il fera beau temps
   B. le train arrivera à l'heure
   C. son père lui donnera de l'argent
   D. il va passer un examen

25. Quand j'ai une heure de loisir . . .
   A. j'étudie la leçon de français
   B. je me promène dans le parc
   C. je travaille beaucoup
   D. je peins les murs de la cuisine

26. Quel fruit aimez-vous le mieux?
   A. les asperges
   B. l'aubergine
   C. les haricots verts
   D. le pamplemousse

27. Le produit laitier que je préfère est . . .
   A. le café noir
   B. le café au lait
   C. le fromage
   D. l'orange

GO ON TO THE NEXT PAGE ▶

28. Ce livre-ci coûte cher mais celui-là est . . .
   A. en plus
   B. de plus
   C. égal
   D. meilleur marché

29. Madame Arland a mis le linge au soleil pour . . .
   A. soigner
   B. se quereller
   C. terrasser
   D. sécher

30. On achète sûrement du chocolat dans une . . .
   A. quincaillerie
   B. boucherie
   C. blanchisserie
   D. confiserie

PART B

Directions: In the following statements there are underlined words. From the four choices given, select the one that fits grammatically and makes sense when substituted for the underlined word or words.

31. Je préfère voyager en avion.
   A. Portugal
   B. Canada
   C. Londres
   D. Italie

32. J'espère que Jean-David viendra me voir demain.
   A. vienne
   B. puisse
   C. va venir
   D. soit venu

33. Jean, pourquoi ne m'as-tu pas écrit quand tu étais à Paris au mois de mars pendant deux semaines?
   A. téléphoné
   B. téléphonez
   C. téléphoner
   D. téléphonerez

34. As-tu assez d'argent sur toi?—Oui, j'ai plus de mille francs.
   A. presque
   B. moins
   C. beaucoup
   D. plus que

35. Je viens de lui donner le journal.
   A. vous
   B. elle
   C. y
   D. leurs

36. Et les pièces de monnaie que je t'ai données pour ton anniversaire, où les as-tu mises?
   A. bues
   B. cachées
   C. dépensés
   D. prise

37. <u>Qui</u> est à la porte?
  A. Qui est-ce qui
  B. Qui est-ce que
  C. Qui est-ce qu'
  D. Quoi

38. De <u>quoi</u> parle-t-il?
  A. lequel
  B. qui
  C. quel
  D. ce que

39. La semaine dernière nous sommes arrivés à Paris et nous avons <u>quitté</u> nos amis devant l'hôtel.
  A. parlé
  B. vu
  C. partis
  D. parti

40. <u>Que</u> cherchez-vous?
  A. Qu'est-ce que
  B. Quel
  C. Qui
  D. Quoi

41. Connaissez-vous cette <u>dame</u>?
  A. monsieur
  B. homme
  C. personne
  D. arbre

42. Cet <u>enfant</u> est beau.
  A. jeune fille
  B. auberge
  C. hôtel
  D. orange

43. En <u>quittant</u> ses amis, il les a salués.
  A. partez
  B. embrassant
  C. voir
  D. écrivant

44. C'est mon meilleur ami qui <u>me les</u> a donnés.
  A. les leur
  B. leur les
  C. les toi
  D. les nous

45. Cette bicyclette est à moi; et <u>cette bicyclette-là</u>, à qui est-elle?
  A. celle-ci
  B. celle-là
  C. la leur
  D. la vôtre

46. Je ne sais pas du tout si Jean est amoureux de <u>vous</u>.
  A. leur
  B. les
  C. me
  D. toi

GO ON TO THE NEXT PAGE ⇒

47. A mon avis, Janine est la seule étudiante qui <u>comprenne</u> les leçons.
   A. sache
   B. écrit
   C. lit
   D. fait

48. Veillez à ce que les portes et les fenêtres <u>soient</u> fermées pendant mon absence.
   A. restent
   B. posent
   C. sont
   D. tiennent

49. Voulez-vous vous <u>cacher</u> avec moi dans la forêt?
   A. promener
   B. dîner
   C. promettre
   D. chasser

PART C

Directions: There are blank spaces in the following selections. Under each blank there are four choices. Choose the answer that is grammatically correct and makes sense. At times, dashes are used in choice A to indicate that nothing is required to fill the blank.

Gérard, as-tu _ _ _ _ _ _ les cadeaux à ton ami pour son anniversaire?
   50. A. donné
        B. donnés
        C. donnée
        D. données

—Oui, je _ _ _ _ _ _ ai _ _ _ _ _ _ et il était très heureux _ _ _ _ _ _ recevoir.

51.	**52.**	**53.**
A. les leur	A. donné	A. les
B. les lui	B. donnée	B. les leur
C. lui les	C. donnés	C. des
D. leur les	D. données	D. de les

Je demeurai plus _ _ _ _ _ _ vingt-quatre heures la bouche _ _ _ _ _ _
   54. A. _ _ _   **55.** A. attaché
        B. que   B. attachés
        C. des   C. attachées
        D. de   D. attachée

sur le visage et sur les mains de ma chère Manon. Mon dessein était _ _ _ _ _ _ mourir. Je formai la
                                                      56. A. y
                                                           B. d'y
                                                           C. là
                                                           D. que

résolution de _ _ _ _ _ _ enterrer et
   57. A. lui
        B. la
        C. l'
        D. les

d'attendre la mort sur sa fosse. Il ne m'était pas difficile _ _ _ _ _ _ ouvrir la terre dans le lieu où je

58. A. _ _ _
B. d'
C. à
D. que d'

me trouvais. C'était une campagne couverte de sable. Je rompis mon épée pour _ _ _ _ _ _ servir à

59. A. _ _ _
B. m'en
C. m'y
D. me

creuser. J'ouvris une large fosse. J'y plaçai l'idole de mon coeur, après _ _ _ _ _ _ pris soin de

60. A. étant
B. ayant
C. être
D. avoir

l'envelopper de tous mes habits pour empêcher le sable _ _ _ _ _ toucher.

61. A. de le
B. du
C. de la
D. la

Barbara a envie _ _ _ _ _ _ manger. Elle mange quand elle a faim. Ce matin

62. A. _ _ _
B. à
C. pour
D. de

au petit déjeuner elle _ _ _ _ _ _ une tartine _ _ _ _ _ _ a _ _ _ _ _ _ dans son café au lait.

63. A. a prise   **64.** A. qui elle   **65.** A. trempé
B. a pris   B. qu'elle   B. trempée
C. a prises   C. ce qu'elle   C. creusé
D. prends   D. dont   D. creusée

PART D

Directions: The following passages are for reading comprehension. After each selection there are incomplete statements or questions. Of the four choices, choose the correct one based on what you have read in the passage.

Le propriétaire d'un établissement de bowling dit qu'on pourrait faire des études sociologiques assez amusantes en regardant les clients en train de se livrer à leur sport favori. Par exemple: Pour les Français, une partie de bowling a l'air d'une performance de mimes; c'est-à-dire, d'acteurs qui expriment des idées au moyen de gestes et d'attitudes. Ils agitent les bras et leur visage exprime toutes sortes de sentiments. Pour les Allemands, on dirait un concours scientifique. Ils ont l'air appliqué et organisent des consultations pour résoudre un problème. Les Japonais sont probablement les seuls joueurs qui peuvent jouer une partie complète sans prononcer un seul mot. Pour les Italiens, une partie de bowling c'est un peu une réunion de famille. Les joueurs amènent leurs propres admirateurs et ils forment le groupe le plus animé et le plus joyeux de l'établissement.

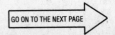 GO ON TO THE NEXT PAGE

66. Le patron de cet établissement sportif croit qu'en observant ses clients au jeu il peut
    A. comprendre ce qu'ils disent.
    B. découvrir leur nationalité.
    C. éviter des difficultés sérieuses.
    D. deviner leur métier.

67. Quand le Français joue au bowling, il semble
    A. manifester beaucoup de froideur.
    B. employer un langage vulgaire.
    C. faire du théâtre.
    D. vouloir se battre.

68. En jouant au bowling, un Allemand paraît
    A. prendre des décisions difficiles.
    B. manquer de méthode.
    C. avoir confiance en lui seul.
    D. causer inutilement.

69. Comment le joueur japonais aime-t-il jouer une partie?
    A. en prenant des risques
    B. sans aucun spectateur
    C. sans faire d'effort
    D. en silence

70. Pour un Italien, une partie de bowling révèle
    A. le besoin de sortir de chez lui.
    B. le désir de montrer sa force.
    C. son esprit familial.
    D. son enthousiasme modéré.

Albert Schweitzer, docteur en philosophie, en théologie, et en médecine, naquit en Alsace en 1875. Il devint prédicateur à l'Eglise Saint-Nicolas à Strasbourg. Pendant dix ans, de 1902 à 1912, il fut organiste de la Société Jean-Sébastien Bach. En apprenant que la Société des Missions Evangéliques à Paris avait besoin d'hommes pour son oeuvre en Afrique, il décida d'étudier la médecine pour secourir, comme médecin, la population indigène. Il fut fondateur de l'hôpital de Lambaréné dans l'Afrique Equatoriale Française. En 1952, il reçut le Prix Nobel de la Paix. Dans toutes ses activités le docteur Schweitzer s'efforça de respecter la vie. C'est pour cela qu'il soigna les malades et qu'il chercha à guérir la population indigène d'une maladie sans microbes, la peur. Les Africains sont craintifs devant les forces de la nature; il faut les calmer, leur rendre confiance. Le docteur Schweitzer nous donna le grand secret du bonheur humain: aimer et se rendre utile. Albert Schweitzer mourut en 1965.

71. Le docteur Schweitzer fut médecin, théologien, philosophe, et
    A. avocat.
    B. ingénieur.
    C. musicien.
    D. homme d'état.

72. Selon le docteur Schweitzer qu'est-ce qu'il faut pour être heureux?
    A. recevoir des prix
    B. être renommé partout
    C. vivre en égoïste
    D. faire du bien aux autres

73. Qu'est-ce qui est arrivé à Schweitzer après beaucoup d'années en Afrique?
    A. Il a guéri presque tous les malades.
    B. Il a découvert la cause d'une maladie africaine.
    C. On lui a accordé un des plus grands honneurs du monde.
    D. La peur l'a forcé à abandonner ses projets.

74. Sur quel principe est fondée la philosophie du docteur Schweitzer?
    A. La nature nous comble de malheurs.
    B. On doit attacher une grande valeur à la vie.
    C. On trouve rarement ce qu'on cherche.
    D. La peur fait naître l'espérance.

75. Quel sentiment les Africains éprouvent-ils devant la nature?
    A. Ils ont peur.
    B. Ils sont orgueilleux.
    C. Ils restent indifférents.
    D. Ils se croient tout-puissants.

Le jour de l'examen du certificat d'études approchait. M. Rambourg présentait neuf candidats qu'il faisait travailler de sept heures du matin à six heures du soir. Le matin, il donnait du travail pour la journée aux autres élèves en leur recommandant de ne pas lever le nez; cependant, ils avaient la permission de rire des candidats, au commandement du maître. Ce procédé devait stimuler les concurrents.

Après les dictées et les problèmes venaient les interrogations de français, d'histoire et de géographie. Les élèves savaient par coeur tous les résumés de leurs petits manuels.

M. Rambourg travailla tant que ses neuf élèves furent reçus au certificat d'études, l'un avec le numéro un, un autre avec le numéro trois. Le soir de l'examen il y avait une foule à la gare pour les attendre. Les enfants sautèrent joyeusement hors des compartiments, et les parents riaient. On entourait M. Rambourg, rayonnant, on le félicitait, et dans le village en fête, on chantait la gloire du maître d'école.

76. Pour préparer ses candidats à l'examen, le professeur
    A. les obligeait à étudier énormément.
    B. les laissait travailler par eux-mêmes.
    C. leur permettait de perdre leur temps.
    D. leur lisait des histoires drôles.

77. Les autres élèves aidaient les candidats en
    A. leur posant des questions.
    B. leur soufflant les réponses.
    C. se moquant d'eux.
    D. leur prêtant des livres.

78. Cette méthode d'apprendre était surtout
    A. de tout réciter en groupe.
    B. de se servir de la mémoire.
    C. d'associer certaines idées générales.
    D. de faire des raisonnements subtils.

79. Que font les habitants du village pour partager le succès des écoliers?
    A. Ils les envoient en voyage.
    B. Ils les attendent à la maison.
    C. Ils viennent les rencontrer au train.
    D. Ils les font travailler toute la journée.

80. Quelle est l'attitude des parents envers le maître d'école?
    A. Ils lui offrent un cadeau.
    B. Ils restent indifférents.
    C. Ils le critiquent sévèrement.
    D. Ils le trouvent très bon professeur.

La Province de Québec est le berceau de la civilisation française sur le continent nord-américain. Environ 82% de sa population est d'origine française, mais la majorité de ses citoyens sont bilingues.

Le Québec est la plus grande province du Canada. Sa superficie, de 600.000 milles carrés, dépasse de six fois celle de la Grande-Bretagne. Elle est égale à celle des états de New-York, du Vermont, du New-

GO ON TO THE NEXT PAGE

Hampshire, du Maine, du Massachusetts, du Connecticut, du Rhode-Island, du New-Jersey, de la Pennsylvanie, de la Californie et du Texas réunis. Extrêmement riche en ressources naturelles, dont certaines encore inexploitées, le Québec dispose en outre d'une puissance hydro-électrique sans pareille: 11.000.000 de chevaux-vapeur (h.p.) lui assurent 45% du potentiel total du Canada. Le Québec est le plus gros producteur d'énergie électrique par tête au monde.

Son domaine forestier est presque inestimable et il est protégé par une législation de préservation et de reforestation. L'exploitation des forêts, la fabrication du papier et l'extraction du minerai constituent ses principales industries. Son économie s'industrialise à un rythme accéléré.

La Province de Québec fait les délices des touristes. Ceux qui cherchent à se recréer y trouvent d'innombrables sources de distractions. Amateurs de pêche, de chasse ou de camping jouissent de nombreux avantages que leur fournit le gouvernement provincial dans de vastes régions où quantité de rivières, de lacs remplis de poissons et de sites pittoresques procurent une tranquillité et un repos incomparables.

81. On dit que la majorité des habitants du Québec
    A. sont des jeunes enfants.
    B. sont nés en France.
    C. viennent des Etats-Unis.
    D. parlent deux langues.

82. La Province de Québec est imposante par
    A. l'étendue de son territoire.
    B. la densité de sa population.
    C. ses rapports avec l'étranger.
    D. ses hautes altitudes.

83. Le Québec surpasse tous les autres pays du monde par
    A. la richesse de ses habitants.
    B. son système de gouvernement.
    C. sa production de force électromotrice.
    D. la fertilité de son territoire.

84. Pour assurer la conservation de ses richesses forestières la Province de Québec a
    A. promulgué des lois.
    B. discontinué la fabrication du papier.
    C. encouragé l'exploitation des mines.
    D. développé l'industrie touristique.

85. Qu'est-ce qui attire tant de touristes au Québec?
    A. le charme de la nature
    B. les nombreux sports d'hiver
    C. la fine cuisine
    D. la population française

END OF TEST 5

TEST 6

This test consists of 85 questions. You have 60 minutes to complete it. Answer Keys, Analysis Charts, and Explained Answers are at the end of Part II.

PART A

Directions: This part contains incomplete statements. Each has four choices. Choose the correct completion and blacken the corresponding space on the answer sheet.

1. Madame Huguette a crié «Au secours!» parce qu'elle a vu . . .
   A. une souris
   B. un sourire
   C. un soin
   D. un secours

2. Samedi dernier j'ai passé la nuit dans . . .
   A. un nuage
   B. une auberge
   C. un ours
   D. un parapluie

3. Le voleur refuse d' . . . ce qu'il a fait.
   A. avouer
   B. apaiser
   C. apparaître
   D. appliquer

4. Je vais entrer dans cette papeterie parce que je n'ai pas . . .
   A. de quoi écrire
   B. la même intention que vous
   C. de quoi manger
   D. la moindre idée

5. Vous . . . lire, vous ne comprendrez rien du tout.
   A. aurez beau
   B. savez bien
   C. aimez bien
   D. adorez

6. Je ne veux pas sortir ce soir parce que . . .
   A. je n'ai pas envie de m'amuser
   B. j'ai la parole
   C. je m'en approche
   D. je m'en sers

7. C'est vrai, j'ai fait une erreur et maintenant . . .
   A. je m'en rends compte
   B. je m'y rends
   C. je peux me passer de sel
   D. je suis de retour

GO ON TO THE NEXT PAGE

8. Le train de Paris arrive à neuf heures du matin et je vais . . . de ma famille.
   A. à la pêche
   B. à la rencontre
   C. à partir
   D. à peu près

9. Si vous avez l'intention d'aller au bal, une cravate noire est . . .
   A. de bon coeur
   B. d'avance
   C. à la fois
   D. de rigueur

10. J'ai trouvé ce billet de mille francs . . .
    A. çà et là
    B. par hasard
    C. et ainsi de suite
    D. bon gré mal gré

11. Aimez-vous mes nouvelles chaussures? Je n'ai pas payé beaucoup. Je les ai achetées . . .
    A. tant pis
    B. tant bien que mal
    C. de mon côté
    D. bon marché

12. Le sang est nécessaire pour . . .
    A. s'amuser
    B. faire des études
    C. patiner
    D. vivre

13. Madame, prenez cette chaise et asseyez-vous, je vous en prie.—Non, merci, je préfère rester . . .
    A. debout
    B. assise
    C. immobile
    D. inquiète

14. Trois pièces d'une maison sont la cuisine, la salle de bains, et . . .
    A. le toit
    B. la cheminée
    C. la pièce de résistance
    D. le salon

15. La petite fille pleure parce qu'elle . . .
    A. s'est fait mal
    B. a reçu une poupée
    C. peut se tirer d'affaire
    D. a éclaté de rire

16. L'enfant a renversé son verre de lait sur le tapis et sa maman s'est mise . . .
    A. en colère
    B. à lui chanter
    C. à lui lire une lettre de son père
    D. à le boire

17. Tiens! On joue de la musique; . . .
    A. n'attendez-vous pas?
    B. ne vous en chargez-vous pas?
    C. n'entendez-vous pas?
    D. est-ce que vous ne vous y attendez pas?

18. Ah bon! Vous sortez maintenant. Quand est-ce que vous serez . . .
    A. de bon appétit?
    B. de mon côté?
    C. de nouveau?
    D. de retour?

19. La tapisserie est . . .
    A. un ouvrage d'art en tissu qu'on met, généralement, au mur
    B. un magasin
    C. une boutique
    D. quelque chose qu'on mange après un repas

20. Le contraire de l'expression *tant mieux* est *tant* . . .
    A. *chance*
    B. *meilleur*
    C. *même*
    D. *pis*

21. Je ne peux pas laisser un pourboire sur la table parce que je n'ai pas . . .
    A. une chaise
    B. une fourchette
    C. oublié
    D. de monnaie

22. Demain matin nous allons nous réveiller avec le soleil; c'est à dire, . . .
    A. tôt
    B. tard
    C. la pluie
    D. la lune

23. Allons dans le parloir pour . . . un peu.
    A. manger
    B. causer
    C. jouer
    D. étudier

24. La reine est en train de mourir; elle . . .
    A. chante
    B. va faire un voyage avant de mourir
    C. demeure près de l'église
    D. agonise

25. Les bons élèves font leurs devoirs pour . . .
    A. réussir
    B. échouer
    C. aboyer
    D. abîmer

26. Dépêchez-vous! Le train va partir. On crie: . . .
    A. en voiture!
    B. au secours!
    C. à l'instant!
    D. d'ailleurs!

27. Si je vous dis qu'il y a un oiseau sur le toit, cela signifie qu'il est . . .
    A. en haut de la maison
    B. au bas de la colline
    C. dans la cave
    D. sur une branche du pommier

GO ON TO THE NEXT PAGE

28. Si je vous dis que je vais à travers le bois, cela veut dire que . . .
   A. je veux le couper en morceaux
   B. j'ai l'intention d'en sortir de l'autre côté
   C. je préfère un parc
   D. le bois est plus cher que le charbon

29. Si je fais quelque chose à mon gré, je le fais . . .
   A. pour me plaire
   B. au loin
   C. à la mode
   D. pour me dégoûter

30. La lettre au milieu du mot *Paris* est . . .
   A. la voyelle *i*
   B. la consonne *s*
   C. celle que j'ai déjà écrite
   D. la consonne *r*

PART B

Directions: In the following statements there are underlined words. From the four choices given, select the one that fits grammatically and makes sense when substituted for the underlined word or words.

31. Voyez-vous ce bel <u>homme</u> là-bas?
   A. monsieur
   B. femme
   C. élève
   D. honte

32. La petite Hélène parle <u>à sa poupée</u>.
   A. au sentier
   B. à sa mère
   C. aux soucis
   D. à sa bague

33. Le professeur a <u>fait comprendre</u> aux étudiants qu'il est indispensable d'étudier.
   A. a gaspillé
   B. a compris
   C. a entendu
   D. a expliqué

34. Tu as reçu de mauvaises notes en biologie. Tu pleures et tu es malheureuse; <u>ça se comprend</u>.
   A. cela se voit.
   B. y compris.
   C. c'est de la compréhension.
   D. c'est de la pluie.

35. Cet enfant <u>hésite</u> à parler.
   A. refuse
   B. finit
   C. jouit
   D. commence

36. Cet homme a péché; voilà pourquoi il pleure.
    A. a commis un crime
    B. gagnera le grand prix
    C. est commis à sa famille
    D. commettra du bien

37. Vous partez déjà? Attendez, je vais vous conduire à la porte.
    A. conduite
    B. induire
    C. conducteur
    D. accompagner

38. Connaissez-vous quelqu'un qui puisse m'aider?
    A. connaisse
    B. veut
    C. sait
    D. soit capable de

39. Voulez-vous aller prendre un café? Nous pouvons faire connaissance.
    A. connaissance
    B. parler
    C. se connaître
    D. devenons connaisseurs

40. Le prof va recommencer à parler. Ecoutez-le.
    A. commencer
    B. finir
    C. oser
    D. se hâter

41. La maîtresse est commise à instruire ses élèves.
    A. a promis
    B. est promise
    C. a commis
    D. a commencé

42. Adele s'est corrigée de sa mauvaise conduite.
    A. n'aime pas
    B. n'approuve pas
    C. ne se félicite pas
    D. conseille

43. Dans la classe de français nous corrigeons toujours nos devoirs en classe.
    A. nous nous empressons
    B. nous avons peur
    C. il s'agit
    D. nous lisons

44. Quand on est jeune, on court sans se fatiguer.
    A. on travaille
    B. on dort
    C. on se repose
    D. on s'endort

45. Ces enfants sont toujours en train de courir les rues.
    A. jouer dans
    B. courent
    C. traversent
    D. corriger

GO ON TO THE NEXT PAGE

46. Cette femme est bavarde. Elle <u>fait courir des bruits</u>.
    A. parle trop.
    B. est toujours prête à courir.
    C. a couru de la maison jusqu'à la bibliothèque.
    D. est toujours prête à boire.

47. Janine, <u>as-tu mis le couvert</u>? Nous allons prendre un goûter dans quelques minutes.
    A. as-tu mis la couverture
    B. as-tu placé le parapluie à sa place
    C. as-tu ton couvre-lit
    D. as-tu mis le vase de fleurs sur la table

48. Avez-vous cru l'histoire <u>que je vous ai racontée</u>?
    A. que vous avez écouté
    B. que vous avez écrit
    C. que le prof a lue à la classe
    D. que l'étudiante a composé

49. Le petit garçon <u>craint</u> de traverser le parc seul pendant la nuit.
    A. a peur
    B. aime
    C. hésite
    D. peut

PART C

Directions: *There are blank spaces in the following selections. Under each blank there are four choices. Choose the answer that is grammatically correct and makes sense. At times, dashes are used in choice A to indicate that nothing is required to fill the blank.*

Madame Dubac est _ _ _ _ _ _ dans sa maison. Elle a _ _ _ _ _ _ son chapeau, son manteau

50.	**51.**
A. entré	A. enlevé
B. entrée	B. enlevée
C. entrant	C. enlevant
D. entre	D. enlève

et ses gants. Puis, elle est _ _ _ _ _ _ directement au salon pour _ _ _ _ _ _ une chaise

52.	**53.**
A. allé	A. lever
B. allée	B. enlever
C. va	C. lève
D. allant	D. enlevant

et _ _ _ _ _ _ mettre dans la salle à manger. Après cela, elle _ _ _ _ _ _ les ordures.

54.	**55.**
A. le	A. a enlevée
B. la	B. a enlevé
C. en	C. enleva
D. y	D. enlevât

Je _ _ _ _ _ _ une jeune fille qui _ _ _ _ _ _ jouer _ _ _ _ _ _ piano.

56.	**57.**	**58.**
A. sais	A. sache	A. _ _ _
B. savais	B. sait	B. le
C. connais	C. connaît	C. du
D. connaisse	D. étudie	D. la

Elle étudie le piano _ _ _ _ _ _ deux ans. J'admire un cosmonaute _ _ _ _ _ _ fait des études de l'espace.

    59. A. pour
           B. depuis
           C. en
           D. dans

    60. A. que
           B. qui
           C. ce que
           D. ce qui

Et vous? _ _ _ _ _ _ vous étudiez à l'école _ _ _ _ _ _ ? La biologie? La chimie? Les mathématiques? Les arts?

    61. A. Qu'est-ce que
           B. Que
           C. Qui est-ce que
           D. Qui

    62. A. actuellement
           B. actuel
           C. actuels
           D. actuelles

Mon professeur de français se fâche facilement. Il se fâche _ _ _ _ _ _ les étudiants qui n'ont pas

    63. A. _ _ _
           B. contre
           C. à
           D. aux

leurs devoirs _ _ _ _ _ _. Il n'aime pas fâcher _ _ _ _ _ _ étudiants mais de temps en temps c'est bien

    64. A. préparé
           B. préparés
           C. préparée
           D. préparées

    65. A. leurs
           B. ses
           C. aux
           D. leur

nécessaire, n'est-ce pas?

PART D

Directions: The following passages are for reading comprehension. After each selection there are incomplete statements or questions. Of the four choices, choose the correct one based on what you have read in the passage.

Au cours d'une conférence prononcée à l'occasion de l'ouverture du troisième congrès du Spectacle pour célébrer dix ans de télévision dans son pays, l'orateur disait:

"Les gens s'ennuient; ils sont prisonniers de la vie ordinaire, prisonniers de leurs devoirs, prisonniers de leur condition. Il faut les amener quelque part sur la terre où ça ne ressemble pas tout à fait à la vie de tous les jours.

"Ils demandent à rire ou à pleurer; ils demandent qu'on les intéresse. Et je crois qu'en dix ans, la télévision au Canada français a réussi la plupart du temps à émouvoir le public et à l'intéresser malgré les erreurs trop fréquentes et les succès trop rares. Cependant, je dois dire que quelque chose a été faite dont nous devons être fiers. De tous les efforts accumulés, est née dans le monde du spectacle une fraternité entre les artistes, les artisans, les techniciens, les administrateurs qui le composent."

    66. L'occasion de ce discours était
        A. une visite universitaire.
        B. une représentation théâtrale.
        C. un concert télévisé.
        D. un dixième anniversaire.

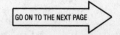 GO ON TO THE NEXT PAGE

67. Pourquoi les gens s'ennuient-ils?
    A. parce que leur vie est monotone
    B. parce qu'ils sont fatigués
    C. parce qu'ils sont en prison
    D. parce qu'ils n'aiment pas la télévision

68. Le conférencier trouve qu'en somme la télévision franco-canadienne
    A. n'a point répondu aux désirs du peuple.
    B. a obtenu des résultats continuellement favorables.
    C. a réussi généralement malgré tous les obstacles.
    D. a progressé trop lentement.

69. Quel fut le résultat du travail en commun?
    A. des conversations inutiles
    B. des fautes inexcusables
    C. une collaboration plus intime parmi les travailleurs
    D. des relations regrettables parmi les participants

70. Dans son discours, les prisonniers dont parle l'orateur sont
    A. dans les prisons.
    B. libres.
    C. les criminels.
    D. les personnes ordinaires qui regardent la télé.

Autrefois, dans la région montagneuse où se trouve la ville de Grenoble, la saison d'hiver était la saison du repos à l'intérieur. La vie s'y concentrait dans les distractions et les travaux intellectuels; c'était la saison des représentations théâtrales et des concerts; dans les confortables logis de l'aristocratie ou de la bourgeiosie, celle des réceptions, des dîners et des bals. Mais cette animation se manifestait seulement pendant la nuit, et par les rues couvertes de neige. On se limitait aux sorties nécessaires, sans songer à sortir inutilement en plein air, s'exposer à la violence du vent du nord. Tout cela changea dès que les sports d'hiver furent introduits.

71. Ce passage nous apprend quelques détails sur
    A. la vie paysanne dans la vieille France.
    B. l'ancienne façon de s'amuser en hiver.
    C. les dangers de sortir quand il fait froid.
    D. les orages dans les montagnes.

72. Dans cette région, on sortait rarement de la maison à cause
    A. de la rigueur du temps.
    B. de la peur des bandits.
    C. de la possibilité de rencontrer des animaux sauvages.
    D. des dangers d'une révolution sociale.

73. Comment la situation a-t-elle changé à Grenoble?
    A. On enlève toute la neige.
    B. On essaie de s'habiller plus chaudement.
    C. On fait plus d'athlétisme.
    D. Le climat n'est plus le même dans la montagne.

74. Jadis, les habitants de la ville de Grenoble
    A. appartenaient à l'aristocratie.
    B. appartenaient à la bourgeoisie.
    C. menaient une vie religieuse.
    D. menaient une vie animée après le coucher du soleil.

75. Aujourd'hui, la ville de Grenoble est animée surtout à cause des sports d'hiver qui sont
A. interdits.
B. défendus.
C. populaires.
D. impopulaires.

Napoléon, debout avant le jour, donnait ce matin-là ses dernières instructions à ses lieutenants, et faisait passer ses soldats en revue. La nuit était froide, la campagne couverte au loin d'un brouillard très dense, comme celui qui avait enveloppé pendant quelques heures le champ de bataille d'Austerlitz. Escorté par des hommes portant des torches, Napoléon parcourut le front des troupes, parla aux officiers et leur démontra que les Prussiens étaient aussi compromis que les Autrichiens l'année précédente. Il ajouta que si les Prussiens étaient vaincus dans cette journée, ils seraient coupés de l'Elbe et de l'Oder, séparés des Russes et que la monarchie prussienne tout entière tomberait aux mains des Français. Il conclut que dans une telle situation, le corps français qui se laisserait battre ferait échouer les plus vastes desseins et se déshonorerait à jamais.

76. Napoléon s'était levé tôt pour
A. préparer ses troupes.
B. tromper l'ennemi.
C. donner l'exemple à ses lieutenants.
D. assister au lever du soleil.

77. En ce moment-là, la campagne était couverte
A. de neige et de glace.
B. d'une brume épaisse.
C. de rayons de soleil.
D. de pluie et d'éclairs.

78. Avant la bataille, Napoléon expliqua à ses officiers
A. la façon de trouver son chemin par un temps couvert.
B. la manière de protéger la tête des soldats.
C. les conséquences d'une défaite de la Prusse.
D. les propositions de paix que ferait l'Autriche.

79. Ce jour-là, il faudrait que les Français réussissent à
A. battre les Russes.
B. traverser deux fleuves à la nage.
C. remporter la victoire sur la Prusse.
D. faire beaucoup de prisonniers.

80. Les soldats d'un groupe responsable d'une défaite seraient
A. frappés de coups.
B. condamnés à l'exil.
C. forcés d'en donner les raisons.
D. couverts de honte.

Quelques enfants du voisinage venaient dans le jardin jouer avec Camille, une petite fille sourde. C'était une chose étrange que la manière dont elle les regardait parler. Ces enfants, à peu près du même âge qu'elle, essayaient, bien entendu, de répéter des mots, et tâchaient, en ouvrant les lèvres, d'exercer leur intelligence au moyen d'un bruit qui ne semblait qu'un mouvement à la pauvre fille. Souvent, pour prouver qu'elle avait compris, elle étendait les mains vers ses petites compagnes qui, de leur côté, se retiraient effrayées devant cette autre expression de leur propre pensée.

81. Les jeunes qui s'amusaient chez Camille étaient
A. des enfants d'une autre ville.
B. les enfants du quartier.
C. les enfants du jardinier.
D. des étrangers.

GO ON TO THE NEXT PAGE ▷

82. Lorsqu'on parlait à Camille, elle
    A. répondait poliment.
    B. était mal à l'aise.
    C. fixait les yeux sur ses interlocuteurs.
    D. articulait des sons.

83. Les enfants faisaient tant d'efforts pour se faire comprendre de la petite parce que la petite Camille
    A. restait indifférente.
    B. ne voyait pas ses camarades.
    C. n'était pas très intelligente.
    D. ne pouvait pas entendre les paroles.

84. Camille montrait à ses petites amies qu'elle les comprenait en
    A. allongeant les bras.
    B. allant vers eux.
    C. leur souriant.
    D. inclinant la tête.

85. Qu'est-ce qui faisait fuir les enfants?
    A. Ils pensaient que Camille était fatiguée.
    B. Ils avaient peur d'elle.
    C. Ils n'aimaient pas son langage.
    D. Ils étaient blessés.

END OF TEST 6

TEST 7

This test consists of 85 questions. You have 60 minutes to complete it. Answer Keys, Analysis Charts, and Explained Answers are at the end of Part II.

PART A

Directions: This part contains incomplete statements. Each has four choices. Choose the correct completion and blacken the corresponding space on the answer sheet.

1. Elle m'a salué . . . entrant dans la pièce.
   A. à
   B. en
   C. par
   D. d'

2. Pour attraper le train qui allait partir, le jeune homme . . .
   A. a pris ses jambes à son cou
   B. a mis son imperméable
   C. s'est assis sur un banc
   D. s'est couché par terre

3. Si je vous demande ce que vous voulez dire, je vous demande . . .
   A. de me donner quelque chose à manger
   B. de me donner quelque chose à boire
   C. de m'expliquer votre pensée en des termes simples et clairs
   D. de vous taire

4. Monsieur et Madame Paquet tardaient à arriver à cause . . .
   A. de leur bonheur
   B. de la neige
   C. de l'étoile
   D. du coussin

5. Si je vous dis que je tiens à vous parler, cela signifie que . . .
   A. je veux vous parler
   B. je ne veux pas du tout vous parler
   C. je vous parle de temps en temps
   D. je vous parle rarement

6. Vous avez . . . parler; je ne vous écoute pas!
   A. belle
   B. beau
   C. bien
   D. bon

7. Ce monsieur a trouvé un billet de mille francs; il a eu . . .
   A. du malheur
   B. de la peine
   C. de la chance
   D. par hasard

GO ON TO THE NEXT PAGE

8. Ces deux garçons se disputent constamment; je peux dire, donc, qu'ils . . .
   A. se regardent dans une glace
   B. se font mal
   C. se voient tous les jours
   D. ne s'entendent pas

9. Pour coudre, il faut avoir une aiguille et . . .
   A. du fil
   B. de la fille
   C. du fils
   D. de l'eau

10. Un oiseau a deux . . .
   A. têtes
   B. becs
   C. cuissons
   D. ailes

11. Pour se raser, on a besoin . . .
   A. d'une lame
   B. d'une brosse
   C. d'un peigne
   D. d'une larme

12. Généralement, on met le lait et le beurre dans . . .
   A. un coffre
   B. une bourse
   C. un réfrigérateur
   D. un trou

13. Si je vous dis que ce bistro est bizarre, cela veut dire qu'il est . . .
   A. étrange
   B. ordinaire
   C. autant
   D. en plein air

14. Si je vous dis que votre ami est actuellement à Paris, cela veut dire qu'il y est . . .
   A. à présent
   B. autrefois
   C. tout à l'heure
   D. dans un instant

15. Un conte drôle est un conte . . .
   A. long
   B. court
   C. amusant
   D. agaçant

16. Un synonyme de *combattre* est . . .
   A. pacifier
   B. achever
   C. fabriquer
   D. lutter

17. Une reine auguste est une reine . . .
   A. majestueuse
   B. faible
   C. timide
   D. pitoyable

18. Vous pensez que cette actrice est laide, mais moi, je la trouve . . .
    A. belle
    B. petite
    C. grande
    D. bête

19. Madame Feuilleverte est gravement malade; elle devient . . . faible.
    A. longtemps
    B. depuis
    C. autant que
    D. de plus en plus

20. Tu m'entends? Va te laver; tu as les mains . . .
    A. propres
    B. sales
    C. grandes
    D. petites

21. Il n'y a absolument rien dans ce tiroir. Il est tout à fait . . .
    A. plein
    B. craintif
    C. rempli
    D. vide

22. Raymond a dit à sa femme: Ma chérie, je t'aimerai . . .
    A. à jamais
    B. autrefois
    C. actuellement
    D. depuis longtemps

23. Monique ne fait rien dans la maison pour aider sa mère; elle est . . .
    A. pitoyable
    B. diligente
    C. laide
    D. paresseuse

24. Pierre, tu as l'air pensif; à quoi . . . ?
    A. écris-tu
    B. prends-tu
    C. songes-tu
    D. parles-tu

25. Prenez garde à ce chien; il est . . .
    A. méchant
    B. bon
    C. magnifique
    D. obéissant

26. Je n'ai rien à faire et . . .
    A. je suis bien occupé
    B. je m'ennuie
    C. je m'amuse
    D. je m'égare

GO ON TO THE NEXT PAGE

27. Mon ami n'a pas réussi à l'examen de ce matin; en fait, il a . . .
    A. échoué
    B. passé
    C. essuyé
    D. allumé

28. Madame Beauregard . . . le garçon parce qu'il avait brisé la vitre avec une pierre.
    A. a remercié
    B. a avalé
    C. a félicité
    D. a grondé

29. Mon enfant, pourquoi y a-t-il des . . . qui coulent de tes yeux?
    A. larmes
    B. lames
    C. joues
    D. lieux

30. Cette valise est lourde mais celle-là est . . .
    A. facile
    B. légère
    C. blanche
    D. grise

PART B

Directions: In the following statements there are underlined words. From the four choices given, select the one that fits grammatically and makes sense when substituted for the underlined word or words.

31. Hier, Madame Duval a donné à manger aux oiseaux dans le parc.
    A. s'est promené
    B. fera une promenade
    C. s'est promenée
    D. en se promenant

32. Cet arbre est très grand.
    A. auberge
    B. bâtiment
    C. école
    D. immeuble

33. Actuellement mes amis sont en France.
    A. Demain
    B. Hier
    C. En ce moment
    D. La semaine dernière

34. Aimez-vous travailler dans la classe de français?
    A. étudiant
    B. être
    C. étudiez
    D. pleuvoir

35. Laquelle de vos <u>soeurs</u> est allée en Angleterre?
    A. frères
    B. cousines
    C. amis
    D. parents

36. Qu'est-ce que vous venez <u>faire</u> ici?
    A. être
    B. étudiez
    C. attendre
    D. partir

37. Monsieur Boucher a étudié l'<u>espagnol</u>.
    A. français
    B. grec
    C. russe
    D. anglais

38. Laquelle de ces étudiantes est <u>sérieuse</u>?
    A. intelligents
    B. curieux
    C. capable
    D. curieuses

39. Ce soir nous allons chez Janine; demain nous <u>irons</u> chez Madeleine.
    A. manquons
    B. nous moquons
    C. serons
    D. chantions

40. Je <u>leur</u> ai téléphoné à une heure.
    A. lui
    B. les
    C. l'
    D. la

41. Janine <u>aime</u> sa mère.
    A. parle
    B. téléphone
    C. dit
    D. prend soin de

42. J'<u>adore</u> les cerises.
    A. déteste
    B. aime
    C. appelle
    D. arrive

43. Je vous ai <u>demandé</u> de venir tôt.
    A. supplié
    B. prêté
    C. accompagné
    D. vu

44. De <u>qui</u> parlez-vous?
    A. lequel
    B. ce que
    C. que
    D. quoi

GO ON TO THE NEXT PAGE

45. En <u>voyant</u> ses amis, il les a salués.
  A. s'approchant de
  B. parlant
  C. disant
  D. partant

46. Je le <u>lui</u> ai déjà donné.
  A. leur
  B. les
  C. vous
  D. te

47. Qu'est-ce que vous <u>dites</u>?
  A. parlez
  B. arrivez
  C. faites
  D. partez

48. Cette <u>enfant</u> est belle.
  A. amie
  B. ami
  C. hôtel
  D. arbre

49. Cet <u>arbre</u> est beau.
  A. hôtel
  B. dame
  C. monsieur
  D. amie

PART C

Directions: There are blank spaces in the following selections. Under each blank there are four choices. Choose the answer that is grammatically correct and makes sense. At times, dashes are used in choice A to indicate that nothing is required to fill the blank.

Un chasseur, sachant chasser sans son chien, était dans une forêt. Tout _ _ _ _ _ _ coup, il a vu _ _ _ _ _ _

50. A. ___	**51.** A. d'
B. de	B. les
C. du	C. des
D. d'un	D. un

oiseaux dans un arbre. Il a fait _ _ _ _ _ _ les oiseaux en _ _ _ _ _ _ un coup de fusil.

52. A. fuite	**53.** A. donner
B. fuir	B. donnant
C. s'enfuir	C. donné
D. fui	D. donne

La vue de la fuite était _ _ _ _ _ _ et le chasseur n'a pas _ _ _ _ _ _ un seul oiseau.

54. A. merveilleux	**55.** A. tuer
B. merveilleuse	B. tué
C. merveilleuses	C. tués
D. merveille	D. en tuant

Puis, le chasseur s'en est allé _ _ _ _ _ _.

       56. A. fugitif
           B. fugitive
           C. fugitivement
           D. la fuite

Quand j'ai _ _ _ _ _ _ la maison ce matin pour _ _ _ _ _ _ à l'école,

    57. A. laissé   **58.** A. je vais
        B. quittée   B. aller
        C. quitté   C. allant
        D. laissée   D. en allant

j'ai _ _ _ _ _ _ mes livres sur la table de la cuisine. Pendant la classe de français,

  59. A. laissé
      B. quittée
      C. quitté
      D. laissés

le prof m'a demandé où _ _ _ _ _ _ mes livres et je _ _ _ _ _ _ ai répondu que je les

     60. A. seraient   **61.** A. l'
         B. était   B. lui
         C. serait   C. y
         D. étaient   D. le

avais _ _ _ _ _ _ sur la table chez moi.

  62. A. laissé
      B. mises
      C. laissés
      D. laissées

Tous les matins, au lever du soleil, mon père fait _ _ _ _ _ _ mon frère.

        63. A. lever
             B. levé
             C. levée
             D. levant

Ce matin, mon père _ _ _ _ _ _ a dit de se lever tout de suite pour

      64. A. lui
          B. l'
          C. le lui
          D. le

aller _ _ _ _ _ _ boulanger chercher du pain.

  65. A. au
      B. à le
      C. chez
      D. chez le

PART D

Directions: The following passages are for reading comprehension. After each selection there are incomplete statements or questions. Of the four choices, choose the correct one based on what you have read in the passage.

 GO ON TO THE NEXT PAGE

Dans le Val de Loire, en Normandie, en Bretagne ou en Touraine, on rencontre partout des centaines de splendides châteaux qui s'acheminent, lentement mais sûrement, vers la ruine et l'abandon. Les châtelains d'autrefois ne peuvent plus faire face aux frais d'entretien et aux taxes considérables que leur vaut une telle propriété déclarée. Le prix de vente de ces magnifiques demeures rend la vie de château accessible à tous ceux qui en rêvent et qui sont assurés, voilà l'important, d'un excellent revenu.

Le château d'Avray, près d'Orléans, vient d'être vendu à une société qui a entrepris la remise en état et la transformation des lieux en quarante petits appartements qui seront vendus en co-propriété. Pour un prix d'environ quinze mille dollars, vous aurez le bonheur d'être propriétaire d'un petit appartement dans le château d'Avray, mais trente-neuf autres propriétaires partageront ce bonheur avec vous.

66. Selon l'article précédent, on peut voir dans plusieurs provinces de France
    A. des palais non achevés.
    B. beaucoup de châteaux sans cheminée.
    C. des châteaux détériorés mais encore habitables.
    D. des ruines sur des routes abandonnées.

67. Cet état de choses existe parce que
    A. les châtelains ne s'intéressent pas à leurs affaires.
    B. les dépenses sont trop élevées.
    C. les prix de ces immeubles sont exorbitants.
    D. ces propriétés sont mal construites.

68. Pour devenir propriétaire d'un château il est nécessaire
    A. d'avoir eu des ancêtres nobles.
    B. d'avoir beaucoup d'influence.
    C. d'avoir suffisamment d'argent.
    D. d'être d'origine française.

69. Le but de la société mentionnée dans l'article est de
    A. remplacer les châteaux par des bâtiments modernes.
    B. changer la façade des châteaux.
    C. restaurer les châteaux pour les faire habiter.
    D. vendre ces châteaux tels qu'ils sont.

70. Quel sera peut-être le plus grand désavantage de la propriété en commun?
    A. On aura trop peu de solitude.
    B. Les châteaux seront mal entretenus.
    C. Les logements seront trop petits.
    D. La conversion sera trop lente.

Un mot de Madame de Montespan fut cause de la guerre de Hollande. Les Hollandais offraient toutes sortes de satisfactions sur les plaintes du Roi, et Monsieur de Colbert dit: "Sire, vous ne pourriez en exiger davantage, si vous les aviez battus."

Le Roi avait promis de voir leur ambassadeur. Le Roi revenant de chasse, dit à Mme de Montespan qu'il avait fait une belle chasse.

"Ne vous lasserez-vous point, dit-elle, de suivre des bêtes, pendant que les autres gagnent des batailles?"
Le Roi, là-dessus, résolut la guerre.

71. Qu'est-ce qui força le Roi à prendre une décision?
    A. les observations d'une personne influente
    B. les offres peu avantageuses de la Hollande
    C. le mécontentement des Hollandais
    D. le besoin de bêtes à chasser

72. Colbert pensait que les offres des Hollandais étaient
    A. absurdes.
    B. intéressantes.
    C. provocatrices.
    D. inacceptables.

73. De quoi le Roi était-il si content ce jour-là?
    A. de la décision de ses courtisans
    B. de la beauté de sa dame préférée
    C. des promesses de son représentant aux étrangers
    D. d'avoir tué plusieurs animaux

74. Mme de Montespan dit au Roi qu'il
    A. devrait retourner à ses plaisirs sportifs.
    B. devrait se reposer.
    C. employait mal son temps.
    D. était très sage.

75. Qu'est-ce que le Roi décida de faire?
    A. de laisser faire les Hollandais
    B. de rester tranquille
    C. de garder le silence
    D. d'essayer de remporter des victoires

Turenne, maréchal de France, commanda l'armée française pendant la guerre de Dévolution en 1667 et pendant la guerre de Hollande en 1672. La guerre de Dévolution, entreprise par Louis XIV qui réclamait les Pays-Bas au nom de sa femme Marie-Thérèse, fut très rapidement conduite, et se termina par le traité d'Aix-la-Chapelle, qui donnait la Flandre à la France. Turenne mourut au champ d'honneur près de Salzbach en 1675.

Le maréchal Turenne commandait une fois une armée en Allemagne. Les magistrats de la ville de Francfort jugèrent, par les mouvements de ses troupes, que Turenne se disposait à passer sur leur territoire. Les magistrats firent offrir au maréchal cent mille florins pour l'engager à prendre une autre route. Aux députés chargés de lui faire cette offre Turenne dit: "Je ne puis en conscience accepter votre argent car je n'ai jamais eu l'intention de passer sur votre territoire."

76. Quelle fut la cause de la guerre de Dévolution?
    A. l'ambition de Turenne
    B. la conduite de la reine
    C. les actions des Hollandais
    D. les prétentions du roi

77. Quel fut un des résultats principaux de la victoire française dans la guerre de Dévolution?
    A. Aix-la-Chapelle fut réuni à la France.
    B. Louis XIV épousa Marie-Thérèse.
    C. La France acquit la Flandre.
    D. On céda les Pays-Bas à la France.

78. Pourquoi les magistrats de Francfort offrirent-ils de l'argent au maréchal?
    A. Ils voulaient lui venir en aide.
    B. Ils craignaient l'entrée en ville de l'armée de Turenne.
    C. Turenne avait demandé cent mille florins.
    D. Ils cherchaient à lui faire trahir la France.

79. Quelle fut la réponse de Turenne aux magistrats de Francfort?
    A. Il décida de traverser leur territoire.
    B. Il demanda plus d'argent.
    C. Il changea de route.
    D. Il refusa de prendre leur argent.

80. Turenne se révéla un homme
    A. incorruptible.
    B. malhonnête.
    C. avare.
    D. rusé.

GO ON TO THE NEXT PAGE ▷

A quinze ans Christophe donnait des leçons de piano dans un château voisin à Minna, une jeune fille de son âge dont les parents étaient nobles et riches. Christophe, fils de très petites gens, était pauvre, mais fier et peu patient. Minna était coquette et capricieuse.

Le petit Christophe, assis auprès d'elle, n'était pas très poli. Il ne lui faisait jamais de compliments: loin de là. Il était l'objet de son ressentiment, et elle ne laissait passer aucune de ses observations sans réplique. Quand elle se trompait, elle s'obstinait à soutenir qu'elle jouait ce qui était marqué. Il s'irritait, et ils continuaient à échanger des impertinences. Elle inventait de petites ruses pour interrompre la leçon et provoquer Christophe; elle toussait ou bien elle avait quelque chose à dire à la femme de chambre. Elle savait que Christophe se doutait bien que c'était de la comédie, et elle s'en amusait.

Un jour qu'elle se livrait à ce divertissement et qu'elle faisait semblant de tousser en se cachant le visage dans son mouchoir et en observant du coin de l'oeil Christophe exaspéré, elle eut l'idée ingénieuse de laisser tomber son mouchoir pour forcer Christophe à le ramasser: ce qu'il fit de la plus mauvaise grâce du monde. Elle l'en remercia d'un "Merci!" de grande dame qui irrita Christophe. Elle jugea ce jeu trop bon pour ne pas le redoubler. Le lendemain, elle recommença. Christophe ne bougea pas. Il bouillait de colère. Elle demanda: "Voudriez-vous, je vous prie, ramasser mon mouchoir?" Christophe répondit: "Je ne suis pas votre domestique. Ramassez-le vous-même!"

Elle se leva brusquement, tapa rageusement sur le piano et sortit furieuse.

Christophe l'attendit, mais elle ne revint pas. Il avait honte de son action: il sentait qu'il s'était mal conduit. Il craignit que Minna ne se plaignît et qu'il ne perdît pour toujours l'estime de la mère de Minna, madame de Kerich. Il ne savait que faire; car, s'il regrettait sa brutalité, pour rien au monde il n'eût demandé pardon.

Malgré leurs querelles Christophe et Minna s'attachèrent l'un à l'autre et décidèrent de se fiancer. Mais l'aristocratique maman de Minna se soucia peu d'un pareil fiancé et sépara les deux jeunes amoureux désespérés.

81. Ce qui réunissait souvent Christophe et Minna lorsqu'ils avaient quinze ans, c'était leur
    A. étude de la musique.
    B. mauvaise santé.
    C. vie sociale.
    D. compatibilité de caractère.

82. Minna se fâchait contre Christophe parce qu'il
    A. la critiquait trop sévèrement.
    B. s'approchait trop près d'elle.
    C. la punissait par plaisir.
    D. refusait de répondre à ses questions.

83. Minna réussit à mettre Christophe en colère en
    A. gardant un silence obstiné.
    B. le regardant en plein visage.
    C. lui demandant un service.
    D. commettant des erreurs exprès.

84. De quoi Christophe eut-il peur?
    A. de s'excuser
    B. de s'enrhumer
    C. des reproches de la dame
    D. de rester seul dans la pièce

85. Pour quelle raison les deux jeunes gens renoncèrent-ils à leur amour?
    A. Ils restèrent fâchés.
    B. Ils ne purent se décider à se marier.
    C. La mère voulait un noble comme gendre.
    D. Ils devinrent ennemis.

END OF TEST 7

TEST 8

This test consists of 85 questions. You have 60 minutes to complete it. Answer Keys, Analysis Charts, and Explained Answers are at the end of Part II.

PART A

Directions: This part contains incomplete statements. Each has four choices. Choose the correct completion and blacken the corresponding space on the answer sheet.

1. Chaque fois que je rends visite à mes grands-parents, ils m' . . . chaleureusement.
   A. accueillent
   B. accueilleraient
   C. accueillirent
   D. accueilleront

2. La semaine dernière j'ai acheté une belle voiture blanche à . . .
   A. comptant
   B. au comptant
   C. crédit
   D. racheter

3. Que vas-tu acheter demain?—Moi? J'achèterai un . . .
   A. auto
   B. règle
   C. vélo
   D. fleur

4. Demain je vais faire . . . une belle voiture grise que j'ai achetée à crédit.
   A. l'acquisition de
   B. l'acquisition d'
   C. l'acquise
   D. acquît

5. J'aimerais avoir du poisson frais ce soir pour le dîner. Alors, je vais au lac pour . . .
   A. aller au fond des choses
   B. aller à la rencontre de quelqu'un
   C. aller à pied
   D. aller à la pêche

6. J'ai besoin d'un jeton parce que je voudrais faire . . . téléphonique.
   A. appeler
   B. une appellation
   C. l'appelle
   D. un appel

7. Pourquoi allez-vous à la gare?—Je vais . . . de quelqu'un.
   A. au fond des choses
   B. à la rencontre
   C. à pied
   D. dans un train

GO ON TO THE NEXT PAGE

8. Avez-vous jamais . . . accueilli aimablement?
   A. eu
   B. pu
   C. lu
   D. été

9. A l'école j'apprends . . . lire en français.
   A. de
   B. en
   C. au
   D. à

10. Ma mère apprend à ma soeur . . . faire le ménage.
    A. de
    B. pour
    C. en
    D. à

11. Demain j'apprendrai un poème de Verlaine . . . coeur.
    A. par
    B. de
    C. à
    D. en

12. Dites-moi, s'il vous plaît, où se trouve . . . autobus?
    A. un arrêté de
    B. l'arrêt d'
    C. la gare d'
    D. une arrestation d'

13. L'agent de police a arrêté les voitures pour laisser . . . traverser la rue. Il a crié: «Arrêtez! Arrêtez!»
    A. les pigeons
    B. les arrestations
    C. les piétons
    D. les arrêts

14. Madame Bonheur était si heureuse qu'on pouvait entendre . . . de son coeur.
    A. le bâton
    B. le battement
    C. le bâtiment
    D. la batte

15. Oh! Cet homme-là! C'est . . . . Il boit tout le temps.
    A. un buvard
    B. un buveur
    C. une buveuse
    D. une boisson

16. La mouche chassait . . . de savon.
    A. une bouilloire
    B. un bouillonnement
    C. une bouillabaisse
    D. une bulle

17. Le méchant garçon a réduit un autre garçon en . . .
    A. bouillie
    B. bulle
    C. bouilloire
    D. bouillon

18. Buvons . . . de notre professeur de français!
   A. à santé
   B. à la santé
   C. un buvard
   D. un buveur

19. Après une représentation magnifique, les spectateurs dans le théâtre ont battu . . .
   A. les tapis
   B. la campagne
   C. une batte
   D. des mains

20. Cette femme est très aimable. Elle dit toujours . . . de ses amis.
   A. des biens
   B. bien
   C. du bien
   D. de bien

21. L'été passé nous avons fait du camping et nous avons dormi . . .
   A. à la belle étoile
   B. du bien
   C. du mal
   D. sur les nuages

22. Le bruit de la rue . . . de dormir.
   A. m'a dit
   B. m'a endormi
   C. me suis endormi
   D. m'a empêché

23. Je vais écrire un petit . . . à mon ami Jean-David.
   A. lettre
   B. mot
   C. règle
   D. annonce

24. Ce pauvre homme ne travaille pas depuis longtemps et il a besoin de gagner sa vie. Donc, il . . .
   A. veut s'amuser
   B. désire employer son temps à rien faire
   C. cherche un emploi
   D. ne veut pas parler avec un employeur

25. Ce vieil . . . est beau, n'est-ce pas?
   A. écoles
   B. monsieur
   C. soldat
   D. arbre

26. . . .-vous quelle heure il est, monsieur?
   A. Allez
   B. Savez
   C. Avez
   D. Connaissez

27. Aimez-vous mes . . . gants?
   A. nouvelles
   B. nouveaux
   C. neufs
   D. jolies

GO ON TO THE NEXT PAGE ▷

28. J'aime Yvonne mais je n'aime pas sa . . . Paulette.
  A. voiture
  B. fille
  C. cousin
  D. fils

29. Peggy va . . . Canada demain.
  A. à
  B. au
  C. en
  D. à la

30. Jean-Luc parle . . . enthousiasme.
  A. à
  B. avec
  C. depuis
  D. avant

PART B

Directions: In the following statements there are underlined words. From the four choices given, select the one that fits grammatically and makes sense when substituted for the underlined word or words.

31. Ce matin j'ai couvert ce panier de fruits avec une serviette et maintenant il est découvert.
  A. elle est couverte
  B. il est vide
  C. elle est jolie
  D. il est délicieux

32. Avant d'entrer dans cette église, les hommes doivent se découvrir.
  A. lever le chapeau
  B. enlève le chapeau
  C. enlèvent le chapeau
  D. enlever le chapeau

33. Quel beau paysage! Je le décrirai dans une lettre à mon ami.
  A. J'en ferai une description en détail
  B. Je vais faire une prescription en détail
  C. Je vais le proscrire
  D. Je vais le prescrire

34. En me dépêchant pour attraper l'autobus, je suis tombée et je me suis fait mal au genou.
  A. m'arrêter
  B. m'allongeant
  C. m'endormant
  D. courant

35. Je me dépêchais de venir chez vous pour vous dire quelque chose de très important.
  A. me dépêchant
  B. me suis dépêchée
  C. dépêcherai
  D. voulais dépêcher

36. J'ai descendu l'escalier.
   A. vite
   B. lentement
   C. les valises
   D. pour aller dans la cuisine

37. Madeleine est descendue lentement.
   A. a monté
   B. est monté
   C. est descendu
   D. a monté la valise

38. Je vois que tu cueilles des fleurs.
   A. vend
   B. achète
   C. accueillir
   D. vends

39. Madame Duval fait travailler ses élèves dans la classe de français.
   A. travaillent
   B. lire
   C. lisent
   D. étudient

40. Hier j'ai fait expédier un colis à mon frère.
   A. allonger
   B. envoyer
   C. accepter
   D. agir

41. Je dois étudier maintenant.
   A. J'ai besoin
   B. Il faut
   C. Je vais à
   D. Il me semble

42. Robert est probablement fou!
   A. doit être
   B. devrait avoir
   C. devra être
   D. a l'air de

43. Mon oncle doit avoir quarante-sept ans.
   A. est probablement
   B. a probablement
   C. fait
   D. tient

44. Quand j'étais à l'école, j'étais obligé d' étudier tous les jours.
   A. je devais
   B. je devrais
   C. je devrai
   D. je dois

45. Jacques a été obligé de prendre l'autobus parce qu'il n'y avait pas de train à cette heure-là.
   A. a dû
   B. aura dû
   C. doit
   D. devrait

GO ON TO THE NEXT PAGE

46. J'ai soif et il n'y a rien à prendre.
    A. mangé
    B. boire
    C. boit
    D. creuser

47. Je voudrais savoir qui vous a donné la permission de faire cela.
    A. que
    B. ce qui
    C. ce que
    D. quelle personne

48. Je ne sais pas ce qui est arrivé.
    A. qui
    B. quoi
    C. ce qu'
    D. dont

49. Je vous demande pour la dernière fois de me les donner.
    A. la lui
    B. leurs
    C. leur les
    D. lui les

PART C

Directions: There are blank spaces in the following selections. Under each blank there are four choices. Choose the answer that is grammatically correct and makes sense. At times, dashes are used in choice A to indicate that nothing is required to fill the blank.

J'ai conseillé _ _ _ _ _ _ Robert de _ _ _ _ _ _ un cours de français.

    50. A. _ _ _   **51.** A. prendre
          B. à   B. suivre
          C. pour   C. étudier
          D. en   D. balayer

Madame Duclos, _ _ _ _ _ _ professeur de français, _ _ _ _ _ _ a conseillé de faire la même chose.

    52. A. _ _ _   **53.** A. l'
          B. le   B. lui
          C. la   C. leur
          D. de   D. il

Résultat de ce conseil? Robert va continuer _ _ _ _ _ _ la langue française.

        54. A. à étudier
              B. étudier
              C. apprendre
              D. suivre

Ce soir je donne un dîner chez moi pour Janine, _ _ _ _ _ _ amie, mais je

          55. A. ma
              B. mon
              C. m'
              D. un

doute qu'elle _ _ _ _ _ _ . J'ai peur qu'elle _ _ _ _ _ _ malade.

    56. A. viendra   **57.** A. est
         B. vient   B. a
         C. peut venir   C. soit
         D. vienne   D. ne soit

Quoiqu'elle _ _ _ _ _ _ malade, elle _ _ _ _ _ _ , j'espère.

    58. A. soit   **59.** A. viendra
         B. ne soit   B. vienne
         C. est   C. ne vient pas
         D. n'est pas   D. y est

L'année dernière mes parents et moi _ _ _ _ _ _ au Canada.

           60. A. je suis allé
                B. sont allés
                C. suis allé
                D. sommes allés

C'est moi qui _ _ _ _ _ _ acheté les billets pour un voyage aller-retour.

    61. A. avais
         B. a
         C. avons
         D. ont

C'est nous qui _ _ _ _ _ _ fait un bon voyage. Avant _ _ _ _ _ _ chez nous,

    62. A. a   **63.** A. retournant
         B. ont   B. de retournant
         C. ai   C. retourner
         D. avons   D. de retourner

_ _ _ _ _ _ Etats-Unis, nous _ _ _ _ _ _ .

64. A. dans   **65.** A. sommes bien amusé
    B. pour   B. nous sommes bien amusés
    C. à les   C. avons bien amusé
    D. aux   D. nous sommes bien amusé

PART D

Directions: The following passages are for reading comprehension. After each selection there are incomplete statements or questions. Of the four choices, choose the correct one based on what you have read in the passage.

Ma chère Marthe,

    Tu peux compter sur la discrétion de l'homme qui t'apportera cette lettre; il ne sait ni lire ni écrire; c'est un des plus solides républicains de la conspiration; ton père s'est servi de lui souvent, et il regarde le sénateur comme un traître. Or, ma chère femme, le sénateur a été emprisonné par nous dans la cellule où nous avons autrefois caché nos maîtres. Le misérable n'a de nourriture que pour cinq jours, et comme il est de notre intérêt qu'il vive, dès que tu auras lu ce mot, porte-lui de quoi manger pour au moins cinq autres jours. La forêt doit être surveillée; prends autant de précautions que nous en prenions pour nos jeunes maîtres. Ne dis pas un mot à Malin, ne lui parle point et mets un de nos masques que tu trouveras sur une des marches de la cave. Si tu ne veux pas compromettre nos têtes, tu garderas le silence le plus entier sur le secret que je suis forcé de te confier. Nous sommes certains de la bonne issue de cette affaire et, quand il le faudra, Malin sera

GO ON TO THE NEXT PAGE

notre sauveur. Enfin, dès que cette lettre sera lue, brûle-la tout de suite, car elle me coûterait la tête si l'on en voyait une seule ligne.

Je t'embrasse,
Michu

66. Une des raisons pour lesquelles Michu croit que la lettre est entre bonnes mains, c'est que
    A. les hommes savent garder un secret.
    B. l'enveloppe est solidement collée.
    C. le messager ne peut pas la lire.
    D. le porteur refuse de conspirer.

67. Où se trouve le sénateur?
    A. dans une école publique
    B. dans un endroit secret
    C. à la chasse
    D. au parlement

68. Dans quelle situation le prisonnier se trouve-t-il?
    A. Il est gravement malade.
    B. Il fait des travaux forestiers.
    C. Il va bientôt manquer de provisions.
    D. Il est obligé de fournir de l'argent pour la cause républicaine.

69. Marthe doit aider le sénateur en
    A. lui donnant de la nourriture.
    B. lui apportant son courrier.
    C. lui donnant de quoi écrire.
    D. l'amenant chez elle.

70. Marthe devra prendre la précaution de
    A. prévenir les membres de son parti politique.
    B. donner moins de nourriture.
    C. descendre sur la pointe des pieds.
    D. se cacher la figure.

71. Michu conseille à Marthe
    A. d'être très discrète.
    B. de répondre à sa lettre.
    C. de se sauver.
    D. de payer le messager.

Louis XIV avait dans l'esprit plus de justesse et de dignité que de mots spirituels et d'ailleurs on n'exige pas qu'un roi dise des choses mémorables, mais qu'il en fasse. Ce qui est nécessaire à tout homme d'importance, c'est de ne laisser sortir personne mécontent de sa présence, et de se rendre agréable à tous ceux qui l'approchent. On ne peut faire du bien à tout moment; mais on peut toujours dire des choses qui plaisent. Il s'en était fait une heureuse habitude . . . Il était, surtout avec les femmes, d'une attention et d'une politesse qui surpassaient encore l'amabilité de ses courtisans . . . Loin de dire des choses désagréables, qui sont des coups mortels dans la bouche d'un prince, il ne se permettait ni les plus innocentes ni les plus douces moqueries.

72. Ce que l'on demande d'un roi, c'est qu'il
    A. fasse de longs discours.
    B. soit très difficile à satisfaire.
    C. assiste à toutes les conférences.
    D. accomplisse des actes extraordinaires.

73. Louis XIV ne manquait jamais
   A. de faire un compliment.
   B. d'adresser des reproches.
   C. de parler de ses actions valeureuses.
   D. de renvoyer ceux qu'il n'aimait pas.

74. L'auteur dit que Louis XIV
   A. se soumettait à l'influence de ses courtisans.
   B. donnait l'exemple de la courtoisie.
   C. fuyait les conversations prolongées.
   D. manquait de justice.

75. Le roi était particulièrement galant avec
   A. les dames.
   B. les princes.
   C. ses serviteurs.
   D. ses officiers.

Autrefois les petits Savoyards devaient quitter leurs villages cachés sous la neige épaisse des Alpes et fuir la pauvreté de leur province pour aller chercher fortune à Paris.

On les retrouvait sur les toits de la capitale et sur les bords de la Seine, occupés à nettoyer les cheminées, à soigner les chiens des Parisiens et ainsi de suite.

Quand on naissait montagnard, il était entendu qu'on serait pauvre et qu'on passerait chaque année quatre ou cinq mois dans l'obscurité d'une sorte de mort appelée hiver, entre quatre murs avec des vaches dans un chalet de pierre qui parfois n'avait d'autre fenêtre que le trou de la cheminée qu'on devait fermer avec une trappe si la neige tombait trop fort.

En une vingtaine d'années à peine cette montagne de silence et de solitude est devenue un autre monde. Les gens des villes y viennent maintenant apprendre l'art du ski sous la direction de leurs anciens nettoyeurs de cheminées.

76. Les jeunes Savoyards allaient à Paris pour
   A. éviter d'être reconnus.
   B. mieux gagner leur vie.
   C. passer les vacances de Noël.
   D. faire des études.

77. Que faisaient les Savoyards à Paris?
   A. Ils faisaient de petits travaux.
   B. Ils s'occupaient de haute finance.
   C. Ils travaillaient pour les bouquinistes.
   D. Ils demandaient l'aumône le long des quais.

78. On dit que pendant l'hiver, les habitants de la montagne
   A. faisaient de la peinture.
   B. mouraient en grand nombre.
   C. vivaient auprès de leurs animaux.
   D. avaient de nombreuses occupations.

79. Quand il neigeait abondamment, les gens
   A. se réfugiaient dans des palais.
   B. éteignaient les lumières.
   C. chassaient les bêtes.
   D. fermaient toutes les ouvertures.

80. Aujourd'hui, un grand nombre de Savoyards préfèrent
   A. pêcher dans la Seine.
   B. enseigner un sport d'hiver chez eux.
   C. éviter les visiteurs.
   D. faire leur métier dans les grandes villes.

GO ON TO THE NEXT PAGE

En 1795, deux jeunes hommes qui habitaient un village des environs de la baie Mahone eurent l'idée d'aller chasser le canard dans les îles; on leur avait dit que les animaux qu'on prend à la chasse étaient très abondants dans l'Ile-au-Chêne et ils se dirigèrent de ce côté-là.

Ils venaient de débarquer et inspectaient les lieux quand ils découvrirent un endroit de la forêt où les arbres étaient moins nombreux et qui présentait une légère dépression vers le centre. Un chêne solitaire étendait une forte branche au-dessus de cette dépression et son tronc portait une inscription rendue illisible par les années.

La curiosité des hommes fut éveillée. Examinant le sol à l'endroit de la dépression, ils constatèrent qu'on avait visiblement creusé un trou en ce lieu. Les légendes concernant les trésors cachés dans la région leur revinrent à la mémoire: ils avaient la certitude d'avoir fait une découverte beaucoup plus intéressante que toute chasse au canard.

Gardant pour eux-mêmes leur précieux secret, ils retournèrent en hâte au village pour revenir bientôt armés de pelles et d'instruments. Une excavation de dix pieds de profondeur révéla une plate-forme de pièces de bois très épaisses; tremblant d'émotion, les hommes continuèrent à creuser. A vingt pieds, une seconde plate-forme fut déterrée; puis une troisième à trente pieds. A chaque fois ils croyaient découvrir le trésor, mais chaque fois, ils étaient déçus.

La tâche était trop rude pour deux hommes seulement et ils durent renoncer à leur projet. Tentant d'obtenir de l'aide, ils eurent à faire face à la crainte superstitieuse des villageois de Chester, car la rumeur courait qu'on voyait d'étranges lumières dans l'île la nuit.

81. Les deux hommes allèrent à l'Ile-au-Chêne parce qu'ils
 A. y avaient caché un tresor.
 B. voulaient abattre un arbre.
 C. espéraient y faire une bonne chasse.
 D. voulaient y planter des arbres.

82. En débarquant ils trouvèrent un
 A. terrain singulier.
 B. très vieux livre.
 C. bijou magnifique.
 D. dépôt de munitions.

83. Ils retournèrent au village pour
 A. annoncer leur découverte.
 B. chercher des outils.
 C. vendre des canards.
 D. écrire leurs mémoires.

84. Les hommes abandonnèrent leur travail
 A. parce qu'il était trop difficile.
 B. parce qu'on se moquait d'eux.
 C. parce qu'ils avaient découvert ce qu'ils cherchaient.
 D. parce qu'ils avaient été expulsés de l'île.

85. Pendant quel siècle cet épisode s'est-il passé?
 A. le seizième
 B. le dix-septième
 C. le dix-huitième
 D. le dix-neuvième

END OF TEST 8

TEST 9

This test consists of 85 questions. You have 60 minutes to complete it. Answer Keys, Analysis Charts, and Explained Answers are at the end of Part II.

PART A

Directions: This part contains incomplete statements. Each has four choices. Choose the correct completion and blacken the corresponding space on the answer sheet.

1. Je vais entrer dans cette quincaillerie pour acheter . . .
   A. des ustensiles de cuisine et un marteau
   B. quelque chose à manger
   C. quelque chose à boire
   D. quelque chose à porter

2. Si l'on veut faire nettoyer des vêtements à sec, il faut aller . . .
   A. dans un magasin à bon marché
   B. chez un teinturier
   C. dans un parc quand il pleut
   D. dans un café-restaurant

3. Pour manger du potage il faut se servir d' . . .
   A. une cuiller
   B. un couteau
   C. une fourchette
   D. une banlieue

4. D'ordinaire, quand grand-mère fait la cuisine, elle porte . . .
   A. un tablier
   B. de la viande
   C. des assiettes
   D. des cheveux blancs

5. Si vous voulez lire quelque chose de très intéressant, il faut lire . . .
   A. ce soulier
   B. ce roman
   C. ce sable
   D. cet abri

6. Monsieur et Madame Dulong ont de belles . . . dans leur jardin.
   A. marguerites
   B. ailes
   C. aiguilles
   D. bêtises

7. Un légume favori chez les Français est . . .
   A. la framboise
   B. l'aubergine
   C. l'auberge
   D. le pamplemousse

GO ON TO THE NEXT PAGE

8. Il est interdit de fumer dans cette salle, monsieur. Alors, . . . votre cigarette, s'il vous plaît.
 A. allumez
 B. abîmez
 C. cédez
 D. éteignez

9. Il ne faut pas faire . . .
 A. bon accueil
 B. un faux pas
 C. des progrès
 D. le ménage

10. Picoter est l'action de piquer légèrement et à petits coups répétés. Alors, quand je picote une feuille d'un arbre avec une épingle, je fais . . .
 A. de grosses piqûres
 B. de légères piqûres
 C. un grand pique-nique
 D. de petits pique-niques sous un arbre sur l'herbe

11. Aujourd'hui Madame Bélier est laide, mais . . . elle était belle.
 A. autrefois
 B. désormais
 C. donc
 D. dès aujourd'hui

12. Pierre fait des études pour devenir médecin; c'est un garçon . . .
 A. d'avenir
 B. d'avance
 C. de plus en plus
 D. d'un certain âge

13. J'aime beaucoup . . . que vous portez.
 A. les bas
 B. les bouts
 C. les fours
 D. les ficelles

14. Mademoiselle Cartier est une femme d'une beauté extraordinaire; c'est . . .
 A. une déesse
 B. une durée
 C. une écurie
 D. une écume

15. L'agent de police m'a dit qu'il est . . . de stationner ma voiture ici.
 A. défendu
 B. épargné
 C. éperdu
 D. éteint

16. Je souffre parce que je me suis fait mal . . .
 A. au coude.
 B. au salut.
 C. au gratin.
 D. à la bûche.

17. Avez-vous lu le roman *Autant en . . . le vent,* la traduction française de *Gone with the Wind* de Margaret Mitchell?
   A. *emporte*
   B. *déprime*
   C. *égorge*
   D. *chuchote*

18. Un synonyme du verbe *ruiner* est . . .
   A. abîmer
   B. habiter
   C. lutter
   D. abattre

19. Le fer est . . .
   A. quelque chose à boire
   B. une qualité ignoble
   C. une pâtisserie
   D. un métal

20. Si une personne vous irrite, cela veut dire que cette personne vous . . .
   A. agace
   B. aimez bien
   C. appelle
   D. agacez

21. Le contraire du verbe *accorder* est . . .
   A. opposer
   B. consentir
   C. admettre
   D. avouer

22. Si je vous dis que j'appuie l'échelle contre la porte, cela veut dire que . . . l'échelle.
   A. j'y pose
   B. j'y réponds
   C. j'y suis
   D. j'y cherche

23. La chasse est . . .
   A. un abri pour certains animaux
   B. quelque chose que l'on fait dans un musée
   C. une chose religieuse
   D. un sport

24. Si vous ne voulez pas rester debout, alors . . .
   A. méfiez-vous
   B. lavez-vous
   C. levez-vous
   D. asseyez-vous

25. Madame Poulin ne va pas bien du tout; elle est . . .
   A. souffrante
   B. cuisinière
   C. confuse
   D. couturière

GO ON TO THE NEXT PAGE

26. Le médecin a . . . le malade.
    A. grimpé
    B. guéri
    C. imprimé
    D. enfoncé

27. Si je vous dis que Madame Corbeil gaspille toute sa fortune, cela veut dire qu'elle est . . .
    A. d'une famille noble
    B. économe
    C. parcimonieuse
    D. prodigue

28. Je te quitte maintenant pour aller en ville; je vais . . .
    A. faire la grasse matinée
    B. faire des emplettes
    C. faire un coup de vent
    D. en avoir par-dessus la tête

29. Vous avez beau parler; je . . .
    A. livre bataille
    B. lie connaissance
    C. n'y comprends rien
    D. fais d'une pierre deux coups

30. Mademoiselle Belair fait des châteaux en Espagne; elle est . . .
    A. avare
    B. rêveuse
    C. économe
    D. voyageuse

PART B

Directions: In the following statements there are underlined words. From the four choices given, select the one that fits grammatically and makes sense when substituted for the underlined word or words.

31. Je doute fort que mes amis viennent.
    A. sont ici
    B. soient partis
    C. ont fait cela
    D. vont venir

32. Je préfère que vous lisiez le poème.
    A. écriviez
    B. apprenez
    C. indiquez
    D. répétez

33. J'insiste que vous arriviez à l'heure.
    A. mangez
    B. entrez
    C. partez
    D. soyez

34. Madame Dumiel est désolée que vous <u>soyez obligé de déménager</u>.
   A. partiez si tôt
   B. allez partir
   C. ne pouvez pas aller chez elle
   D. ne voulez rien manger

35. Quand mes parents reviendront demain, <u>j'aurai fini mes devoirs</u>.
   A. je serai parti en voyage
   B. j'avais commencé mes devoirs
   C. j'aurais terminé mes études
   D. j'eus fait mes leçons

36. Si j'avais étudié, <u>j'aurais fait le travail</u>.
   A. je recevrais de bonnes notes
   B. j'aurai reçu une meilleure note
   C. j'aurais eu le temps de vous accompagner au cinéma
   D. je serai allée au théâtre

37. <u>Je suis ici</u> depuis vingt minutes.
   A. J'ai été
   B. J'attends
   C. J'avais été
   D. Je suis resté

38. Mon père <u>lisait le journal</u> pendant que j'écrivais une lettre.
   A. parlait à ma mère
   B. répondrait au téléphone
   C. fera son travail
   D. finirait le magazine

39. Tous les samedis, pendant que j'étais enfant, ma famille et moi <u>allions à la plage</u>.
   A. voyagions ensemble
   B. ferions un voyage
   C. serions sérieux
   D. irions ensemble faire des achats

40. Le sénateur alla en Afrique, puis il <u>alla</u> en Amérique.
   A. voyagea
   B. fut
   C. fit
   D. est allé

41. Dès que mes amis arriveront, <u>je viendrai te voir</u>.
   A. je partais
   B. je partirais
   C. je partirai
   D. je suis parti

42. Je répondrais à la question si <u>je savais la réponse</u>.
   A. je pouvais
   B. je pourrai
   C. je pourrais
   D. j'aurais pu

43. J'aurais répondu à la lettre si <u>j'avais eu le temps</u>.
   A. j'aurais eu du papier et un stylo
   B. j'avais du papier et un stylo
   C. j'avais eu du papier et un stylo
   D. j'étais capable de le faire

GO ON TO THE NEXT PAGE

44. Je partirai à moins qu'il <u>arrive</u>.
    A. vienne
    B. part
    C. est malade
    D. répond à ma question

45. Si j'étais vous, <u>je ne le ferais pas</u>.
    A. je ne le mangerais pas
    B. je le mangerai
    C. je ne le prendrai pas
    D. je ne l'écoutais pas

46. Après <u>s'être lavée</u>, Hélène est partie.
    A. avoir pris le petit déjeuner
    B. ayant mangé
    C. s'être couché
    D. regardé la télé

47. Il est <u>intérdit</u> de marcher sur l'herbe.
    A. défendu
    B. permettre
    C. admise
    D. aigu

48. J'irai <u>la</u> chercher vers huit heures.
    A. lui
    B. eux
    C. le
    D. leur

49. Tout ce que vous <u>me</u> dites est vrai.
    A. se
    B. les
    C. la
    D. nous

PART C

Directions: There are blank spaces in the following selections. Under each blank there are four choices. Choose the answer that is grammatically correct and makes sense. At times, dashes are used in choice A to indicate that nothing is required to fill the blank.

Hier soir, je mettais _ _ _ _ _ _ disques et j'écoutais _ _ _ _ _ _ musique

    50. A. ---   **51.** A. ---
          B. de   B. de
          C. des   C. à la
          D. aux   D. de la

quand mon frère _ _ _ _ _ _ ma chambre. Il _ _ _ _ _ _ a aidé _ _ _ _ _ _ faire mes devoirs.

    52. A. est entré   **53.** A. m'   **54.** A. ---
          B. entrerait   B. l'   B. de
          C. est entré dans   C. lui   C. à
          D. entra   D. le   D. pour

Hier, dans la classe d'histoire _ _ _ _ _ _ France, Madame Simone _ _ _ _ _ _

55. A. en
B. de
C. de la
D. à

56. A. s'est mis
B. est mise
C. s'est mise
D. est mis

à _ _ _ _ _ _ du Moyen Age. Après _ _ _ _ _ _, elle _ _ _ _ _ _ quelques questions. Quand personne

57. A. parler à nous
B. nous parle
C. nous parlant
D. nous parler

58. A. une demie heure
B. un demi heure
C. une demi-heure
D. une demi heure

59. A. a posé à nous
B. nous a posés
C. nous a posées
D. nous a posé

_ _ _ _ _ _ répondre _ _ _ _ _ _ ses questions, elle _ _ _ _ _ _ en colère.

60. A. n'a pu
B. n'a pas pu
C. n'a su à
D. n'a pas su à

61. A. _ _ _
B. aux
C. à les
D. à

62. A. s'est mise
B. s'était mis
C. a mis
D. s'est mis

Gertrude _ _ _ _ _ _ l'escalier. Puis, elle _ _ _ _ _ _ en toute hâte.

63. A. a montée
B. a monté
C. est monté
D. est montée

64. A. a descendue
B. a descendu
C. est descendu
D. est descendue

Elle _ _ _ _ _ _ deux valises, une à chaque main, et elle les a montées au troisième étage.

65. A. a prise
B. a pris
C. est pris
D. est prise

PART D

Directions: The following passages are for reading comprehension. After each selection there are incomplete statements or questions. Of the four choices, choose the correct one based on what you have read in the passage.

De gros poissons, engagés près de la plage dans une eau trop peu profonde, pris par la vague, s'en vinrent rouler jusque sur le sable sec. Les hommes de Cavelier ramassèrent ainsi, palpitants, et les ouïes battantes, plusieurs gros poissons. Le normand Sager, que Robert Cavelier avait engagé pour lui servir de serviteur, aurait volontiers crié au miracle. Mais les Indiens expliquèrent qu'il s'agissait d'un phénomène naturel et fréquent. Ils montrèrent, tout le long de la plage, les squelettes de milliers de poissons, qui, surpris par la tempête, et poussés sur les bas-fonds, avaient été dévorés par les insectes ou par les aigles des bords des lacs.

66. Pourquoi les poissons ne pouvaient-ils plus nager?
A. Ils étaient trop lourds.
B. Les eaux de la mer s'élevaient.
C. Ils s'étaient avancés trop près de la côte.
D. Ils étaient trop fatigués.

GO ON TO THE NEXT PAGE

67. Que firent les compagnons de Robert Cavelier?
  A. Ils virent sans émotion les poissons se débattre.
  B. Ils remirent les poissons à l'eau.
  C. Ils emportèrent les poissons.
  D. Ils restèrent immobiles devant ce spectacle extraordinaire.

68. L'auteur indique que le normand Sager
  A. était un grand seigneur.
  B. avait déjà vu chose pareille dans son pays.
  C. trouvait cet événement normal.
  D. croyait aux faits surnaturels.

69. Les indigènes savaient que ce fait
  A. était exceptionnel.
  B. n'avait rien d'extraordinaire.
  C. restait inexplicable.
  D. offrait quelque chose d'anormal.

70. A la suite d'une tempête, qu'est-ce qui arrivait?
  A. De nombreux poissons mouraient.
  B. Les oiseaux mangeaient les mouches.
  C. Les sauvages étaient très agités.
  D. Beaucoup d'hommes se sauvaient en criant.

Depuis quelque temps, l'épée de Charles de Baatz, seigneur d'Artagnan, capitaine des mousquetaires du roi Louis XIV, se trouve chez un marchand d'objets anciens à Naples, par l'ordre de Roberto Maria d'Artagnan, descendant du courageux militaire qui inspira Alexandre Dumas. Voici comment cela est arrivé.

En mars 1959, un groupe d'experts écrivit de Paris à Roberto pour lui apprendre qu'après de longues recherches, on avait établi qu'il était bien le descendant de Charles de Baatz et que l'épée du mousquetaire était à sa disposition. La fameuse épée lui fut remise à Paris en juillet 1959 au cours d'une réception, mais, de retour à Naples, ses difficultés commencèrent. La presse tout entière raconta l'histoire, et Roberto commença à recevoir un volumineux courrier de jeunes filles contenant pour la plupart des demandes en mariage.—J'ai dû composer une lettre circulaire expliquant que je n'avais aucun désir de me marier, dit-il. Toutefois, en septembre dernier, Roberto revint à Paris pour y rencontrer l'une de ses correspondantes, la belle Francisca Dolbech, d'origine yougoslave. Il devint amoureux d'elle. De Naples la mère de Roberto lui écrivit qu'elle ne voulait pas entendre parler d'une telle union et qu'elle ne lui donnerait plus un sou. Le sang des d'Artagnan ne fit alors qu'un tour. Roberto prit l'épée du capitaine, quitta Paris en toute hâte et se rendit tout droit à la boutique d'antiquités de Naples où la somme de 100.000 lires lui fut remise. Tout songeur, Roberto est ensuite allé s'acheter un billet de chemin de fer pour Paris où l'attendait Francisca. Et voilà pourquoi l'épée de d'Artagnan se trouve maintenant dans une boutique d'objets anciens en Italie.

71. Où se trouve aujourd'hui l'épée du chef des mousquetaires?
  A. au palais de Versailles
  B. dans un musée de Paris
  C. chez un commerçant de Naples
  D. chez une amie en Yougoslavie

72. Roberto reçut cette précieuse épée parce qu'il
  A. l'avait gagnée comme prix de littérature.
  B. l'avait achetée dans une boutique.
  C. avait épousé la fille du Mousquetaire.
  D. était descendant du seigneur d'Artagnan.

73. Qu'est-ce qui arriva à Roberto après cette acquisition?
  A. Il travailla comme journaliste.
  B. Il reçut beaucoup de lettres.
  C. Il écrivit des romans.
  D. Il ouvrit un magasin en Italie.

74. A quoi Mme d'Artagnan s'opposait-elle?
  A. au retour de son fils à Naples
  B. au choix que son fils avait fait
  C. aux dépenses de son fils
  D. aux voyages de son fils

75. Roberto vendit son épée pour
  A. aller se marier en France.
  B. aider sa mère.
  C. rentrer en Italie.
  D. s'enrôler dans l'armée.

Mon cousin Letardy est le principal exportateur-importateur de la ville de Mayotte dans les îles des Comores. On le dit assez pirate; on prétend même qu'il se conduit beaucoup plus comme un aventurier que comme un honnête homme. Il a fait une fortune rapide en vendant de tout ce qui pouvait se vendre, et par tous les moyens, et, depuis, il trône sur en sommet reposant. Je m'imagine aussi qu'il dort dans des draps de soie quand ce n'est pas dans des draps d'or.

Je le connais à peine, bien qu'il soit mon cousin. Il ne rend visite à ses parents que tous les trois ou quatre ans, pendant quelques jours brefs. Comme il est remarié, il profite de sa visite pour aller s'incliner sur la tombe de sa première femme qui lui a apporté cet argent sans lequel la chance ne lui aurait peut-être jamais souri. A part ce qu'on raconte de lui, je sais qu'il parle fort et vite, qu'il est éternellement vêtu de blanc avec une cravate à pois noirs et qu'il garde son chapeau sur la tête même aux repas. Son fils aîné, Raphaël, est pensionnaire au lycée de Tananarive alors que sa fille et un deuxième fils vivent chez une tante.

76. Quel est le métier de Letardy?
  A. Il est commerçant.
  B. Il est directeur d'un lycée.
  C. C'est un marin de carrière.
  D. C'est un employé de grand magasin.

77. Quel est le caractère de cet homme?
  A. Il gagne sa vie honorablement.
  B. Il est très charitable.
  C. Il est ambitieux et sans scrupules.
  D. C'est un noble de très haute distinction.

78. Le narrateur ajoute que Letardy
  A. passe beaucoup de temps à dormir.
  B. visite rarement sa famille.
  C. est un de ses oncles.
  D. est trop vieux pour voyager.

79. L'auteur explique aussi que Letardy
  A. n'a pas d'enfants.
  B. a épousé une veuve.
  C. refuse de se marier.
  D. a été marié deux fois.

80. La façon de vivre de Letardy montre aussi qu'il
  A. est resté très pauvre.
  B. manque de culture.
  C. porte souvent des habits de couleur sombre.
  D. s'intéresse beaucoup à sa famille.

Quand Pierre-Auguste Renoir peignait, il était tellement absorbé par son sujet qu'il ne voyait ni n'entendait plus ce qui se passait autour de lui. Dans la forêt de Fontainebleau les animaux s'étaient habitués à ce visiteur silencieux. Renoir commit l'imprudence de leur apporter du pain, et ils étaient constamment sur son dos, le poussant du museau, lui soufflant dans le cou.

GO ON TO THE NEXT PAGE

Un matin, il s'étonna de l'absence de ses compagnons habituels. Au bout d'un instant il en connut la raison; un inconnu fit son apparition et dit à Renoir: Je vous en supplie, monsieur, je meurs de faim!

C'était un journaliste poursuivi par la police de l'Empire. Echappant aux agents qui venaient l'arrêter, il était monté dans le premier train qui partait de la gare de Lyon, et il était descendu à Moret-sur-Loing. Depuis deux jours il errait dans la forêt, sans nourriture. Epuisé, il était sur le point de se rendre.

Renoir courut au village et en rapporta une blouse de peintre et une boîte de couleurs:—On vous prendra pour l'un des nôtres. Ici personne n'aura l'idée de vous poser de question. Les paysans nous voient aller et venir et ne s'en étonnent plus.

Le journaliste passa plusieurs semaines avec les peintres. Un de ces peintres put faire prévenir les amis du fugitif, à Paris. Ceux-ci s'arrangèrent pour le faire passer en Angleterre, où il attendit la chute du second Empire.

81. Que faisait Renoir quand il était en train de peindre?
    A. Il se donnait tout entier à ce qu'il faisait.
    B. Il s'amusait à regarder de tous côtés.
    C. Il cessait son travail au moindre bruit.
    D. Il parlait tout en travaillant.

82. Quelle était la réaction des animaux envers Renoir?
    A. Ils trouvaient qu'il faisait trop de bruit.
    B. Ils acceptaient sa présence.
    C. Ils refusaient la nourriture qu'il leur apportait.
    D. Ils n'avaient pas confiance en lui.

83. Un matin, pourquoi les animaux n'étaient-ils pas là?
    A. Renoir n'avait plus de pain.
    B. Renoir les avait chassés.
    C. Un étranger était arrivé.
    D. Ils n'avaient plus faim.

84. Le journaliste était tellement fatigué qu'il était prêt à
    A. se livrer à la police.
    B. aller à Lyon.
    C. passer sa vie dans les bois.
    D. repartir tout de suite pour Paris.

85. Renoir sauva le fugitif de la prison en
    A. l'habillant en paysan.
    B. le déguisant en peintre.
    C. le cachant dans une boulangerie.
    D. le recommandant à l'Empereur.

END OF TEST 9

ANSWER KEYS

TEST 1

PART A		PART B		PART C	PART D	
1. C	**15.** B	**31.** A	**45.** C	**50.** D	**58.** B	**71.** B
2. D	**16.** A	**32.** A	**46.** B	**51.** C	**59.** C	**72.** D
3. A	**17.** A	**33.** B	**47.** D	**52.** B	**60.** B	**73.** D
4. A	**18.** B	**34.** C	**48.** A	**53.** D	**61.** B	**74.** B
5. D	**19.** D	**35.** B	**49.** B	**54.** B	**62.** B	**75.** C
6. A	**20.** A	**36.** A		**55.** A	**63.** B	**76.** C
7. A	**21.** B	**37.** C		**56.** B	**64.** B	**77.** B
8. A	**22.** B	**38.** A		**57.** B	**65.** C	**78.** B
9. C	**23.** C	**39.** B				**79.** D
10. A	**24.** B	**40.** A			**66.** D	**80.** A
11. B	**25.** D	**41.** B			**67.** B	**81.** B
12. B	**26.** A	**42.** B			**68.** D	**82.** A
13. B	**27.** B	**43.** B			**69.** C	**83.** C
14. A	**28.** A	**44.** C			**70.** C	**84.** B
	29. B					**85.** D
	30. B					

TEST 2

PART A		PART B		PART C	PART D	
1. C	**15.** A	**31.** B	**45.** B	**50.** A	**58.** D	**71.** B
2. B	**16.** B	**32.** D	**46.** B	**51.** B	**59.** A	**72.** A
3. B	**17.** A	**33.** D	**47.** B	**52.** D	**60.** D	**73.** C
4. D	**18.** A	**34.** C	**48.** D	**53.** C	**61.** A	**74.** D
5. D	**19.** B	**35.** B	**49.** B	**54.** B	**62.** B	**75.** D
6. B	**20.** A	**36.** A		**55.** D	**63.** B	**76.** B
7. D	**21.** A	**37.** D		**56.** A	**64.** A	**77.** A
8. B	**22.** A	**38.** A		**57.** A	**65.** B	**78.** C
9. C	**23.** C	**39.** C				**79.** B
10. B	**24.** A	**40.** B			**66.** C	**80.** D
11. A	**25.** B	**41.** A			**67.** A	**81.** B
12. A	**26.** A	**42.** B			**68.** C	**82.** B
13. D	**27.** A	**43.** A			**69.** D	**83.** A
14. C	**28.** A	**44.** D			**70.** C	**84.** D
	29. D					**85.** C
	30. A					

TEST 3

PART A	15. C	PART B	45. D	58. B	71. B
	16. A		46. A	59. A	72. D
1. B	17. A	31. B	47. A	60. C	73. A
2. B	18. B	32. C	48. B	61. A	74. B
3. A	19. D	33. D	49. A	62. A	75. C
4. B	20. D	34. B		63. B	76. A
5. B	21. A	35. D	PART C	64. C	77. D
6. B	22. A	36. B		65. A	78. A
7. A	23. B	37. A	50. D		79. A
8. C	24. A	38. A	51. B	PART D	80. D
9. A	25. B	39. C	52. B		81. D
10. B	26. B	40. A	53. A	66. C	82. B
11. A	27. D	41. A	54. D	67. D	83. A
12. B	28. A	42. A	55. B	68. D	84. C
13. A	29. A	43. B	56. D	69. B	85. D
14. A	30. B	44. A	57. B	70. A	

TEST 4

PART A	15. B	PART B	45. B	58. D	71. C
	16. A		46. C	59. D	72. D
1. A	17. C	31. A	47. A	60. B	73. A
2. B	18. A	32. B	48. D	61. B	74. B
3. C	19. D	33. C	49. C	62. D	75. A
4. B	20. A	34. B		63. B	76. D
5. D	21. B	35. B	PART C	64. A	77. B
6. A	22. B	36. A		65. B	78. A
7. A	23. A	37. A	50. B		79. D
8. C	24. A	38. C	51. B	PART D	80. C
9. B	25. B	39. A	52. A		81. C
10. B	26. C	40. A	53. A	66. A	82. B
11. B	27. D	41. A	54. B	67. D	83. C
12. D	28. D	42. C	55. B	68. C	84. D
13. A	29. A	43. B	56. D	69. A	85. A
14. C	30. B	44. B	57. A	70. B	

TEST 5

PART A	15. A	PART B	45. B	58. B	71. C
	16. A		46. D	59. B	72. D
1. A	17. A	31. D	47. A	60. D	73. C
2. B	18. B	32. C	48. A	61. C	74. B
3. A	19. D	33. A	49. A	62. D	75. A
4. C	20. A	34. A		63. B	76. A
5. B	21. B	35. A	PART C	64. B	77. C
6. D	22. A	36. B		65. B	78. B
7. D	23. D	37. A	50. A		79. C
8. D	24. D	38. B	51. B	PART D	80. D
9. C	25. B	39. B	52. C		81. D
10. A	26. D	40. C	53. D	66. B	82. A
11. D	27. C	41. C	54. D	67. C	83. C
12. A	28. D	42. C	55. D	68. A	84. A
13. B	29. D	43. B	56. B	69. D	85. A
14. D	30. D	44. A	57. C	70. C	

TEST 6

PART A		PART B				
	15. A	PART B	45. A	58. C	71. B
	16. A		46. A	59. B	72. A
1. A	17. C	21. C	47. D	60. B	73. C
2. B	18. D	22. B	48. C	61. A	74. D
3. A	19. A	23. D	49. A	62. A	75. C
4. A	20. D	24. A		63. B	76. A
5. A	21. D	25. D	PART C	64. B	77. B
6. A	22. A	26. A		65. B	78. C
7. A	23. B	27. D	50. B		79. C
8. B	24. D	28. D	51. A	PART D	80. D
9. D	25. A	29. B	52. B		81. B
10. B	26. A	40. A	53. B	66. D	82. C
11. D	27. A	41. D	54. B	67. A	83. D
12. D	28. B	42. C	55. B	68. C	84. A
13. A	29. A	43. D	56. C	69. C	85. B
14. D	20. D	44. A	57. B	70. D	

TEST 7

PART A		PART B				
	15. C	PART B	45. A	58. B	71. A
	16. D		46. A	59. A	72. B
1. B	17. A	31. C	47. C	60. D	73. D
2. A	18. A	32. D	48. A	61. B	74. C
3. C	19. D	33. C	49. A	62. C	75. D
4. B	20. B	34. B		63. A	76. D
5. A	21. D	35. B	PART C	64. A	77. C
6. B	22. A	36. C		65. D	78. B
7. C	23. D	37. D	50. D		79. D
8. D	24. C	38. C	51. C	PART D	80. A
9. A	25. A	39. C	52. B		81. A
10. D	26. B	40. A	53. B	66. C	82. A
11. A	27. A	41. D	54. B	67. B	83. C
12. C	28. D	42. B	55. B	68. C	84. C
13. A	29. A	43. A	56. C	69. C	85. C
14. A	30. B	44. D	57. C	70. A	

TEST 8

PART A		PART B				
	15. B	PART B	45. A	58. A	71. A
	16. D		46. B	59. A	72. D
1. A	17. A	31. B	47. D	60. D	73. A
2. C	18. B	32. D	48. A	61. A	74. B
3. C	19. D	33. A	49. A	62. D	75. A
4. B	20. C	34. D		63. D	76. B
5. D	21. A	35. B	PART C	64. D	77. A
6. D	22. D	36. C		65. B	78. C
7. B	23. B	37. D	50. B		79. D
8. D	24. C	38. D	51. B	PART D	80. B
9. D	25. D	39. B	52. A		81. C
10. D	26. B	40. B	53. B	66. C	82. A
11. A	27. B	41. B	54. A	67. B	83. B
12. B	28. B	42. A	55. B	68. C	84. A
13. C	29. B	43. B	56. D	69. A	85. C
14. B	30. B	44. A	57. D	70. D	

TEST 9

PART A	15. A	PART B	46. A	59. D	72. D
	16. A	31. B	47. A	60. A	73. B
1. A	17. A	32. A	48. C	61. D	74. B
2. B	18. A	33. D	49. D	62. A	75. A
3. A	19. D	34. A		63. B	76. A
4. A	20. A	35. A	PART C	64. D	77. C
5. B	21. A	36. C		65. B	78. B
6. A	22. A	37. B	50. C		79. D
7. B	23. D	38. A	51. D	PART D	80. B
8. D	24. D	39. A	52. C		81. A
9. B	25. A	40. A	53. A	66. C	82. B
10. B	26. B	41. C	54. C	67. C	83. C
11. A	27. D	42. A	55. B	68. D	84. A
12. A	28. B	43. C	56. C	69. B	85. B
13. A	29. C	44. A	57. D	70. A	
14. A	30. B	45. A	58. C	71. C	

ANALYSIS CHARTS

As you finish each Practice Test, complete the Analysis Charts below to determine your strengths and weaknesses in the three main skills tested by the SAT II: French test. The three skill areas are vocabulary, grammar, and reading comprehension. Before you take the next test, review those areas in which you had difficulties. For pointers on specific questions, consult the Explained Answers that follow.

PART A (30 questions)

Part A of each Practice Test mainly involves vocabulary in context. It tests your knowledge of all parts of speech as well as idiomatic expressions.

As you complete each test, fill in the number of correct answers in the appropriate space.

Part A

TEST NUMBER	CORRECT ANSWERS
Practice Test 1	
Practice Test 2	
Practice Test 3	
Practice Test 4	
Practice Test 5	
Practice Test 6	
Practice Test 7	
Practice Test 8	
Practice Test 9	

In evaluating your score, use the following table.

28 to 30 correct: *Excellent*
25 to 27 correct: *Very Good*
22 to 24 correct: *Average*
19 to 21 correct: *Below Average*
fewer than 19 correct: *Unsatisfactory*

After the first few tests, you should review the French-English vocabulary at the back of the book as well as relevant parts of the General Review, even if your score was Excellent or Very Good. This will solidify your knowledge of French and may fill in some gaps the test didn't reveal. The need to review is especially important if you start with a score of Average or less. If you review conscientiously, you should see your score improve steadily on the chart as you complete each Practice Test.

PARTS B and C (35 questions)

Parts B and C of each Practice Test principally concern your knowledge of French grammar. A variety of grammatical constructions is tested. All are discussed in the General Review of this book.

As you finish each test, fill in the number of correct answers in the appropriate space.

Parts B and C

TEST NUMBER	CORRECT ANSWERS
Practice Test 1	
Practice Test 2	
Practice Test 3	
Practice Test 4	
Practice Test 5	
Practice Test 6	
Practice Test 7	
Practice Test 8	
Practice Test 9	

In evaluating your score, use the following table.

33 to 35 correct: *Excellent*
30 to 32 correct: *Very Good*
27 to 29 correct: *Average*
24 to 26 correct: *Below Average*
fewer than 23 correct: *Unsatisfactory*

After the first few tests, you should study relevant parts of the General Review in this book even if your score was Excellent or Very Good. This will solidify your understanding of French grammar and may fill in gaps the test didn't reveal. The need to review is especially important if you start with a score of Average or less. If you study hard, you should see your score improve steadily on the chart as you complete each Practice Test.

PART D (20 questions)

Part D of each Practice Test deals with reading comprehension. It involves both your knowledge of French vocabulary and grammar and your ability to spot ideas, themes, and other elements in a reading passage.

As you complete each test, fill in the number of correct answers in the appropriate space.

Part D

TEST NUMBER	CORRECT ANSWERS
Practice Test 1	
Practice Test 2	
Practice Test 3	
Practice Test 4	
Practice Test 5	
Practice Test 6	
Practice Test 7	
Practice Test 8	
Practice Test 9	

In evaluating your score, use the following table.

19 or 20 correct: *Excellent*
17 or 18 correct: *Very Good*
15 or 16 correct: *Average*
13 or 14 correct: *Below Average*
fewer than 13 correct: *Unsatisfactory*

Reading comprehension involves your overall knowledge of French. If you had difficulty on this part of the test, you need to review French vocabulary and grammar and practice reading material in French. If you study conscientiously, looking closely at the General Review and the French-English vocabulary in this book as well as reading a variety of passages in French, your score should improve steadily with each test you take.

EXPLAINED ANSWERS

Please note: These explanations cover key items in the questions and answers. For more help, look up the relevant section (indicated by a § number) in this book's General Review. Consult the French–English vocabulary at the back of this book or a dictionary for help with questions of vocabulary.

TEST 1

PART A

1. **C** **le miel** / honey
2. **D** **ruiner** / to ruin, destroy
3. **A** **rendre bref** / shorten
4. **A** **un métal** / metal
5. **D** **rendre plus doux** / soften
6. **A** **habile** / skillful
7. **A** **irriter** / to irritate, annoy
8. **A** **rendue civilement libre** / restored with civil liberty
9. **C** **les genoux** / knees; **se mettre à genoux** / to kneel
10. **A** **grand** / tall
11. **B** **à haute voix** / loudly
12. **B** **faire attention** / pay attention
13. **B** **pouvoir continuer** / to be able to continue
14. **A** **effrayer** / to frighten, scare
15. **B** **entendre** / to hear
16. **A** **un incendie** / fire
17. **A** **une clef** / key
18. **B** **le savon** / soap
19. **D** **la gorge** / throat; **avoir mal à la gorge** / to have a sore throat
20. **A** **la poupée** / doll
21. **B** **dormir** / to sleep
22. **B** **la vitre sale** / dirty window pane
23. **C** **interdit** / prohibited
24. **B** **serrer la main** / shake hands
25. **D** **mort** / dead; **en deuil** / in mourning
26. **A** **faire la queue** / to stand in line
27. **B** **le pain** / bread
28. **A** **frémir** / to tremble, shudder
29. **B** **la volaille** / poultry
30. **B** **au bout d'un mois** / at the end of a month

PART B

31. **A**   See §6.28 and §6.32 of the General Review. Here you are dealing with the preposition **de**, which is right in front of the underlined word that must be replaced.

32. **A**   The past participle form is correct in the masculine singular, and it must be a verb conjugated with **être.** If the preposition **de** were given in the original sentence, and not **à,** then C would have been a correct choice. Study §7.4, §7.26–§7.29, §7.95 in the General Review. You need an **être** verb.

33. **B** is the answer because right in front of the underlined word you see the demonstrative adjective **cet,** which is used instead of **ce** in front of a masculine singular noun that begins with a silent h, as in **homme** and **hôtel,** or in front of a masculine singular noun that begins with a vowel, as in **arbre, oiseau,** and **ami.** See §5.7–§5.9 in the General Review.

34. **C**   You are dealing with disjunctive pronouns here because right in front of the underlined word is the preposition **à.** Consult §6.6 and §6.22 in the General Review.

35. **B** is the answer because it is the only choice that requires **n',** which is part of the underlined phrase that must be replaced. Look up **personne . . . ne** in the index. Study §8.ff in the General Review.

36. **A**   See §12.32 in the General Review. In the given statement you are dealing with **ces livres** / these books, which is masculine plural. B is fem.; for C and D, study §5.12, §6.26–§6.32.

37. **C**   Portugal is masculine singular. Note: **au Portugal, en France, en Amérique, aux Etats-Unis.**

38. **A**   **Auxquels** means to which (ones). In the statement, **auquel** means to which (one). §6.28(3) and (5).

39. **B** is the answer because, when substituted for **qui** in the given statement, it means What are you looking for? **Qui cherchez-vous?** means Whom are you looking for? In the given statement you have the inverted interrogative form, **cherchez-vous.** Answer A would have been right if you had been given the usual declarative order of subject and verb, **vous cherchez;** in other words, **Qu'est-ce que vous cherchez?** C is not correct because it means who (not whom); for example, **Qui (est-ce qui) est à la porte?** / Who is at the door? As for D, it is wrong because **quoi,** which means *what,* is used as object of a preposition; for example, **De quoi parlez-vous?** / What are you talking about? or Of what are you talking? Study §6.27 and §6.31; review interrogative pronouns and their correct usage in §6.24–6.32.

40. Answer **A** is correct because it is the **présent du subjonctif** of **répondre.** The verb forms in the remaining choices are not in the subjunctive. Review the verbs **dire, faire, répondre.** Study again the uses of the **subjonctif** in §7.122, §7.130 (where **vouloir que** is listed alphabetically), and §7.93.

41. **B** is the answer because it is masculine singular, as are the underlined words **ce garçon.** Answer A is correct in form because it, too, is masculine singular, which could substitute for **garçon;** but it does not contain **-ci** (as in choice B) which is needed to account for **ce** / this in the statement containing **ce garçon** / this boy. Therefore, you need the demonstrative pronoun, masculine singular, **celui-ci** / this one to substitute for **ce garçon** / this boy. Study §5.7, §6.13–§6.16 of the General Review. Look up **lequel** in the index.

42. **B** is the answer because the past participle **promenée** (**se promener** / to take a walk) is feminine singular. The past participle agrees in gender and number with the preceding reflexive pronoun **se** (**s'**), which refers to the feminine singular subject of the verb, Madeleine Duval. Review §7.5, §7.6, and §7.28.

43. **B** is the answer because you need to keep **en** (some, some of them), which is contained in the underlined words **m'en** in the statement. Choice A contains **en** but **l'** in front of it would not be correct as a substitute because here you need an indirect object pronoun—in the statement it says **Donnez-m'en** / Give me—to me—some, some of them. See §6.2, §6.20, and §2.3 in the General Review.

44. **C**   The masculine singular noun **thème** / the theme can substitute for **ce livre** in the statement. Choices A and B are incorrect because you cannot use **ce** in front of those words; you have to say **cet homme, cet arbre.** See **33,** above. D is fem., sing. and would require **cette peinture.**

45. **C**   See §6.7 in the General Review. Study synonyms **beaucoup de** / **bien des** in §18.2.

46. **B**   This was easy because you can spot that the underlined words **la mienne** in the statement are feminine singular. See §6.35 on possessive pronouns.

47. **D**   **Quittant** is a present participle and the underlined word that must be substituted is **voyant,** which is a present participle. In choice A you are given a present participle, **parlant,** but it would need the preposition **à** after it. See §7.35–§7.39.

48. **A**   You need a disjunctive pronoun here and **nous** in A is the only disjunctive pronoun among the choices. In the given sentence, the preposition **pour** is right in front of the underlined pronoun **eux.** Review §6.22 and, in particular, §6.22(a).

49. **B**   The correct answer contains the direct object pronoun **les,** which is needed to agree with the past participle **expliquées.** Choices C and D do not contain **les.** Choice A contains **les** also, but **leurs** in the plural is not an indirect object pronoun.

    If you don't know the direct and indirect object pronouns and their position with regard to the verb, see §6.19–§6.21. For help on the word order of elements in French sentences containing direct and indirect object pronouns in a declarative sentence, see §2.2.

PART C

50. **D**   The verb **entrer,** conjugated with **être,** requires the preposition **dans** when the place you are entering is mentioned. See **entrer dans** in §7.48 and in §19.1, Antonyms.

51. **C**   This is an idiomatic construction.

52. **B**   This is an idiomatic construction — **de jolies fleurs** not **des jolies fleurs,** because of the adjective **jolies.** See §4.10(h).

53. **D**   The verb form must agree with the preceding direct object, **fleurs** (feminine plural). See §7.17.

54. **B**   An adjective must agree in gender and number with the noun it describes. Review §5.1.

55. **A**   The past participle **défendue** agrees in gender and number with the preceding reflexive pronoun **se** (**s'**), which is feminine singular because it refers to Mme Lucille Belair. See §7.5 and §7.6 of the General Review.

56. **B**   Review **Conjunctions and conjunctive locutions** in §11–§11.4.

57. **B**   The past participle of a verb conjugated with **avoir** must agree in gender and number with a preceding direct object, if there is one; here, the preceding direct pronoun is **l'** (meaning **la** / <u>her</u>), which takes the place of Mme Lucille Belair. Study §7.15.

58. **B**   It is the only feminine singular noun (agreeing with **une jeune**). See §5.1 and §5.15(b).

59. **C**   The feminine singular form of the past participle **tombée** is required. The verb **tomber** is conjugated with **être** and must agree in gender and number with the subject, which is **une jeune Américaine.** See §7.4, §7.29(c) (16), §7.70 (9), §7.75, and §7.96.

60. **B**   She stayed there (**y**). Review §6.9, §6.10, §6.10(d).

61. **B**   You need the feminine singular adjective **morte** because it describes the subject **Elle.** Review §5.1 and §7.142.

62. **B**   The reflexive pronoun in A and C would make no sense here because Peter wakes (himself) up and talks to his brother. Review the reflexive pronouns and their agreement in §6.36 and §6.41.

63. **B**   Review §6.22, §7.102, §2.3, and the verb (**se**) **lever.**

64. **B**   Review §12.34 where **en bas** is listed.

65. **C**   This is an idiomatic construction. It is basic vocabulary. **La salle à manger** / <u>dining room</u>.

PART D

66. **D**   The key words in D (**parlait sans permission**) are related to the statement, **Elle bavardait trop pendant les leçons,** the fourth sentence in the first paragraph of the passage. Note that **bavarde** appears as an adjective and as a noun in the same paragraph. Near the end of the second paragraph, you see the word **le bavardage** / babbling, prattling.

67. **B**   See the fifth and sixth sentences of the first paragraph.

68. **D**   See the second paragraph of the passage.

69. **C**   See the middle of the second paragraph.

70. **C**   See the final sentence. Did you recognize **défaut** in choices A and C as a cognate, meaning fault, default? Anne's **défaut** was that she babbled too much and, according to her, in her composition, it was quite natural.

71. **B**   See the first sentence of the selection, **sa femme couverte de bijoux** / his wife covered in jewels.

72. **D**   **Cédaient à la longue** indicates that the parents gave the child everything he wanted. See the first paragraph.

73. **D**   The key is found in the paragraph beginning **Mais Paul secouait la tête.**

74. **B**   See the second to last paragraph. Note the form **ne tombât** / would fall in the subjunctive because it follows **craignaient que** / feared that in the sentence.

75. **C**   See the last sentence of the passage.

76. **C**   See the second sentence of the passage.

77. **B**   See the beginning of the second paragraph. Study §12.34, §19.

78. **B**   Key words are **disparition** and **disparaissaient,** both part of the verb **disparaître** / to disappear. See the beginning of the second paragraph.

79. **D**   See the middle of the second paragraph.

80. **A**   See the next to last sentence in the passage.

81. **B**   See the first sentence of the paragraph.

82. **A**   See the second sentence of the paragraph.

83. **C**   See the fifth sentence of the paragraph.

84. **B**   See Mme de Charlus **jeta son oeuf** / threw her egg.

85. **D**   **Se remettre de ses émotions** is synonymous with **retrouver sa bonne humeur** at the end of the passage.

TEST 2

PART A

1. **C**   **avoir froid** / to feel cold
2. **B**   **la gare** / railroad station; **près de** / near
3. **B**   **en France** / to France
4. **D**   **dont** / of (about) which
5. **D**   **celui ci** / this one
6. **B**   **laquelle** / which one
7. **D**   **où** / where
8. **B**   **occuper en ce moment** / to be occupied (busy) at this moment
9. **C**   **à gauche** / to the left
10. **B**   **avec plaisir** / gladly
11. **A**   **de** / of
12. **A**   **à** / of
13. **D**   **en haut** / above, upstairs
14. **C**   **tout de suite** / quickly, immediately, at once
15. **A**   **il pleut à verse** / it's pouring rain
16. **B**   **avoir de la chance** / to be lucky
17. **A**   **tâcher** / to try
18. **A**   **nettoyer** / to clean
19. **B**   **déranger** / disturb
20. **A**   **dimanche** / Sunday
21. **A**   **malheureuse** / unhappy
22. **A**   **de la chance** / luck
23. **C**   **avoir besoin de** / to need; **se lever tôt** / to get up early
24. **A**   **chez vous** / at your home; **faites comme chez vous** / make yourself at home
25. **B**   **fades** / tasteless
26. **A**   **saignant** / rare; **à point** / well done
27. **A**   **le crime** / the crime; **a volé mon vélo** / stole my bike
28. **A**   **courir** / to run
29. **D**   **une auberge** / an inn
30. **A**   **roman** / novel; **romain** / Roman

PART B

31. **B**   The underlined words are feminine singular, so you need an answer in the feminine singular. Review demonstrative pronouns in §6.14–§6.16 and possessive pronouns in §6.35.

32. **D**   You need a masculine singular noun that begins with a vowel or silent h. See §5.7–§5.9.

33. **D**   You need a masculine singular demonstrative pronoun. See §6.14–§6.16.

34. **C**   It is the only past participle of a reflexive verb among the choices. The underlined past participle is part of a reflexive verb, indicated by **me**. Review §7.5–§7.6 in the General Review.

35. **B**   The underlined verb form takes the preposition **à**, as you can see in the given statement, and B is the only verb form that also requires the preposition **à + infinitive**. Review §7.44. Can you identify the past participle **tu(e)** in D? Look it up in §7.142; the infinitive **se taire** means to keep quiet, to be still, to be silent, to stop talking.

36. **A**   The **passé composé** of se taire is required—**s'est tu.** If you did not recognize the irregular past participle **tu,** review §7.142.

37. **D**   In the statement, you are given the underlined words **cesser de parler** (to stop talking) and **se taire** (**me taire** in D) has a synonymous meaning.

38. **A**   The underlined word is an infinitive and you need an infinitive as a substitute; **étonner** / to astonish; **surprendre** / to surprise.

39. **C**   Review §7.3, §7.5, §7.28, and §7.48 where **se marier avec** is listed.

40. **B**   The verb that must be replaced does not have a preposition after it. The only choice that requires no preposition is B. The remaining choices all require the preposition **de.** See §7.46 and §7.49.

41. **A**   The verb that must be replaced is followed by the preposition **à.** Choice A is the only verb among the choices that requires the preposition **à** and the only one that makes sense. Review §7.43. If the verb **songer** (à) is new to you, look it up in the vocabulary in the back of this book.

42. **B**   See §12.24 where **avoir envie de** is listed. Also, review §7.42–§7.50.

43. **A**   This question involves the gender of nouns as well as their meaning.

44. **D**   You need a verb conjugated with **être.** Review §7.29. Note also that **couché** in C is not correct because it is a reflexive verb.

45. **B**   The underlined word is a past participle, feminine plural. The only past participle that is also feminine plural is B.

46. **B**   The underlined word is feminine singular because the definite article **la** precedes it. The only feminine singular noun among the choices is B.

47. **B**   **Avoir soif** / to be thirsty; **avoir mal** / to feel sick.

48. **D**   The preposition **à** precedes the underlined word, thus indicating **quoi.** Review §6.28 and §6.32.

49. **B** is the only choice requiring the preposition **de.** Also, the given verb tense is in the pluperfect indicative and only B and D are in that tense. Answer D, however, is not correct because it would be grammatically incorrect since it would require a new clause and, besides, **vouloir** does not require a preposition. See §7.49.

PART C

50. **A**   **Me** (**m'** before a vowel) goes with **je** in a reflexive construction.

51. **B**   Review §12.24.

52. **D**   Review §4–§4.3(e).

53. **C**   Review §5.1ff, §12.52–§12.54.

54. **B**   Review §7.3, §7.64 where **se lever** is listed.

55. **D**   The idiomatic expression **faire sa toilette** is covered in §12.36.

56. **A**   *In order to* + *infinitive* is expressed by **pour + infinitive.**

57. **A**   The verb **attendre** / to wait for does not require a preposition. Review §7.50.

58. **D**   Review §7.12ff, especially §7.17.

59. **A**   Review direct and indirect object pronouns and their position when you have one of each. See §6.19–§6.21 and §2–§2.4.

60. **D**   Review §7.12, in particular, §7.20. Remember there's never agreement between the past participle and an indirect object noun or pronoun, whether it precedes or follows the verb. The agreement is with a *preceding* direct object noun or pronoun.

61. **A**   Review §7.16.

62. **B**   The direct object pronoun is **la** / <u>it</u>, referring to **la lettre.** The indirect object pronoun is **leur** / <u>to them</u>, referring to **grands-parents.** Notice the feminine singular agreement on the past participle **envoyée** which is given in the statement. This shows that you need the feminine singular direct object pronoun to justify the agreement. Review §2.2. Study §7.12ff, especially §7.15.

63. **B**   Review §6.1–§6.8 and §2.1.

64. **A**   Review §12.32, where **près de** is listed.

65. **B**   Review §12.32, where **en face de** is listed. Also, review §4.3(r).

PART D

66. **C**   See the first sentence of the passage where reference is made to a French monarch and the date 1667 is given with the name of Louis XIV.

67. **A**   See the first sentence of the second paragraph.

68. **C**   See the first sentence of the third paragraph.

69. **D**   See the fourth paragraph of the passage.

70. **C**   See the first two sentences of the last paragraph.

71. **B**   It was rebuilt somewhere else (**ailleurs** / <u>elsewhere</u>).

72. **A**   The key words in this answer are **des candidats** and **électeurs** which can be associated and related to **réunions politiques, peuple,** and **la politique** in the second paragraph.

73. **C**   The words in choice C are linked with the statement about royalty in the third paragraph.

74. **D**   See the first sentence of the fourth paragraph.

75. **D**   There is a reference to the GOBELET as a famous restaurant in the last part of the last paragraph.

76. **B**   See the second sentence of the first paragraph.

77. **A**   See the last sentence of the second paragraph.

78. **C**   See the end of the third paragraph.

79. **B**   See the second sentence of the fourth paragraph.

80. **D**   See the first sentence of the final paragraph.

81. **B**   See the first two sentences of the passage.

82. **B**   See the middle of the passage.

83. **A**   See the middle of the passage.

84. **D**   See the second to last sentence.

85. **C**   See the last sentence of the paragraph.

TEST 3

PART A

1. **B**   Review §6.54 (b).

2. **B**   Review §12.1 and §12.2.

3. **A**   Review §5.16 (a).

4. **B**   Review §7.12, §7.13, §7.15, §7.24 where the irregular past participle of **prendre** is given; §7.70 (8), §7.74, and §7.95.

5. **B**   **Demain** suggests the need for the future tense of the verb. Review idioms with **faire** in §12.36, where **faire son possible** / to do one's best is listed.

6. **B**   Review §7.4 and §7.29 (c) and the verb **aller** in §7.85.

7. **A**   Review §7.81. See also §7.88 (a) (2).

8. **C**   See §7.88 (c) (2).

9. **A**   **vendredi** / Friday.

10. **B**   Review §12.1, §12.2, and §7.88 (f) (3).

11. **A**   Review §7.88 (a) and §7.141 where the present indicative forms of **écrire** and **lire** are given.

12. **B**   Review §7.70 (2), §7.89 (b), and §7.141 where the imperfect indicative forms of **lire** are given.

13. **A**   Review idiomatic expressions with **faire** in §12.36.

14. **A**   **l'ardoise** / slate

15. **C**   **le balai** / broom

16. **A**   **le bâton** / baton

17. **A**   **parler** / to talk

18. **B**   **l'échelle** / ladder

19. **D**   **l'enfer** / hell

20. **D**   **la manière** / manner; **se comporter** / to behave

21. **A**   **bousculer** / to jostle

22. **A**   **vouloir** / to want; **les oeufs** / eggs. See **combien de** in §12.32.

23. **B**   **mentir** / to lie, to tell a lie. See **avoir honte** in §12.24.

24. **A**   **le trou** / hole

25. **B**   **veuf** / widower; **veuve** / widow

26. **B**   **avouer** / acknowledge, admit, confess

27. **D**   **voir** / to see; **aveugle** / blind

28. **A**   **l'oiseau** / bird

29. **A**   **l'haleine** / breath

30. **B**   **dormir** / to sleep; **passer une nuit blanche** / to spend a sleepless night, not be able to sleep

PART B

31. **B**   You need the subjunctive form of **être** because the word preceding the clause beginning with **que** expresses an emotion. Review §7.130 where **être triste que** is listed and review **être** in the present subjunctive in §7.141.

32. **C**   Review the subjunctive in §7.122 and §7.130, where **vouloir que** is listed, §7.93, and the present subjunctive of **dire** is §7.141.

33. **D**   Review §4.4 (f). Note: en Italie, en France, en Angleterre, en Suisse.

34. **B**   Review §9.14, §12.26, and §6.7 (a). Study Synonyms in §18.2, **beaucoup de / bien des.**

35. **D**   Review §6.35 and §6.13–§6.16.

36. **B**   Review §6.2, §6.19–§6.21, and §2.3.

37. **A**   Review §9.14 and §4.9 (2. Simple Negative).

38. **A**   Review §7.5 and §7.26–§7.29.

39. **C**   Review §5.1.

40. **A**   Review §8. and §8.1.

41. **A**   Review §5.7–§5.9.

42. **A**   Review §12.4–§12.5.

43. **B**   Choices A and C begin with vowels and can't be used with **de** (they require **d'**). Review §7.46 where **venir de** is listed and §12.56.

44. **A**   Review §6.19, §6.20, and §7.43 where **téléphoner à qqn** is listed.

45. **D**   Choices A, B, and C don't work because each verb must be followed by **à**. Review §7.42–§7.50.

46. **A**   **Parler** would require **lui** in front of the infinitive. **Écouter** and **entendre** begin with vowels and would need to be preceded by **l'**. Review direct and indirect object pronouns in §6.19 and §6.20.

47. **A**   The answer must be masculine plural because it describes **les parcs.** The incorrect answers are feminine plural. Review §5.1 and §5.11 (b).

48. **B**   Review the use of the subjunctive after an indefinite antecedent in §7.125, in particular §7.125 (a).

49. **A**   Review the use of the subjunctive after an indefinite antecedent in §7.125, in particular §7.125 (c). If you forgot the differences in the use of **savoir** and **connaître,** review §7.111–§7.115.

PART C

50. **D**   When the adverbial pronoun **y** is object of an infinitive, it is normally placed right in front of the infinitive, except in the affirmative imperative (command). Review §6.10 and §2.ff, in particular §2.3.

51. **B**   D is wrong because you need the infinitive form of a verb. Review §7.49 where **venir + inf.** is listed. A would make no sense. C begins with a vowel and **te** (not **t'**) precedes the blank.

52. **B**   Review §6.36–§6.42, §7.3, and §7.49 where **pouvoir + inf.** is listed.

53. **A**   Review **venir** in §7.141. No reason for the subjunctive in B. In C and D the verb forms do not agree with the subject pronoun **tu.**

54. **D**   The present subjunctive of **être** is needed because of the special verb **douter.** Review the uses of the subjunctive in §7.122ff, in particular §7.130, where **douter que** . . . is listed.

55. **B**   The agreement must be feminine singular because of the preceding direct object pronoun **l'** (**la**), referring to Jeanne. Review §7.15.

56. **D**   Review §12.12, where it states that **il y a + length of time** means length of time + ago. Also review §12.55.

57. **B**   Review §7.89 (d).

58. **B**   Review §7.43 where **répondre à + noun** is listed.

59. **A**   Review §6.49.

60. **C**   The sentence begins with a **si** / if clause with the verb in the imperfect indicative; the verb in the result clause therefore must be in the conditional. Review §7.104 and §7.104 (a) and (b).

61. **A**   See the answer to question 60.

62. **A**   See the answer to question 60.

63. **B**   The verb in the **si** / if clause is in the present indicative so the verb in the result clause must be present indicative, future, or imperative, whichever is meant. Review §7.104 and §7.104 (a) and (b).

64. **C**   You need the present subjunctive here because the expression preceding the verb is one of emotion, of feeling. Review the uses of the subjunctive in §7.122–§7.133, in particular §7.130, where **être heureux que** . . . is listed. Review also §8. and §8.1, where **ne + verb + que** is listed.

65. **A**   The subject of the sentence is **sentiments,** not **vous.** (Of what importance are my feelings to you?) **Vous** is the indirect object pronoun. Review §6.19–§6.21.

PART D

66. **C**   The year 1686 is stated in the credit line of this reading passage; that is the 17th century.

67. **D**   See the last part of the passage, notably the sentence beginning **Après cela, je ne veux plus jurer qu'il.** Did you know that the French author Fontenelle predicted, way back in 1686, that some day there would be communication between earth and the moon? And the Marquise, to whom he was saying all this, said to Fontenelle that he must really be crazy (see the last line of this reading passage)!

68. **D**   Reread the first few lines of the passage. **Un savant** / scholar, scientist.

69. **B**   See the middle of the reading passage. **Paraissent,** v. form of **paraître** / to seem, appear.

70. **A**   See the last sentence of the passage, where the Marquise says to her **interlocuteur** / the person with whom she is talking that he is **fou** / crazy because of his thoughts about future communication between the earth and the moon. The feminine form of **fou** is **folle.** Review §5.11 (e).

71. **B**   See the first sentence of the passage.

72. **D**   See the first paragraph.

73. **A**   See the first paragraph.

74. **B**   See the second paragraph.

75. **C**   Choices A, B, and D are not stated anywhere in the reading passage.

76. **A**   See **le deuxième vers** / second line in **la première strophe** / the first stanza: **que j'aime** / whom I love **et qui m'aime** / and who loves me.

77. **D**   See **le premier vers** / the first line in **la troisième strophe** / the third stanza: **Est-elle brune, blonde, ou rousse?—Je l'ignore** / Is she a brunet, blond, or redhead?—I don't know, I'm not aware of it.

78. **A**   See **le premier vers** of **la première strophe: Je fais souvent ce rêve étrange et pénétrant.**

79. **A**   See **les troisième et quatrième vers** / the third and fourth lines in **la deuxième strophe** / the second stanza.

80. **D**   Since it is a woman in his dreams, she lives in the poet's mind.

81. **D**   See the third sentence of the passage.

82. **B**   See the fourth sentence. **Paradis** is synonymous with **ciel.**

83. **A**   See the sentence beginning **Le champ de bataille.**

84. **C**   See the sentence beginning **Ils sont arrogants,** especially the second part of the sentence.

85. **D**   See the third and second sentences from the end. Note that **d'abord** means about the same as **du premier coup.**

TEST 4

PART A

1. **A**   **rien** / nothing. Study §8. and §8.1.

2. **B**   **douter** / to doubt. Study §7.122 and §7.130.

3. **C**   Review the use of **ce que** in §6.48.

4. **B**   Review the uses of the pronoun **en** in §6.1–§6.8 and study the word order of elements in a French declarative sentence with a verb in a compound tense in §2.2.

5. **D**   Note that the verb in choice C does not agree with the subject of the sentence (**vous**). The other choices make no sense. Note: **avoir besoin de** / to need; **emprunter** / to borrow.

6. **A**   Review §4.10 (f) and (g).

7. **A**   Review word order of elements in French sentences in §2.ff.

8. **C**   Review the possessive pronouns in §6.35 (a) to (f). Note that **la mienne** refers to a feminine singular noun (**école** / school).

9. **B**   The subject of the missing auxiliary verb is **qui**, which refers to **moi.** Your helping verb, therefore, must be **ai** to complete the **passé composé** form of **acheter.** See §7.95.

10. **B**   **Qui** refers to the antecedent **nous,** and your helping verb must be first person plural to agree with it. Review §7.2 and §7.95 and study the verb **faire** in §7.141.

11. **B**   The subject of the missing verb form is **la mère,** which is third person singular. You are dealing with **habiller** (not **s'habiller**) because the mother is dressing her child, not herself.

12. **D**   When you leave a place or person, use **quitter** with **avoir** as a helping verb to form a compound tense because you are stating a direct object noun or pronoun. Use **laisser** when you leave things behind you, for example, books or gloves. The verbs **quitter** and **laisser** are transitive verbs and can take a direct object noun or pronoun. The verb **partir** is intransitive and does not take a direct object. Review §7.16, §7.26–§7.34, and especially §7.120 (a)–§7.120 (d).

13. **A**   **prochain** / next; review §7.91. It must be next week because of **donnerai,** future.

14. **C**   Review the subjunctive in §7.122–§7.133, especially §7.130, where **douter que** is listed with other verbs expressing doubt, emotion, wishing, and so forth.

15. **B**   Review the sequence of tenses in a **si** (if) clause in §7.104 (a) and (b). See also §7.89 and §7.92.

16. **A**   Review the adverbial pronoun **y** in §6.10. Also study the word order of elements in a French sentence in §2.ff.

17. **C**   You need the feminine plural form of the past participle of **mettre.** It must agree with the preceding direct object pronoun **les,** which takes the place of the noun **les fleurs.** See §7.12ff.

18. **A**   **agir à la légère** / to act thoughtlessly; review §12.20.

19. **D**   **être en train de faire qqch** / to be in the process of doing something; review §12.35.

20. **A**   **être hors de moi** / to be furious; review §12.35.

21. **B**   **dormir à la belle étoile** / to sleep outdoors; review §12.20.

22. **B**   **Je vous en prie.** / You're welcome. Review §12.34.

23. **A**   **La robe ne lui va pas.** / The dress does not look good on her. Review **aller à** in §12.23.

24. **A**   **s'en charger** / to take charge of

25. **B**   **se faire mal** / to hurt oneself

26. **C**   Review §5.17.

27. **D**   Review **venir de + inf.** in §12.56 and in §7.46.

28. **D**   You need a feminine singular noun to agree with **achetée** / bought. Review §7.17.

29. **A**   See **avoir besoin de** in §12.24. Review conjunctions in §11. ff.

30. **B**   You can eliminate choices C and D right away because you are dealing with a form of **être** in this sentence. There is no need for the present subjunctive of **être** (in A) because nothing special precedes the **que** clause.

PART B

31. **A**   Review §9.3.

32. **B**   A verb requiring the preposition **de** is needed here. See §7.46.

33. **C**   A feminine singular noun is required here because of the feminine singular adjective **meilleure.**

34. **B**   Choice A is wrong because it gives **elles** as the subject pronoun and the underlined words contain **ils,** referring to Monsieur et Madame Paquet. C and D are wrong because the preposition **à** is after the underlined words in the statement.

35. **B**   After the underlined words you are given **hier soir** (yesterday evening, last night) which make choices A, C, and D wrong.

36. **A**   Review §12.24 where **avoir l'air + adj.** and **avoir l'air de + inf.** are listed.

37. **A**   Choices B, C, and D are correct grammatically but would make no sense in the sentence.

38. **C**   The past participle in choices A and B lacks the feminine singular agreement. D is wrong because a present participle cannot be used after **après.** Review the formation of the past infinitive in §7.116 (h).

39. **A**   Check the vocabulary at the back of this book or a dictionary.

40. **A**   The present subjunctive is needed because the **que** clause is preceded by a special verb (**insister que**) requiring the subjunctive in the clause. Review the uses of the subjunctive in §7.122–§7.133.

41. **A**   The future form of the verb is needed because the clause begins with the conjunction **quand** and future time is implied. The verb in the main clause is also in the future tense. See §7.91.

42. **C**   You need a verb in the infinitive form, not preceded by **à** (choice D). Review the uses of the important verb **devoir** in §7.105 (a)–§7.105 (g) and §7.49.

43. **B**   An infinitive is required. Choice C is also an infinitive but would have to be preceded by **t'** not **te.**

44. **B**   You need a past participle in the feminine singular (to agree with **la lettre**). Review agreement of past participle of an **avoir** verb with a preceding direct object in §7.12ff.

45. **B**   You need a disjunctive pronoun here as the object of the preposition **de.** Choices A and D would be correct but they begin with a vowel, thus calling for **d'** (not **de**). Choice C is incorrect because **ils** is not a disjunctive pronoun. Review §6.22.

46. **C**   Review the demonstrative pronouns in §6.14ff.

47. **A**   Review §6.28 and §6.32. B is wrong because **de** plus **lequel** become **duquel.** C is incorrect because **duquel** can never follow **de.**

48. **D**   You need an infinitive here. Review §7.105 (f), §7.99, and **devoir** in §7.141.

49. **C**   You need a negation here. Review §8.–§8.1.

PART C

50. **B**   Choice A is incorrect because of the **d'** after the space where a verb form is required.

51. **B**   The passive form is required. Review §7.103–§7.103 (c). Review **être (fut)** in §7.141.

52. **A**   A past participle is required here. Review §7.23, §7.24, and §7.142. Study **être** in §7.141.

53. **A** You need a form of **vouloir** in the third person plural, but not the conditional (choice B). Review §7.89.

54. **B** You need a form of **se mettre** in the third person singular, but not the conditional (choice D). The tense required is the **imparfait de l'indicatif.** Review §7.89.

55. **B** You need the **imparfait de l'indicatif** because the action is in the past. Review §7.89.

56. **D** You need the infinitive here because the main verb in the sentence is a verb of perception. Review §7.116 (c) and §7.49.

57. **A** The subject of the missing verb form is the relative pronoun **qui,** which refers to **un arc-en-ciel/ a rainbow**. You need the third person singular. C doesn't work because it is the conditional. Remember that you are reading a passage that contains a description set in the past. Review §7.89.

58. **D** The imperfect indicative is needed because it is a description set in the past. Study §7.89.

59. **D** A feminine plural adjective is needed because of **lorgnettes** in front of the required form of the adjective.

60. **B** You need **n'** to complete the negation. Review §8. and §8.1.

61. **B** A disjunctive pronoun is needed after **que**. Review §6.22.

62. **D** The four choices are all past participles of **sortir**. The masculine plural form is needed because the auxiliary verb is **étaient** and its subject is **qui,** which refers to **des gens.** Review §7.96.

63. **B** You need the present subjunctive of **avoir** because of the special conjunction **quoique**. Review §7.123.

64. **A** You need the infinitive because it is preceded by causative (causal) **faire**. Review §7.117–§7.118ff.

65. **B** You need the feminine singular form of the adjective to agree with **attention.**

PART D

66. **A** See the first sentence of the passage.

67. **D** See the second sentence of the second paragraph.

68. **C** See the second sentence of the third paragraph.

69. **A** See the first sentence of the fourth paragraph.

70. **B** See the last two sentences of the last paragraph. Associate **entendre** and **comprendre.**

71. **C** You should associate **chez lui** in C with **à sa famille** in the first sentence.

72. **D** See the first sentence.

73. **A** See the second sentence.

74. **B** See the final sentence. Associate **douze mois** with **un an** in the paragraph.

75. **A** See the last words in the paragraph. Associate **près de l'eau** with **sur le quai.**

76. **D** See the first sentence.

77. **B** See the second paragraph.

78. **A** See the middle of the second paragraph.

79. **D** See the end of the second paragraph.

80. **C** See the last part of the passage, beginning with **Quand tout fut fini.**

81. **C** See the first paragraph.

82. **B** See the fourth paragraph.

83. **C** See the fourth paragraph.

84. **D** See the third paragraph.

85. **A** See the first sentence of the final paragraph.

TEST 5

PART A

1. **A**   The verb form **suis** is the first person singular, present indicative of **suivre** / to follow. It is used when you want to say that you are taking a course of study. The form **suis** is also the first person singular, present indicative of **être** / to be. The meaning depends on the context.

2. **B**   You need a ticket to see a movie or play.

3. **A**   You need **un peu de beurre** / a little bit of butter for the bread.

4. **C**   **Laide** / ugly is the opposite of **belle** / beautiful.

5. **B**   **Gouttes de pluie qui tombent** / drops of rain that are falling. Note that the verb **commencer** requires the preposition **à** if you are using an infinitive right after it.

6. **D**   Students and teachers return to school in the fall.

7. **D**   The sun warms the earth.

8. **D**   **le gazouillement** / chirping

9. **C**   **neiger** / to snow

10. **A**   **la glace** / ice; **geler** / to freeze; **patiner** / to skate

11. **D**   **un parapluie** / an umbrella; **pleuvoir** / to rain

12. **A**   **le poisson** / fish

13. **B**   **le lac** / lake; **aller à la pêche** / to go fishing

14. **D**   **la cuiller** / spoon; **le potage** / soup

15. **A**   **aboyer** / to bark; **la poule** / hen; **coasser** / to croak; **la grenouille** / frog

16. **A**   **le cou** / neck

17. **A**   **le goûter** / snack. Note that **seize heures** (16 h.) is 4 PM. Study §15.3.

18. **B**   **la bouche** / mouth

19. **D**   **le temps** / weather; **Il grêle.** / It's hailing. Study §16. – §16.5.

20. **A**   **conduire** / to drive; **le métier** / occupation

21. **B**   **le gilet** / vest; **sans manches** / without sleeves

22. **A**   **gémir** / to groan, to moan

23. **D**   **la forêt** / forest; **chasser** / to hunt

24. **D**   **l'écolier** / student; **des soucis** / worries; **passer un examen** / to take an exam

25. **B**   **se promener** / to go for a walk; **le loisir** / leisure

26. **D**   **le pamplemousse** / grapefruit

27. **C**   **le fromage** / cheese; **le produit laitier** / dairy product

28. **D**   **meilleur marché** / a better price

29. **D**   **sécher** / to dry; **le linge** / linen, laundry

30. **D**   **la confiserie** / candy store

PART B

31. **D**   Use **en** in front of feminine singular countries and continents, for instance, **en France, en Angleterre, en Italie, en Espagne, en Suisse, en Australie,** and **en Amérique;** use **au** if masculine singular; use **aux** if plural. Review §4.–§4.8, in particular §4.3 (m) and §4.3 (n).

32. **C**   The verb **espérer** in the affirmative does not require the subjunctive in the following clause; the indicative is used. The future is used if future time is implied. For verbs that require the subjunctive, review §7.130–§7.133.

33. **A**   The past participle is required because of the helping verb **as.** Review §7.23–§7.29.

34. **A**   Note that **plus que** / more than changes to **plus de** when followed by a number. Study §5.6, §9.14.

35. **A**   You need an indirect object pronoun here. Review §6.20 and §6.19.

36. **B**   A feminine plural past participle is needed. Review §7.12ff, §7.23, §7.24.

37. **A**   Review thoroughly §6.24–§6.32.

38. **B**   Review §6.28 and §6.32.

39. **B**   Review §7.14, §7.25–§7.29. Answer A would require the preposition **à.** In C and D, the verb **partir** is normally conjugated with **être** to form a compound tense, such as the **passé composé.** Also study again §7.120 where the uses of **partir, laisser, quitter, sortir** are explained. Review §7.29 where **partir** is listed.

40. **C**   Review §6.27, §6.31, and §6.32, as well as §5.12 and §5.13.

41. **C**   A feminine singular noun is needed. Review §5.7–§5.10.

42. **C**   A masculine singular noun beginning with a vowel or silent *h* is needed. Review §5.9.

43. **B**   Review **en + present participle** in §7.38.

44. **A**   Review direct and indirect object pronouns in §6.19 and §6.20, as well as summaries of word order of elements in French sentences in §2.ff.

45. **B**   Review §5.7–§5.10 and §6.13–§6.16.

46. **D**   A disjunctive pronoun is needed here. See §6.22.

47. **A**   The underlined word is in the present subjunctive because a superlative precedes it (**la seule étudiante** / the only student). The incorrect choices are in the indicative. Review §7.126.

48. **A**   **Veillez à ce que** / see to it that requires the subjunctive. Review §7.122–§7.133.

49. **A**   The underlined word is an infinitive form of the reflexive verb **se cacher** / to hide oneself. The only infinitive among the choices that is a reflexive verb is A—**se promener** / to take a walk. The infinitives in the remaining choices are not reflexive verbs. A reflexive verb is needed because of the reflexive pronoun **vous** in front of **cacher.** Review §6.41 and §6.42.

PART C

50. **A**   There is no need for any agreement on this past participle because there is no preceding direct object. The direct object is **les cadeaux** / gifts and it is after the verb, not in front of it. Review §7.12–§7.25.

51. **B**   The direct object pronoun **les** refers to **les cadeaux;** the indirect object pronoun **lui** / to him or her refers to Gérard (to him). Review direct and indirect object pronouns and their position in a sentence when you have one of each in §6.19–§6.21.

52. **C**   The masculine plural form of the past participle is required because the verb is conjugated with **avoir** and there is a preceding direct object pronoun, which is **les** / them, referring to **les cadeaux.** Review agreement of the past participle of an **avoir** verb in a compound tense in §7.12–§7.25.

53. **D**   You need the direct object pronoun **les,** referring to **les cadeaux.** You also need the preposition **de** because you are saying that he was **très heureux de + inf.** Review §6.54 (b). B is incorrect because you are not dealing with **leur** / to them; you're dealing with **lui** / to him. As for choice C, the preposition **de** + the definite article **les** combines and changes to **des,** but **de** + the direct object pronoun **les** does not change. Review also §6.19 (b).

54. **D** Note that **plus que** / more than changes to **plus de** when followed by a number. Review §5.6.

55. **D** This adjective describes **la bouche** and must be feminine singular. Review §5.1 and §5.11.

56. **B** You need the preposition **de** to link a form of **être** with an infinitive that follows. You also need the adverbial pronoun **y** (there; that is, on Manon's face and hands). Review §6.9, §6.10, and the position of elements in French sentences in §2.ff.

57. **C** The direct object pronoun **l'** (**la**) refers to the young woman (Manon). Note **enterrer** / to bury.

58. **B** **Il est + adj. + de + inf.** is a formula to remember. Review it in §6.54 (b). Here **était** is used but the formula holds true.

59. **B** You are dealing with the verb **se servir de + noun** / to make use of + my sword. Review §7.45. This reflexive verb requires **me** (**m'**) as the reflexive pronoun, and you find it in choices B, C, and D. You must also account for the preposition **de** which is a part of the term **se servir de + noun.** When you drop **de + noun,** you must insert **en** to take its place. Review §6.–§6.8.

60. **D** Review past infinitives in §7.116 (h).

61. **C** You need the preposition **de** because you are dealing with the verb **empêcher de + inf.** See §7.46. You also need the direct object feminine singular **la** / her.

62. **D** The idiomatic expression is **avoir envie de + inf.** Review §12.24.

63. **B** **Pris** is the irregular past participle of **prendre.** There is no need for an agreement on the past participle here because there is no preceding direct object, either noun or pronoun. The direct object is **une tartine** / a piece of bread with butter on it, and it follows the verb. Review §7.12–§7.24.

64. **B** You need the subject pronoun **elle** and it is in choices A, B, and C. You also need the relative pronoun **que** / which, referring to **une tartine.** Review §6.52.

65. **B** You need the feminine singular agreement on this past participle because the verb **tremper** / to dunk, soak, steep, or drench is conjugated with **avoir.** There must be an agreement between the past participle and the preceding direct object (**une tartine**). Review §7.12–§7.22.

PART D

66. **B** In the passage the author notes that persons of different nationalities (for instance, the French, Germans, Japanese, and Italians) go about bowling in different ways.

67. **C** See the second sentence of the passage.

68. **A** See the fourth and fifth sentences of the passage.

69. **D** See the third sentence from the end.

70. **C** See the second to last sentence.

71. **C** See the third sentence of the passage.

72. **D** See the fourth sentence of the passage. Note that **secourir** means to help.

73. **C** The passage mentions that Albert Schweitzer received the Nobel Prize for Peace in 1952.

74. **B** See the fifth sentence from the end.

75. **A** See the third sentence from the end. Note that **craintifs** means fearful.

76. **A** See the second sentence of the passage.

77. **C** See the last two sentences of the first paragraph. Note that **rire des candidats** and **se moquant d'eux** have a similar meaning.

78. **B** See the second sentence of the second paragraph. Note **savoir par coeur** / to know by heart.

79. **C** See the second sentence of the final paragraph.

80. **D**   See the last sentence of the passage.
81. **D**   See the second sentence of the passage.
82. **A**   See the second paragraph.
83. **C**   See the last sentence of the second paragraph.
84. **A**   See the first sentence of the third paragraph.
85. **A**   See the final paragraph.

TEST 6

PART A

1. **A**   **la souris** / mouse; **au secours!** / help!

2. **B**   **l'auberge** / inn

3. **A**   **avouer** / to acknowledge, to confess

4. **A**   **écrire** / to write; **une papeterie** / stationery store.

5. **A**   **rien du tout** / nothing at all; **avoir beau + inf.** / to do something in vain

6. **A**   **s'amuser** / to enjoy oneself; **avoir envie de + inf.** / to feel like, to have a desire to; review §12.24.

7. **A**   **se rendre compte de** / to be aware of, to realize

8. **B**   **aller à la rencontre de qqn** / to go to meet someone

9. **D**   **être de rigueur** / to be compulsory, required

10. **B**   **par hasard** / by accident, by chance

11. **D**   **acheter bon marché** / to buy at a low price

12. **D**   **vivre** / to live; **le sang** / blood

13. **A**   **rester debout** / to remain standing

14. **D**   **le salon** / living room

15. **A**   **se faire mal** / to hurt oneself

16. **A**   **se mettre en colère** / to become angry

17. **C**   **entendre** / to hear

18. **D**   **être de retour** / to be back

19. **A**   **un ouvrage d'art** / a work of art

20. **D**   **tant pis** / too bad

21. **D**   **le pourboire** / tip (money): **la monnaie** / change (coins)

22. **A**   **tôt** / early; **se réveiller** / to wake up

23. **B**   **causer** / to chat

24. **D**   **la reine** / the queen; **agoniser** / to be in agony

25. **A**   **réussir** / to succeed

26. **A**   **en voiture!** / all aboard!

27. **A**   **au haut de la maison** / on top of the house; **le toit** / the roof

28. **B**   **sortir** / to go out; **à travers le bois** / through the woods

29. **A**   **à mon gré** / to my liking; **plaire** / to please

30. **D**   **au milieu** / in the middle

PART B

31. **C**   The underlined word homme begins with a silent *h* and requires the form **bel**, not **beau**. If a masculine singular noun begins with a silent *h* or a vowel, certain irregular forms of adjectives are used. As for choice D, **honte** begins with an aspirate *h* (not a silent *h*) and, besides, it's feminine. Review §5.7–§5.9 and §5.11 (e). Furthermore, choice D would make no sense here.

32. **B**   Note the following meanings: **le sentier** / the path; **les soucis** / worries, concerns, cares; **la bague** / ring.

33. **D**   Because of **aux** in the given statement, you have to select a verb among the four choices which also requires a form of the preposition **à**. Review verbs and prepositions in §7.42–§7.50. Review also causative (causal) **faire** in §7.117–§7.118 (a) through (m).

34. **A**   The underlined phrase **ça se comprend** / that is understood is synonymous with **cela se voit** / that's obvious. You realize, of course, that **ça** is popularly used as a shortening of **cela**; for example, **Qu'est-ce que c'est que cela?** or **Qu'est-ce que c'est que ça?** / What's that?

35. **D**   You need a verb that requires the preposition **à**. See §7.42–§7.50 of the General Review.

36. **A**   Note **pécher** / to sin; **commettre un crime** / to commit a crime. Both verb forms are in the **passé composé.** B, C and D are grammatically correct but do not fit in thought.

37. **D**   You need an infinitive. The infinitive in B would make no sense here.

38. **D**   You need the present subjunctive because of the indefinite antecedent. Review the many uses of the subjunctive in §7.122–§7.133, in particular §7.125.

39. **B**   You need an infinitive.

40. **A**   You need an infinitive that must be followed by **à**. Review verbs and prepositions in §7.42–§7.50.

41. **D**   See 40, above.

42. **C**   You need a verb that must be followed by **de.** Review §7.42–§7.50.

43. **D**   Note that a preposition is not required after the verb.

44. **A**   The present tense is called for. Review §7.88. The verbs in B, C, and D would make no sense.

45. **A**   You need an infinitive. Review **être en train de + inf.** in §12.35. Note **corriger** / to correct.

46. **A**   **faire courir des bruits** / to spread rumors; review §7.117ff.

47. **D**   **mettre le couvert** / to set the table; review **mis** in §7.24.

48. **C**   In compound verbs conjugated with **avoir** there must be agreement between the past participle and a preceding direct object (**histoire** in this sentence). Review §7.12–§7.22.

49. **A**   You need a verb that must be followed by **de.** Review §7.42–§7.50.

PART C

50. **B**   Review the agreement of subject and past participle in a verb conjugated with **être** in §7.4.

51. **A**   Review §7.14.

52. **B**   See 50, above.

53. **B**   You need an infinitive to follow the preposition **pour.** See **enlever** in §7.64.

54. **B**   You need the feminine singular direct object pronoun **la** to refer to **une chaise** / a chair. Remember that direct and indirect object pronouns are placed in front of an infinitive. Review direct object pronouns in §6.19.

55. **B**   Review §7.14, §7.90, §7.94.

56. **C**   If you don't know the difference in the use of **savoir** and **connaître,** review §7.111–§7.115.

57. **B**   See 56, above.

58. **C**   **Jouer du piano** / to play the piano. Review §7.43 and §7.45.

59. **B**   Review the uses of **depuis** in §12.1–§12.6.

60. **B**   Review **que, qui, ce que,** and **ce qui** in §6.43–§6.53.

61. **A**   Review **que** and **qui** in §6.43–§6.53, **qu'est-ce que** in §6.31, and **qui est-ce que** in §6.27.

62. **A**   The adverb **actuellement** means <u>at present</u>; French synonyms are **à présent** and **maintenant.** The word *actually* in French can be expressed as **en effet, réellement, véritablement,** and **à vrai dire.**

63. **B**   The expression *to be angry with someone* is translated **être fâché contre qqn** or **se fâcher contre qqn.**

64. **B**   Review agreement of an adjective with the noun or pronoun it modifies in §5.1. In this sentence **devoirs** (masculine plural) is the noun.

65. **B**   You are dealing with the verb **fâcher,** not **se fâcher,** and no preposition is needed. See 63, above.

PART D

66. **D**   See the first sentence of the passage.

67. **A**   See the first sentence of the second paragraph.

68. **C**   See the second sentence of the third paragraph.

69. **C**   See the last sentence in the passage.

70. **D**   See the first sentence of the second paragraph.

71. **B**   See the first sentence of the passage.

72. **A**   See the second to last sentence. Review §16.–§16.5, especially §16.2 and §16.3.

73. **C**   See the last sentence of the passage. Associate **athlétisme (C)** with **sports d'hiver.**

74. **D**   See the sentence beginning **Mais cette animation.** Note that **jadis** means <u>formerly</u> and is a synonym of **autrefois.** Associate **après le coucher du soleil** with **pendant la nuit.**

75. **C**   See the last sentence of the passage.

76. **A**   See the first sentence of the passage.

77. **B**   See the second sentence. Note that **une brume épaisse** / <u>a thick mist, fog</u> and **un brouillard très dense** / <u>a very dense fog</u> have similar meanings.

78. **C**   See the fourth sentence.

79. **C**   See the second half of the passage.

80. **D**   See the last sentence of the passage. Associate **honte (D)** with **se déshonorerait.**

81. **B**   See the first sentence of the passage. Note that **quartier** and **voisinage** have similar meanings.

82. **C**   See the second sentence of the passage. Associate **fixait les yeux** with **regardait.**

83. **D**   See the first sentence of the passage.

84. **A**   See the last sentence of the passage.

85. **B**   See the last sentence of the passage. Note that **fuir** means <u>to run away,</u> <u>to flee</u>. See **avoir peur** in §12.24. Associate **avaient peur (B)** with **effrayées** in the last sentence.

TEST 7

PART A

1. **B** You need the preposition **en** before the present participle. Review §7.35–§7.39. Note also that the verb **entrer** requires the preposition **dans** with the name of a room, place, building, and so forth. Review §7.48.

2. **A** **prendre ses jambes à son cou** / to run fast

3. **C** Note **vouloir dire** / to mean, to signify. Note also the use of the relative pronoun **ce que** in the statement. Review **vouloir** in §7.107–§7.110.

4. **B** See **tarder à + inf.** in §7.44.

5. **A** See **tenir à + inf.** in §7.44.

6. **B** Review the idiomatic expression **avoir beau + inf.** in §12.24.

7. **C** **Eu** is the irregular past participle of **avoir.** The idiomatic expression **avoir de la chance** is listed in §12.24.

8. **D** **s'entendre avec qqn** / to get along with someone

9. **A** **coudre** / to sew; **le fil** / thread; **le fils** / son; **la fille** / daughter; **la jeune fille** / girl

10. **D** **ailes** / wings

11. **A** **la lame de rasoir** / razor blade

12. **C** **le réfrigérateur** / refrigerator

13. **A** **étrange** / strange, odd

14. **A** **à présent** / now

15. **C** **le conte** / tale, story

16. **D** **lutter** / to fight

17. **A** **la reine** / queen

18. **A** **belle** / beautiful; **laid, laide** / ugly

19. **D** **de plus en plus** / more and more

20. **B** **sales** / dirty

21. **D** **vide** / empty; **tout à fait** / completely

22. **A** **à jamais** / forever

23. **D** **paresseuse** / lazy

24. **C** **songer à** / to think of

25. **A** **méchant** / bad tempered, nasty

26. **B** **s'ennuyer** / to be bored

27. **A** **échouer** / to fail; **en fait** / as a matter of fact

28. **D** **gronder** / to scold

29. **A** **la larme** / tear (weeping)

30. **B** **légère** / light (in weight)

PART B

31. **C** You need a past tense. Answer A is not correct because the past participle lacks the feminine singular agreement. B is future tense; D is the present participle. Review §7.5ff.

32. **D**   You need a masculine singular noun beginning with a vowel or a silent *h* because the demonstrative adjective **cet** is in front of the underlined word. Answers A and C are feminine. Review §5.7–§5.9.

33. **C**   The sentence is in the present tense. **Actuellement** and **en ce moment** mean at present.

34. **B**   An infinitive is required. Review §7.115ff.

35. **B**   Only the feminine plural **cousines** works here because of **laquelle.** Review §6.24ff.

36. **C**   An infinitive is required. Review §7.115ff.

37. **D**   A noun beginning with a vowel is required.

38. **C**   A feminine singular adjective is needed here. Review §5.11 (b).

39. **C**   A verb in the first person plural future is needed here.

40. **A**   You need an indirect object pronoun. Review §6.19, §6.20ff, and §7.43, where **téléphoner à** is listed.

41. **D**   The verbs in A, B, and C require the preposition **à.**

42. **B**   You need a verb in the first person singular beginning with a vowel; **appelle** does not work because it would make no sense in this sentence. Neither would **arrive. J'** is the subject.

43. **A**   You need the past participle of a verb followed by **de.** Review verbs and prepositions in §7.42–§7.50.

44. **D**   Review the uses of **qui** and **quoi** as objects of prepositions in §6.28 and §6.32.

45. **A**   You need a present participle plus the preposition **de.** Only A includes **de.** Review §7.45.

46. **A**   You need an indirect object pronoun. C and D are not correct because of the word order. Review word order of elements in French sentences in §2.–§2.4.

47. **C**   You need a verb in the second person plural. Only C makes sense.

48. **A**   You need a feminine singular noun because of **cette.** Review §5.7–§5.9.

49. **A**   You need a masculine singular noun beginning with a vowel or silent *h* because of **cet.** Review §5.7–§5.9.

PART C

50. **D**   You'll find **tout d'un coup** in §12.53. Here is a tip regarding the word **forêt:** Generally speaking, when you see the circumflex accent over a vowel in a French word, insert the letter s right after the vowel with the circumflex and you will see an identical or similar word in English; other examples are: **hôte** / <u>host</u>; **fête** / <u>feast</u>; **pâte** / <u>paste</u>, <u>pasta</u>; and **honnête** / <u>honest</u>.

51. **C**   You need the partitive here. Review §4.9 and §4.10.

52. **B**   You need the infinitive here. Review §7.117 and §7.118.

53. **B**   You need the present participle of **donner** because the preposition **en** precedes the blank. Review §7.38.

54. **B**   You need the feminine singular form of the adjective because it describes **la vue de la fuite** / <u>the sight of the flight of birds</u>, which precedes the verb **était.** Review §5.1.

55. **B**   You need the past participle of **tuer** to complete the **passé composé.** Review §7.23, §7.24ff, and §7.95.

56. **C**   You need the adverb **fugitivement** because it modifies the verb **s'en est allé.** Review adverbs in §9.–§9.15, especially §9.7–§9.12.

57. **C**   Review the differences in usage of the verbs **quitter, laisser, partir, sortir** in §7.120ff. Review also §7.12ff.

58. **B**   After a preposition, a verb is in the infinitive form. Review §7.116.

59. **A**   See 57, above.

60. **D**   You need the imperfect indicative of **être** here. Review §7.89.

61. **B**   You need an indirect object pronoun referring to **le professeur.** Review §6.20ff, §6.9, §6.10, and §7.43.

62. **C**   The past participle must be masculine plural because the preceding direct object refers to **les livres.** Review agreement of the past participle of an **avoir** verb with a preceding direct object in §7.12ff. Review also §7.26–§7.29 and §7.96.

63. **A**   As a rule, if two verb forms directly follow each other, the second is usually an infinitive. Review §7.117ff.

64. **A**   You need an indirect object pronoun. Review §6.20ff and §7.47.

65. **D**   Correct French is **chez le boulanger.**

PART D

66. **C**   See the first sentence of the passage.

67. **B**   See the second sentence of the first paragraph.

68. **C**   See the first paragraph.

69. **C**   See the first sentence of the second paragraph.

70. **A**   See the last sentence of the passage.

71. **A**   See the first sentence of the passage as well as the final two sentences.

72. **B**   See the last sentence of the first paragraph.

73. **D**   See the second sentence of the second paragraph.

74. **C**   See the second to last sentence of the passage.

75. **D**   See the final sentence of the passage.

76. **D**   See the second sentence of the passage.

77. **C**   See the second sentence of the passage.

78. **B**   See the second and third sentences of the second paragraph.

79. **D**   See the last sentence of the passage.

80. **A**   See the last sentence of the passage.

81. **A**   See the first sentence of the passage.

82. **A**   See the second paragraph.

83. **C**   See the third paragraph.

84. **C**   See the next to last paragraph.

85. **C**   See the final sentence of the passage.

TEST 8

PART A

1. **A**   If you understand the meaning of the words in the four choices, you'll understand that A is the answer.

2. **C**   Check the vocabulary at the back of this book or a dictionary.

3. **C**   See 1, above.

4. **B**   Check the vocabulary at the back of this book or a dictionary.

5. **D**   **aller à la pêche** / to go fishing

6. **D**   **Un jeton** is a special slug you need to buy in order to make a telephone call (**un appel**) at a pay phone. Do you remember the idiom **avoir besoin de?** Find it in §12.24.

7. **B**   Look up idiomatic expressions with **aller** in §12.23.

8. **D**   The four choices are all past participles—**eu** / **avoir**; **pu** / **pouvoir**; **lu** / **lire**; **été** / **être**. Review §7.24.

9. **D**   Review §7.44 where **apprendre à + inf.** is listed.

10. **D**   See 9, above.

11. **A**   Review **apprendre par coeur** in §12.40.

12. **B**   **l'arrêt d'autobus** / the bus stop

13. **C**   **les piétons** / pedestrians

14. **B**   **le battement de son coeur** / her heart beat

15. **B**   **un buveur** / a drinker; review **boire** in §7.141.

16. **D**   **une bulle de savon** / soap bubble

17. **A**   **réduire en bouillie** / to beat to a pulp

18. **B**   **boire à la santé de** / to drink to the health of

19. **D**   **battre des mains** / to clap hands, to applaud

20. **C**   **du bien** / good things

21. **A**   **à la belle étoile** / in the open air

22. **D**   **empêcher** / to hinder, to prevent

23. **B**   **un petit mot** / a note

24. **C**   **chercher un emploi** / to look for a job

25. **D**   Note that **vieil** is used before **arbre,** which is masculine singular and starts with a vowel.

26. **B**   **savoir** / to know; review §5.12, §15.ff, §12.46, and §7.111–§7.115.

27. **B**   **mes gants** / my gloves (masculine plural)

28. **B**   **la fille** / daughter

29. **B**   Review §4.3 (m).

30. **B**   Review §4.4 (n).

PART B

31. **B**   The subject pronoun must be masculine singular because it refers to **ce panier** / this basket. D is not correct because a basket can't be delicious.

32. **D**   The infinitive—**enlever le chapeau** / <u>to take off one's hat</u>—is needed.

33. **A**   You need a verb in the future tense. A is the only possible answer.

34. **D**   A present participle is needed here. Study §7.35 – §7.39.

35. **B**   You need a verb in the first person singular. You can eliminate A because it contains a present participle (the ending **-ant**). You can eliminate C and D because the reflexive pronoun **me** is missing. Review **quelque chose de très important** in §12.47.

36. **C**   Review §7.29 (3).

37. **D**   Study the verbs **descendre** and **monter** in §7.29 (3) and (6).

38. **D**   You need the second person singular to agree with **tu**.

39. **B**   You need an infinitive here; see §7.117ff.

40. **B**   See 39, above.

41. **B**   Look at **falloir** in §7.121 of the General Review.

42. **A**   Review **devoir** in §7.105.

43. **B**   Review §12.24 and §7.105.

44. **A**   Review §7.105–§7.105 (a)–(g).

45. **A**   Review the use of **devoir** in the **passé composé** in §7.105 (e).

46. **B**   You need an infinitive here.

47. **D**   Review the relative pronouns **que, qui, ce que,** and **ce qui** in §6.48, §6.49, §6.52, and §6.53.

48. **A**   Review **ce qui, qui, quoi, ce que,** and **dont** in §6.43–§6.53.

49. **A**   Review direct and indirect object pronouns and their position in a sentence in §6.19–§6.21. Review also §2.ff.

PART C

50. **B**   Review verbs and prepositions in §7.42–§7.50, especially §7.47.

51. **B**   **suivre un cours** / to take a course

52. **A**   Review §4.4 (i).

53. **B**   You need the indirect object pronoun here because the verb **conseiller** requires the preposition **à**. Since it's Robert who was advised, you need **lui** / <u>to him</u>, not **leur** / <u>to them</u>, which is in C. Remember that verbs requiring the preposition **à** take indirect object pronouns in place of nouns; for example: **Je parle à Jean** / **je lui parle; je parle à la jeune fille** / **je lui parle; je parle au garçon** / **je lui parle; je dis la vérité à mes parents** / **je leur dis la vérité; j'écris à mes amis** / **je leur écris; je téléphone à Jean-David** / **je lui téléphone.**

54. **A**   Review verbs and prepositions in §7.42–§7.50, in particular, §7.44 where **continuer à + verb** is listed alphabetically.

55. **B**   Review §5.16 (e).

56. **D**   Review the need for the subjunctive in §7.122–§7.133, especially §7.130 where **douter que** is listed among other verbs expressing doubt, emotion, and wishing that require the subjunctive in the following clause.

57. **D**   See 56, above. Review also the expletive **ne** in §7.134ff.

58. **A**   Review the need for the subjunctive after certain conjunctions, such as **quoique** / <u>although</u>, which is listed in §7.123 among other conjunctions requiring the subjunctive in the following clause. Review also §7.93, §7.94, §7.100, and §7.101.

59. **A**   There is no need for the subjunctive here. Review §7.132 and §7.133 for the use of the subjunctive with the verbs **espérer, croire, penser,** and **trouver** (meaning to think, to have an impression).

60. **D**   The subject is **mes parents et moi,** which adds up to **nous** (my parents and I, or we).

61. **A**   You need the first person singular because **qui** refers to **moi.**

62. **D**   You need the first person plural because **qui** refers to **nous.**

63. **D**   Review infinitives and prepositions in §7.116–§7.116 (h), especially §7.116 (f).

64. **D**   Review countries and prepositions in §4.3 (m).

65. **B**   You are dealing with the reflexive verb **s'amuser** / to have a good time, to amuse oneself. Review agreement of a preceding reflexive pronoun and a past participle of a reflexive verb in §7.5ff.

PART D

66. **C**   See the first sentence of the letter—**il ne sait ni lire ni écrire.**

67. **B**   See the second sentence of the letter.

68. **C**   See the third sentence of the letter.

69. **A**   See the third sentence of the letter.

70. **D**   See the fifth sentence of the letter.

71. **A**   See the sixth sentence of the letter.

72. **D**   See the first sentence of the passage.

73. **A**   See the second sentence of the passage.

74. **B**   See the middle portion of the passage.

75. **A**   See the second to last sentence.

76. **B**   See the first sentence of the passage.

77. **A**   See the second paragraph.

78. **C**   See the third paragraph.

79. **D**   See the third paragraph.

80. **B**   See the last sentence of the passage.

81. **C**   See the first sentence of the passage.

82. **A**   See the second paragraph of the passage.

83. **B**   See the first sentence of the fourth paragraph.

84. **A**   See the first sentence of the final paragraph.

85. **C**   See the first sentence of the passage.

TEST 9

PART A

1. **A** **une quincaillerie** / hardware store; **un ustensile** / utensil, kitchen utensil; **un marteau** / hammer; **porter** / to wear. Notice that **entrer** requires the preposition **dans** when the place entered is mentioned. Review §7.48.

2. **B** **faire nettoyer à sec** / to have dry cleaned; **chez un teinturier** / at a dry cleaner's

3. **A** **le potage** / soup; **il faut + inf.** / it is necessary + infinitive; **se servir de** / to make use of, to serve oneself with; **une cuiller** / spoon. Review §7.121ff.

4. **A** **un tablier** / apron; **faire la cuisine** / to cook; **porter** / to wear. Review §12.36.

5. **B** **un soulier** / a shoe; **un roman** / a novel; **le sable** / sand; **un abri** / a shelter

6. **A** **une marguerite** / daisy; **une aile** / wing; **une aiguille** / needle; **une bêtise** / nonsense, foolishness

7. **B** **la framboise** / raspberry; **une aubergine** / eggplant; **une auberge** / inn; **le pamplemousse** / grapefruit; **un légume** / vegetable

8. **D** **il est interdit + de + inf.** / it is forbidden to + infinitive; **fumer** / to smoke; **allumer** / light, turn on the lights; **abîmer** / to spoil, to ruin; **céder** / to cede, to give in; **éteindre** / to extinguish, to put out

9. **B** **il faut** / it is necessary, one must; but in the negative, **il ne faut pas** means one must not. To say it is not necessary, use **Ce n'est pas nécessaire** or **Il n'est pas nécessaire de + inf.**; **un faux pas** / a blunder, slip.

10. **B** **picoter** / to prick tiny holes into something; **la piqûre** / prick, insect bite; **léger** / light as opposed to heavy; **une feuille** / leaf; **une épingle** / a pin; **gros** / big, large; **un pique-nique** / picnic; **l'herbe** / grass.

11. **A** **autrefois** / formerly

12. **A** **d'avenir** / with a future

13. **A** **les bas** / stockings

14. **A** **la déesse** / goddess

15. **A** **défendre** / prohibit

16. **A** **le coude** / elbow

17. **A** **emporte** / sweeps away, carries away

18. **A** **abîmer** / to spoil, to damage

19. **D** **le fer** / iron

20. **A** **agacer** / to annoy, to irritate

21. **A** **accorder** / to agree, to grant; **opposer** / to oppose

22. **A** **l'échelle** / ladder

23. **D** **la chasse** / hunting

24. **D** **debout** / standing; **s'asseoir** / to sit down

25. **A** **souffrante** / ill, sick

26. **B** **guérir** / to cure

27. **D** **gaspiller** / to squander, to waste; **prodigue** / wasteful

28. **B** **aller faire des emplettes** / to go shopping

29. **C** **Je n'y comprends rien.** / I don't understand anything about it; review **avoir beau** in §12.24.

30. **B** **rêveuse** / dreamer

PART B

31. **B**   You need a verb in the present subjunctive in the **que** clause because in the main clause the verb is **douter.** Review §7.122–§7.133, especially §7.130.

32. **A**   You need a verb in the present subjunctive because **préférer** is used in the main clause. Review §7.130.

33. **D**   You need a verb in the present subjunctive here because **insister** is used in the main clause. Review §7.130.

34. **A**   The subjunctive is needed. Review §7.130 where **être désolé(e) que** is listed.

35. **A**   You need the future perfect tense. Review §7.98. Did you recognize **reviendront** as the future tense? If not, review the verb **venir** (**revenir** / to come back) in §7.141.

36. **C**   The tense of **j'avais étudié** in the **si** clause is pluperfect indicative, so you need the conditional perfect in the result clause. Review §7.92, §7.96, §7.99, and §7.104ff.

37. **B**   Note the **depuis** construction. Review §12.1–§12.5 and §7.88 (f) and the examples and note given there.

38. **A**   You need the imperfect indicative to express an action going on in the past while another action was going on at the same time in the clause containing **j'écrivais.** Review §7.89 (a).

39. **A**   You need the imperfect indicative. Review §7.89 (c).

40. **A**   You need the **passé simple.** Check it out in §7.90. Review §7.85.

41. **C**   You need the future tense. Review §7.91.

42. **A**   You need the **imparfait de l'indicatif.** Review §7.89, §7.92 (a), §7.104–§7.104 (b), and §7.141.

43. **C**   You need the **plus-que-parfait de l'indicatif** because the verb in the main clause is in the **conditionnel passé** tense. Review §7.96, §7.99, and §7.104–§7.104 (b), where you will find the sequence of tenses in **if** clauses.

44. **A**   You need the **présent du subjonctif.** Review §7.123, where the conjunction **à moins que** is listed. Review also §7.93 (e).

45. **A**   You need the **conditionnel** because of the **if** clause. Study §7.104–§7.104 (b) and §7.93 (b) and the example.

46. **A**   You need a past infinitive. Review §7.116 (h).

47. **A**   You need a masculine singular form synonymous with **interdit.**

48. **C**   You need a direct object pronoun. Review §6.19.

49. **D**   You need an indirect object pronoun. **Me** can also be used as a direct object pronoun, but in this sentence it means *to me* because of the verb **dites** (**dire à**). Review §6.20.

PART C

50. **C**   You need the plural of the partitive. Review §4.9 through §4.10.

51. **D**   You need the feminine singular of the partitive. Review §4.10 (c).

52. **C**   You need the **passé composé** because of the thought expressed in the sentence. Review §7.89 (b). Remember that you need the preposition **dans** after **entrer** if the place entered is mentioned.

53. **A**   The meaning of the passage requires **m'.**

54. **C**   **Aider** requires the preposition **à** when followed by an infinitive. Review §7.44.

55. **B**   Review §4.4 (g).

56. **C**   The past participle **mise** is feminine singular because you're dealing with a reflexive verb, and agreement is made in gender and number with the reflexive pronoun that refers to the subject. Review §7.5 and **se mettre à + inf.** in §7.44.

57. **D**   Direct and indirect object pronouns are normally placed in front of an infinitive. Review §6.19 (b).

58. **C**   Review §15.1 (u).

59. **D**   You need an indirect object pronoun because **poser** requires the preposition **à.** There is no agreement in gender and number between a past participle and an indirect object pronoun. Review §7.7.

60. **A**   **Pas** is not needed to complete the negation because of **personne.** Review §8.1. Did you recognize the irregular past participles **pu (pouvoir)** and **su (savoir)**? Review §7.24.

61. **D**   The verb **répondre** takes the preposition **à.** Review §7.43, §6.9, and §6.10 (b).

62. **A**   See 56, above. You are dealing with **se mettre en colère** / to become angry, not with **se mettre à + infinitive.**

63. **B**   The verb **monter** / to go up means to bring up when it has a direct object, in which case it is conjugated with **avoir.** When it has no direct object, it is conjugated with **être.** Review §7.29 (6).

64. **D**   The verb **descendre** means to bring down (not to go down) when it has a direct object, in which case it is conjugated with **avoir.** When it has no direct object, it is conjugated with **être.** Review §7.29 (3).

65. **B**   The past participle **pris** does not have to agree in gender and number because the direct object is a noun and follows the verb; the direct object here is **valises.** However, if the direct object precedes, an agreement on the past participle is required. Review §7.12–§7.20. Review also irregular past participles in §7.24.

PART D

66. **C**   See the first sentence of the passage.
67. **C**   See the second sentence of the passage.
68. **D**   See the third sentence of the passage.
69. **B**   See the fourth sentence of the passage.
70. **A**   See the final sentence of the passage.
71. **C**   See the first sentence of the passage.
72. **D**   See the first sentence of the passage.
73. **B**   See the third sentence of the second paragraph.
74. **B**   See the seventh sentence of the second paragraph.
75. **A**   See the ninth sentence of the second paragraph.
76. **A**   See the first sentence of the passage.
77. **C**   See the second and third sentences of the first paragraph.
78. **B**   See the second sentence of the second paragraph.
79. **D**   See the third sentence of the second paragraph.
80. **B**   See the next to last sentence of the passage.
81. **A**   See the first sentence of the passage.
82. **B**   See the second sentence of the first paragraph.
83. **C**   See the second sentence of the second paragraph.
84. **A**   See the last sentence of the third paragraph.
85. **B**   See the fourth paragraph of the passage.

Answer Sheet: Test 1

PART A

1 Ⓐ Ⓑ Ⓒ Ⓓ
2 Ⓐ Ⓑ Ⓒ Ⓓ
3 Ⓐ Ⓑ Ⓒ Ⓓ
4 Ⓐ Ⓑ Ⓒ Ⓓ
5 Ⓐ Ⓑ Ⓒ Ⓓ
6 Ⓐ Ⓑ Ⓒ Ⓓ
7 Ⓐ Ⓑ Ⓒ Ⓓ
8 Ⓐ Ⓑ Ⓒ Ⓓ
9 Ⓐ Ⓑ Ⓒ Ⓓ
10 Ⓐ Ⓑ Ⓒ Ⓓ
11 Ⓐ Ⓑ Ⓒ Ⓓ
12 Ⓐ Ⓑ Ⓒ Ⓓ
13 Ⓐ Ⓑ Ⓒ Ⓓ
14 Ⓐ Ⓑ Ⓒ Ⓓ
15 Ⓐ Ⓑ Ⓒ Ⓓ
16 Ⓐ Ⓑ Ⓒ Ⓓ
17 Ⓐ Ⓑ Ⓒ Ⓓ
18 Ⓐ Ⓑ Ⓒ Ⓓ
19 Ⓐ Ⓑ Ⓒ Ⓓ
20 Ⓐ Ⓑ Ⓒ Ⓓ
21 Ⓐ Ⓑ Ⓒ Ⓓ
22 Ⓐ Ⓑ Ⓒ Ⓓ
23 Ⓐ Ⓑ Ⓒ Ⓓ
24 Ⓐ Ⓑ Ⓒ Ⓓ
25 Ⓐ Ⓑ Ⓒ Ⓓ
26 Ⓐ Ⓑ Ⓒ Ⓓ
27 Ⓐ Ⓑ Ⓒ Ⓓ
28 Ⓐ Ⓑ Ⓒ Ⓓ
29 Ⓐ Ⓑ Ⓒ Ⓓ
30 Ⓐ Ⓑ Ⓒ Ⓓ

PART B

31 Ⓐ Ⓑ Ⓒ Ⓓ
32 Ⓐ Ⓑ Ⓒ Ⓓ
33 Ⓐ Ⓑ Ⓒ Ⓓ
34 Ⓐ Ⓑ Ⓒ Ⓓ
35 Ⓐ Ⓑ Ⓒ Ⓓ
36 Ⓐ Ⓑ Ⓒ Ⓓ
37 Ⓐ Ⓑ Ⓒ Ⓓ
38 Ⓐ Ⓑ Ⓒ Ⓓ
39 Ⓐ Ⓑ Ⓒ Ⓓ
40 Ⓐ Ⓑ Ⓒ Ⓓ
41 Ⓐ Ⓑ Ⓒ Ⓓ
42 Ⓐ Ⓑ Ⓒ Ⓓ
43 Ⓐ Ⓑ Ⓒ Ⓓ
44 Ⓐ Ⓑ Ⓒ Ⓓ
45 Ⓐ Ⓑ Ⓒ Ⓓ
46 Ⓐ Ⓑ Ⓒ Ⓓ
47 Ⓐ Ⓑ Ⓒ Ⓓ
48 Ⓐ Ⓑ Ⓒ Ⓓ
49 Ⓐ Ⓑ Ⓒ Ⓓ

PART C

50 Ⓐ Ⓑ Ⓒ Ⓓ
51 Ⓐ Ⓑ Ⓒ Ⓓ
52 Ⓐ Ⓑ Ⓒ Ⓓ
53 Ⓐ Ⓑ Ⓒ Ⓓ
54 Ⓐ Ⓑ Ⓒ Ⓓ
55 Ⓐ Ⓑ Ⓒ Ⓓ
56 Ⓐ Ⓑ Ⓒ Ⓓ
57 Ⓐ Ⓑ Ⓒ Ⓓ
58 Ⓐ Ⓑ Ⓒ Ⓓ
59 Ⓐ Ⓑ Ⓒ Ⓓ
60 Ⓐ Ⓑ Ⓒ Ⓓ
61 Ⓐ Ⓑ Ⓒ Ⓓ
62 Ⓐ Ⓑ Ⓒ Ⓓ
63 Ⓐ Ⓑ Ⓒ Ⓓ
64 Ⓐ Ⓑ Ⓒ Ⓓ
65 Ⓐ Ⓑ Ⓒ Ⓓ

PART D

66 Ⓐ Ⓑ Ⓒ Ⓓ
67 Ⓐ Ⓑ Ⓒ Ⓓ
68 Ⓐ Ⓑ Ⓒ Ⓓ
69 Ⓐ Ⓑ Ⓒ Ⓓ
70 Ⓐ Ⓑ Ⓒ Ⓓ
71 Ⓐ Ⓑ Ⓒ Ⓓ
72 Ⓐ Ⓑ Ⓒ Ⓓ
73 Ⓐ Ⓑ Ⓒ Ⓓ
74 Ⓐ Ⓑ Ⓒ Ⓓ
75 Ⓐ Ⓑ Ⓒ Ⓓ
76 Ⓐ Ⓑ Ⓒ Ⓓ
77 Ⓐ Ⓑ Ⓒ Ⓓ
78 Ⓐ Ⓑ Ⓒ Ⓓ
79 Ⓐ Ⓑ Ⓒ Ⓓ
80 Ⓐ Ⓑ Ⓒ Ⓓ
81 Ⓐ Ⓑ Ⓒ Ⓓ
82 Ⓐ Ⓑ Ⓒ Ⓓ
83 Ⓐ Ⓑ Ⓒ Ⓓ
84 Ⓐ Ⓑ Ⓒ Ⓓ
85 Ⓐ Ⓑ Ⓒ Ⓓ

Answer Sheet: Test 2

PART A

1 Ⓐ Ⓑ Ⓒ Ⓓ
2 Ⓐ Ⓑ Ⓒ Ⓓ
3 Ⓐ Ⓑ Ⓒ Ⓓ
4 Ⓐ Ⓑ Ⓒ Ⓓ
5 Ⓐ Ⓑ Ⓒ Ⓓ
6 Ⓐ Ⓑ Ⓒ Ⓓ
7 Ⓐ Ⓑ Ⓒ Ⓓ
8 Ⓐ Ⓑ Ⓒ Ⓓ
9 Ⓐ Ⓑ Ⓒ Ⓓ
10 Ⓐ Ⓑ Ⓒ Ⓓ
11 Ⓐ Ⓑ Ⓒ Ⓓ
12 Ⓐ Ⓑ Ⓒ Ⓓ
13 Ⓐ Ⓑ Ⓒ Ⓓ
14 Ⓐ Ⓑ Ⓒ Ⓓ
15 Ⓐ Ⓑ Ⓒ Ⓓ
16 Ⓐ Ⓑ Ⓒ Ⓓ
17 Ⓐ Ⓑ Ⓒ Ⓓ
18 Ⓐ Ⓑ Ⓒ Ⓓ
19 Ⓐ Ⓑ Ⓒ Ⓓ
20 Ⓐ Ⓑ Ⓒ Ⓓ
21 Ⓐ Ⓑ Ⓒ Ⓓ
22 Ⓐ Ⓑ Ⓒ Ⓓ
23 Ⓐ Ⓑ Ⓒ Ⓓ
24 Ⓐ Ⓑ Ⓒ Ⓓ
25 Ⓐ Ⓑ Ⓒ Ⓓ
26 Ⓐ Ⓑ Ⓒ Ⓓ
27 Ⓐ Ⓑ Ⓒ Ⓓ
28 Ⓐ Ⓑ Ⓒ Ⓓ
29 Ⓐ Ⓑ Ⓒ Ⓓ
30 Ⓐ Ⓑ Ⓒ Ⓓ

PART B

31 Ⓐ Ⓑ Ⓒ Ⓓ
32 Ⓐ Ⓑ Ⓒ Ⓓ
33 Ⓐ Ⓑ Ⓒ Ⓓ
34 Ⓐ Ⓑ Ⓒ Ⓓ
35 Ⓐ Ⓑ Ⓒ Ⓓ
36 Ⓐ Ⓑ Ⓒ Ⓓ
37 Ⓐ Ⓑ Ⓒ Ⓓ
38 Ⓐ Ⓑ Ⓒ Ⓓ
39 Ⓐ Ⓑ Ⓒ Ⓓ
40 Ⓐ Ⓑ Ⓒ Ⓓ
41 Ⓐ Ⓑ Ⓒ Ⓓ
42 Ⓐ Ⓑ Ⓒ Ⓓ
43 Ⓐ Ⓑ Ⓒ Ⓓ
44 Ⓐ Ⓑ Ⓒ Ⓓ
45 Ⓐ Ⓑ Ⓒ Ⓓ
46 Ⓐ Ⓑ Ⓒ Ⓓ
47 Ⓐ Ⓑ Ⓒ Ⓓ
48 Ⓐ Ⓑ Ⓒ Ⓓ
49 Ⓐ Ⓑ Ⓒ Ⓓ

PART C

50 Ⓐ Ⓑ Ⓒ Ⓓ
51 Ⓐ Ⓑ Ⓒ Ⓓ
52 Ⓐ Ⓑ Ⓒ Ⓓ
53 Ⓐ Ⓑ Ⓒ Ⓓ
54 Ⓐ Ⓑ Ⓒ Ⓓ
55 Ⓐ Ⓑ Ⓒ Ⓓ
56 Ⓐ Ⓑ Ⓒ Ⓓ
57 Ⓐ Ⓑ Ⓒ Ⓓ
58 Ⓐ Ⓑ Ⓒ Ⓓ
59 Ⓐ Ⓑ Ⓒ Ⓓ
60 Ⓐ Ⓑ Ⓒ Ⓓ
61 Ⓐ Ⓑ Ⓒ Ⓓ
62 Ⓐ Ⓑ Ⓒ Ⓓ
63 Ⓐ Ⓑ Ⓒ Ⓓ
64 Ⓐ Ⓑ Ⓒ Ⓓ
65 Ⓐ Ⓑ Ⓒ Ⓓ

PART D

66 Ⓐ Ⓑ Ⓒ Ⓓ
67 Ⓐ Ⓑ Ⓒ Ⓓ
68 Ⓐ Ⓑ Ⓒ Ⓓ
69 Ⓐ Ⓑ Ⓒ Ⓓ
70 Ⓐ Ⓑ Ⓒ Ⓓ
71 Ⓐ Ⓑ Ⓒ Ⓓ
72 Ⓐ Ⓑ Ⓒ Ⓓ
73 Ⓐ Ⓑ Ⓒ Ⓓ
74 Ⓐ Ⓑ Ⓒ Ⓓ
75 Ⓐ Ⓑ Ⓒ Ⓓ
76 Ⓐ Ⓑ Ⓒ Ⓓ
77 Ⓐ Ⓑ Ⓒ Ⓓ
78 Ⓐ Ⓑ Ⓒ Ⓓ
79 Ⓐ Ⓑ Ⓒ Ⓓ
80 Ⓐ Ⓑ Ⓒ Ⓓ
81 Ⓐ Ⓑ Ⓒ Ⓓ
82 Ⓐ Ⓑ Ⓒ Ⓓ
83 Ⓐ Ⓑ Ⓒ Ⓓ
84 Ⓐ Ⓑ Ⓒ Ⓓ
85 Ⓐ Ⓑ Ⓒ Ⓓ

Answer Sheet: Test 3

PART A

1 Ⓐ Ⓑ Ⓒ Ⓓ
2 Ⓐ Ⓑ Ⓒ Ⓓ
3 Ⓐ Ⓑ Ⓒ Ⓓ
4 Ⓐ Ⓑ Ⓒ Ⓓ
5 Ⓐ Ⓑ Ⓒ Ⓓ
6 Ⓐ Ⓑ Ⓒ Ⓓ
7 Ⓐ Ⓑ Ⓒ Ⓓ
8 Ⓐ Ⓑ Ⓒ Ⓓ
9 Ⓐ Ⓑ Ⓒ Ⓓ
10 Ⓐ Ⓑ Ⓒ Ⓓ
11 Ⓐ Ⓑ Ⓒ Ⓓ
12 Ⓐ Ⓑ Ⓒ Ⓓ
13 Ⓐ Ⓑ Ⓒ Ⓓ
14 Ⓐ Ⓑ Ⓒ Ⓓ
15 Ⓐ Ⓑ Ⓒ Ⓓ
16 Ⓐ Ⓑ Ⓒ Ⓓ
17 Ⓐ Ⓑ Ⓒ Ⓓ
18 Ⓐ Ⓑ Ⓒ Ⓓ
19 Ⓐ Ⓑ Ⓒ Ⓓ
20 Ⓐ Ⓑ Ⓒ Ⓓ
21 Ⓐ Ⓑ Ⓒ Ⓓ
22 Ⓐ Ⓑ Ⓒ Ⓓ
23 Ⓐ Ⓑ Ⓒ Ⓓ
24 Ⓐ Ⓑ Ⓒ Ⓓ
25 Ⓐ Ⓑ Ⓒ Ⓓ
26 Ⓐ Ⓑ Ⓒ Ⓓ
27 Ⓐ Ⓑ Ⓒ Ⓓ
28 Ⓐ Ⓑ Ⓒ Ⓓ
29 Ⓐ Ⓑ Ⓒ Ⓓ
30 Ⓐ Ⓑ Ⓒ Ⓓ

PART B

31 Ⓐ Ⓑ Ⓒ Ⓓ
32 Ⓐ Ⓑ Ⓒ Ⓓ
33 Ⓐ Ⓑ Ⓒ Ⓓ
34 Ⓐ Ⓑ Ⓒ Ⓓ
35 Ⓐ Ⓑ Ⓒ Ⓓ
36 Ⓐ Ⓑ Ⓒ Ⓓ
37 Ⓐ Ⓑ Ⓒ Ⓓ
38 Ⓐ Ⓑ Ⓒ Ⓓ
39 Ⓐ Ⓑ Ⓒ Ⓓ
40 Ⓐ Ⓑ Ⓒ Ⓓ
41 Ⓐ Ⓑ Ⓒ Ⓓ
42 Ⓐ Ⓑ Ⓒ Ⓓ
43 Ⓐ Ⓑ Ⓒ Ⓓ
44 Ⓐ Ⓑ Ⓒ Ⓓ
45 Ⓐ Ⓑ Ⓒ Ⓓ
46 Ⓐ Ⓑ Ⓒ Ⓓ
47 Ⓐ Ⓑ Ⓒ Ⓓ
48 Ⓐ Ⓑ Ⓒ Ⓓ
49 Ⓐ Ⓑ Ⓒ Ⓓ

PART C

50 Ⓐ Ⓑ Ⓒ Ⓓ
51 Ⓐ Ⓑ Ⓒ Ⓓ
52 Ⓐ Ⓑ Ⓒ Ⓓ
53 Ⓐ Ⓑ Ⓒ Ⓓ
54 Ⓐ Ⓑ Ⓒ Ⓓ
55 Ⓐ Ⓑ Ⓒ Ⓓ
56 Ⓐ Ⓑ Ⓒ Ⓓ
57 Ⓐ Ⓑ Ⓒ Ⓓ
58 Ⓐ Ⓑ Ⓒ Ⓓ
59 Ⓐ Ⓑ Ⓒ Ⓓ
60 Ⓐ Ⓑ Ⓒ Ⓓ
61 Ⓐ Ⓑ Ⓒ Ⓓ
62 Ⓐ Ⓑ Ⓒ Ⓓ
63 Ⓐ Ⓑ Ⓒ Ⓓ
64 Ⓐ Ⓑ Ⓒ Ⓓ
65 Ⓐ Ⓑ Ⓒ Ⓓ

PART D

66 Ⓐ Ⓑ Ⓒ Ⓓ
67 Ⓐ Ⓑ Ⓒ Ⓓ
68 Ⓐ Ⓑ Ⓒ Ⓓ
69 Ⓐ Ⓑ Ⓒ Ⓓ
70 Ⓐ Ⓑ Ⓒ Ⓓ
71 Ⓐ Ⓑ Ⓒ Ⓓ
72 Ⓐ Ⓑ Ⓒ Ⓓ
73 Ⓐ Ⓑ Ⓒ Ⓓ
74 Ⓐ Ⓑ Ⓒ Ⓓ
75 Ⓐ Ⓑ Ⓒ Ⓓ
76 Ⓐ Ⓑ Ⓒ Ⓓ
77 Ⓐ Ⓑ Ⓒ Ⓓ
78 Ⓐ Ⓑ Ⓒ Ⓓ
79 Ⓐ Ⓑ Ⓒ Ⓓ
80 Ⓐ Ⓑ Ⓒ Ⓓ
81 Ⓐ Ⓑ Ⓒ Ⓓ
82 Ⓐ Ⓑ Ⓒ Ⓓ
83 Ⓐ Ⓑ Ⓒ Ⓓ
84 Ⓐ Ⓑ Ⓒ Ⓓ
85 Ⓐ Ⓑ Ⓒ Ⓓ

Answer Sheet: Test 4

PART A

1 Ⓐ Ⓑ Ⓒ Ⓓ
2 Ⓐ Ⓑ Ⓒ Ⓓ
3 Ⓐ Ⓑ Ⓒ Ⓓ
4 Ⓐ Ⓑ Ⓒ Ⓓ
5 Ⓐ Ⓑ Ⓒ Ⓓ
6 Ⓐ Ⓑ Ⓒ Ⓓ
7 Ⓐ Ⓑ Ⓒ Ⓓ
8 Ⓐ Ⓑ Ⓒ Ⓓ
9 Ⓐ Ⓑ Ⓒ Ⓓ
10 Ⓐ Ⓑ Ⓒ Ⓓ
11 Ⓐ Ⓑ Ⓒ Ⓓ
12 Ⓐ Ⓑ Ⓒ Ⓓ
13 Ⓐ Ⓑ Ⓒ Ⓓ
14 Ⓐ Ⓑ Ⓒ Ⓓ
15 Ⓐ Ⓑ Ⓒ Ⓓ
16 Ⓐ Ⓑ Ⓒ Ⓓ
17 Ⓐ Ⓑ Ⓒ Ⓓ
18 Ⓐ Ⓑ Ⓒ Ⓓ
19 Ⓐ Ⓑ Ⓒ Ⓓ
20 Ⓐ Ⓑ Ⓒ Ⓓ
21 Ⓐ Ⓑ Ⓒ Ⓓ
22 Ⓐ Ⓑ Ⓒ Ⓓ
23 Ⓐ Ⓑ Ⓒ Ⓓ
24 Ⓐ Ⓑ Ⓒ Ⓓ
25 Ⓐ Ⓑ Ⓒ Ⓓ
26 Ⓐ Ⓑ Ⓒ Ⓓ
27 Ⓐ Ⓑ Ⓒ Ⓓ
28 Ⓐ Ⓑ Ⓒ Ⓓ
29 Ⓐ Ⓑ Ⓒ Ⓓ
30 Ⓐ Ⓑ Ⓒ Ⓓ

PART B

31 Ⓐ Ⓑ Ⓒ Ⓓ
32 Ⓐ Ⓑ Ⓒ Ⓓ
33 Ⓐ Ⓑ Ⓒ Ⓓ
34 Ⓐ Ⓑ Ⓒ Ⓓ
35 Ⓐ Ⓑ Ⓒ Ⓓ
36 Ⓐ Ⓑ Ⓒ Ⓓ
37 Ⓐ Ⓑ Ⓒ Ⓓ
38 Ⓐ Ⓑ Ⓒ Ⓓ
39 Ⓐ Ⓑ Ⓒ Ⓓ
40 Ⓐ Ⓑ Ⓒ Ⓓ
41 Ⓐ Ⓑ Ⓒ Ⓓ
42 Ⓐ Ⓑ Ⓒ Ⓓ
43 Ⓐ Ⓑ Ⓒ Ⓓ
44 Ⓐ Ⓑ Ⓒ Ⓓ
45 Ⓐ Ⓑ Ⓒ Ⓓ
46 Ⓐ Ⓑ Ⓒ Ⓓ
47 Ⓐ Ⓑ Ⓒ Ⓓ
48 Ⓐ Ⓑ Ⓒ Ⓓ
49 Ⓐ Ⓑ Ⓒ Ⓓ

PART C

50 Ⓐ Ⓑ Ⓒ Ⓓ
51 Ⓐ Ⓑ Ⓒ Ⓓ
52 Ⓐ Ⓑ Ⓒ Ⓓ
53 Ⓐ Ⓑ Ⓒ Ⓓ
54 Ⓐ Ⓑ Ⓒ Ⓓ
55 Ⓐ Ⓑ Ⓒ Ⓓ
56 Ⓐ Ⓑ Ⓒ Ⓓ
57 Ⓐ Ⓑ Ⓒ Ⓓ
58 Ⓐ Ⓑ Ⓒ Ⓓ
59 Ⓐ Ⓑ Ⓒ Ⓓ
60 Ⓐ Ⓑ Ⓒ Ⓓ
61 Ⓐ Ⓑ Ⓒ Ⓓ
62 Ⓐ Ⓑ Ⓒ Ⓓ
63 Ⓐ Ⓑ Ⓒ Ⓓ
64 Ⓐ Ⓑ Ⓒ Ⓓ
65 Ⓐ Ⓑ Ⓒ Ⓓ

PART D

66 Ⓐ Ⓑ Ⓒ Ⓓ
67 Ⓐ Ⓑ Ⓒ Ⓓ
68 Ⓐ Ⓑ Ⓒ Ⓓ
69 Ⓐ Ⓑ Ⓒ Ⓓ
70 Ⓐ Ⓑ Ⓒ Ⓓ
71 Ⓐ Ⓑ Ⓒ Ⓓ
72 Ⓐ Ⓑ Ⓒ Ⓓ
73 Ⓐ Ⓑ Ⓒ Ⓓ
74 Ⓐ Ⓑ Ⓒ Ⓓ
75 Ⓐ Ⓑ Ⓒ Ⓓ
76 Ⓐ Ⓑ Ⓒ Ⓓ
77 Ⓐ Ⓑ Ⓒ Ⓓ
78 Ⓐ Ⓑ Ⓒ Ⓓ
79 Ⓐ Ⓑ Ⓒ Ⓓ
80 Ⓐ Ⓑ Ⓒ Ⓓ
81 Ⓐ Ⓑ Ⓒ Ⓓ
82 Ⓐ Ⓑ Ⓒ Ⓓ
83 Ⓐ Ⓑ Ⓒ Ⓓ
84 Ⓐ Ⓑ Ⓒ Ⓓ
85 Ⓐ Ⓑ Ⓒ Ⓓ

Answer Sheet: Test 5

PART A

1 Ⓐ Ⓑ Ⓒ Ⓓ
2 Ⓐ Ⓑ Ⓒ Ⓓ
3 Ⓐ Ⓑ Ⓒ Ⓓ
4 Ⓐ Ⓑ Ⓒ Ⓓ
5 Ⓐ Ⓑ Ⓒ Ⓓ
6 Ⓐ Ⓑ Ⓒ Ⓓ
7 Ⓐ Ⓑ Ⓒ Ⓓ
8 Ⓐ Ⓑ Ⓒ Ⓓ
9 Ⓐ Ⓑ Ⓒ Ⓓ
10 Ⓐ Ⓑ Ⓒ Ⓓ
11 Ⓐ Ⓑ Ⓒ Ⓓ
12 Ⓐ Ⓑ Ⓒ Ⓓ
13 Ⓐ Ⓑ Ⓒ Ⓓ
14 Ⓐ Ⓑ Ⓒ Ⓓ
15 Ⓐ Ⓑ Ⓒ Ⓓ
16 Ⓐ Ⓑ Ⓒ Ⓓ
17 Ⓐ Ⓑ Ⓒ Ⓓ
18 Ⓐ Ⓑ Ⓒ Ⓓ
19 Ⓐ Ⓑ Ⓒ Ⓓ
20 Ⓐ Ⓑ Ⓒ Ⓓ
21 Ⓐ Ⓑ Ⓒ Ⓓ
22 Ⓐ Ⓑ Ⓒ Ⓓ
23 Ⓐ Ⓑ Ⓒ Ⓓ
24 Ⓐ Ⓑ Ⓒ Ⓓ
25 Ⓐ Ⓑ Ⓒ Ⓓ
26 Ⓐ Ⓑ Ⓒ Ⓓ
27 Ⓐ Ⓑ Ⓒ Ⓓ
28 Ⓐ Ⓑ Ⓒ Ⓓ
29 Ⓐ Ⓑ Ⓒ Ⓓ
30 Ⓐ Ⓑ Ⓒ Ⓓ

PART B

31 Ⓐ Ⓑ Ⓒ Ⓓ
32 Ⓐ Ⓑ Ⓒ Ⓓ
33 Ⓐ Ⓑ Ⓒ Ⓓ
34 Ⓐ Ⓑ Ⓒ Ⓓ
35 Ⓐ Ⓑ Ⓒ Ⓓ
36 Ⓐ Ⓑ Ⓒ Ⓓ
37 Ⓐ Ⓑ Ⓒ Ⓓ
38 Ⓐ Ⓑ Ⓒ Ⓓ
39 Ⓐ Ⓑ Ⓒ Ⓓ
40 Ⓐ Ⓑ Ⓒ Ⓓ
41 Ⓐ Ⓑ Ⓒ Ⓓ
42 Ⓐ Ⓑ Ⓒ Ⓓ
43 Ⓐ Ⓑ Ⓒ Ⓓ
44 Ⓐ Ⓑ Ⓒ Ⓓ
45 Ⓐ Ⓑ Ⓒ Ⓓ
46 Ⓐ Ⓑ Ⓒ Ⓓ
47 Ⓐ Ⓑ Ⓒ Ⓓ
48 Ⓐ Ⓑ Ⓒ Ⓓ
49 Ⓐ Ⓑ Ⓒ Ⓓ

PART C

50 Ⓐ Ⓑ Ⓒ Ⓓ
51 Ⓐ Ⓑ Ⓒ Ⓓ
52 Ⓐ Ⓑ Ⓒ Ⓓ
53 Ⓐ Ⓑ Ⓒ Ⓓ
54 Ⓐ Ⓑ Ⓒ Ⓓ
55 Ⓐ Ⓑ Ⓒ Ⓓ
56 Ⓐ Ⓑ Ⓒ Ⓓ
57 Ⓐ Ⓑ Ⓒ Ⓓ
58 Ⓐ Ⓑ Ⓒ Ⓓ
59 Ⓐ Ⓑ Ⓒ Ⓓ
60 Ⓐ Ⓑ Ⓒ Ⓓ
61 Ⓐ Ⓑ Ⓒ Ⓓ
62 Ⓐ Ⓑ Ⓒ Ⓓ
63 Ⓐ Ⓑ Ⓒ Ⓓ
64 Ⓐ Ⓑ Ⓒ Ⓓ
65 Ⓐ Ⓑ Ⓒ Ⓓ

PART D

66 Ⓐ Ⓑ Ⓒ Ⓓ
67 Ⓐ Ⓑ Ⓒ Ⓓ
68 Ⓐ Ⓑ Ⓒ Ⓓ
69 Ⓐ Ⓑ Ⓒ Ⓓ
70 Ⓐ Ⓑ Ⓒ Ⓓ
71 Ⓐ Ⓑ Ⓒ Ⓓ
72 Ⓐ Ⓑ Ⓒ Ⓓ
73 Ⓐ Ⓑ Ⓒ Ⓓ
74 Ⓐ Ⓑ Ⓒ Ⓓ
75 Ⓐ Ⓑ Ⓒ Ⓓ
76 Ⓐ Ⓑ Ⓒ Ⓓ
77 Ⓐ Ⓑ Ⓒ Ⓓ
78 Ⓐ Ⓑ Ⓒ Ⓓ
79 Ⓐ Ⓑ Ⓒ Ⓓ
80 Ⓐ Ⓑ Ⓒ Ⓓ
81 Ⓐ Ⓑ Ⓒ Ⓓ
82 Ⓐ Ⓑ Ⓒ Ⓓ
83 Ⓐ Ⓑ Ⓒ Ⓓ
84 Ⓐ Ⓑ Ⓒ Ⓓ
85 Ⓐ Ⓑ Ⓒ Ⓓ

Answer Sheet: Test 6

PART A

1 Ⓐ Ⓑ Ⓒ Ⓓ
2 Ⓐ Ⓑ Ⓒ Ⓓ
3 Ⓐ Ⓑ Ⓒ Ⓓ
4 Ⓐ Ⓑ Ⓒ Ⓓ
5 Ⓐ Ⓑ Ⓒ Ⓓ
6 Ⓐ Ⓑ Ⓒ Ⓓ
7 Ⓐ Ⓑ Ⓒ Ⓓ
8 Ⓐ Ⓑ Ⓒ Ⓓ
9 Ⓐ Ⓑ Ⓒ Ⓓ
10 Ⓐ Ⓑ Ⓒ Ⓓ
11 Ⓐ Ⓑ Ⓒ Ⓓ
12 Ⓐ Ⓑ Ⓒ Ⓓ
13 Ⓐ Ⓑ Ⓒ Ⓓ
14 Ⓐ Ⓑ Ⓒ Ⓓ
15 Ⓐ Ⓑ Ⓒ Ⓓ
16 Ⓐ Ⓑ Ⓒ Ⓓ
17 Ⓐ Ⓑ Ⓒ Ⓓ
18 Ⓐ Ⓑ Ⓒ Ⓓ
19 Ⓐ Ⓑ Ⓒ Ⓓ
20 Ⓐ Ⓑ Ⓒ Ⓓ
21 Ⓐ Ⓑ Ⓒ Ⓓ
22 Ⓐ Ⓑ Ⓒ Ⓓ
23 Ⓐ Ⓑ Ⓒ Ⓓ
24 Ⓐ Ⓑ Ⓒ Ⓓ
25 Ⓐ Ⓑ Ⓒ Ⓓ
26 Ⓐ Ⓑ Ⓒ Ⓓ
27 Ⓐ Ⓑ Ⓒ Ⓓ
28 Ⓐ Ⓑ Ⓒ Ⓓ
29 Ⓐ Ⓑ Ⓒ Ⓓ
30 Ⓐ Ⓑ Ⓒ Ⓓ

PART B

31 Ⓐ Ⓑ Ⓒ Ⓓ
32 Ⓐ Ⓑ Ⓒ Ⓓ
33 Ⓐ Ⓑ Ⓒ Ⓓ
34 Ⓐ Ⓑ Ⓒ Ⓓ
35 Ⓐ Ⓑ Ⓒ Ⓓ
36 Ⓐ Ⓑ Ⓒ Ⓓ
37 Ⓐ Ⓑ Ⓒ Ⓓ
38 Ⓐ Ⓑ Ⓒ Ⓓ
39 Ⓐ Ⓑ Ⓒ Ⓓ
40 Ⓐ Ⓑ Ⓒ Ⓓ
41 Ⓐ Ⓑ Ⓒ Ⓓ
42 Ⓐ Ⓑ Ⓒ Ⓓ
43 Ⓐ Ⓑ Ⓒ Ⓓ
44 Ⓐ Ⓑ Ⓒ Ⓓ
45 Ⓐ Ⓑ Ⓒ Ⓓ
46 Ⓐ Ⓑ Ⓒ Ⓓ
47 Ⓐ Ⓑ Ⓒ Ⓓ
48 Ⓐ Ⓑ Ⓒ Ⓓ
49 Ⓐ Ⓑ Ⓒ Ⓓ

PART C

50 Ⓐ Ⓑ Ⓒ Ⓓ
51 Ⓐ Ⓑ Ⓒ Ⓓ
52 Ⓐ Ⓑ Ⓒ Ⓓ
53 Ⓐ Ⓑ Ⓒ Ⓓ
54 Ⓐ Ⓑ Ⓒ Ⓓ
55 Ⓐ Ⓑ Ⓒ Ⓓ
56 Ⓐ Ⓑ Ⓒ Ⓓ
57 Ⓐ Ⓑ Ⓒ Ⓓ
58 Ⓐ Ⓑ Ⓒ Ⓓ
59 Ⓐ Ⓑ Ⓒ Ⓓ
60 Ⓐ Ⓑ Ⓒ Ⓓ
61 Ⓐ Ⓑ Ⓒ Ⓓ
62 Ⓐ Ⓑ Ⓒ Ⓓ
63 Ⓐ Ⓑ Ⓒ Ⓓ
64 Ⓐ Ⓑ Ⓒ Ⓓ
65 Ⓐ Ⓑ Ⓒ Ⓓ

PART D

66 Ⓐ Ⓑ Ⓒ Ⓓ
67 Ⓐ Ⓑ Ⓒ Ⓓ
68 Ⓐ Ⓑ Ⓒ Ⓓ
69 Ⓐ Ⓑ Ⓒ Ⓓ
70 Ⓐ Ⓑ Ⓒ Ⓓ
71 Ⓐ Ⓑ Ⓒ Ⓓ
72 Ⓐ Ⓑ Ⓒ Ⓓ
73 Ⓐ Ⓑ Ⓒ Ⓓ
74 Ⓐ Ⓑ Ⓒ Ⓓ
75 Ⓐ Ⓑ Ⓒ Ⓓ
76 Ⓐ Ⓑ Ⓒ Ⓓ
77 Ⓐ Ⓑ Ⓒ Ⓓ
78 Ⓐ Ⓑ Ⓒ Ⓓ
79 Ⓐ Ⓑ Ⓒ Ⓓ
80 Ⓐ Ⓑ Ⓒ Ⓓ
81 Ⓐ Ⓑ Ⓒ Ⓓ
82 Ⓐ Ⓑ Ⓒ Ⓓ
83 Ⓐ Ⓑ Ⓒ Ⓓ
84 Ⓐ Ⓑ Ⓒ Ⓓ
85 Ⓐ Ⓑ Ⓒ Ⓓ

Answer Sheet: Test 7

PART A

1 Ⓐ Ⓑ Ⓒ Ⓓ
2 Ⓐ Ⓑ Ⓒ Ⓓ
3 Ⓐ Ⓑ Ⓒ Ⓓ
4 Ⓐ Ⓑ Ⓒ Ⓓ
5 Ⓐ Ⓑ Ⓒ Ⓓ
6 Ⓐ Ⓑ Ⓒ Ⓓ
7 Ⓐ Ⓑ Ⓒ Ⓓ
8 Ⓐ Ⓑ Ⓒ Ⓓ
9 Ⓐ Ⓑ Ⓒ Ⓓ
10 Ⓐ Ⓑ Ⓒ Ⓓ
11 Ⓐ Ⓑ Ⓒ Ⓓ
12 Ⓐ Ⓑ Ⓒ Ⓓ
13 Ⓐ Ⓑ Ⓒ Ⓓ
14 Ⓐ Ⓑ Ⓒ Ⓓ
15 Ⓐ Ⓑ Ⓒ Ⓓ
16 Ⓐ Ⓑ Ⓒ Ⓓ
17 Ⓐ Ⓑ Ⓒ Ⓓ
18 Ⓐ Ⓑ Ⓒ Ⓓ
19 Ⓐ Ⓑ Ⓒ Ⓓ
20 Ⓐ Ⓑ Ⓒ Ⓓ
21 Ⓐ Ⓑ Ⓒ Ⓓ
22 Ⓐ Ⓑ Ⓒ Ⓓ
23 Ⓐ Ⓑ Ⓒ Ⓓ
24 Ⓐ Ⓑ Ⓒ Ⓓ
25 Ⓐ Ⓑ Ⓒ Ⓓ
26 Ⓐ Ⓑ Ⓒ Ⓓ
27 Ⓐ Ⓑ Ⓒ Ⓓ
28 Ⓐ Ⓑ Ⓒ Ⓓ
29 Ⓐ Ⓑ Ⓒ Ⓓ
30 Ⓐ Ⓑ Ⓒ Ⓓ

PART B

31 Ⓐ Ⓑ Ⓒ Ⓓ
32 Ⓐ Ⓑ Ⓒ Ⓓ
33 Ⓐ Ⓑ Ⓒ Ⓓ
34 Ⓐ Ⓑ Ⓒ Ⓓ
35 Ⓐ Ⓑ Ⓒ Ⓓ
36 Ⓐ Ⓑ Ⓒ Ⓓ
37 Ⓐ Ⓑ Ⓒ Ⓓ
38 Ⓐ Ⓑ Ⓒ Ⓓ
39 Ⓐ Ⓑ Ⓒ Ⓓ
40 Ⓐ Ⓑ Ⓒ Ⓓ
41 Ⓐ Ⓑ Ⓒ Ⓓ
42 Ⓐ Ⓑ Ⓒ Ⓓ
43 Ⓐ Ⓑ Ⓒ Ⓓ
44 Ⓐ Ⓑ Ⓒ Ⓓ
45 Ⓐ Ⓑ Ⓒ Ⓓ
46 Ⓐ Ⓑ Ⓒ Ⓓ
47 Ⓐ Ⓑ Ⓒ Ⓓ
48 Ⓐ Ⓑ Ⓒ Ⓓ
49 Ⓐ Ⓑ Ⓒ Ⓓ

PART C

50 Ⓐ Ⓑ Ⓒ Ⓓ
51 Ⓐ Ⓑ Ⓒ Ⓓ
52 Ⓐ Ⓑ Ⓒ Ⓓ
53 Ⓐ Ⓑ Ⓒ Ⓓ
54 Ⓐ Ⓑ Ⓒ Ⓓ
55 Ⓐ Ⓑ Ⓒ Ⓓ
56 Ⓐ Ⓑ Ⓒ Ⓓ
57 Ⓐ Ⓑ Ⓒ Ⓓ
58 Ⓐ Ⓑ Ⓒ Ⓓ
59 Ⓐ Ⓑ Ⓒ Ⓓ
60 Ⓐ Ⓑ Ⓒ Ⓓ
61 Ⓐ Ⓑ Ⓒ Ⓓ
62 Ⓐ Ⓑ Ⓒ Ⓓ
63 Ⓐ Ⓑ Ⓒ Ⓓ
64 Ⓐ Ⓑ Ⓒ Ⓓ
65 Ⓐ Ⓑ Ⓒ Ⓓ

PART D

66 Ⓐ Ⓑ Ⓒ Ⓓ
67 Ⓐ Ⓑ Ⓒ Ⓓ
68 Ⓐ Ⓑ Ⓒ Ⓓ
69 Ⓐ Ⓑ Ⓒ Ⓓ
70 Ⓐ Ⓑ Ⓒ Ⓓ
71 Ⓐ Ⓑ Ⓒ Ⓓ
72 Ⓐ Ⓑ Ⓒ Ⓓ
73 Ⓐ Ⓑ Ⓒ Ⓓ
74 Ⓐ Ⓑ Ⓒ Ⓓ
75 Ⓐ Ⓑ Ⓒ Ⓓ
76 Ⓐ Ⓑ Ⓒ Ⓓ
77 Ⓐ Ⓑ Ⓒ Ⓓ
78 Ⓐ Ⓑ Ⓒ Ⓓ
79 Ⓐ Ⓑ Ⓒ Ⓓ
80 Ⓐ Ⓑ Ⓒ Ⓓ
81 Ⓐ Ⓑ Ⓒ Ⓓ
82 Ⓐ Ⓑ Ⓒ Ⓓ
83 Ⓐ Ⓑ Ⓒ Ⓓ
84 Ⓐ Ⓑ Ⓒ Ⓓ
85 Ⓐ Ⓑ Ⓒ Ⓓ

Answer Sheet: Test 8

PART A

1 Ⓐ Ⓑ Ⓒ Ⓓ
2 Ⓐ Ⓑ Ⓒ Ⓓ
3 Ⓐ Ⓑ Ⓒ Ⓓ
4 Ⓐ Ⓑ Ⓒ Ⓓ
5 Ⓐ Ⓑ Ⓒ Ⓓ
6 Ⓐ Ⓑ Ⓒ Ⓓ
7 Ⓐ Ⓑ Ⓒ Ⓓ
8 Ⓐ Ⓑ Ⓒ Ⓓ
9 Ⓐ Ⓑ Ⓒ Ⓓ
10 Ⓐ Ⓑ Ⓒ Ⓓ
11 Ⓐ Ⓑ Ⓒ Ⓓ
12 Ⓐ Ⓑ Ⓒ Ⓓ
13 Ⓐ Ⓑ Ⓒ Ⓓ
14 Ⓐ Ⓑ Ⓒ Ⓓ
15 Ⓐ Ⓑ Ⓒ Ⓓ
16 Ⓐ Ⓑ Ⓒ Ⓓ
17 Ⓐ Ⓑ Ⓒ Ⓓ
18 Ⓐ Ⓑ Ⓒ Ⓓ
19 Ⓐ Ⓑ Ⓒ Ⓓ
20 Ⓐ Ⓑ Ⓒ Ⓓ
21 Ⓐ Ⓑ Ⓒ Ⓓ
22 Ⓐ Ⓑ Ⓒ Ⓓ
23 Ⓐ Ⓑ Ⓒ Ⓓ
24 Ⓐ Ⓑ Ⓒ Ⓓ
25 Ⓐ Ⓑ Ⓒ Ⓓ
26 Ⓐ Ⓑ Ⓒ Ⓓ
27 Ⓐ Ⓑ Ⓒ Ⓓ
28 Ⓐ Ⓑ Ⓒ Ⓓ
29 Ⓐ Ⓑ Ⓒ Ⓓ
30 Ⓐ Ⓑ Ⓒ Ⓓ

PART B

31 Ⓐ Ⓑ Ⓒ Ⓓ
32 Ⓐ Ⓑ Ⓒ Ⓓ
33 Ⓐ Ⓑ Ⓒ Ⓓ
34 Ⓐ Ⓑ Ⓒ Ⓓ
35 Ⓐ Ⓑ Ⓒ Ⓓ
36 Ⓐ Ⓑ Ⓒ Ⓓ
37 Ⓐ Ⓑ Ⓒ Ⓓ
38 Ⓐ Ⓑ Ⓒ Ⓓ
39 Ⓐ Ⓑ Ⓒ Ⓓ
40 Ⓐ Ⓑ Ⓒ Ⓓ
41 Ⓐ Ⓑ Ⓒ Ⓓ
42 Ⓐ Ⓑ Ⓒ Ⓓ
43 Ⓐ Ⓑ Ⓒ Ⓓ
44 Ⓐ Ⓑ Ⓒ Ⓓ
45 Ⓐ Ⓑ Ⓒ Ⓓ
46 Ⓐ Ⓑ Ⓒ Ⓓ
47 Ⓐ Ⓑ Ⓒ Ⓓ
48 Ⓐ Ⓑ Ⓒ Ⓓ
49 Ⓐ Ⓑ Ⓒ Ⓓ

PART C

50 Ⓐ Ⓑ Ⓒ Ⓓ
51 Ⓐ Ⓑ Ⓒ Ⓓ
52 Ⓐ Ⓑ Ⓒ Ⓓ
53 Ⓐ Ⓑ Ⓒ Ⓓ
54 Ⓐ Ⓑ Ⓒ Ⓓ
55 Ⓐ Ⓑ Ⓒ Ⓓ
56 Ⓐ Ⓑ Ⓒ Ⓓ
57 Ⓐ Ⓑ Ⓒ Ⓓ
58 Ⓐ Ⓑ Ⓒ Ⓓ
59 Ⓐ Ⓑ Ⓒ Ⓓ
60 Ⓐ Ⓑ Ⓒ Ⓓ
61 Ⓐ Ⓑ Ⓒ Ⓓ
62 Ⓐ Ⓑ Ⓒ Ⓓ
63 Ⓐ Ⓑ Ⓒ Ⓓ
64 Ⓐ Ⓑ Ⓒ Ⓓ
65 Ⓐ Ⓑ Ⓒ Ⓓ

PART D

66 Ⓐ Ⓑ Ⓒ Ⓓ
67 Ⓐ Ⓑ Ⓒ Ⓓ
68 Ⓐ Ⓑ Ⓒ Ⓓ
69 Ⓐ Ⓑ Ⓒ Ⓓ
70 Ⓐ Ⓑ Ⓒ Ⓓ
71 Ⓐ Ⓑ Ⓒ Ⓓ
72 Ⓐ Ⓑ Ⓒ Ⓓ
73 Ⓐ Ⓑ Ⓒ Ⓓ
74 Ⓐ Ⓑ Ⓒ Ⓓ
75 Ⓐ Ⓑ Ⓒ Ⓓ
76 Ⓐ Ⓑ Ⓒ Ⓓ
77 Ⓐ Ⓑ Ⓒ Ⓓ
78 Ⓐ Ⓑ Ⓒ Ⓓ
79 Ⓐ Ⓑ Ⓒ Ⓓ
80 Ⓐ Ⓑ Ⓒ Ⓓ
81 Ⓐ Ⓑ Ⓒ Ⓓ
82 Ⓐ Ⓑ Ⓒ Ⓓ
83 Ⓐ Ⓑ Ⓒ Ⓓ
84 Ⓐ Ⓑ Ⓒ Ⓓ
85 Ⓐ Ⓑ Ⓒ Ⓓ

Answer Sheet: Test 9

PART A

1 Ⓐ Ⓑ Ⓒ Ⓓ
2 Ⓐ Ⓑ Ⓒ Ⓓ
3 Ⓐ Ⓑ Ⓒ Ⓓ
4 Ⓐ Ⓑ Ⓒ Ⓓ
5 Ⓐ Ⓑ Ⓒ Ⓓ
6 Ⓐ Ⓑ Ⓒ Ⓓ
7 Ⓐ Ⓑ Ⓒ Ⓓ
8 Ⓐ Ⓑ Ⓒ Ⓓ
9 Ⓐ Ⓑ Ⓒ Ⓓ
10 Ⓐ Ⓑ Ⓒ Ⓓ
11 Ⓐ Ⓑ Ⓒ Ⓓ
12 Ⓐ Ⓑ Ⓒ Ⓓ
13 Ⓐ Ⓑ Ⓒ Ⓓ
14 Ⓐ Ⓑ Ⓒ Ⓓ
15 Ⓐ Ⓑ Ⓒ Ⓓ
16 Ⓐ Ⓑ Ⓒ Ⓓ
17 Ⓐ Ⓑ Ⓒ Ⓓ
18 Ⓐ Ⓑ Ⓒ Ⓓ
19 Ⓐ Ⓑ Ⓒ Ⓓ
20 Ⓐ Ⓑ Ⓒ Ⓓ
21 Ⓐ Ⓑ Ⓒ Ⓓ
22 Ⓐ Ⓑ Ⓒ Ⓓ
23 Ⓐ Ⓑ Ⓒ Ⓓ
24 Ⓐ Ⓑ Ⓒ Ⓓ
25 Ⓐ Ⓑ Ⓒ Ⓓ
26 Ⓐ Ⓑ Ⓒ Ⓓ
27 Ⓐ Ⓑ Ⓒ Ⓓ
28 Ⓐ Ⓑ Ⓒ Ⓓ
29 Ⓐ Ⓑ Ⓒ Ⓓ
30 Ⓐ Ⓑ Ⓒ Ⓓ

PART B

31 Ⓐ Ⓑ Ⓒ Ⓓ
32 Ⓐ Ⓑ Ⓒ Ⓓ
33 Ⓐ Ⓑ Ⓒ Ⓓ
34 Ⓐ Ⓑ Ⓒ Ⓓ
35 Ⓐ Ⓑ Ⓒ Ⓓ
36 Ⓐ Ⓑ Ⓒ Ⓓ
37 Ⓐ Ⓑ Ⓒ Ⓓ
38 Ⓐ Ⓑ Ⓒ Ⓓ
39 Ⓐ Ⓑ Ⓒ Ⓓ
40 Ⓐ Ⓑ Ⓒ Ⓓ
41 Ⓐ Ⓑ Ⓒ Ⓓ
42 Ⓐ Ⓑ Ⓒ Ⓓ
43 Ⓐ Ⓑ Ⓒ Ⓓ
44 Ⓐ Ⓑ Ⓒ Ⓓ
45 Ⓐ Ⓑ Ⓒ Ⓓ
46 Ⓐ Ⓑ Ⓒ Ⓓ
47 Ⓐ Ⓑ Ⓒ Ⓓ
48 Ⓐ Ⓑ Ⓒ Ⓓ
49 Ⓐ Ⓑ Ⓒ Ⓓ

PART C

50 Ⓐ Ⓑ Ⓒ Ⓓ
51 Ⓐ Ⓑ Ⓒ Ⓓ
52 Ⓐ Ⓑ Ⓒ Ⓓ
53 Ⓐ Ⓑ Ⓒ Ⓓ
54 Ⓐ Ⓑ Ⓒ Ⓓ
55 Ⓐ Ⓑ Ⓒ Ⓓ
56 Ⓐ Ⓑ Ⓒ Ⓓ
57 Ⓐ Ⓑ Ⓒ Ⓓ
58 Ⓐ Ⓑ Ⓒ Ⓓ
59 Ⓐ Ⓑ Ⓒ Ⓓ
60 Ⓐ Ⓑ Ⓒ Ⓓ
61 Ⓐ Ⓑ Ⓒ Ⓓ
62 Ⓐ Ⓑ Ⓒ Ⓓ
63 Ⓐ Ⓑ Ⓒ Ⓓ
64 Ⓐ Ⓑ Ⓒ Ⓓ
65 Ⓐ Ⓑ Ⓒ Ⓓ

PART D

66 Ⓐ Ⓑ Ⓒ Ⓓ
67 Ⓐ Ⓑ Ⓒ Ⓓ
68 Ⓐ Ⓑ Ⓒ Ⓓ
69 Ⓐ Ⓑ Ⓒ Ⓓ
70 Ⓐ Ⓑ Ⓒ Ⓓ
71 Ⓐ Ⓑ Ⓒ Ⓓ
72 Ⓐ Ⓑ Ⓒ Ⓓ
73 Ⓐ Ⓑ Ⓒ Ⓓ
74 Ⓐ Ⓑ Ⓒ Ⓓ
75 Ⓐ Ⓑ Ⓒ Ⓓ
76 Ⓐ Ⓑ Ⓒ Ⓓ
77 Ⓐ Ⓑ Ⓒ Ⓓ
78 Ⓐ Ⓑ Ⓒ Ⓓ
79 Ⓐ Ⓑ Ⓒ Ⓓ
80 Ⓐ Ⓑ Ⓒ Ⓓ
81 Ⓐ Ⓑ Ⓒ Ⓓ
82 Ⓐ Ⓑ Ⓒ Ⓓ
83 Ⓐ Ⓑ Ⓒ Ⓓ
84 Ⓐ Ⓑ Ⓒ Ⓓ
85 Ⓐ Ⓑ Ⓒ Ⓓ

EXTRA READING COMPREHENSION PASSAGES

PART

Directions: The following passages are for reading comprehension. After each selection there are incomplete statements or questions. Of the four choices, choose the correct one based on the passage and blacken the corresponding space on the answer sheet. The correct answers are on page 193.

Récemment le journal *Le Monde* était si irrité de l'infiltration de mots anglais dans la langue de Voltaire qu'il a remplacé le mot "teen-ager" par le mot "décagénaire". Je n'aime pas ce choix mais je trouve courageux leur effort de résister à cette invasion étrangère.

La langue française avec sa splendeur, sa richesse de nuances et son extraordinaire raffinement est comme une magnifique armure de l'ancien temps: elle est couverte de fleurs et de diamants mais elle manque d'élasticité, ne permettant pas beaucoup de mouvement. Donc, les mots étrangers sont un mal nécessaire.

La France fait face à des changements révolutionnaires. Depuis la production industrielle jusqu'au nombre de gens qui possèdent une voiture, tout se développe à un rythme rapide, tout excepté la langue. Les gardiens de la langue, les vieux et prudents membres de l'Académie française continuent à composer, sans se presser, la neuvième édition du Grand Dictionnaire et discutent des mots commençant par la lettre H. La première édition a été publiée en 1697 et il est peu probable qu'ils finissent vite ce travail.

Personnellement, je trouve irrésistible cet aspect ancien du français. L'art de l'élégance verbale n'est pas mort; la dispute la plus insignifiante se passe avec la grâce d'un ballet.

Certainement, cette élégance est le résultat du caractère latin de la langue française. Les Anglais choisissent des mots courts d'origine anglo-saxonne de préférence aux mots longs d'origine latine. Les Français, qui n'ont pas le choix, sont obligés d'employer des mots longs et latins. Cette tendance donne une majestueuse élégance à leur conversation.

1. L'éditeur d' un journal français s'est fâché à cause
   A. de l'introduction de mots étrangers dans la langue française
   B. d'une invasion militaire de l'Europe
   C. d'un manque de respect pour la presse
   D. du courage de quelques écrivains

2. La langue française ressemble à une armure parce qu'elle
   A. manque de beauté
   B. manque de flexibilité
   C. comprend trop d'expressions étrangères
   D. change trop souvent

3. Comment l'Académie française travaille-t-elle?
   A. avec beaucoup d'impatience
   B. sans grandes discussions
   C. d'une manière dynamique
   D. très lentement

4. L'auteur trouve l'élégance de la langue française particulièrement
   A. agréable
   B. révolutionnaire
   C. pompeuse
   D. insignifiante

5. Le français semble majestueux à cause de
   A. l'influence anglaise
   B. l'évolution rapide de la société
   C. l'usage de mots longs
   D. l'esprit agressif des Français

Le village d'Arragné est en train de livrer une bataille et probablement de la perdre. Il s'agit de l'école qui compte 4 élèves en tout: Hervé, 8 ans; Jean-Claude, 7 ans; Michèle, 6 ans; et François, 4 ans. A première vue ce n'est pas un événement d'importance capitale, mais c'est un symbole. Il mérite réflexion parce que ce n'est pas seulement Arragné mais tous les petits villages qui veulent garder leur vie telle qu'elle est. Tous les villages de cette faible importance sont promis au même destin. Peu à peu la population émigre vers la ville. Chaque année l'école compte quelques enfants de moins. De plus, notre époque demande que l'on finisse ses études dans un centre d'enseignement mieux équipé mais plus lointain.

D'habitude, quand on ferme les écoles, les petits villages en souffrent. La vie y est profondément affectée. A Arragné, ce petit village du Pays Basque, l'Education nationale ne voulait plus payer de maîtresse d'école. Alors, les paysans se sont réunis à l'auberge. Ils ont discuté, en basque, et ils ont décidé d'établir leur propre école, avec une institutrice locale nommée Anne Godement. Ce sont les parents qui paient son salaire et c'est pourquoi l'école fonctionne toujours. L'école est interdite par les règlements et on l'appelle une classe sauvage.

6. Qu'est-ce qui caractérise l'école d'Arragné?
   A. C'est une école pour filles.
   B. Elle est surpeuplée.
   C. Il y a très peu d'écoliers.
   D. Les enfants ont tous le même âge.

7. Pourquoi est-ce que la population d'Arragné diminue?
   A. On quitte le village pour la ville.
   B. Il n'y a plus de maîtresse d'école.
   C. On a fermé l'auberge.
   D. La guerre a ravagé le village.

8. Qu'est-ce que ces villageois ont fait?
   A. Ils ont organisé leur propre école.
   B. Ils ont ouvert une école bilingue.
   C. Ils ont envoyé leurs enfants à l'école en ville.
   D. Ils se sont installés à l'étranger.

9. Qu'est-ce que les villageois ont demandé à Anne?
   A. d'assister à une réunion
   B. de se charger de la classe
   C. de quitter le village
   D. de s'occuper de l'auberge

10. Pourquoi appelle-t-on cette école une classe sauvage?
    A. Elle est située à la campagne.
    B. La discipline y est mauvaise.
    C. On y parle une langue étrangère.
    D. Elle fonctionne sans l'autorisation du gouvernement.

Il a quarante-huit ans et des épaules qui font beaucoup plus penser à un boxeur qu'à un chercheur scientifique. Et pourtant, samedi il est devenu docteur d'Etat en Lettres. Il a soutenu avec succès sa thèse sur la toponymie, l'étude des noms de lieux, de villages etc. . .C'est un exploit d'autant plus étonnant que ce fils et petit-fils de paysan a quitté l'école à l'âge de 16 ans pour partir à l'aventure pendant une dizaine d'années en Amérique et dans le Pacifique. Il a été bûcheron, ouvrier agricole, marin et même soldat. De retour au pays, il a travaillé dans la ferme paternelle avant de reprendre ses études.

Son goût des voyages et des découvertes s'accompagnait chez lui d'un désir d'apprendre l'espagnol, le portugais et la linguistique. C'est ce qui l'a amené un jour à la faculté des Lettres de Rouen où il a obtenu une licence d'anglais. Grâce à ce diplôme, il enseigne maintenant au lycée.

La toponymie n'est pas un sujet qui passionne tout le monde! Il s'y intéresse parce qu'il a gardé des racines profondément ancrées dans le sol de son pays.

L'originalité de son travail vient du fait que dans ses recherches, il a tourné le dos aux documents écrits pour trouver ses sources chez les paysans de sa région. Ces paysans qui connaissent admirablement leurs terres l'ont beaucoup aidé dans ses recherches. Ce sont eux qui connaissent les rapports entre les noms des lieux et l'histoire des familles qui y ont vécu et travaillé pendant des générations.

11. Le fait que cet homme a obtenu un doctorat est étonnant parce qu'il
    A. a fait une carrière sportive
    B. avait peu d'argent
    C. a abandonné ses études très jeune
    D. était trop vieux

12. Il a recommencé ses études à Rouen pour
    A. apprendre des langues étrangères
    B. passer le temps
    C. faire plaisir à son père
    D. entrer dans l'armée

13. Avant de commencer son doctorat, il a étudié pour devenir
    A. ingénieur
    B. officier
    C. navigateur
    D. professeur

14. Ce qui l'a attiré à la toponymie c'est son intérêt pour
    A. la littérature
    B. son pays
    C. les océans
    D. ses aventures

15. Les recherches de cet homme sont originales parce qu'il
    A. refuse de les publier
    B. les a terminées rapidement
    C. les a faites entièrement dans une bibliothèque
    D. y a travaillé avec des paysans

Vingt kilomètres par jour. C'est la distance que des milliers de facteurs font en bicyclette à la ville comme à la campagne pour distribuer les lettres et les paquets du public. Vingt kilomètres par jour, ça use les pédales, les freins et les pneus des vélos qui supportent mal vingt-cinq à trente kilos de courrier. C'est pourquoi les réparations sont fréquentes.

En fait, les facteurs — qui s'opposent à l'utilisation du cyclomoteur qu'ils jugent être la cause de trop d'accidents — ont actuellement le choix entre deux possibilités: utiliser une bicyclette fournie par l'Administration pour toute leur carrière, ou s'en acheter une avec une prime de 650 francs et une indemnité de 20 francs par mois destinée à couvrir les frais d'entretien. Dans les deux cas, c'est très insuffisant, d'autant plus que leur salaire reste très bas.

D'autre part, alors que dans tous les autres emplois, le temps de travail est réduit de deux à cinq heures par semaine, les facteurs continuent à travailler six jours sur sept. Un représentant syndical des employés des postes remarque que les conditions de travail s'améliorent partout et qu'il n'y a pas de raison qu'elles restent inchangées au service des postes.

Une commission nationale reconnaît que les facteurs ont de bonnes raisons de se plaindre et qu'il faudrait prévoir une compensation spéciale en leur faveur. Il faut espérer que les députés de l'Assemblée nationale voudront bien s'en souvenir au moment de la discussion du budget de l'année prochaine.

16. Comment de nombreux facteurs distribuent-ils le courrier?
A. à pied
B. à bicyclette
C. en voiture
D. en camion

17. Les vélos tombent souvent en panne à cause
A. du poids du courrier
B. de la vitesse des facteurs
C. des mauvaises routes
D. de leurs petites roues

18. Les facteurs refusent d'utiliser des vélomoteurs parce qu'ils sont trop
A. rapides
B. fragiles
C. dangereux
D. chers

19. En plus des aspects financiers de leur métier, les facteurs sont mécontents
A. de l'attitude du public
B. du coût de la vie
C. de leurs représentants syndicaux
D. de leurs heures de travail

20. Qui peut améliorer la condition des facteurs?
A. des ingénieurs
B. l'entreprise privée
C. le gouvernement
D. les écrivains

Les enfants adorent le sport. Une récente enquête menée auprès du jeune public révèle que, sur trois distractions proposées: sport, cinéma, télévision, c'est le sport qui vient en tête des préférences (45,6% chez les garçons, 29,1% chez les filles). Parmi les enfants qu'on a interrogés, 62,5% pratiquent déjà un sport. Parmi les autres, 89% aimeraient en faire.

Toujours selon cette même enquête, plus de la moitié des enfants interrogés (54%) aimeraient une école "à l'allemande" avec après-midis libres pour les activités de loisirs. Ils affirment que "le sport est aussi important que les autres matières enseignées."

Les sports qui intéressent le plus les enfants sont le vélo, la natation, le cheval, le ski et le tennis. Ce sont aussi les sports les plus souvent pratiqués par les adultes. Il est évident que les enfants sont influencés surtout par les goûts des parents.

Avec le développement du poney, l'équitation pour enfants connaît actuellement une grande popularité. Longtemps considérée comme un sport d'un prix exorbitant, elle s'est beaucoup démocratisée. De nos jours, les leçons, y compris la location du cheval et de l'équipement ne sont plus très coûteuses.

Dans le cas du tennis, les grandes "vedettes" ont beaucoup fait pour développer ce sport. Les enfants veulent tout de suite avoir l'air "pro." Ils veulent absolument la même chemisette, la même raquette et les mêmes chaussures que les champions.

Les sports d'équipe intéressent beaucoup les jeunes mais c'est la place qui manque. Ainsi le football, le handball, le rugby attireraient bon nombre de garçons si les associations sportives de juniors étaient plus nombreuses.

21. On a interrogé des enfants pour connaître leur opinion sur leurs
    A. devoirs
    B. lectures
    C. loisirs
    D. vêtements

22. Que fait-on l'après-midi dans une école " à l'allemande"?
    A. On fait ce qu'on veut.
    B. On suit des cours.
    C. On passe des examens.
    D. On reste dans une salle d'étude.

23. Qui a la plus grande influence sur le choix de sport des enfants?
    A. les acteurs
    B. leurs camarades
    C. les entraîneurs
    D. leurs parents

24. Qu'est-ce qui est important pour les jeunes amateurs de tennis?
    A. imiter les champions
    B. prendre des leçons
    C. gagner toutes les parties
    D. rencontrer des amis

25. Pourquoi la participation des jeunes aux sports d'équipe est-elle limitée?
    A. L'équipement est trop cher.
    B. Il n'y a pas assez de clubs.
    C. Les professeurs ne l'encouragent pas.
    D. La télévision prend tout leur temps.

Pourquoi les enfants sont-ils attirés par les animaux? Un projet de recherche franco-canadien répond à cette question. Le but de ce projet était d'établir un test pour évaluer le développement psychologique des enfants. D'une manière générale, les enfants préfèrent le chat, le chien et le cheval à tout autre animal; et seulement ensuite les perroquets ainsi que d'autres oiseaux, les poissons rouges et les hamsters.

A la question "Si vous pouviez vous transformer en un animal, lequel voudriez-vous être?" les plus jeunes répondent: un chat. Par contre, personne ne désire être un chien. Dans toutes les classes d'âge, on trouve certains enfants qui s'identifient à des animaux sauvages: ours, lion, éléphant, mouette, chat sauvage, aigle, singe et dauphin. Un grand nombre des enfants interrogés aimeraient être des chats parce que ça leur permettrait de passer tout leur temps à jouer. Le chien attire les sympathies par son obéissance ou par sa beauté. On apprécie le cheval pour sa rapidité: avec lui, on peut gagner des courses. L'oiseau séduit parce qu'il vole haut, vite et loin: il symbolise la liberté.

Selon les psychologues responsables de cette étude, l'attrait qu'exercent les animaux sur l'enfant correspond à ses différents besoins: besoin d'amour et de sécurité car les animaux sont nourris, soignés et cajolés, et aussi besoin d'extérioriser ses sentiments.

En ce qui concerne la présence des animaux dans les rêves des enfants, elle est peu marquée. Les plus petits rêvent plutôt de sorcières ou d'autres personnages fantastiques de contes de fées. Parmi les enfants de 9 à 12 ans, certains n'avaient jamais rêvé d'un animal.

D'après les résultats de cette étude, il faudra encore mettre au point ce test avant de l'utiliser comme un moyen d'évaluation du développement psychologique de l'enfant.

26. En général les enfants aiment mieux les animaux
    A. domestiques
    B. dangereux
    C. exotiques
    D. imaginaires

27. Les tout petits aimeraient être
    A. éléphants
    B. chats
    C. chiens
    D. chevaux

28. Pour les enfants l'oiseau représente
    A. l'indépendance
    B. la beauté
    C. le courage
    D. l'amitié

29. L'intérêt des enfants pour les animaux reflète leur besoin
    A. de distraction
    B. d'exercice
    C. d'admiration
    D. d'affection

30. Quel est le but de cette étude?
    A. de choisir son animal préféré
    B. d'examiner les habitudes des animaux
    C. de mesurer les progrès des enfants
    D. d'écrire des histoires d'animaux

C'est en écoutant des chanteurs québécois comme Félix Leclerc et Gilles Vigneault que les Français ont découvert que l'on parlait encore français au Canada. Malheureusement, bien des Français qui s'en vont au Québec reviennent déçus de n'y avoir pas trouvé un morceau de leur pays avec de la vraie neige l'hiver et des animaux exotiques en plus. Un Londonien qui s'en va à San Francisco y entend une langue différente de la sienne. De même, un Parisien qui part pour Montréal doit se préparer à des surprises. "Deux pays séparés par une même langue": l'expression vaut aussi pour la France et le Québec.

La langue de France et celle du Québec se sont séparées pour représenter des réalités bien différentes: géographie, climat, politique, voisinage, économie. Elles n'ont rien en commun sinon un petit morceau d'histoire. Ce pays a trois fois la surface de la France, mais neuf fois moins d'habitants. Il y a des gens qui vivent si loin que c'est "en dehors de la carte." Un seul mot ne suffit pas pour de telles distances. On dit "voyage" mais aussi "voyagerie" et "voyagement". Quand quelqu'un n'en peut plus de fatigue, il dit "j'ai mon voyage". Le Québécois a sa propre langue, une langue très vivante. Cette langue a gardé sa vitalité parce qu'il lui faut sans cesse réagir à l'anglais de deux cent cinquante millions de voisins anglophones. Et il parle beaucoup, le Québécois.

Au Québec, on parle, on bavarde, on jase, on discute, on cause, et quand on a fini, on recommence. On finit encore une autre tasse de café, et entre deux phrases, l'idée vient que le samedi suivant, on pourrait aller à l'Arena voir le match (de hockey bien sûr), ou faire huit cents kilomètres dans la journée pour aller voir un copain, ou regarder la "tv", ou, pour changer, bavarder un peu.

L'hospitalité québécoise est un vrai plaisir et elle est donnée sans compter. Le Québécois ouvre sa porte, donne ses clés, annonce à ses amis de l'autre bout du pays que vous allez passer par là et qu'il faut vous recevoir. Il vous emmène voir son "mononcle" Alcide et sa "matante" Rita parce qu'ils ont une vieille ferme ou une histoire à raconter. Il vous présente ses collègues, ses copains, les copains de ses collègues et les collègues de ses copains. Et là recommencent les discussions à n'en plus finir sur nos deux pays.

31. Qu'est-ce qui surprend les Français au Québec?
   A. la langue
   B. la faune
   C. la musique
   D. la chaleur

32. L'expression "en dehors de la carte" indique
   A. un menu spécial
   B. de grands espaces
   C. un gouvernement étranger
   D. de mauvaises routes

33. Au Québec, la langue française doit se défendre contre l'influence
   A. des hommes d'affaires
   B. de la télévision parisienne
   C. de la presse internationale
   D. d'une autre langue

34. Quelle impression l'auteur nous donne-t-il des Québécois?
   A. Ils sont très sociables.
   B. Ils détestent la politique.
   C. Ils recherchent la solitude.
   D. Ils n'aiment pas voyager.

35. Comment le Québécois montre-t-il son hospitalité?
   A. Il voyage beaucoup à l'étranger.
   B. Il vous prépare des repas exotiques.
   C. Il vous fait rencontrer ses amis.
   D. Il chante des chansons pour les visiteurs.

Un petit vide dans l'estomac et un rien dans le réfrigérateur, tard le soir, alors que tous les magasins du quartier sont fermés depuis longtemps? La plupart des magasins ferment à 19 heures. Pour ne pas se coucher avec cette faim les habitués de la nuit ont leurs bonnes adresses.

LE SUPERMARCHE DES HALLES: ouvert 24 heures sur 24, pour les grandes urgences de l'estomac est un endroit peu rassurant, il faut le dire. Le quartier est mal éclairé, il y a des silhouettes suspectes dans l'ombre. Heureusement, on peut entrer directement de sa voiture dans le magasin par le parking.

A l'intérieur, l'endroit est calme: les ventes de boissons alcoolisées sont interdites entre minuit et sept heures du matin. Les rayons de produits frais sont bien fournis et de qualité. Très beau rayon de viande préemballée avec du faux filet et des escalopes de veau. Côté plats cuisinés, mieux vaut passer son chemin: la pizza est un peu molle et la charcuterie n'a pas le teint frais.

CHEZ LAYRAC: L'épicier de nuit de la rue de Buci, l'ambiance est ici plus "clean". Dans ce quartier universitaire, il y a des clients de moins de trente ans qui viennent jusqu'à trois heures du matin, pour acheter de quoi faire une "petite croque" improvisée. Belle décoration noire et blanche et des plats très appétissants: plat du jour emballé en plastique et une dizaine de menus différents; de la fricassée de lapin au filet de porc. Cependant, les parts ne sont pas très copieuses: petits plats pour petite faim. On y trouve aussi des fruits de mer toute l'année, et en prévision du petit déjeuner du matin: pains Poilâne, café et jus d'orange.

L'AN 2000: Un accueil souriant de la part de ce petit commerçant de quartier qui propose quelques plats cuisinés traditionnels: tomates farcies, et légumes cuits. On peut y acheter un repas complet sans oublier le fromage et le vin. Beau rayon de fruits frais, ce qui est exceptionnel à cette heure tardive. Mais attention, il vaut mieux y aller avant 22 heures, sinon vous risquez de trouver les étagères vides. Il ne ferme pourtant qu'à une heure du matin. Vers minuit, il reste quelques parts de quiche au saumon, du jambon au poivre vert ou des fraises fraîches.

36. Ces magasins sont très utiles parce qu'ils
    A. offrent des prix avantageux
    B. vendent des produits pharmaceutiques
    C. sont faciles à trouver
    D. restent ouverts tard

37. Qu'est-ce qu'il y a d'inquiétant au Supermarché des Halles?
    A. le personnel
    B. le quartier
    C. les clients
    D. le décor

38. Les clients de Chez Layrac sont surtout des
    A. professeurs
    B. musiciens
    C. étudiants
    D. ouvriers

39. Un inconvénient de Chez Layrac, c'est que
    A. les prix sont chers
    B. les portions sont petites
    C. le service est lent
    D. les légumes ne sont pas frais

40. Pour trouver ce qu'on veut à L'An 2000, il faut
    A. arriver de bonne heure
    B. faire sa propre cuisine
    C. sourire au vendeur
    D. être du quartier

Jeanne Calment est la personne la plus âgée de la maison de retraite du Lac à Arles. A 112 ans, elle est aussi la doyenne des Français. Les cheveux courts soigneusement coiffés, Jeanne Calment semble en excellente santé. "Elle va même mieux que l'année dernière, et elle a une très bonne mémoire," déclare son médecin. La doyenne nuance cependant ces propos: "J'y vois presque plus, j'entends presque plus," avant d'ajouter, philosophe: "C'est la rançon de mon âge."

Elle avoue, malgré tout, avoir eu "une très belle vie." "Je ne me suis jamais ennuyée, j'ai vécu comme tout le monde. Je n'ai jamais été malade! Et j'ai un bon appétit." Elle est née à Arles et elle n'en est jamais partie. Elle a fait ses études jusqu'au brevet à 16 ans. Puis, elle s'est mariée à 20 ans. "Mon mari et moi, on se connaissait depuis qu'on était tout petits. Voilà mon histoire; mon roman tout simple."

Quand elle était plus jeune, elle a pratiqué beaucoup de sports avec son époux: du tennis, de la bicyclette, de la natation, et même du patin à roulettes. Elle évoque également, avec émerveillement, les chasses au lapin qu'elle faisait avec son mari dans les collines de Provence.

Son plus grand regret reste de ne pas avoir pu fêter le centième anniversaire de son frère. "S'il avait vécu encore deux ans, je lui fêtais son centenaire avant le mien. Deux centenaires dans la famille, vous imaginez! Enfin, ma mère est morte à 90 ans, mon père à 96. Une famille comme cela, ça ne se voit pas tous les jours!"

Il y a encore deux ans, elle habitait chez elle. "J'étais toute seule. Il me fallait ma liberté. Je m'occupais de mon ménage, je jouais du piano. Et surtout je lisais à longueur de journée. J'étais abonnée à une bibliothèque et j'en avais moi-même une merveilleuse. J'aime beaucoup les auteurs anciens: Balzac, Anatole France. J'ai lu les modernes qui n'étaient pas mal, mais je préfère les classiques. Quand je m'ennuyais, que je ne savais pas quoi faire, je partais: j'allais faire le tour de la ville et je revenais," dit-elle en riant.

Elle parle aussi sans se faire prier, des célébrités qu'elle a eu l'occasion de recontrer. Vincent Van Gogh d'abord. Le père de Jeanne avait un grand magasin de tissus. "Van Gogh venait chercher ses toiles chez nous pour ses tableaux. On me l'a présenté, mais c'est mon père qui le servait."

Maintenant, Jeanne vit dans une maison de retraite, légèrement en dehors d'Arles. Elle, l'ancienne grande lectrice, ne voit plus assez pour lire. La seule distraction qui lui reste, c'est la radio. Elle s'intéresse à tous les programmes, surtout musicaux et littéraires, et elle se passionne pour la politique. Les journalistes qui viennent lui rendre visite constituent l'un de ses divertissements préférés. "Ils viennent de partout. Et même la télé! Deux fois. Je suis une star! Moi à la télévision? Tout arrive: il suffit d'attendre."

41. Qu'est-ce qui distingue Mme Calment en France?
    A. C'est une grande championne.
    B. Elle a eu beaucoup d'enfants.
    C. C'est une artiste renommée.
    D. Elle est très vieille.

42. Mme Calment trouve qu'elle a vécu une vie très
    A. normale
    B. agitée
    C. dangereuse
    D. isolée

43. Comment Mme Calment et son mari passaient-ils une grande partie de leur temps?
    A. Ils voyageaient à l'étranger.
    B. Ils regardaient la télévision.
    C. Ils faisaient des études.
    D. Ils pratiquaient des sports.

44. Quand elle vivait seule, Mme Calment s'intéressait surtout
    A. à la peinture
    B. à la littérature
    C. à sa famille
    D. à la médecine

45. Quel était le métier du père de Mme Calment?
   A. Il était docteur.
   B. Il était commerçant.
   C. Il était auteur.
   D. Il était journaliste.

The nine reading comprehension passages that you just tackled in the above section are of the traditional type that normally appears on the SAT II: French test.

In this part there is a new type of reading comprehension passage. These passages are offered here so you can have more practice.

Directions: *There are five blank spaces in each of the following passages. Each blank space represents a missing word or expression in French. For each blank space, four possible completions are provided lettered A, B, C, D. Only one of them makes sense in the context of the passage. First, read the passage in its entirety to determine its general meaning. Then read it a second time. For each blank space, choose the completion that makes the best sense and blacken the corresponding space on the answer sheet on page 195.*

L'influence française dans l'hémisphère occidentale ne s'est pas limitée à l'Amérique du Nord. La Martinique et la Guadeloupe ont été influencées par la culture française dès le XVIIe siècle. Haïti s'est révoltée contre les Français à la fin du XVIIIe siècle et elle est restée _ _ _ _ _ _ depuis cette période.

   46. A. américaine
         B. industrielle
         C. pittoresque
         D. indépendante

Par contre, la Guyane ainsi que la Martinique et la Guadeloupe ont _ _ _ _ _ _ leurs liens avec la France

   47. A. brisé
         B. perdu
         C. négligé
         D. maintenu

et sont devenues maintenant officiellement françaises.

La présence des Noirs dans ces pays date de 300 ans. A cette époque les _ _ _ _ _ _ français

   48. A. propriétaires
         B. esclaves
         C. missionaires
         D. écrivains

importaient des Noirs d'Afrique pour travailler dans leurs plantations de sucre.

Au XXe siècle, de nombreux écrivains noirs américains se sont joints aux Noirs du monde entier dans une cause commune appelée la "Négritude". Le terme "négritude" est apparu pour la première fois dans un long poème d'Aimé Césaire de la Martinique. Ce mouvement littéraire a été fondé à Paris vers 1930 par trois poètes noirs: Aimé Césaire, Léopold Senghor du Sénégal et Léon Damas de la Guinée Française. La "négritude" _ _ _ _ _ _ une révolte contre l'oppression et la servitude. C'est une affirmation de la

   49. A. corrige
         B. termine
         C. représente
         D. ralentit

dignité humaine des _ _ _ _ _ _ _ _, au travers d'une prise de conscience de la culture africaine.

   50. A. Noirs
         B. poètes
         C. Blancs
         D. planteurs

Il s'agit _____ de 4.400 kilomètres de lacs, de rivières, de rapides et de portages dans les

    51. A. d'un film

        B. d'un voyage

        C. d'une exploitation

        D. d'une description

forêts. L'expédition partira de Fort McMurray en Alberta vers Montréal à bord d'un canot en fibre de verre de 8 mètres de long et 2 mètres de large. Si tout va bien, le voyage durera quatre mois.

Le groupe a commencé ses préparatifs il y a plusieurs mois, de la définition même du projet jusqu'à la distribution des responsabilités. Les jeunes ont déjà _____ un régime alimentaire composé de 190

                52. A. préparé

                    B. inventé

                    C. publié

                    D. mangé

kilos de viande et d'une grande variété de légumes et de fruits. Puisqu'il leur est impossible de

_____ une telle quantité de nourriture dans le canot, ils ont prévu six points de ravitaillement

53. A. servir

    B. vendre

    C. transporter

    D. digérer

où ils trouveront des provisions laissées là à l'avance.

L'équipe compte faire 40 kilomètres par jour. Une fois par semaine, pour rassurer leurs familles, ils transmettront _____ par radio à l'école Richelieu-Quatre Saisons qui suivra de près leurs progrès. Cette

    54. A. de la musique

        B. leurs félicitations

        C. des SOS

        D. de leurs nouvelles

école se spécialise dans ce genre de projet. Elle a pour objectif d'encourager les adolescents à

_____ des expéditions en canot-camping. Il n'est pas étonnant qu'aujourd'hui beaucoup de

55. A. financer

    B. faire

    C. imaginer

    D. décrire

jeunes s'intéressent à ces activités.

L'hiver est peut-être la saison où se pratiquent le plus de sports au Québec. Il y a d'abord le patinage sur glace. A peu près tous les enfants en âge de marcher apprennent à _____. Durant l'hiver

                56. A. courir

                    B. parler

                    C. lire

                    D. patiner

chaque cour d'école, chaque parc public possède sa patinoire à la surface bien glacée et bien lisse où l'on va avec ses amis. Ces patinoires servent aussi à la pratique du sport national, le hockey. Tous les petits Québécois rêvent de devenir un jour des étoiles de ce _____

                57. A. film

                    B. cours

                    C. sport

                    D. ciel

Le ski alpin est aussi très pratiqué. Ses régions de montagnes ont permis au Québec d'établir de nombreuses stations de ski et de produire des champions internationaux. Le ski de fond et la raquette sont de plus en plus populaires. La raquette est un instrument inventé par les indiens. C'est un cadre de bois sur lequel sont tendues des bandes de peau. On fixe les raquettes sous ses chaussures et on peut ainsi _____ sur la neige sans grand effort.

58. A. marcher
   B. peindre
   C. dormir
   D. conduire

Le sport d'hiver le plus nouveau, c'est la "motoneige", sorte de véhicule sur skis d'invention québécoise, qui permet de se déplacer rapidement sur toute surface enneigée. Ce véhicule rend aussi de grands services dans le Grand Nord où il _____ maintenant les traîneaux tirés par des chiens qui

59. A. guide
   B. remplace
   C. cache
   D. aide

étaient autrefois le seul moyen de transport dans cette région. Mais il cause aussi beaucoup d'ennuis: très bruyant, il fait fuir les animaux sauvages et il brise les plantes. Malgré tout, à la campagne, il n'est pas rare de voir une ou plusieurs motoneiges à la porte des maisons. D'autre part, quand il y a des tempêtes de neige particulièrement _____, et que les routes sont bloquées, c'est la motoneige qui permet de

60. A. pittoresques
   B. courtes
   C. amusantes
   D. violentes

secourir les automobilistes en détresse.

En France, les jeunes n'aiment pas faire partie d'un mouvement ou d'une organisation. Et pourtant, ils vivent, ils sortent, ils s'amusent souvent en groupe. Ce sont de longues discussions au café où l'on _____ de tout pendant des heures: des professeurs, du lycée, du patron, des parents, de l'avenir,

61. A. rêve
   B. fait
   C. propose
   D. parle

de l'argent etc. . . . Quand on n'a pas assez d'argent, on prend un coca pour trois ou deux cafés pour quatre. On discute, on joue au flipper. On se rencontre aussi chez des copains. Quelqu'un apporte avec lui sa guitare. Un groupe se forme autour de lui. Une flûte, un harmonica en plus, et voilà c'est un petit _____ avec lequel on chante et on rit. Quand on ne chante pas soi-même, on va écouter ses

62. A. orchestre
   B. instrument
   C. disque
   D. repas

chanteurs préférés ou un concert de jazz. De temps en temps on se rend en groupe joyeux dans les festivals où on chante, on danse et surtout on _____ de la musique "Rock," "Pop" ou "Folk" d'origine

63. A. imite
   B. écoute
   C. compose
   D. décrit

étrangère ou française régionale. On va aussi danser chez des amis ou dans des bals. En province, la fête foraine attire beaucoup de jeunes, ouvriers, paysans ou lycéens.

La moto est quelquefois aussi le point de départ de loisirs collectifs. Avoir une moto, c'est avoir la possibilité de connaître d'autres jeunes dont le seul point commun sera peut-être le même "amour" pour la machine. A Paris des centaines de _____ se réunissent tous les vendredis soirs boulevard

64. A. professeurs
 B. patriotes
 C. musiciens
 D. jeunes

Sébastopol, à la Bastille ou place d'Alésia, casqués, bottés, habillés de cuir. Ils tournent en rond sur leurs machines avant de partir brusquement, par bandes, en faisant du bruit au nez des automobilistes qui ne les aiment pas beaucoup.

 Avoir une moto, cela demande beaucoup _____ On l'achète souvent à credit. On fait rarement

65. A. de temps
 B. d'argent
 C. de travail
 D. d'amis

cette dépense parce qu'elle est utile mais surtout parce que faire de la moto, c'est rencontrer des amis, c'est avoir la liberté de se déplacer, de quitter la ville et même quelquefois de voyager.

MINISTÈRE DES TRANSPORTS

Renseignements sur l'épreuve de conduite

 L'épreuve de conduite que vous êtes sur le point de subir, représente une partie importante de votre examen de compétence.

 Dans la circulation il ne vous sera pas demandé d'exécuter des manoeuvres interdites par la loi, mais vous devez obéir à tous les _____. D'autre part, vous devez exécuter tous les signaux requis par la

66. A. piétons
 B. mécaniciens
 C. horaires
 D. règlements

loi, soit avec la main ou le bras ou au moyen de signaux mécaniques ou lumineux _____ par le

67. A. approuvés
 B. vendus
 C. abandonnés
 D. interdits

ministère.

 Le véhicule que vous _____ pour votre épreuve de conduite doit être en bonne condition

68. A. laverez
 B. refuserez
 C. détruirez
 D. utiliserez

mécanique. Si une partie de l'équipement est défectueuse, ou si vous n'êtes pas en possession du certificat d'immatriculation conforme à la loi, votre examen sera différé jusqu'à ce que vous ayez satisfait aux exigences du code de la route.

 L'épreuve de conduite n'est pas difficile. Il faut vous mettre à l'aise et faire de votre mieux. Souvenez-vous que des millions de conducteurs avant vous, ont subi cette épreuve et ils ont reçu leur permis de conduire. S'ils ont _____, vous le pouvez également.

69. A. attendu
 B. réussi
 C. changé
 D. joué

 Dès que vous aurez subi votre épreuve de conduite et que vous aurez obtenu votre permis, comportez-vous sur la route avec la même prudence que lors de votre examen. Le privilège de conduire un véhicule automobile vous est accordé toutefois _ _ _ _ _ _ _ _ que vous obéissiez à toutes les lois de la

70. A. sans
    B. en attendant
    C. à condition
    D. de peur

circulation.

Il y a eu des changements notables dans les habitudes alimentaires des Français pendant les dix dernières années. L'image traditionnelle du Français typique grand mangeur de pain ne correspond plus à la réalité. La _ _ _ _ _ _ _ _ de pain par personne par an a diminué de 93kg à 74kg. Ceci n'empêche pas le

71. A. tranche
    B. conservation
    C. perte
    D. consommation

pain français, délicieusement croustillant, de conserver sa réputation mondiale. Par contre, à côté de la baguette et du gros pain ordinaire, le Français moyen mange de plus en plus de pain de seigle et de pain complet.

La consommation de pommes de terre baisse de la même manière que celle du pain et a diminué de 30% en dix ans. Cependant, le "steak pomme-frites" reste le plat national. Les portions de frites sont peut-être moins copieuses, mais les tranches de _ _ _ _ _ _ _ _ demeurent aussi grandes: la consommation

72. A. fromage
    B. pain
    C. viande
    D. gâteau

de boeuf a augmenté légèrement malgré son prix élevé. Le porc, le poulet, le gibier sont aussi très appréciés et les Français en _ _ _ _ _ _ _ _ beaucoup. Par contre, la viande de cheval se vend de

73. A. photographient
    B. rejettent
    C. exportent
    D. mangent

moins en moins et les boucheries chevalines avec leurs enseignes bien particulières deviennent de plus en plus _ _ _ _ _ _ _ _.

74. A. pittoresques
    B. rares
    C. célèbres
    D. mystérieuses

Curieusement, les Français mangent moins de légumes frais qu'il y a dix ans. Il y a une diminution du même ordre pour les légumes en conserves et pour les fruits frais dont la consommation par personne baisse considérablement. On n'y voit aucune raison évidente et on se demande _ _ _ _ _ _ _ _ expliquer

75. A. comment
    B. où
    C. quand
    D. à qui

cette situation qui pourrait avoir des résultats graves.

Les sorbets sont des desserts fins, délicats et faciles à faire. Ils conservent toute la saveur originale des fruits qui les composent et sont un complément parfait à tous les types de _ _ _ _ _ _ , du simple

76. A. gens
    B. viandes
    C. voyages
    D. repas

déjeuner en famille au grand dîner de gala. D'où vient le sorbet?

Il faut aller loin dans l'antiquité pour _ _ _ _ _ _ _ _ les sources des desserts glacés. On mentionne

    77. A. découvrir

          B. demander

          C. manger

          D. faire

qu'au IVe siècle avant Jésus-Christ, à la cour d'Alexandre le Grand, des confections de fruits et de miel étaient placées dans des pots de terre et mises dans la neige pour les faire _ _ _ _ _ _ _ _. On dit que le

    78. A. cuire

          B. fondre

          C. pousser

          D. refroidir

premier vrai sorbet a été offert aux invités de l'empereur romain, Néron.

L'explorateur italien, Marco Polo, a ramené d'Orient une technique de refroidissement qui n'utilisait pas de glace.

En 1660, c'est au Café Procope de Paris que l'on vendait les glaces confectionnées à la mode italienne. Ce café en offrait alors plus de quatre-vingts _ _ _ _ _ _ _ _, chacune avec un parfum différent.

    79. A. nations

          B. variétés

          C. fois

          D. bouteilles

De nos jours, le sorbet est un dessert classique et commun. C'est aussi un rafraîchissement que l'on apprécie entre les repas surtout pendant les _ _ _ _ _ _ _ _ chaudes en plein été.

    80. A. classes

          B. conférences

          C. journées

          D. années

Beaucoup d'Américains ont des difficultés à utiliser avec précision notre système de mesures. C'est pourtant simple.

En 1742, Anders Celsius proposait une échelle thermométrique fondée sur une différence de 100 degrés entre _ _ _ _ _ _ _ _ où l'eau gèle et celle où elle bout. Voici comment vous débrouiller dans cet

  81. A. l'altitude

      B. l'océan

      C. la température

      D. la saison

aspect du monde métrique: A 21 degrés, on se sent bien chez soi. Ne vous inquiétez pas si l'infirmière vous dit que votre température est de 37 degrés, c'est tout à fait _ _ _ _ _ _ _ _. Mais attention! A 40

    82. A. dangereux

          B. faux

          C. extraordinaire

          D. normal

degrés, vous avez une forte fièvre. En août, le soleil vous caresse agréablement de ses 30 degrés, et vos patins mordent la glace à 10 degrés sous zéro en _ _ _ _ _ _ _ _. Malgré toutes ces différences il y a une

    83. A. janvier

          B. septembre

          C. juillet

          D. mai

mesure identique en Fahrenheit et en Celsius, mais seulement par très grand _ _ _ _ _ _ _ _: à 40 degrés sous zéro!

     84. A. vent

           B. froid

           C. matin

           D. soleil

Il y a donc convergence des deux systèmes, mais uniquement à cette température. Dans la vie de tous les jours, la précision scientifique n'est pas absolument nécessaire.

Ceux qui veulent à tout prix _____ peuvent multiplier la température Celsius par 9, diviser

85. A. parler
B. explorer
C. convertir
D. rire

ensuite par 5 et enfin ajouter 32. Mais la façon la plus facile de bien s'entendre avec le thermomètre Celsius, c'est tout simplement d'oublier le thermomètre Fahrenheit.

Mon grand-père paternel est né en 1889 en Guadeloupe, d'une famille congolaise arrivée dans l'île après l'abolition de l'esclavage. Du côté maternel, mon arrière grand-mère était une esclave affranchie.

J'ai eu la chance de grandir à la campagne et dans une _____ de dix enfants, très unie, dans

86. A. famile
B. école
C. organisation
D. ville

laquelle on trouve des musiciens, des comiques, et des conteurs. Nous sommes tous mariés maintenant, mais nous nous retrouvons chaque dimanche chez nos parents avec nos dix-sept enfants.

Du côté de chez nous, on pouvait écouter des contes au moins trois fois par semaine, mais la campagne n'était pas encore électrifiée quand j'étais tout petit. Les grands prenaient un malin plaisir à effrayer les petits, en donnant libre cours à leur imagination pour expliquer les bruits peu rassurants de la nuit. On tremblait de _____ lorsqu'on rentrait à la maison par des nuits très noires, avec une

87. A. froid
B. faim
C. peur
D. joie

petite lampe à pétrole, après avoir écouté des contes chez tonton, cousin ou grand-mère. Ça ne nous empêchait nullement d'y retourner la nuit suivante.

Dès l'âge de huit ans, j'ai fréquenté les aînés. Etant d'un naturel curieux, je leur posais pas mal de _____ sur leur enfance, et, en guise de réponse, ils ne se lassaient jamais de me raconter des

88. A. rendez-vous
B. questions
C. pièges
D. problèmes

anecdotes vécues ou entendues. Mon cousin Albert m'a pris en amitié à cet âge-là. Chez lui on est conteur de père en fils et il m'a raconté plus de 50 contes et légendes des Antilles, tous les faits divers et anecdotes qui ont marqué son enfance, ceci sous forme de contes.

Je suis devenu instituteur, et je me suis retrouvé loin de chez moi à enseigner dans une école primaire. J'ai commencé à raconter des contes aux enfants, et à partager avec eux les joies de mon enfance. Pendant neuf ans, j'ai ainsi perfectionné l'art de raconter, d'inventer des histoires. Afin que tous les _____ de

89. A. élèves
B. administrateurs
C. parents
D. artistes

l'école puissent profiter du voyage dans le monde merveilleux des contes, je leur en programmais un par semaine. Mes collègues m'ont demandé d'enregistrer sur cassette les histoires que je racontais. Puis, j'ai décidé de passer au théâtre, ce qui m'a amené à écrire mon premier conte. Une petite troupe est née et nous avons eu 5.100 entrées à notre spectacle en six jours. Alors je me suis dit "il faut tout mettre par écrit."

Beaucoup d'enfants me connaissent, m'écrivent, me téléphonent, m'interpellent dans la rue. J'ai aussi beaucoup d'amis dans les milieux du théâtre et de la musique. A Fonds-Cacao, où je demeure, je _____ tout le monde. On y trouve des musiciens, des blagueurs, des conteurs . . . et c'est l'un

90. A. soigne
B. caricature
C. connais
D. décris

des rares endroits où l'on garde encore les traditions d'autrefois.

Your skill in reading comprehension can be tested in a third type of selection. The first was the traditional type of passage that normally appears on the SAT II: French test. The second was sentence completion of high-frequency vocabulary and idiomatic expressions, as in the above section that you just tackled for practice and experience. A third way of testing your skill in reading comprehension is the use of authentic documents, which may or may not contain illustrations, usually found in newspapers and magazines, brochures, pamplets, announcements, or advertisements.

Here are a few to give you more practice and experience.

Directions: Under each of the following ten selections, there is one question or incomplete statement. For each, choose the word or expression that best answers the question or completes the statement, according to the meaning of the selection, and blacken the corresponding space on the answer sheet on page 195.

91.

VACANCES SCOLAIRES EN RÉGION PARISIENNE

Les rectorats des académies de Paris, Créteil et Versailles viennent d'arrêter leurs dates de vacances « décentralisées » pour l'an prochain.

Rentrée scolaire : mardi 15 septembre au matin.

Toussaint : du samedi 31 octobre, après la classe, au 9 novembre au matin.

Noël : du mardi 22 décembre au mardi 5 janvier

Février : du samedi 6 février au lundi 15 février.

Printemps : du samedi 27 mars au mercredi 14 avril.

Ascension : du samedi 15 mai au lundi 24 mai.

Départ grandes vacances : vendredi 9 juillet

91. Quelles vacances donneront aux élèves l'occasion de faire un voyage de plus de deux semaines?
A. Toussaint
B. Février
C. Printemps
D. Ascension

92.

92. Qu'est-ce que cette annonce vous conseille de faire?
   A. de suivre un cours de navigation à voiles
   B. de faire du sport afin de maigrir
   C. de vous reposer pour acquérir une meilleure santé
   D. de noter vos rêves une fois réveillés

93.

Réservé à tous voyageurs aériens...
et à ceux qui les accompagnent
Régularité Services directs
Taxis... Métro... au Terminal
Confort Rapidité
Assistance bagages

AIR FRANCE

Les cars Air France sont à votre disposition

93. Cette annonce s'addresse aux gens qui
  A. veulent devenir chauffeurs d'autobus
  B. vont à un aéroport
  C. ont peur de prendre l'avion
  D. ont perdu leurs bagages

---

94. # Disparus depuis jeudi, six pêcheurs retrouvés

HAVRE-SAINT-PIERRE (PC) — Les gardes-côtes ont retrouvé sains et saufs hier matin les six membres de la famille Scherrer, portés disparus depuis jeudi au cours d'un voyage de pêche au large de la Côte-Nord..

Les six pêcheurs avaient quitté Fox Bay jeudi matin à destination de Havre-Saint-Peirre.

Un hélicoptère a finalement repéré le bateau de plaisance hier matin à Fox Bay.

94. Qu'est-il arrivé à ce groupe de pêcheurs?
  A. Ils ont attrapé beaucoup de poissons.
  B. Ils ont découvert une île.
  C. Ils se sont perdus.
  D. Ils sont morts.

95.

INFIRMIÈRES/INFIRMIERS

BAIE D'HUDSON-BAIE D'UNGAVA
Pour les dispensaires des villages Inuit.
EXIGENCES:
—minimum 1 an d'expérience en nursing;
—bilinguisme indispensable;
—être capable de prendre des responsabilités.
AVANTAGES:
—connaissance d'une nouvelle culture;
—travail différent du milieu hospitalier;
—avantages supplémentaires (logement fourni,
prime d'éloignement, frais de transport, etc.).

*Faire parvenir votre curriculum vitae dans les plus
brefs délais à:*
PROJET NORD
DSC du CHUL
Tour Frontenac, suite 400
2700, boul. Laurier
Ste-Foy, Québec G1V 2L8
(418) 659-4900

95. Quelle est la spécialité du personnel que l'on recherche?
A. les soins médicaux
B. l'administration publique
C. les services hôteliers
D. l'art primitif

96.

| *SNCF* | | Réservation | classe **1** |

| Départ | 10.10 PARIS GARE DE LYON | | Train | 861 TGV | Voiture | 02 |
| Arrivée | 14.57 MONTPELLIER | 04 | Places | 31 ,32, 33, 34 | | |

| Date | LE 10.07.85 | | Prestations | Réduction | Nombre | |

8721100785	Particularités SALLE NON FUMEURS		ASSISE	00	04	Prix
044	2FENETRE ISOLEE 1FENETRE					
12 113103	1COULOIR					
PARIS LYON						
10.07.85 52						F****44,00 A

| 7016 0015 34989716 | 0 8 0 0 0 0 7 0 3 3 4 0 0 0 7 1 0 0 0 | |

96. A quoi cette carte de réservation vous donne-t-elle droit?
A. à dîner dans un restaurant
B. à voyager en chemin de fer
C. à assister à une pièce de théâtre
D. à occuper une chambre d'hôtel

97.

Qu'il s'agisse de nettoyer une cheminée d'usine sans arrêter les fours, d'assurer la sécurité d'une mine ou d'un chantier en zone de belligérance, de plonger à 100 mètres dans un tube de 80 cm de diamètre, de nettoyer un dépôt d'explosifs dont les composants ont fondu et se sont mélangés, de sauver un homme en mer, en montagne ou ailleurs... ou pour quelque problème que ce soit dans les trois dimensions, comprenant un danger quelconque, petit ou grand, consultez-nous.

Nos 30 ingénieurs d'étude et notre service opérations vous aideront aussi rapidement qu'efficacement.

Travaux dangereux relatifs:

–au gaz, au feu et à l'électricité
–aux explosifs
–aux sauvetages en mer, sur terre ou dans l'espace
–de récupération et de confinement
–sous-marins et dans le courant
–de protection en zone de belligérance
–de sécurité etc...

 IDAS 24, chaussée de Watermael – 1160 Bruxelles – Belgique
Téléphone: 02/673.61.43
Telex: 63.743 IDABRU

97. Quelle est la spécialité de cette entreprise?
- A. les troubles sociaux
- B. les problèmes psychologiques
- C. les difficultés financières
- D. les missions délicates

98.

MONSIEUR ELYSEES

100, Champs-Elysées
Paris 8^e

44, rue François-1er
Paris 8^e

237, rue Saint-Honoré
Paris 1er

SOLDES
Prêt-à-porter
de luxe

Cravate p. soie depuis 100 F.
Chemise unie et fantaisie depuis 250 F.
Veste depuis 850 F.
Costume depuis 1.450 F.

98. Que peut-on acheter dans ces magasins?
- A. des bijoux
- B. des films
- C. des livres
- D. des vêtements

99.

Agence Internationale
CHANGE-VOYAGES

**Sur les Champs Élysées,
angle de la rue Galilée - Paris 8ᵉ
métro George V. ☎ 720-92-00
tous les jours (sauf le dimanche)
de 8 h 30 à 20 h - sans interruption -**

● Le bureau de change du "Crédit Commercial de France"
vous offre toutes facilités pour vos opérations de change,
achat et vente de billets de banque,
français et étrangers, travellers cheques, etc.

● Lors de votre visite, nous vous renseignerons
sur tous les autres services
que nous rendons aux étrangers.

99. Selon cette annonce, quel genre de service cette agence offre-t-elle aux étrangers?
A. boutiques charmantes
B. excursions organisées
C. guides bilingues
D. services financiers

100.
CET APPARTEMENT-STUDIO AU COEUR DE PARIS A 398.000F*

Le 26 RUE DE PARADIS bénéficie d'un environnement exceptionnel : central, bien desservi, tout proche des Gares du Nord et de l'Est, des Grands Magasins, de l'Opéra et de Beaubourg.
La rue de Paradis, jalonnée de somptueuses vitrines, est, de longue tradition, le domaine de la Porcelaine et de la Cristallerie, connu de la France entière.

Studios et 2 pièces ont des surfaces qui permettent de les aménager comme de vrais appartements et les prestations sont à la hauteur: vidéophone, parking.

Cet immeuble construit en 1975, est la propriété des caisses de retraite de Imperial Chemical Industries PLC, qui en ont confié la commercialisation par appartement à COGEDIM Vente.

* Au 2ᵉ étage, cave et parking compris.

Leurhe & Associés

Exemple d'aménagement d'un appartement-studio de 38 m².

100. L'avantage principal de cet appartement-studio est
A. ses meubles
B. sa construction
C. sa localité
D. ses belles fenêtres

ANSWER KEY

1. A	21. C	41. D	61. D	81. C
2. B	22. A	42. A	62. A	82. D
3. D	23. D	43. D	63. B	83. A
4. A	24. A	44. B	64. D	84. B
5. C	25. B	45. B	65. B	85. C
6. C	26. A	46. D	66. D	86. A
7. A	27. B	47. D	67. A	87. C
8. A	28. A	48. A	68. D	88. B
9. B	29. D	49. C	69. B	89. A
10. D	30. C	50. A	70. C	90. C
11. C	31. A	51. B	71. D	91. C
12. A	32. B	52. A	72. C	92. A
13. D	33. D	53. C	73. D	93. B
14. B	34. A	54. D	74. B	94. C
15. D	35. C	55. B	75. A	95. A
16. B	36. D	56. D	76. D	96. B
17. A	37. B	57. C	77. A	97. D
18. C	38. C	58. A	78. D	98. D
19. D	39. B	59. B	79. B	99. D
20. C	40. A	60. D	80. C	100. C

ANALYSIS CHART

In evaluating your score in the Extra Reading Comprehension Passages, use the following table:

95 to 100 correct: *Excellent*
85 to 94 correct: *Very Good*
70 to 84 correct: *Average*
65 to 69 correct: *Below Average*
fewer than 64 correct: *Unsatisfactory*

Answer Sheet:
Extra Reading Comprehension Passages

1 Ⓐ Ⓑ Ⓒ Ⓓ
2 Ⓐ Ⓑ Ⓒ Ⓓ
3 Ⓐ Ⓑ Ⓒ Ⓓ
4 Ⓐ Ⓑ Ⓒ Ⓓ
5 Ⓐ Ⓑ Ⓒ Ⓓ
6 Ⓐ Ⓑ Ⓒ Ⓓ
7 Ⓐ Ⓑ Ⓒ Ⓓ
8 Ⓐ Ⓑ Ⓒ Ⓓ
9 Ⓐ Ⓑ Ⓒ Ⓓ
10 Ⓐ Ⓑ Ⓒ Ⓓ
11 Ⓐ Ⓑ Ⓒ Ⓓ
12 Ⓐ Ⓑ Ⓒ Ⓓ
13 Ⓐ Ⓑ Ⓒ Ⓓ
14 Ⓐ Ⓑ Ⓒ Ⓓ
15 Ⓐ Ⓑ Ⓒ Ⓓ
16 Ⓐ Ⓑ Ⓒ Ⓓ
17 Ⓐ Ⓑ Ⓒ Ⓓ
18 Ⓐ Ⓑ Ⓒ Ⓓ
19 Ⓐ Ⓑ Ⓒ Ⓓ
20 Ⓐ Ⓑ Ⓒ Ⓓ
21 Ⓐ Ⓑ Ⓒ Ⓓ
22 Ⓐ Ⓑ Ⓒ Ⓓ
23 Ⓐ Ⓑ Ⓒ Ⓓ
24 Ⓐ Ⓑ Ⓒ Ⓓ
25 Ⓐ Ⓑ Ⓒ Ⓓ
26 Ⓐ Ⓑ Ⓒ Ⓓ
27 Ⓐ Ⓑ Ⓒ Ⓓ
28 Ⓐ Ⓑ Ⓒ Ⓓ
29 Ⓐ Ⓑ Ⓒ Ⓓ
30 Ⓐ Ⓑ Ⓒ Ⓓ
31 Ⓐ Ⓑ Ⓒ Ⓓ
32 Ⓐ Ⓑ Ⓒ Ⓓ
33 Ⓐ Ⓑ Ⓒ Ⓓ
34 Ⓐ Ⓑ Ⓒ Ⓓ

35 Ⓐ Ⓑ Ⓒ Ⓓ
36 Ⓐ Ⓑ Ⓒ Ⓓ
37 Ⓐ Ⓑ Ⓒ Ⓓ
38 Ⓐ Ⓑ Ⓒ Ⓓ
39 Ⓐ Ⓑ Ⓒ Ⓓ
40 Ⓐ Ⓑ Ⓒ Ⓓ
41 Ⓐ Ⓑ Ⓒ Ⓓ
42 Ⓐ Ⓑ Ⓒ Ⓓ
43 Ⓐ Ⓑ Ⓒ Ⓓ
44 Ⓐ Ⓑ Ⓒ Ⓓ
45 Ⓐ Ⓑ Ⓒ Ⓓ
46 Ⓐ Ⓑ Ⓒ Ⓓ
47 Ⓐ Ⓑ Ⓒ Ⓓ
48 Ⓐ Ⓑ Ⓒ Ⓓ
49 Ⓐ Ⓑ Ⓒ Ⓓ
50 Ⓐ Ⓑ Ⓒ Ⓓ
51 Ⓐ Ⓑ Ⓒ Ⓓ
52 Ⓐ Ⓑ Ⓒ Ⓓ
53 Ⓐ Ⓑ Ⓒ Ⓓ
54 Ⓐ Ⓑ Ⓒ Ⓓ
55 Ⓐ Ⓑ Ⓒ Ⓓ
56 Ⓐ Ⓑ Ⓒ Ⓓ
57 Ⓐ Ⓑ Ⓒ Ⓓ
58 Ⓐ Ⓑ Ⓒ Ⓓ
59 Ⓐ Ⓑ Ⓒ Ⓓ
60 Ⓐ Ⓑ Ⓒ Ⓓ
61 Ⓐ Ⓑ Ⓒ Ⓓ
62 Ⓐ Ⓑ Ⓒ Ⓓ
63 Ⓐ Ⓑ Ⓒ Ⓓ
64 Ⓐ Ⓑ Ⓒ Ⓓ
65 Ⓐ Ⓑ Ⓒ Ⓓ
66 Ⓐ Ⓑ Ⓒ Ⓓ
67 Ⓐ Ⓑ Ⓒ Ⓓ

68 Ⓐ Ⓑ Ⓒ Ⓓ
69 Ⓐ Ⓑ Ⓒ Ⓓ
70 Ⓐ Ⓑ Ⓒ Ⓓ
71 Ⓐ Ⓑ Ⓒ Ⓓ
72 Ⓐ Ⓑ Ⓒ Ⓓ
73 Ⓐ Ⓑ Ⓒ Ⓓ
74 Ⓐ Ⓑ Ⓒ Ⓓ
75 Ⓐ Ⓑ Ⓒ Ⓓ
76 Ⓐ Ⓑ Ⓒ Ⓓ
77 Ⓐ Ⓑ Ⓒ Ⓓ
78 Ⓐ Ⓑ Ⓒ Ⓓ
79 Ⓐ Ⓑ Ⓒ Ⓓ
80 Ⓐ Ⓑ Ⓒ Ⓓ
81 Ⓐ Ⓑ Ⓒ Ⓓ
82 Ⓐ Ⓑ Ⓒ Ⓓ
83 Ⓐ Ⓑ Ⓒ Ⓓ
84 Ⓐ Ⓑ Ⓒ Ⓓ
85 Ⓐ Ⓑ Ⓒ Ⓓ
86 Ⓐ Ⓑ Ⓒ Ⓓ
87 Ⓐ Ⓑ Ⓒ Ⓓ
88 Ⓐ Ⓑ Ⓒ Ⓓ
89 Ⓐ Ⓑ Ⓒ Ⓓ
90 Ⓐ Ⓑ Ⓒ Ⓓ
91 Ⓐ Ⓑ Ⓒ Ⓓ
92 Ⓐ Ⓑ Ⓒ Ⓓ
93 Ⓐ Ⓑ Ⓒ Ⓓ
94 Ⓐ Ⓑ Ⓒ Ⓓ
95 Ⓐ Ⓑ Ⓒ Ⓓ
96 Ⓐ Ⓑ Ⓒ Ⓓ
97 Ⓐ Ⓑ Ⓒ Ⓓ
98 Ⓐ Ⓑ Ⓒ Ⓓ
99 Ⓐ Ⓑ Ⓒ Ⓓ
100 Ⓐ Ⓑ Ⓒ Ⓓ

GENERAL REVIEW

PART
IV

A § decimal system has been used in this section so that you may quickly find the reference to a particular point in grammar when you use the Index at the back of this book. For example, if you look up the entry *adjectives* in the Index, you will find the reference given as **§5.** and it is in this section. If you happen to look up the entry *pire* in the Index, you will find the reference given as **§5.5** and it is in this General Review section.

§1.   A GUIDE TO PRONOUNCING FRENCH SOUNDS

PURE VOWEL SOUNDS		CONSONANT SOUNDS	
Letters in italics are pronounced as in the		Letters in italics are pronounced as in the	
French word	English word	French word	English word
l*a*	l*o*lly	*b*onne	*b*un
p*a*s	f*a*ther	*d*ans	*d*ong
*é*t*é*	*a*te	*f*ou	*f*irst, *ph*armacy
*è*re	*e*gg	*g*arçon	*g*o
ici	s*ee*	*j*e	mea*s*ure
h*ô*tel	*o*ver	*ch*ose	*sh*ake
d*o*nne	b*u*n	*c*afé, *qu*i	*c*ap, *k*ennel
ou	t*oo*	*ç*a	*s*at
l*eu*r	*ur*gent	*l*e	*l*et
d*eu*x	p*u*dding	*m*ette	*m*et
t*u*	f*u*me	*n*ette	*n*et
l*e*	*a*go	monta*gn*e	ca*ny*on, o*ni*on, u*ni*on
		*p*ère	*p*ear
		*r*ose	*r*ose
NASAL VOWEL SOUNDS		*s*i	*s*ee
un	s*u*ng	*t*e	lo*t*
b*on*	s*o*ng	*v*ous	*v*ine
v*in*	s*a*ng	*z*èbre	*z*ebra
bl*anc*	d*o*ng		
SEMICONSONANT SOUNDS			
*ou*i	*w*est		
h*ui*t	*you ea*t		
f*ill*e	*y*es		

English words given in the above box as examples contain sounds that are approximately like the sounds of the French words.

If you want to improve your pronunciation of French, consult the book, *Pronounce It Perfectly in French*, also published by Barron's Educational Series.

§2. SUMMARIES OF WORD ORDER OF ELEMENTS IN A FRENCH SENTENCE

§2.1 Summary of word order of elements in a French declarative sentence with a verb in a simple tense (*e.g.*, present)

SUBJECT	ne	me	le	lui	y	en	VERB	pas
	n'	m'	la	leur				
		te	l'					
		t'	les					
		se						
		s'						
		nous						
		vous						

EXAMPLES:

Il ne me les donne pas / He is not giving them to me.

Je ne le leur donne pas / I am not giving it to them.

Il n'y en a pas / There aren't any of them.

Je ne m'en souviens pas / I don't remember it.

Je n'y en mets pas / I am not putting any of them there.

§2.2 Summary of word order of elements in a French declarative sentence with a verb in a compound tense (*e.g.*, passé composé)

SUBJECT	ne	me	le	lui	y	en	VERB	pas	past
	n'	m'	la	leur			(Auxiliary verb		participle
		te	l'				**avoir** or **être** in		
		t'	les				a simple tense)		
		se							
		s'							
		nous							
		vous							

EXAMPLES:

Yvonne ne s'est pas lavée / Yvonne did not wash herself.

Il ne m'en a pas envoyé / He did not send any of them to me.

Je ne le lui ai pas donné / I did not give it to him (to her).

Nous ne vous les avons pas données / We have not given them to you.

Ils ne s'en sont pas allés / They did not go away.

Je ne t'en ai pas envoyé / I have not sent any of them to you.

Je n'y ai pas répondu / I have not replied to it.

Je ne m'en suis pas souvenu / I did not remember it.

Vous ne vous en êtes pas allé / You did not go away.

Robert ne les lui a pas envoyés / Robert did not send them to him (to her).

§2.3 **Summary of word order of elements in a French affirmative imperative sentence**

VERB	ie	moi	lui	y	en
	la	m'	leur		
	l'	toi			
	les	t'			
		nous			
		vous			

EXAMPLES:

Donnez-les-leur / Give them to them.

Assieds-toi / Sit down.

Allez-vous-en! / Go away!

Asseyez-vous / Sit down.

Apportez-le-moi / Bring it to me.

Donnez-m'en / Give me some.

Allez-y! / Go to it! **OR:** Go there!

Mangez-en! / Eat some (of it)!

§2.4 **Summary of word order of elements in a French negative imperative sentence**

Ne	me	le	lui	y	en	**VERB**	pas
N'	m'	la	leur				
	te	l'					
	t'	les					
	nous						
	vous						

EXAMPLES:

Ne l'y mettez pas! / Do not put it in it! **OR:** Do not put it there!

Ne les leur donnez pas! / Do not give them to them!

Ne t'assieds pas! / Don't sit down!

Ne vous en allez pas! / Don't go away!

Ne vous asseyez pas! / Don't sit down!

Ne me les donnez pas! / Don't give them to me!

Me m'en envoyez pas! / Don't send me any (of them)!

Ne nous en écrivez pas! / Do not write about it to us!

N'y allez pas! / Don't go there!

Ne nous y asseyons pas! / Let's not sit there (in it, on it, *etc.*)!

Note that the order of the following object pronouns is always the same, whether in front of a verb form or after a verb form or in front of an infinitive: **le lui, la lui, les lui; le leur, la leur, les leur.** For practice, pronounce them out loud.

§3. NOUNS

§3.1 Some nouns have one meaning when masculine and another meaning when feminine.

§3.2

NOUN	MASCULINE GENDER MEANING	FEMININE GENDER MEANING
aide	assistant, helper	help, aid
crêpe	crape	thin pancake
critique	critic	criticism

§3.3 **Formation of plural**

Add **s** to the singular:

SINGULAR		PLURAL	
le livre	the book	**les livres**	the books
la maison	the house	**les maisons**	the houses
l'étudiant	the student	**les étudiants**	the students

If a noun ends in **s, x** or **z** in the singular, leave it alone:

SINGULAR		PLURAL	
le bras	the arm	**les bras**	the arms
la voix	the voice	**les voix**	the voices
le nez	the nose	**les nez**	the noses

If a noun ends in **al** in the singular, change **al** to **aux**:

SINGULAR		PLURAL	
le journal	the newspaper	**les journaux**	the newspapers

If a noun ends in **eu** or **eau** in the singular, add **x**:

SINGULAR		PLURAL	
le feu	the fire	**les feux**	the fires
le bureau	the office, the desk	**les bureaux**	the offices, the desks

Common irregulars:

SINGULAR		PLURAL	
le ciel	the sky	**les cieux**	the skies
l'oeil	the eye	**les yeux**	the eyes

§4. ARTICLES

§4.1 **Definite article**

§4.2 There are four definite articles in French and they all mean *the*: **le, la, l',** and **les**: **le livre, la leçon, l'encre, les crayons.**

§4.3 **The definite article is used:**

(a) In front of each noun even if there is more than one noun stated, which is not always done in English: **J'ai le livre et le cahier** / I have the book and notebook.

(b) With a noun when you make a general statement: **J'aime le café** / I like coffee; **J'aime l'été** / I like summer; **La vie est belle** / Life is beautiful; **La France est belle** / France is beautiful.

(c) With a noun of weight or measure to express *a, an, per*: **dix francs la livre** / ten francs a pound; **dix francs la douzaine** / ten francs a dozen (per dozen).

(d) In front of a noun indicating a profession, rank or title followed by the name of the person: **Le professeur Poulin est absent aujourd'hui** / Professor Poulin is absent today; **La reine Elisabeth est belle** / Queen Elizabeth is beautiful. Before an adjective: **J'aime la belle France** / I like beautiful France.

But in direct address (when talking directly to the person and you mention the rank, profession, *etc.*), do not use the def. art.: **Bonjour, docteur Sétout** / Hello, Doctor Sétout.

(e) With the name of a language: **J'étudie le français** / I am studying French.

But do not use the def. art. after the verb **parler** when the name of the language is immediately after a form of **parler**: **Je parle français** / I speak French.

Also, do not use the def. art. if the name of a language is immediately after the prep. **en**: **J'écris en français** / I am writing in French.

Also, do not use the def. art. after the prep. **de** in an adjective phrase: **J'ai mon livre de français** / I have my French book.

(f) With the days of the week to indicate an action which is habitually repeated: **Le samedi je vais au cinéma** / On Saturdays I go to the movies.

(g) With parts of the body or articles of clothing if the possessor is clearly stated: **Janine a les cheveux noirs** / Janine's hair is black; **Je mets le chapeau sur la tête** / I am putting my hat on my head.

(h) With the following expressions indicating segments of the day: **l'après-midi** / in the afternoon; **le matin** / in the morning; **le soir** / in the evening.

(i) With common expressions, for example: **à l'école** / to school, in school; **à la maison** / at home; **à l'église** / to church, in church; **la semaine dernière** / last week; **l'année dernière** / last year: **Je suis allé à l'école la semaine dernière** / I went to school last week.

(j) With a proper name that is described: **J'aime le vieux Paris** / I like old (the old section of) Paris.

(k) With the prep. **dans** + the name of a country or continent modified by an adjective: **dans la France méridionale** / in southern France; **dans l'Amérique du Nord** / in North America.

(l) With the prep. **de** + the name of a country or continent modified by an adjective: **de la France méridionale** / from southern France; **de l'Amérique du Nord** / from North America.

(m) With the prep. **à** (which combines to **au** or **aux**) in front of the name of a country which is masc.: **Je vais au Canada** / I am going to Canada; **Madame Dufy va aux Etats-Unis** / Madame Dufy is going to the United States.

(n) With the prep. **de** (which combines to **du** or **des**) in front of the name of a country which is masc.: **du Portugal** / from Portugal; **du Mexique** / from Mexico; **des Etats-Unis** / from the United States.

(o) With the family names in the plural, in which case the spelling of the family name does not change: **Je vais chez les Milot** / I am going to the Milots.

(p) With certain idiomatic expressions, such as: **la plupart de** / most of: **La plupart des (jeunes) filles de cette école sont jolies** / Most of the girls in this school are pretty.

(q) With the prep. **de** + a common noun to indicate possession: **le livre du garçon** / the boy's book; **les livres des garçons** / the boys' books.

(r) Contraction of the definite article with **à** and **de**:

When the prep. **à** or **de** is in front of the def. art., it contracts as follows:

à + **le** > **au**: **Je vais au Canada; Je parle au garçon.**
à + **les** > **aux**: **Je vais aux grands magasins.**

de + le > du: **Je viens du restaurant.**

de + les > des: **Je viens des grands magasins.**

There is no change with **l'** or **la**: **Je vais à l'aéroport; Je vais à la campagne; Je viens de l'école; Je viens de la bibliothèque.**

(s) Use the def. art. with the partitive in the affirmative: **J'ai du café, J'ai de l'argent, J'ai des amis.**

§4.4   **The definite article is not used:**

(a) In direct address: **Bonjour, docteur Leduc.**

(b) After the verb **parler** when the name of the language is right after a form of **parler**: **Je parle français.**

(c) After the prep. **en**: **Nous écrivons en français.** Exceptions: **en l'air** / in the air; **en l'absence de** / in the absence of; **en l'honneur de** / in honor of.

(d) After the prep. **de** in an adjective phrase: **J'aime mon livre de français; Madame Harris est professeur de français.**

(e) With the days of the week when you want to indicate only a particular day: **Samedi je vais au cinéma** / On Saturday I am going to the movies.

(f) With a feminine country and continents when you use **en** to mean *at* or *to*: **Je vais en France, en Angletere, en Allemagne, et dans beaucoup d'autres pays d'Europe. J'irai aussi en Australie, en Asie, et en Amérique.**

(g) With a feminine country and continents when you use **de** to mean *of* or *from*: **Paul vient de France, les Armstrong viennent d'Australie, et Hilda vient d'Allemagne.**

(h) With most cities: **à Paris, à New York; de Londres, de Montréal, de Sydney.**

(i) With a noun in apposition: **Paul, fils du professeur Leblanc, est très aimable; Washington, capitale des Etats-Unis, est une belle ville.**

(j) With titles of monarchs: **Louis Seize (Louis XVI)** / Louis the Sixteenth.

(k) With the partitive in the negative or with an adjective: **Je n'ai pas de café; Je n'ai pas d'argent; J'ai de bons amis.** BUT you do use the def. art. with the affirmative partitive: **J'ai du café; J'ai de l'argent; J'ai des amis.**

(l) Do not use the def. art. with the prep. **sans** or with the construction **ne . . . ni . . . ni . . .**: **Je n'ai ni papier ni stylo; Il est parti sans argent; C'est une maison sans enfants.**

(m) Do not use the def. art. with certain expressions of quantity that take **de**: **beaucoup de, trop de, combien de, peu de, plus de, assez de**: **J'ai beaucoup de livres; j'ai trop de devoirs; j'ai peu de sucre; j'ai plus d'amis que vous; j'ai assez de devoirs.**

(n) Do not use the def. art. with the prep. **avec** when the noun after it is abstract: **Jean-Luc parle avec enthousiasme.**

§4.5   **Indefinite article**

§4.6   The indefinite articles are: **un** (meaning *a* or *an*) and **une** (meaning *a* or *an*); the plural is ordinarily **des**: **J'ai un frère** / I have a brother; **J'ai une soeur** / I have a sister; **J'ai une pomme** / I have an apple; **J'ai un oncle** / I have an uncle; **J'ai des frères, des soeurs, des oncles, des tantes, et des amis** / I have brothers, sisters, uncles, aunts, and friends.

§4.7   **The indefinite article is used:**

(a) When you want to say *a* or *an*. They are also used as a numeral to mean *one*: **un livre** / a book or one book; **une orange** / an orange or one orange. If you want to make it clear that you mean *one*, you may use *seul* or *seule* after *un* or *une*: **J'ai un seul livre** / I have one book; **J'ai une seule amie** / I have one girl friend.

(b) In front of each noun in a series, which we do not always do in English: **J'ai un cahier, un crayon, et une gomme** / I have a notebook, pencil, and eraser. This use is the same for the definite article in a series of nouns. See above §4.3 (a).

(c) The plural of **un** or **une**, which is **des**, is the same as the plural of the partitive in the affirmative: **J'ai des livres, des cahiers, et des crayons** / I have (some) books, (some) notebooks, and (some) pencils. See Partitive, in §4.9 and §4.10 below.

(d) With **C'est** or **Ce sont** with or without an adjective: **C'est un docteur** / He's a doctor; **C'est un mauvais docteur** / He's a bad doctor; **Ce sont des étudiants** / They are students. **C'est une infirmière** / She's a nurse; **C'est une bonne femme auteur** / She is a good author. In the negative, too, with **c'est** or **ce sont**, keep the indef. art.: **Ce n'est pas un bon dentiste** / He is not a good dentist.

§4.8 The indefinite article is not used:

(a) With **cent** and **mille**: **J'ai cent dollars** / I have a hundred dollars; **J'ai mille dollars** / I have a thousand dollars.

(b) With **il est, ils sont, elle est, elles sont** + an unmodified noun of nationality, profession, or religion: **Elle est professeur** / She is a professor; **Il est catholique** / He is (a) Catholic; **Elle est Française** / She is French; **Madame Duby est poète** / Madame Duby is a poet; **Elle est actrice** / She's an actress.

BUT you do use the indef. art. if you use an adjective: **Madame Duby est une bonne poète** (*or* **une bonne poétesse**).

(c) When you use **quel** in an exclamation: **Quelle femme!** / What a woman! **Quel homme!** / What a man!

(d) When you use **que de** + a noun in an exclamation: **Que de problèmes!** / How many problems!

(e) With negations, particularly with the verb **avoir**: **Avez-vous un livre? Non, je n'ai pas de livre** / Have you a book? No, I don't have a book (any book). See also Partitive, §4.9 and §4.10 below.

§4.9 Partitive

Essentially, the plural of the indefinite articles **un** and **une** is **des**. The partitive denotes *a part* of a whole; in other words, *some*. In English, we express the partitive by saying *some* or *any* in front of the noun. In French, we use the following forms in front of the noun:

Masculine singular: **du** or **de l'**
Feminine singular: **de la** or **de l'**
Plural for masc. or fem.: **des**

EXAMPLES:

1. SIMPLE AFFIRMATIVE

J'ai **du** café.	I have *some* coffee.
J'ai **de la** viande.	I have *some* meat.
J'ai **de l'**eau.	I have *some* water.
J'ai **des** bonbons.	I have *some* candy (candies).

2. SIMPLE NEGATIVE

Je **n'**ai **pas de** café.	I don't have *any* coffee.
Je **n'**ai **pas de** viande.	I don't have *any* meat.
Je **n'**ai **pas d'**eau.	I don't have *any* water.
Je **n'**ai **pas de** bonbons.	I don't have *any* candy (candies).
Je **n'**ai **pas de** chien.	I don't have a dog (any dogs).

3. WITH A PRECEDING ADJECTIVE

J'ai **de jolis** chapeaux.	I have *some* pretty hats.
J'ai **de jolies** robes.	I have *some* pretty dresses.

§4.10   **Note the following:**

(a) Use either **du, de la, de l'**, or **des** in front of the noun, depending on whether the noun is masc. or fem., sing. or pl. Study the examples in the first box above.

(b) The form **du** is used in front of a masc. sing. noun beginning with a consonant, as in **j'ai du café**. See the first box above.

(c) The form **de la** is used in front of a fem. sing. noun beginning with a consonant, as in **j'ai de la viande**. See the first box above.

(d) The form **de l'** is used in front of a fem. or masc. sing. noun beginning with a vowel or silent *h*, as in **j'ai de l'eau**. See the first box above.

(e) The form **des** is used in front of all plural nouns.

(f) To express *any* in front of a noun, when the verb is negative, use **de** in front of the noun. The noun can be fem. or masc. sing. or pl., but it must begin with a consonant, as in **je n'ai pas de café**. See the second box above.

(g) To express *any* in front of a noun, when the verb is negative, use **d'** in front of the noun. The noun can be fem. or masc., sing. or pl., but it must begin with a vowel or silent *h*, as in **je n'ai pas d'eau**. See the second box above.

(h) When the noun is preceded by an adj., use **de**, as in **j'ai de jolis chapeaux**. See the third box above.

(i) When the noun is preceded by an adverb or noun of quantity or measure, use **de**, as in **j'ai beaucoup de choses, j'ai un sac de pommes**.

(j) When the noun is modified by another noun, use **de**, as in **une école de filles**.

(k) The partitive is not used with **sans** or **ne . . . ni . . . ni**.

EXAMPLES:

J'ai quitté la maison sans argent.
I left the house *without any money*.

Je n'ai ni argent ni billets.
I have *neither* money *nor* tickets.

(l) Use **quelques** and not the partitive when by *some* you mean *a few*, in other words, *not many*:

EXAMPLES:

J'ai quelques amis / I have a few (some) friends.
J'ai quelques bonbons / I have a few (some) candies.

(m) If the adjective and the plural noun are a unit; that is to say, if they usually go together, use **des**, not just plain **de**, because the adjective is considered to be part of the word itself: **jeunes filles** (girls).

EXAMPLES:

Le professeur a *des jeunes filles* intelligentes dans sa classe de français / The professor has intelligent girls in his French class.

J'ai *des petits pois* dans mon assiette / I have some peas in my plate.

Il y a *des jeunes gens* dans cette classe / There are young men in this class.

(n) When the negated verb is **ne . . . que**, meaning *only*, the partitive consists of **de** plus the definite article. Compare the following with the examples in the second box above and comments (f) and (g) above.

EXAMPLES:
> **Elle ne lit que des livres** / She reads only books.
> **Elle ne mange que des bonbons** / She eats only candy.

> BUT: **Elle ne lit pas de livres** / She doesn't read any books.
> **Elle ne mange pas de bonbons** / She doesn't eat any candy.

(o) When used, the partitive must be repeated before each noun, which is not done in English:

EXAMPLE:
> **Ici on vend du papier, de l'encre, et des cahiers.**
> Here they sell paper, ink, and notebooks.

(p) For the use of the pronoun **en** to take the place of the partitive articles, see farther on in this General Review section, **§6.1**.

§5. ADJECTIVES

§5.1 Agreement

An adjective normally agrees in gender (feminine or masculine) and number (singular or plural) with the noun or pronoun it modifies.

EXAMPLES:
> Alexandre et Théodore sont beaux et intelligents.
> Yolande est belle.
> Janine et Monique sont belles.
> Hélène et Simone sont actives.
> Anne est jolie.
> Robert est beau.
> C'est un bel arbre.
> Ils sont amusants.
> Je ne vois aucun taxi.
> Je ne connais aucune dame dans cette salle.
> Voulez-vous un autre livre?
> Aimeriez-vous une autre pâtisserie?
> Tous les hommes sont présents.
> Toutes les femmes sont présentes.
> Josiane est ici depuis quelque temps.
> Valentine est absente depuis quelques semaines.

§5.2 Comparison

§5.3
Of the same degree: **aussi . . . que** (as . . . as)
Of a lesser degree: **moins . . . que** (less . . . than)
Of a higher degree: **plus . . . que** (more . . . than)

EXAMPLES:
> Janine est aussi grande que Monique.
> Monique est moins intelligente que Janine.
> Janine est plus jolie que Monique.

§5.4
Aussi . . . que becomes **si . . . que** in a negative sentence.

EXAMPLE: Robert n'est pas si grand que Joseph.

§5.5
The comparison of the adj. *bad* is: **mauvais, pire, le pire**

EXAMPLES:
> **Ce crayon est mauvais** / This pencil is bad.
> **Ce crayon est pire que l'autre** / This pencil is worse than the other.
> **Ce crayon est le pire** / This pencil is the worst.

§5.6 **Plus que** (more than) becomes **plus de** + a number.

> EXAMPLES:
> Il a plus de cinquante ans.
> Je lui ai donné plus de cent dollars.

§5.7 **Demonstrative**

A demonstrative adj. is used to point out something or someone. They are:

GENDER	SINGULAR	PLURAL	English meaning SINGULAR	PLURAL
Masculine	**ce, cet**	**ces**	this or that	these or those
Feminine	**cette**	**ces**	this or that	these or those

> EXAMPLES:
> Ce garçon est beau. Ces hommes sont beaux.
> Cet arbre est beau. Ces livres sont beaux.
> Cette femme est belle. Ces dames sont belles.

§5.8 If you wish to make a contrast between *this* and *that* or *these* and *those*, add **-ci** (this, these) or **-là** (that, those) to the noun with a hyphen.

> EXAMPLES:
> Ce garçon-ci est plus fort que ce garçon-là.
> Cette jeune fille-ci est plus jolie que cette jeune fille-là.
> Ces livres-ci sont plus beaux que ces livres-là.

§5.9 The form **cet** is used in front of a masc. sing. noun or adj. beginning with a vowel or silent *h:* **cet arbre, cet homme, cet énorme bâtiment.**

If there is more than one noun, a demonstrative adj. must be used in front of each noun: **cette dame et ce monsieur.**

§5.10 **Descriptive**

A descriptive adj. is a word that describes a noun or pronoun: **une belle maison, un beau livre, un bel arbre, une jolie dame.**

§5.11 **Formation of feminine singular**

(a) The fem. sing. of an adj. is normally formed by adding **e** to the masc. sing. adj.: joli / jolie; présent / présente; grand / grande

(b) If a masc. sing. adj. already ends in **e**, the fem. sing. is the same form: aimable / aimable; énorme / énorme; faible / faible

(c) Some fem. sing. forms are irregular. If a masc. sing. adj. ends in **c**, change to **que** for the fem.; **er** to **ère**; **f** to **ve**; **g** to **gue**; **x** to **se**.

> EXAMPLES:
> **public / publique; premier / première; actif / active; long / longue; heureux / heureuse**

(d) Some masc. sing. adjectives double the final consonant before adding **e** to form the feminine.

> EXAMPLES:
> **ancien / ancienne; bas / basse; bon / bonne; cruel / cruelle; gentil / gentille; muet / muette; quel / quelle**

(e) The following fem. sing. adjectives were formed from the irregular masc. sing. forms:

MASC. SING. IN FRONT OF A MASC. SING. NOUN BEGINNING WITH A CONSONANT	IRREG. MASC. SING. IN FRONT OF A MASC. SING. NOUN BEGINNING WITH A VOWEL OR SILENT *H*	FEM. SING.
beau / beautiful, handsome	**bel ami, hôtel**	belle
fou / crazy	**fol espoir, hasard**	folle
mou / soft	**mol abandon**	molle
nouveau / new	**nouvel an, ami, hôtel**	nouvelle
vieux / old	**vieil ami, homme**	vieille

(f) Finally, there are some common masc. sing. adjectives which have irregular forms in the fem. sing. and they do not fall into any particular category like those above.

EXAMPLES:

blanc / blanche; complet / complète; doux / douce; faux / fausse; favori / favorite; frais / fraîche; sec / sèche

§5.12 Interrogative

The adj. **quel** is generally regarded as interrogative because it is frequently used in a question. Its forms are: **quel, quelle, quels, quelles.**

EXAMPLES:

Quel livre voulez-vous?
Quel est votre nom?

Quelle heure est-il?
Quelle est votre adresse?

Quels sont les mois de l'année?
Quelles sont les saisons?

§5.13

The adj. **quel** is also used in exclamations without the indef. art. **un** or **une.**

EXAMPLES:

Quel garçon! / What a boy!
Quelle jeune fille! / What a girl!

§5.14 Formation of plural

(a) The plural is normally formed by adding **s** to the masc. or fem. sing.: bon / bons; bonne / bonnes; joli / jolis; jolie / jolies

(b) If the masc. sing. already ends in **s** or **x**, it remains the same in the masc. pl.: gris / gris; heureux / heureux

(c) If a masc. sing. adj. ends in **al**, it changes to **aux**: égal / égaux; principal / principaux

(d) If a masc. sing. adj. ends in **eau**, it changes to **eaux**: nouveau / nouveaux

§5.15 Position

(a) In French, most descriptive adjectives are placed *after* the noun; *e.g.,* colors, nationality, religion: **une robe blanche, un fromage français, un garçon français, une femme catholique.**

(b) An adj. of nationality is not capitalized but a noun indicating nationality is capitalized: **un Américain, une Américaine, un Français, une Française.**

(c) Here are some common short adjectives that generally are placed in front of the noun: **un autre livre, un bel arbre, un beau cadeau, un bon dîner, chaque jour, un gros livre, une jeune dame, une jolie maison, une petite table, plusieurs amis, un vieil homme, le premier rang, quelques bonbons, un tel garçon, toute la journée.**

(d) Some adjectives change in meaning, depending on whether the adj. is in front of the noun or after it.

EXAMPLES:

la semaine dernière	**la dernière semaine**
last week	the last (final) week
ma robe propre	**ma propre robe**
my clean dress	my own dress
une femme brave	**une brave femme**
a brave woman	a fine woman
le même moment	**le moment même**
the same moment	the very moment
un livre cher	**un cher ami**
an expensive book	a dear friend

§5.16   Possessive

Masculine			
SINGULAR		PLURAL	
mon livre	my book	**mes livres**	my books
ton stylo	your pen	**tes stylos**	your pens
son ballon	his (her, its) balloon	**ses ballons**	his (her, its) balloons
notre parapluie	our umbrella	**nos parapluies**	our umbrellas
votre sandwich	your sandwich	**vos sandwichs**	your sandwiches
leur gâteau	their cake	**leurs gâteaux**	their cakes

Feminine			
SINGULAR		PLURAL	
ma robe	my dress	**mes robes**	my dresses
ta jaquette	your jacket	**tes jaquettes**	your jackets
sa balle	his (her, its) ball	**ses balles**	his (her, its) balls
notre maison	our house	**nos maisons**	our houses
votre voiture	your car	**vos voitures**	your cars
leur soeur	their sister	**leurs soeurs**	their sisters

(a) A possessive adjective agrees in gender and number *with the noun* it modifies, *not with the possessor.*

(b) Some possessive adjectives do not agree with the gender of the noun *in the singular*. They are all the same, whether in front of a masculine or feminine singular noun: **notre, votre, leur**.

(c) Some possessive adjectives do not agree with the gender of the noun *in the plural*. They are all the same, whether in front of a masculine or feminine plural noun: **mes, tes, ses, nos, vos, leurs**.

(d) What you have to be aware of are the following possessive adjectives: **mon** or **ma, ton** or **ta, son** or **sa**.

(e) In front of a *feminine singular noun* beginning with a vowel or silent *h*, the masculine singular forms are used: **mon, ton, son**—instead of **ma, ta, sa**:

mon adresse	my address	**son** amie	his (or her) friend
ton opinion	your opinion	**mon** habitude	my habit (custom)

(f) Since **son, sa** and **ses** can mean *his* or *her*, you may add **à lui** or **à elle** to make the meaning clear:

sa maison à lui	his house	**son livre à elle**	her book
sa maison à elle	her house	**ses livres à lui**	his books
son livre à lui	his book	**ses livres à elle**	her books

(g) If there is more than one noun, a possessive adjective must be used in front of each noun: **ma mère et mon père, mon livre et mon cahier.**

§5.17 Superlative

(a) It is formed by placing the appropriate def. art. (**le, la, les**) in front of the comparative: **Joséphine est la plus jolie fille de la classe** / Josephine is the prettiest girl in the class.

(b) If the adj. normally follows the noun, the def. art. must be used twice—in front of the noun and in front of the superlative: **Monsieur Hibou fut le président le plus sage de la nation** / Mr. Hibou was the wisest president of the nation.

(c) After a superlative, the prep. **de** is normally used (*not* dans) to express *in*: **Pierre est le plus beau garçon de la classe** / Peter is the most handsome boy in the class. This **de** is sometimes translated into English as *of* or *on*: **le plus actif de l'équipe** / the most active on the team.

(d) If more than one comparative or superlative is expressed, each is repeated: **Marie est la plus intelligente et la plus sérieuse de l'école.**

§5.18 Adjectives used in an adverbial sense

An adj. used as an adverb does not normally change in form: **Cette rose sent bon.**

§5.19 With parts of the body and clothing

(a) When using the verb **avoir**, the def. art. is normally used with parts of the body, not the possessive adjective: **Henri a les mains sales; Simone a les cheveux roux.**

(b) When using a reflexive verb, the def. art. is normally used, not the possessive adjective: **Paulette s'est lavé les cheveux** / Paulette washed her hair.

(c) The def. art. is used instead of the poss. adj. when referring to parts of the body or clothing if it is clear who the possessor is: **Henri tient le livre dans la main** / Henry is holding the book in his hand; **Je mets le chapeau sur la tête** / I am putting my hat on my head.

§5.20 Summary of irregular comparative and superlative adjectives

ADJECTIVE (MASC.)	COMPARATIVE	SUPERLATIVE
bon, *good*	**meilleur,** *better*	**le meilleur,** *(the) best*
mauvais, *bad*	**plus mauvais,** *worse* **pire,** *worse*	**le plus mauvais,** *(the) worst* **le pire,** *(the) worst*
petit, *small*	**plus petit,** *smaller (in size)* **moindre,** *less (in importance)*	**le plus petit,** *(the) smallest* **le moindre,** *(the) least*

§5.21   **Meilleur** and **Mieux**

§5.22   **Meilleur** is an adj. and must agree in gender and number with the noun or pronoun it modifies:

> EXAMPLES:
>
> **Cette pomme est bonne, cette pomme-là est meilleure que celle-ci, et celle-là est la meilleure:** This apple is good, that apple is better than this one, and that one is the best.
>
> **Ces pommes sont bonnes, ces pommes-là sont meilleures que celles-ci, et celles-là sont les meilleures:** These apples are good, those apples are better than these, and those are the best.

§5.23   **Mieux** is an adverb and is invariable (it does not change in form); An adverb modifies a verb, an adjective, or another adverb:

> EXAMPLES:
>
> **Henri travaille bien, Pierre travaille mieux que Robert, et Guy travaille le mieux:** Henry works well, Peter works better than Robert, and Guy works the best.
>
> **Marie chante bien, Anne chante mieux que Marie, et Claire chante le mieux:** Mary sings well, Anne sings better than Mary, and Claire sings the best.

§6.   PRONOUNS

§6.1   **En**

§6.2   The pronoun **en** takes the place of the partitive and serves as a direct object; it can refer to persons or things. See also §4.9ff.

> EXAMPLES:
>
> **Avez-vous des frères?** / Do you have *any* brothers?
> **Oui, j'en ai** / Yes, I have (some).
>
> **Avez-vous de l'argent?** Have you *any* money?
> **Oui, j'en ai** / Yes, I have (some).
> **Non, je n'en ai pas** / No, I don't have any.
>
> **Donnez-moi des bonbons!** / Give me *some* candy.
> **Donnez-m'en!** / Give me some.
> **Ne m'en donnez pas!** / Don't give me any.

§6.3   The past participle of a compound verb does not agree with the preceding dir. obj. **en**.

> (a) **Avez-vous écrit des lettres?** / Did you write any letters?
> **Oui, j'en ai écrit trois** / Yes, I wrote three (of them).
>
> (b) **Avez-vous rencontré des amis?** / Did you meet any friends?
> **Oui, j'en ai vu plusieurs** / Yes, I saw several (of them).

§6.4   Reflexive verbs that take the prep. **de**

§6.5   Use **en** to take the place of the prep. **de** + a thing.

> (a) **Est-ce que vous vous souvenez de l'adresse?** / Do you remember the address?
> **Qui, je m'en souviens** / Yes, I remember it.
>
> (b) **Est-ce que vous vous servez des hors-d'oeuvre?** / Are you helping yourself to the hors-d'oeuvre?
> **Oui, merci, je m'en sers** / Yes, thank you, I'm helping myself to some.

§6.6   Do not use **en** to take the place of the prep. **de** + a person. Use the disjunctive pronouns. (See farther on in this section what the disjunctive pronouns are in **§6.22**)

> (a) **Est-ce que vous vous souvenez de cette dame?** / Do you remember this lady?
> **Oui, je me souviens d'elle** / Yes, I remember her.

(b) **Est-ce que vous vous souvenez de cet homme?** / Do you remember this man?
Oui, je me souviens de lui / Yes, I remember him.

§6.7   **Expressions of quantity**
Use **en** to take the place of **de** + noun and retain the word of quantity.

(a) **Avez-vous beaucoup d'amis?** / Do you have many friends?
Oui, j'en ai beaucoup / Yes, I have many (of them).

(b) **Avez-vous beaucoup de travail?** / Do you have a lot of work?
Oui, j'en ai beaucoup / Yes, I have a lot (of it).

(c) **Madame Paquet a-t-elle mis trop de sel dans le ragoût?** / Did Mrs. Paquet put too much salt in the stew?
Oui, elle y en a trop mis / Yes, she put too much (of it) in it.

§6.8   **As an adverbial pronoun of place**, meaning *from there*
Use **en** to take the place of the prep. **de** + the place.

(a) **Est-ce que vous venez de l'école?** / Are you coming from school?
Oui, j'en viens / Yes, I am coming from there.
Non, je n'en viens pas / No, I am not coming from there.

(b) **Est-ce que vous venez des grands magasins?** / Are you coming from the department stores?
Oui, j'en viens / Yes, I am (coming from there).

(c) **Est-ce que vous venez de Paris?** / Are you coming from Paris?
Oui, j'en viens / Yes, I am (coming from there).

§6.9   **Y**

§6.10   Use **y** as a pronoun to serve as an object replacing a prepositional phrase beginning with **à, dans, sur, chez** referring to things, places, or ideas.

(a) **Est-ce que vous pensez à l'examen?** / Are you thinking of the exam?
Oui, j'y pense / Yes, I am (thinking of it).

(b) **Je réponds à la lettre** / I am answering the letter.
J'y réponds / I am answering it.

(c) **Est-ce que vous vous intéressez aux sports?** / Are you interested in sports?
Oui, je m'y intéresse / Yes, I'm interested (in them).

(d) **Est-ce que le livre est dans le tiroir?** / Is the book in the drawer?
Oui, il y est / Yes, it is (there).

(e) **Est-ce que les fleurs sont sur la table?** / Are the flowers on the table?
Oui, elles y sont / Yes, they are (there).

(f) **Est-ce que vous allez chez Pierre?** / Are you going to Pierre's?
Oui, j'y vais / Yes, I am going (there).

(g) **Est-ce que vous irez à Paris?** / Will you go to Paris?
Oui, j'irai / Yes, I will (go).

NOTE that you do not use the adverbial pronoun **y** here because the verb form of **aller** in the future begins with the vowel **i**. Do not say **J'y irai**; say **J'irai**. The same is true of **aller** in the conditional:

(h) **Iriez-vous à Paris si vous aviez le temps?** / Would you go to Paris if you had (the) time?
Oui, j'irais / Yes, I would (go).

§6.11   **Subject pronouns**

§6.12   The subject pronouns are:

	Singular	*Plural*
1ST PERSON	**je** (I) (*or* **j'**)	**nous** (we)
2ND PERSON	**tu** (you *familiar*)	**vous** (you *polite singular*) & plural
3RD PERSON	**il** (he *or* it) **elle** (she *or* it) **on** (one)	**ils** (they, *masc.pl.*) **elles** (they, *fem.pl.*)

NOTE that the 3rd person sing. subject pronoun **on** has several meanings in English: **On ne sait jamais** / One never knows; You never know; A person never knows. **On dit que Marie s'est mariée avec Jean** / They say that Mary married John.

§6.13   **Demonstrative pronouns**

§6.14   The demonstrative pronouns are:

	Singular	*Plural*
MASCULINE	**celui** (the one)	**ceux** (the ones)
FEMININE	**celle** (the one)	**celles** (the ones)

§6.15   They are generally used with the following words after them:

celui de (the one of)	**ceux qui** (the ones who, the ones that—as subject)
celle de (the one of)	**celles qui** (the ones who, the ones that—as subject)
ceux de (the ones of)	
celles de (the ones of)	**celui que** (the one who, the one that—as object)
celui-ci (this one, the latter)	
celle-ci (this one, the latter)	**celle que** (the one who, the one that—as object)
celui-là (that one, the former)	
celle-là (that one, the former)	**ceux que** (the ones who, the ones that—as object)
ceux-ci (these, the latter)	
celles-ci (these, the latter)	**celles que** (the ones who, the ones that—as object)
ceux-là (those, the former)	
celles-là (those, the former)	**celui dont** (the one of which)
celui qui (the one who, the one that—as subject)	**celle dont** (the one of which)
	ceux dont (the ones of which)
celle qui (the one who, the one that—as subject)	**celles dont** (the ones of which)

§6.16   EXAMPLES:

J'ai mangé mon gâteau et celui de Pierre / I ate my cake and Peter's.

J'aime beaucoup ma voiture et celle de Jacques / I like my car very much and Jack's.

J'ai mangé mes petits pois et ceux de David / I ate my peas and David's.

J'aime tes jupes et celles de Jeanne / I like your skirts and Joan's.

J'ai deux éclairs; est-ce que tu préfères celui-ci ou celui-là? / I have two eclairs; do you prefer this one or that one?

J'ai deux pommes; est-ce que tu préfères celle-ci ou celle-là? / I have two apples; do you prefer this one or that one?

J'ai quatre crayons; est-ce que tu préfères ceux-ci ou ceux-là? / I have four pencils; do you prefer these or those?

J'ai quatre robes; est-ce que tu préfères celles-ci ou celles-là? / I have four dresses; do you prefer these or those?

Paul et Jean sont frères; celui-ci [the latter, meaning Jean] **est petit et celui-là** [the former, meaning Paul] **est grand** / Paul and John are brothers; the latter is short and the former is tall.

J'ai deux soeurs. Elles s'appellent Anne et Monique. Celle-ci est petite, celle-là est grande / I have two sisters. Their names are Anne and Monique. The latter [meaning Monique] is short; the former [meaning Anne] is tall.

L'homme que vous voyez là-bas est celui qui a gagné le grand prix / The man whom you see over there is the one who won the first prize.

La femme que vous voyez là-bas est celle qui a gagné le grand prix / The woman whom you see over there is the one who won the first prize.

Les hommes que vous voyez là-bas sont ceux qui ont perdu le match / The men whom you see over there are the ones who lost the game.

Les femmes que vous voyez là-bas sont celles qui ont perdu le match / The women whom you see over there are the ones who lost the game.

Celui que vous voyez là-bas est mon frère / The one whom you see over there is my brother.

Celle que vous voyez là-bas est ma soeur / The one whom you see over there is my sister.

Ceux que vous voyez là-bas sont mes frères / The ones whom you see over there are my brothers.

Celles que vous voyez là-bas sont mes soeurs / The ones whom you see over there are my sisters.

Ce livre est celui dont je vous ai parlé hier / This book is the one of which I spoke to you yesterday.

Cette voiture est celle dont je vous ai parlé hier / This car is the one I talked to you about yesterday.

§6.17   **ce** or **c', ceci, cela, ça**

These are demonstrative pronouns but they are invariable, which means that they do not change in gender and number. They refer to things that are not identified by name and they may refer to an idea or a statement mentioned.

§6.18   EXAMPLES:

C'est vrai / It's true.

Ceci est vrai / This is true; **ceci est faux** / this is false.

Cela est vrai / That is true; **cela est faux** / that is false.

Ça m'intéresse beaucoup / That interests me very much.

Qu'est-ce que c'est que cela? OR **Qu'est-ce que c'est que ça?** / What's that?

NOTE that **ça** is shortened from **cela**.

Qui est à la porte?—C'est Isabelle / Who is at the door? It's Isabelle.

See also, in this General Review section, §4.7 (d), §4.8 (b), §6.54 (a) + (b); §14.1 (a) + (b). Also, do not forget to consult the index from time to time.

§6.19   **Direct object pronouns**

The direct object pronouns are:

Person		Singular		Plural
1ST	**me** *or* **m'**	me	**nous**	us
2ND	**te** *or* **t'**	you (*familiar*)	**vous**	you (*sing. polite or plural*)
3RD	{ **le** *or* **l'**	him, it (*person or thing*)	**les**	them (*persons or things*)
	{ **la** *or* **l'**	her, it		

(a) A direct object pronoun takes the place of a direct object noun.

(b) A direct object noun ordinarily comes after the verb, but a direct object pronoun is ordinarily placed *in front of the verb or infinitive.*

(c) The vowel **e** in **me, te, le** and the vowel **a** in **la** drop and an apostrophe is added if the verb right after it starts with a vowel or silent *h, e.g.,* **Je l'aime** (I love him, or I love her, or I love it).

(d) You might say that the direct object "receives" the action of the verb.

(e) Sometimes the direct object pronoun is placed after the verb. This happens in the affirmative imperative:

EXAMPLES:
Faites-le / Do it.
Suivez-moi / Follow me. (NOTE that **me** changes to **moi**)

(f) See Summaries of Word Order of Elements in French Sentences, §2.

§6.20   Indirect object pronouns

The indirect object pronouns are:

Person	Singular			Plural
1ST	**me** *or* **m'**	to me	**nous**	to us
2ND	**te** *or* **t'**	to you (*familiar*)	**vous**	to you (*sing. polite or pl.*)
3RD	**lui**	to him, to her	**leur**	to them

(a) An indirect object pronoun takes the place of an indirect object noun.

(b) You might say that an indirect object "receives" the direct object because it is usually a matter of something "going" to someone; for example, *to me, to you, to him, to her.* Sometimes the *to* is not mentioned in English: *I am giving him the book*; what we really mean to say is, *I am giving the book to him.* Then, too, there are some verbs in French that take an indirect object pronoun because the verb takes the preposition **à** (to); for example, **Je lui réponds** can be translated into English as: *I am answering her (or) him* or, *I am responding to her (or) to him.*

(c) An indirect object pronoun is ordinarily placed *in front of the verb*: **Je vous parle** / I am talking to you.

(d) Sometimes the indirect object pronoun is placed after the verb. This happens in the affirmative imperative:

EXAMPLES:
Parlez-moi / Speak to me. (Note that **me** changes to **moi**)
Parlez-lui / Speak to her (or) Speak to him.

(e) See Summaries of Word Order of Elements in French Sentences, §2.

§6.21   Double object pronouns

To get a picture of what the word order is when you have more than one object pronoun (direct and indirect) in a sentence, see Summaries of Word Order of Elements in French Sentences, §2.

§6.22   Disjunctive pronouns

Disjunctive pronouns are also known as tonic pronouns or stressed pronouns. They are:

Person	Singular		Plural	
1ST	**moi**	me *or* I	**nous**	us *or* we
2ND	**toi**	you (*familiar*)	**vous**	you (*formal sing. or pl.*)
3RD	⎧ **soi**	oneself	⎧ **eux**	them, they (*masc.*)
	⎨ **lui**	him *or* he	⎨ **elles**	them, they (*fem.*)
	⎩ **elle**	her *or* she		

A disjunctive pronoun is used:

(a)   As object of a preposition:

    (1) **Elle parle avec moi** / She is talking with me.
    (2) **Nous allons chez eux** / We are going to their house.
    (3) **Je pense à lui** / I am thinking of him.
    (4) **Je pense toujours à toi** / I always think of you.

(b)   In a compound subject or object:

    (1) **Eux et leurs amis vont venir chez moi** / They and their friends are going to come to my place (my house).
    (2) **Lui et elle sont amoureux** / He and she are in love.
    (3) **Je vous connais—toi et lui** / I know you—you and him.
    (4) **Oui, je les vois maintenant—lui et elles** / Yes, I see them now—him and them.

(c)   For emphasis:

    (1) **Moi, je parle bien; lui, il ne parle pas bien** / I speak well; he does not speak well.
    (2) **Lui, surtout, est travailleur** / He, especially, is a worker.

(d)   To indicate possession with **à** if the verb is **être** and if the subject is a noun, personal pronoun, or a demonstrative pronoun:

    (1) **Ce livre est à moi** / This book is mine.
    (2) **Je suis à toi** / I am yours.
    (3) **Celles-ci sont à eux** / These are theirs.

(e)   With **c'est:**

    (1) **Qui est à la porte?—C'est moi** / Who is at the door? It's me *or* It is I.
    (2) **C'est toi?—C'est moi** / Is it you?—It's me *or* It is I.

(f)   With **ce sont** in a statement but not usually in a question:

    (1) **Est-ce eux?—Oui, ce sont eux** / Is it they?—Yes, it's they.
    (2) **Qui est à la porte? Est-ce Marie et Jeanne?—Oui, ce sont elles** / Who is at the door? Is it Mary and Joan?—Yes, it's they.

(g)   With **même** and **mêmes:**

    (1) **Est-ce Pierre?—Oui, c'est lui-même** / Is it Peter? Yes, it's he himself.
    (2) **Est-ce que vous allez le manger vous-même?** / Are you going to eat it yourself?
    (3) **Est-ce qu'ils vont les manger eux-mêmes?** / Are they going to eat them themselves?

(h)   When no verb is stated:

    (1) **Qui est à l'appareil?—Moi** / Who is on the phone?—Me.
    (2) **Qui a brisé le vase?—Eux** / Who broke the vase?—They (did).

NOTE: See Summaries of Word Order of Elements in French Sentences, **§2.ff.**

§6.23   Indefinite pronouns

Some common indefinite pronouns are:

aucun, aucune   not any, not one, none
un autre, une autre   another, another one
Nous autres, Français   We French people
Nous autres, Américains   We American people
l'un l'autre, l'une l'autre   each other (of only two)
les uns les autres, les unes les autres   one another (more than two)
certains, certaines   certain ones
chacun, chacune   each one
nul, nulle   not one, not any, none
n'importe qui, n'importe quel   anyone
n'importe quoi   anything
on   people, one, they, you, we; **On dit qu'il va pleuvoir** / They say that it's going to rain; **On**
ne sait jamais / One never knows; **On aime manger** / People like to eat.
personne   no one, nobody
plusieurs   several; **J'en ai plusieurs** / I have several of them.
quelque chose   something
quelqu'un, quelqu'une   someone, somebody
quelques-uns, quelques-unes   some, a few
quiconque   whoever, whosoever
rien   nothing
soi   oneself; **On est chez soi dans cet hôtel** / People feel at home in this hotel.
tout   all, everything; **Tout est bien qui finit bien** / All is well that ends well.

§6.24   **Interrogative pronouns**

§6.25   **Referring to persons**

§6.26   **As subject of a verb**

(1) **Qui est à l'appareil?** / Who is on the phone?

(2) **Qui est-ce qui est à l'appareil?** / Who is on the phone?

(3) **Lequel des deux garçons va vous voir?** / Which one of the two boys is going to see you?

(4) **Laquelle des deux jeunes filles va vous voir?** / Which one of the two girls is going to see you?

(5) **Lesquels de ces hommes vont faire le travail?** / Which ones of these men are going to do the work?

(6) **Lesquelles de ces femmes vont faire le travail?** / Which ones of these women are going to do the work?

§6.27   **As direct object of a verb**

(1) **Qui aimez-vous?** / Whom do you love?

(2) **Qui est-ce que vous aimez?** / Whom do you love?

(3) **Qui est-ce qu'elle aime?** / Whom does she love?

(4) **Lequel de ces deux garçons aimez-vous?** / Which one of these two boys do you love?

(5) **Laquelle de ces deux jeunes filles aimez-vous?** / Which one of these two girls do you love?

(6) **Lesquels de ces hommes admirez-vous?** / Which ones of these men do you admire?

(7) **Lesquelles de ces femmes admirez-vous?** / Which ones of these women do you admire?

§6.28   **As object of a preposition**

(1) **Avec qui allez-vous au cinéma?** / With whom are you going to the movies?

(2) **A qui parlez-vous au téléphone?** / To whom are you talking on the telephone?

NOTE that when the interrogative pronouns **lequel**, **laquelle**, **lesquels**, and **lesquelles** are objects of the prepositions **à** or **de**, their forms are:

auquel, à laquelle, auxquels, auxquelles;
duquel, de laquelle, desquels, desquelles

(3) **Auquel de ces deux garçons parlez-vous?** / To which one of these two boys are you talking?

(4) **A laquelle de ces deux jeunes filles parlez-vous?** / To which one of these two girls are you talking?

(5) **Auxquels de ces hommes parlez-vous?** / To which ones of these men do you talk?

(6) **Auxquelles de ces femmes parlez-vous?** / To which ones of these women are you talking?

(7) **Duquel de ces deux garçons parlez-vous?** / About which one of these two boys are you talking?

(8) **De laquelle de ces deux jeunes filles parlez-vous?** / About which one of these two girls are you talking?

(9) **Desquels de ces hommes parlez-vous?** / About which ones of these men are you talking?

(10) **Desquelles de ces femmes parlez-vous?** / About which ones of these women are you talking?

§6.29 **Referring to things**

§6.30 **As subject of a verb**

(1) **Qu'est-ce qui est arrivé?** / What arrived? OR What happened?
Qu'est-ce qui s'est passé? / What happened?

(2) **Lequel de ces deux trains arrivera le premier?** / Which one of these two trains will arrive first?

(3) **Laquelle de ces deux voitures marche bien?** / Which one of these two cars runs well?

(4) **Lesquels de tous ces trains sont modernes?** / Which ones of all these trains are modern?

(5) **Lesquelles de toutes ces voitures marchent bien?** / Which ones of all these cars run well?

§6.31 **As direct object of a verb**

(1) **Que faites-vous?** / What are you doing?

(2) **Qu'a-t-elle?** / What does she have? OR What's the matter with her?

(3) **Qu'est-ce que vous faites?** / What are you doing?

(4) **Qu'est-ce qu'elle fait?** / What is she doing?

(5) **Lequel de ces deux livres préférez-vous?** / Which one of these two books do you prefer?

(6) **Laquelle de ces voitures préférez-vous?** / Which one of these cars do you prefer?

(7) **Lesquels de ces livres avez-vous écrits?** / Which (ones) of these books did you write?

(8) **Lesquelles de ces pâtisseries avez-vous faites?** / Which (ones) of these pastries did you make?

§6.32 **As object of a preposition**

(1) **Avec quoi écrivez-vous?** / With what are you writing?

(2) **A quoi pensez-vous?** / Of what are you thinking? OR What are you thinking of?

NOTE that the use of **lequel, laquelle, lesquels,** and **lesquelles** referring to things as objects of prepositions is the same as examples (3) through (10) in **§6.28** above where they are used referring to persons. The forms are exactly the same when they combine with the prepositions **à** or **de**. For example, compare the example in sentence (7) there with the following: **Duquel de ces livres parlez-vous?** / Of which of these books are you talking? OR About which of these books are you talking? OR Which of these books are you talking of (about)?

§6.33   **Neuter pronoun le**

The word **le**, as you know, is the def. art. masc. sing. It is also the dir. obj. masc. sing. That word is also used as a neuter pronoun and it functions as a dir. obj. referring to an adjective, a phrase, a clause, or a complete statement. It is generally not translated into English, except to mean *it* or *so*:

(1) **Janine est jolie mais Henriette ne l'est pas** / Janine is pretty but Henrietta is not (*i.e.*, pretty).

(2) **Moi, je crois qu'ils vont gagner le match, et vous?—Je le crois aussi** / I think they are going to win the game, and you?—I think so, too.

§6.34   **Position of pronouns in a sentence**

To get a picture of what the word order is when you have more than one pronoun of any kind in a sentence, see Summaries of Word Order of Elements in French Sentences, §2.ff.

§6.35   **Possessive pronouns**

The possessive pronouns are:

Masculine			
SINGULAR		PLURAL	
le mien	mine	**les miens**	mine
le tien	yours (*familiar*)	**les tiens**	yours (*familiar*)
le sien	his, hers, its	**les siens**	his, hers, its
le nôtre	ours	**les nôtres**	ours
le vôtre	yours	**les vôtres**	yours
le leur	theirs	**les leurs**	theirs
Feminine			
SINGULAR		PLURAL	
la mienne	mine	**les miennes**	mine
la tienne	yours (*familiar*)	**les tiennes**	yours (*familiar*)
la sienne	his, hers, its	**les siennes**	his, hers, its
la nôtre	ours	**les nôtres**	ours
la vôtre	yours	**les vôtres**	yours
la leur	theirs	**les leurs**	theirs

(a) A possessive pronoun takes the place of a possessive adjective + noun: **mon livre** / my book; **le mien** / mine.

(b) A possessive pronoun agrees in gender and number with what it is replacing: **son livre** / his book OR her book; **le sien** / his OR hers.

(c) When the definite articles **le** and **les** are preceded by the prepositions **à** and **de**, they combine in the usual way that you already know: **au mien, aux miens, du mien, des miens.** As you know, **à la** and **de la** remain: **à la mienne, de la mienne, à la sienne, de la sienne,** *etc.*

EXAMPLES:

Paul me parle de ses parents et je lui parle des miens / Paul is talking to me about his parents and I am talking to him about mine.

Je préfère ma voiture à la tienne / I prefer my car to yours.

Je m'intéresse à mes problèmes et aux leurs / I am interested in my problems and in theirs.

(d) The possessive pronouns are used with **être** to emphasize a distinction: **Ce livre-ci est le mien et celui-là est le tien** / This book is mine and that one is yours.

(e) If no distinction is made as to who owns what, use **être** + **à** + disjunctive pronoun: **Ce livre est à lui** / This book is his.

(f) In French, we do not translate word for word such English expressions as *a friend of mine, a book of mine.* Instead of using the possessive pronouns in French, we say *one of my friends, one of my books,* etc.:

un de mes amis / a friend of mine; **un de mes livres** / a book of mine;
une de ses amies / a girl friend of hers OR a girl friend of his;
un de nos amis / a friend of ours.

§6.36   **Reflexive pronouns**

§6.37   The reflexive pronouns, which are used with reflexive verbs, are: **me, te, se, nous,** and **vous.**

§6.38   The reflexive pronouns in English are: myself, yourself, herself, himself, oneself, itself, ourselves, yourselves, and themselves.

§6.39   To form the present tense of a reflexive verb in a simple affirmative sentence, put the reflexive pronoun in front of the verb: **Je me lave** / I wash myself.

§6.40   A reflexive verb expresses an action that is turned back upon the subject; **Jacqueline se lave tous les jours** / Jacqueline washes herself every day.

§6.41   You must be careful to use the appropriate reflexive pronoun, the one that matches the subject pronoun. You already know the subject pronouns, but here they are again, beside the reflexive pronouns:

Person	*Singular*	*Plural*
1ST	je me lave	nous nous lavons
2ND	tu te laves	vous vous lavez
3RD	il se lave / elle se lave / on se lave	ils se lavent / elles se lavent

You must know these also: **se coucher, se réveiller, se lever, s'habiller, se débrouiller, se méfier, se brosser, se cacher, s'arrêter, s'asseoir.**

§6.42   To get a picture of what the word order is when you have more than one pronoun of any kind in a sentence, see Summaries of Word Order of Elements in French Sentences (**§2.**).

§6.43   **Relative pronouns**

§6.44   A relative pronoun is a word that refers (relates) to an antecedent. An antecedent is something that comes before something; it can be a word, a phrase, a clause which is replaced by a pronoun or some other substitute. Example: *Is it Mary who did that?* In this sentence, *who* is the relative pronoun and *Mary* is the antecedent. Another example, a longer one: *It seems to me that you are wrong, which is what I had suspected right along.* The relative pronoun is *which* and the antecedent is the clause, *that you are wrong.*

§6.45   The common relative pronouns are:

§6.46   **dont** / of whom, of which, whose, whom, which
    Voici le livre dont j'ai besoin / Here is the book which I need. OR Here is the book of which I have need. (YOU ARE DEALING WITH *avoir besoin* de HERE.)
    Monsieur Béry, dont le fils est avocat, est maintenant en France / Mr. Béry, whose son is a lawyer, is now in France.
    C'est Monsieur Boucher dont je me méfie / It is Mr. Boucher whom I mistrust. (YOU ARE DEALING WITH *se méfier* de HERE.)

§6.47   **ce dont** / what, of which, that of which
Je ne trouve pas ce dont j'ai besoin / I don't find what I need. OR I don't find that of which I have need. (YOU ARE DEALING WITH *avoir besoin* **de** HERE.) (Here, the antecedent is not stated and **ce** *dont* is needed).

Ce dont vous parlez est absurde / What you are talking about is absurd. OR That which you are talking about is absurd. (YOU ARE DEALING WITH *parler* **de** HERE.)

NOTE that **dont** is used when it refers to persons or things that are clearly specified, when the antecedent is clearly indicated. Use **ce dont** when there is no antecedent clearly specified, when it is indeterminate. Generally, choose **dont** when you have to account for a **de** which is dropped.

§6.48   **ce que** or **ce qu'**   what, that which
Comprenez-vous ce que je vous dis? / Do you understand what I am telling you?
Comprenez-vous ce qu'elle vous dit? / Do you understand what she is saying to you?
Je comprends ce que vous dites et je comprends ce qu'elle dit / I understand what you are saying and I understand what she is saying.
Ce que vous dites est vrai / What you are saying is true. OR That which you are saying is true.

NOTE here, too, that **ce que** is used when there is no antecedent clearly stated in the sentence. In the examples given above, we do not know what it is (**ce que c'est**) which was said. The idea here is similar to the use of **ce dont**, except that **dont** is used when you are dealing with the prep. **de** which is dropped—generally speaking—and that **de** is replaced with **dont**. NOTE that **ce que** is a direct object.

§6.49   **ce qui**   what, that which
Ce qui est vrai est vrai / What is true is true. OR That which is true is true.
Je ne sais pas ce qui s'est passé / I don't know what happened.

NOTE that **ce qui** is a subject.

§6.50   **lequel** (in all its forms)   which

As a relative pronoun, **lequel** (in its various forms) is used as object of a preposition referring to things. (See also **§6.24** through **§6.32** above.)

Est-ce cette porte par laquelle je passe pour trouver le train? / Is it this door through which I go to find the train?
Donnez-moi un autre morceau de papier sur lequel je puisse écrire mon adresse / Give me another piece of paper on which I can write my address.

§6.51   **où**   where, in which, on which
Aimez-vous la salle à manger où nous mangeons? / Do you like the dining room where we eat?
Je vais ouvrir le tiroir où j'ai mis l'argent / I am going to open the drawer where I put the money. OR YOU CAN SAY: **Je vais ouvrir le tiroir dans lequel j'ai mis l'argent** / I am going to open the drawer in which I placed the money.

NOTE that in French you can use **où** to mean not only *where*, but sometimes *when*:

Paul est entré au moment où je partais / Paul entered at the moment when I was leaving.
Elle s'est mariée le jour même où son père est mort / She got married on the very day when her father died.

§6.52   **que** or **qu'**   whom, which, that
Le garçon que vous voyez là-bas est mon meilleur ami / The boy whom you see over there is my best friend.
Le livre que vous avez en main est à moi / The book which (OR: that) you have in your hand is mine.
La composition qu'elle a écrite est excellente / The composition which (OR: that) she wrote is excellent.

NOTE: Make a distinction between **que** and **qu'** as a relative pronoun in the examples given above and **que** as a simple conjunction introducing a new clause, as in: **Je sais que vous avez raison** / I know that you are right; **Je pense que la vie est belle** / I think that life is beautiful.

As a relative pronoun, **que** refers to an antecedent which can be a person or a thing. In the above examples the antecedents are: **le garçon, le livre, la composition.**

§6.53   **qui**   who, whom, which, that
 Connais-tu la jeune fille qui parle avec mon frère? / Do you know the girl who is talking with my brother?
 Avez-vous une bicyclette qui marche bien? / Do you have a bicycle that (OR: which) runs well?
 Connais-tu la jeune fille avec qui je parlais tout à l'heure? / Do you know the girl with whom I was talking a little while ago?

NOTE, in the first two examples above, that **qui** is used as a subject for persons and things as a relative pronoun. It is used as object of prepositions, as in the third example, only for persons. For things as objects of prepositions, use the **lequel** forms (see §6.50).

§6.54   **C'est + adj. + à + inf.** OR **Il est + adj. + de + inf.**

(a) **C'est + adj. + à + inf.**

 C'est difficile à faire / It is difficult to do.

 Use this construction when the thing that is difficult to do *has already been mentioned* and it is not mentioned in the sentence where this construction is used.

 EXAMPLES:
 Le devoir pour demain est difficile, n'est-ce pas? / The homework for tomorrow is difficult, isn't it?
 Oui, c'est difficile à faire / Yes, it (what was just mentioned) is difficult to do.
 J'aimerais faire une blouse / I would like to make a blouse. **C'est facile à faire! Je vais vous montrer** / It's easy to do! I'll show you.

(b) **Il est + adj. + de + inf.**

 Il est impossible de lire ce gros livre en une heure / It is impossible to read this thick book within one hour.

 Use this construction when the thing that is impossible (or difficult, or easy, or any adjective) to do is mentioned in the same sentence at the same time.

§7.   VERBS

§7.1   Introduction

A verb is where the action is! A verb is a word that expresses an action (like *go, eat, write*) or a state of being (like *think, believe, be*). Tense means time. French and English verb tenses are divided into three main groups of time: past, present and future. A verb tense shows if an action or state of being took place, is taking place or will take place.

French and English verbs are also used in three moods (or modes). Mood has to do with the *way* a person regards an action or a state that he expresses. For example, a person may merely make a statement or ask a question—this is the Indicative Mood, which we use most of the time in French and English. A person may use a verb *in such a way* that he indicates a wish, a fear, a regret, a supposition, or something of this sort—this is the Subjunctive Mood. The Subjunctive Mood is used in French much more than in English. A person may command that something be done—this is the Imperative Mood.

There are six tenses in English: Present, Past, Future, Present Perfect, Past Perfect, and Future Perfect. The first three are simple tenses. The other three are compound tenses and are based on the simple tenses. In French, however, there are fourteen tenses, seven of which are simple and seven of which are compound.

Beginning with §7.70 farther on, the tenses and moods are given in French and the equivalent name or names in English are given in parentheses. Although some of the names given in English are not considered to be tenses (for there are only six), they are given for the purpose of identification as they are related to the French names. The comparison includes only the essential points you need to know about the meanings and uses of French verb tenses and moods as related to English usage. I shall use examples to illustrate their meanings and uses.

But first, here are some essential points you need to know about French verbs:

§7.2 **Agreement of subject and verb**

A subject and verb form must agree in person and number. By *person* is meant 1st, 2nd, or 3rd; by *number* is meant singular or plural. To get a picture of the three persons, see **Subject pronouns, §6.12.** This may seem elementary and obvious to you, but too often students become careless on a French test and neglect to watch for the correct ending of a verb form to agree with the subject in person and number. You must be aware of this.

§7.3 **Agreement of subject and reflexive pronoun of a reflexive verb**

A subject and reflexive pronoun must agree in person and number. Here, too, students often are careless on a French test and neglect to select the proper reflexive pronoun that matches the subject. To get a picture of the correct reflexive pronoun that goes with the subject, according to the person you need (1st, 2nd, or 3rd, singular or plural), see **Reflexive pronouns, §6.36.** You must be aware of this so you can choose the correct answer for the easy questions on the next SAT II: French.

§7.4 **Agreement of subject and past participle of an être verb**

The past participle of an **être** verb agrees with the subject in gender and number:

Elle est allée au cinéma / She went to the movies / She has gone to the movies.
Elles sont allées au cinéma / They went to the movies / They have gone to the movies.

§7.5 **Agreement of preceding reflexive pronoun and past participle of a reflexive verb**

Elle s'est lavée / She washed herself.
Elles se sont lavées / They washed themselves.

NOTE that an agreement on the past participle of a reflexive verb is made here with the preceding reflexive pronoun because the pronoun serves as a preceding direct object. But if there is an obvious direct object mentioned, there is no agreement because the reflexive pronoun, in such a case, serves as the indirect object pronoun. For examples, see below.

§7.6 **No agreement of preceding reflexive pronoun and past participle of a reflexive verb**

Elle s'est lavé les mains / She washed her hands.
Elles se sont lavé les mains / They washed their hands.

§7.7 NOTE that there is no agreement on the past participle of a reflexive verb if the preceding reflexive pronoun serves as an indirect object pronoun. How do you know when the reflexive pronoun is a direct object or indirect object? If there is an obvious direct object mentioned, as in these two examples (**les mains**), the reflexive pronoun must be the indirect object pronoun—and we do not make an agreement on a past participle with an indirect object, whether it precedes or follows—ever.

§7.8 NOTE also:

Elles se sont regardées / They looked at each other.

Here, the reflexive pronoun **se** is the preceding direct object. How do you know? There is no other obvious direct object mentioned, so what they looked at was **se** (each other); of course, you have to look at the subject to see what the gender and number is of the reflexive pronoun **se** in the sentence you are dealing with. The action of the verb is reciprocal (one another).

§7.9   This same sentence, **Elles se sont regardées**, might also mean: They looked at themselves. The principle of agreement is still the same. If you mean to say *They looked at each other*, in order to avoid two meanings, add **l'une et l'autre**. If more than two persons, add **les unes les autres.**

§7.10   Remember that the verb **regarder** in French means *to look at* in English, and the prep. *at* is not expressed with **à** in French; it is, you might say, included in the verb—that is why we are dealing with the reflexive pronoun as a direct object here, not an indirect object pronoun.

§7.11   **And** NOTE:

Elles se sont parlé au téléphone / They talked to each other on the telephone.

Here the reflexive pronoun **se** is obviously an indirect object pronoun because they spoke *to* each other; **parler à** is what you are dealing with here. And remember that no agreement is made on a past participle with an indirect object. The action of the verb is reciprocal (each other).

§7.12   **Agreement of past participle of an avoir verb with a preceding direct object**

§7.13   The past participle of an **avoir** verb agrees with the preceding direct object (if there is one) in gender and number:

§7.14   **J'ai vu Jeanne au concert** / I saw Joan at the concert.

There is no agreement here on the past participle (**vu**) of this **avoir** verb because there is no preceding direct object. The direct object in this example comes *after* the verb and it is **Jeanne**.

§7.15   **Je l'ai vue au concert** / I saw her at the concert.

There is an agreement on the past participle (**vue**) of this **avoir** verb because there is a preceding direct object, which is **l'** (**la**, with **a** dropped). Agreement is made in gender and number.

§7.16   **J'ai vu les jeunes filles au concert** / I saw the girls at the concert.

There is no agreement here on the past participle (**vu**) of this **avoir** verb because there is no preceding direct object. The direct object in this example comes *after* the verb and it is **les jeunes filles**.

§7.17   **Aimez-vous les fleurs que je vous ai données?** / Do you like the flowers which (*or* that) I gave you?

There is an agreement on the past participle (**données**) of this **avoir** verb because there is a preceding direct object, which is **les fleurs**; the relative pronoun **que** refers to **les fleurs**. Since this noun direct object precedes the verb, we must make an agreement on the past participle in gender and number. A preceding direct object, therefore, can be a pronoun or a noun.

§7.18   **Quels films avez-vous vus?** / What films did you see?

There is an agreement on the past participle (**vus**) of this **avoir** verb because there is a preceding direct object, which is **films**, a masc. pl. noun.

§7.19   **Avez-vous mangé les pâtisseries?** / Did you eat the pastries?

There is no agreement here on the past participle (**mangé**) of this **avoir** verb because there is no preceding direct object. The direct object in this example comes *after* the verb and it is **les pâtisseries**.

§7.20   **Oui, je les ai mangées** / Yes, I ate them.

There is an agreement on the past participle (**mangées**) of this **avoir** verb because there is a preceding direct object, which is **les**, and it refers to something fem., plural, possibly **les pâtis-series**, in §7.19 above.

§7.21   **Avez-vous mangé assez de pâtisseries?** / Did you eat enough pastries?

There is no agreement here on the past participle (**mangé**) of this **avoir** verb because there is no preceding direct object.

§7.22   **Oui, j'en ai mangé assez** / Yes, I ate enough (of them).

There is no agreement on the past participle (**mangé**) of this **avoir** verb because the preceding direct object is, in this sentence, the pronoun **en**. We do not normally make an agreement with **en**, whether it precedes or follows. This is an exception.

§7.23   **Formation of past participle**

The past participle is regularly formed from the infinitive:
—**er** ending verbs, drop the —**er** and add **é: donner, donné**
—**ir** ending verbs, drop the —**ir** and add **i: finir, fini**
—**re** ending verbs, drop the —**re** and add **u: vendre, vendu**

§7.24   **Common irregular past participles**

INFINITIVE	PAST PARTICIPLE	INFINITIVE	PAST PARTICIPLE
apprendre	appris	naître	né
asseoir	assis	offrir	offert
avoir	eu	ouvrir	ouvert
boire	bu	paraître	paru
comprendre	compris	permettre	permis
conduire	conduit	plaire	plu
connaître	connu	pleuvoir	plu
construire	construit	pouvoir	pu
courir	couru	prendre	pris
couvrir	couvert	promettre	promis
craindre	craint	recevoir	reçu
croire	cru	revenir	revenu
devenir	devenu	rire	ri
devoir	dû	savoir	su
dire	dit	suivre	suivi
écrire	écrit	taire	tu
être	été	tenir	tenu
faire	fait	valoir	valu
falloir	fallu	venir	venu
lire	lu	vivre	vécu
mettre	mis	voir	vu
mourir	mort	vouloir	voulu

§7.25   **Auxiliary (or Helping) verbs, avoir and être**

The auxiliary verbs (also called *helping verbs*) **avoir and être** are used in any of the tenses + the past participle of the main verb you are using to form any of the compound tenses. You must be careful to choose the proper helping verb with the main verb that you are using. As you know, some verbs take **avoir** and some take **être** to form the compound tenses.

§7.26   **Verbs conjugated with avoir or être to form a compound tense**

§7.27   (a) Generally speaking, a French verb is conjugated with **avoir** to form a compound tense.

§7.28   (b) All reflexive verbs, such as **se laver**, are conjugated with **être**.

§7.29   (c) The following is a list of common non-reflexive verbs that are conjugated with **être**:

1. **aller** to go /**Elle est allée au cinéma.**	**BUT: ★Elle m'a passé le sel.** She passed me the salt.
2. **arriver** to arrive /**Elle est arrivée.**	**AND: ★Elle a passé un examen.** She took an exam.
3. **★descendre** to go down, come down **Elle est descendue vite.** She came down quickly. **BUT: ★Elle a descendu la valise.** She brought down the suitcase.	11. **★rentrer** to go in again, to return (home) **Elle est rentrée tôt.** She returned home early. **BUT: ★Elle a rentré le chat dans la maison.** She brought (took) the cat into the house.
4. **devenir** to become /**Elle est devenue docteur.**	
5. **entrer** to enter, go in, come in / **Elle est entrée.**	12. **rester** to remain, stay/**Elle est restée chez elle.**
6. **★monter** to go up, come up **Elle est montée lentement.** She went up slowly. **BUT: ★Elle a monté l'escalier.** She went up the stairs.	13. **retourner** to return, go back / **Elle est retournée.**
	14. **revenir** to come back /**Elle est revenue.**
7. **mourir** to die /**Elle est morte.**	15. **★sortir** to go out **Elle est sortie hier soir.** She went out last night. **BUT: ★Elle a sorti son mouchoir.** She took out her handkerchief.
8. **naître** to be born /**Elle est née le premier octobre.**	
9. **partir** to leave /**Elle est partie.**	
10. **★passer** to go by, pass by **Elle est passée par chez moi.** She came by my house.	16. **tomber** to fall /**Elle est tombée.**
	17. **venir** to come /**Elle est venue.**

★ Some of these verbs, as noted above, are conjugated with **avoir** *if the verb is used in a transitive sense and has a direct object.*

(d) You must be sure to know the verbs in the above box—even if it means memorizing them!

§7.30   **Transitive verbs**

A transitive verb is a verb that takes a direct object. Such a verb is called *transitive* because the action passes over and directly affects something or someone in some way:

(a) **Je vois mon ami** / I see my friend.

(b) **Je ferme la fenêtre** / I am closing the window.

(c) **J'ai vu mes amis hier soir au concert** / I saw my friends last night at the concert.

(d) **Avant de sortir, le professeur a fermé les fenêtres de la salle de classe** / Before going out, the professor closed the windows of the classroom.

NOTE that in the above examples, the direct object is a noun in every sentence. Let me diagram them for you so you can see that a transitive verb performs an action that passes over and affects someone or something:

(a)

```
Je │ vois │ ami
            \ mon
```

Here, **Je** is the subject; **vois** is the verb; **ami** is the direct object; **mon** is a possessive adjective that modifies **ami**.

(b)

```
Je │ ferme │ fenêtre
              \ la
```

Here, **Je** is the subject; **ferme** is the verb; **fenêtre** is the direct object; **la** is the definite article fem. sing. that modifies **fenêtre**.

(c)

```
J' │ ai vu │ amis
               \ mes
     \ hier soir
     \ au concert
```

Here, **J'** is the subject; **ai vu** is the verb; **amis** is the direct object; **mes** is a possessive adjective that modifies **amis**; **hier soir** has an adverbial value that tells you *when* the action of the verb took place; **au concert** is an adverbial prepositional phrase that tells you *where* the action of the verb took place; hence, they are placed under the words they are related to.

(d)

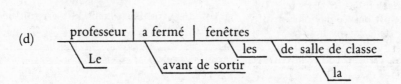

Here, **professeur** is the subject; **le** is the def. art. sing. masc. that modifies it so it is placed under it; **a fermé** is the verb; **avant de sortir** is an adverbial prepositional phrase that tells you *when* the action of the verb took place; **fenêtres** is the direct object; **les** is the def. art. plural that modifies the noun **fenêtres** so it is placed under it because it is related to it; **de la salle de classe** is an adjectival prepositional phrase that defines the noun **fenêtres**; **la** is the def. art. sing. fem. that modifies **salle de classe** and it is placed under it because it is related to it.

§7.31   When the direct object of the verb is a **pronoun**, it is placed **in front of** the verb most of the time; the only time it is placed **after** the verb is in the **affirmative imperative**. To get a picture of the position of pronoun direct objects, see Summaries of Word Order of Elements in French Sentences, beginning with **§2**.

§7.32   Let me diagram the same sentences above using them with **direct object pronouns** instead of direct object nouns:

(a) **Je le vois** / I see him.

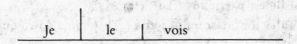

The subject is **je**; the verb is **vois**; the direct object pronoun is **le** and it is placed directly in front of the verb.

(b) **Je la ferme** / I am closing it.

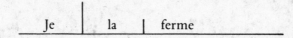

The subject is **je**; the verb is **ferme**; the direct object pronoun is **la** and it is placed directly in front of the verb.

(c) **Je les ai vus hier soir au concert** / I saw them last night at the concert.

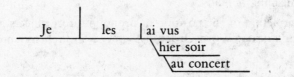

The subject is **je**; the verb is **ai vus**; the direct object pronoun is **les** and it is placed directly in front of the verb. The verb is in the **passé composé** and the past participle (**vus**) agrees with the preceding direct object, **les** (meaning **les amis**) in gender and number which, in this case, is masculine plural.

(d) **Avant de sortir, le professeur les a fermées** / Before leaving, the professor closed them.

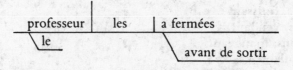

The subject is **professeur**; the verb is **a fermées**; the direct object pronoun is **les** and it is placed directly in front of the verb. The verb is in the **passé composé** and the past participle (**fermées**) agrees with the preceding direct object, **les** (meaning **les fenêtres**) in gender and number which, in this case, is feminine plural.

§7.33   **Intransitive verbs**

An intransitive verb is a verb that does not take a direct object. Such a verb is called **intransitive** because the action does not pass over and directly affect anyone or anything.

(a) **La maîtresse parle** / The teacher is talking.

(b) **Elle est partie tôt** / She left early.

(c) **Elles sont descendues vite** / They came down quickly.

(d) **Nous sommes montées lentement** / We went up slowly.

An intransitive verb can take an indirect object:

(a) **La maîtresse parle aux élèves** / The teacher is talking to the students.

Here, the indirect object noun is **élèves** because it is preceded by **aux** (to the).

(b) **La maîtresse leur parle** / The teacher is talking to them.

Here, the indirect object is the pronoun **leur**, meaning *to them*.

§7.34   Of course, **a transitive verb** can take an indirect object, too:

(a) **Je donne le livre au garçon** / I am giving the book to the boy.

Here, the direct object is **le livre**; **garçon** is the indirect object because it is indirectly affected and is preceded by **au** (to the).

(b) **Je le lui donne** / I am giving it to him.

Here, the direct object pronoun is **le** (meaning **le livre**) and the indirect object pronoun is **lui** (meaning *to him*).

To get a picture of the position of pronoun direct objects and pronoun indirect objects, see Summaries of Word Order of Elements in French Sentences (**§2.**).

§7.35   **Present participle**

§7.36   **Formation**

The present participle is regularly formed in the following way: Take the **"nous"** form of the present indicative tense of the verb you have in mind, drop the ending **—ons** and add **—ant**. That ending is equivalent to **—ing** in English; for example:

> **chantons, chantant**
> **finissons, finissant**
> **vendons, vendant**
> **mangeons, mangeant**
> **allons, allant**
> **travaillons, travaillant**

§7.37   **Common irregular present participles**

> **avoir, ayant**
> **être, étant**
> **savoir, sachant**

§7.38   **En + present participle**

The present participle in French is used primarily with the preposition **en**, meaning *on, upon, in, by, while*:

     en chantant / while singing
     en finissant / upon finishing, on finishing
     en vendant / by selling, while selling, upon selling
     en mangeant / upon eating, while eating
     en voyageant / by traveling
     en ayant / on having
     en étant / on being, upon being
     en sachant / upon knowing

§7.39   The present participle is sometimes used as an adjective:

     une jeune fille charmante / a charming girl
     un enfant amusant / an amusing child (boy)
     une enfant amusante / an amusing child (girl)
     des idées étonnantes / astonishing ideas

§7.40   **Table showing derivation of tenses of a verb conjugated with AVOIR**

Infinitif	*Participe Présent*	*Participe Passé*	*Présent de l'Indicatif*	*Passé Simple*
donner	**donnant**	**donné**	**je donne**	**je donnai**

FUTUR	IMPARFAIT DE L'INDICATIF	PASSÉ COMPOSÉ	PRÉSENT DE L'INDICATIF	PASSÉ SIMPLE
donner**ai**	donn**ais**	**ai** donné	donn**e**	donn**ai**
donner**as**	donn**ais**	**as** donné	donn**es**	donn**as**
donner**a**	donn**ait**	**a** donné	donn**e**	donn**a**
donner**ons**	donn**ions**	**avons** donné	donn**ons**	donn**âmes**
donner**ez**	donn**iez**	**avez** donné	donn**ez**	donn**âtes**
donner**ont**	donn**aient**	**ont** donné	donn**ent**	donn**èrent**

CONDITIONNEL		PLUS-QUE-PARFAIT DE L'INDICATIF	IMPÉRATIF	IMPARFAIT DU SUBJONCTIF
donner**ais**		**avais** donné	donn**e**	donn**asse**
donner**ais**		**avais** donné	donn**ons**	donn**asses**
donner**ait**		**avait** donné	donn**ez**	donn**ât**
			PRÉSENT DU SUBJONCTIF	
donner**ions**		**avions** donné	donn**e**	donn**assions**
donner**iez**		**aviez** donné	donn**es**	donn**assiez**
donner**aient**		**avaient** donné	donn**e**	donn**assent**
		PASSÉ ANTÉRIEUR		
		eus donné	donn**ions**	
		eus donné	donn**iez**	
		eut donné	donn**ent**	
		eûmes donné		
		eûtes donné		
		eurent donné		

FUTUR ANTÉRIEUR	CONDITIONNEL PASSÉ	PASSÉ DU SUBJONCTIF	PLUS-QUE-PARFAIT DU SUBJONCTIF
aurai donné	**aurais** donné	**aie** donné	**eusse** donné
auras donné	**aurais** donné	**aies** donné	**eusses** donné
aura donné	**aurait** donné	**ait** donné	**eût** donné
aurons donné	**aurions** donné	**ayons** donné	**eussions** donné
aurez donné	**auriez** donné	**ayez** donné	**eussiez** donné
auront donné	**auraient** donné	**aient** donné	**eussent** donné

§7.41 Table showing derivation of tenses of a verb conjugated with ÊTRE

Infinitif **arriver**	*Participe Présent* **arrivant**	*Participe Passé* **arrivé**	*Présent de l'Indicatif* **j'arrive**	*Passé Simple* **J'arrivai**
FUTUR	IMPARFAIT DE L'INDICATIF	PASSÉ COMPOSÉ	PRÉSENT DE L'INDICATIF	PASSÉ SIMPLE
arriver**ai**	arriv**ais**	**suis** arrivé(e)	arriv**e**	arriv**ai**
arriver**as**	arriv**ais**	**es** arrivé(e)	arriv**es**	arriv**as**
arriver**a**	arriv**ait**	**est** arrivé(e)	arriv**e**	arriv**a**
arriver**ons**	arriv**ions**	**sommes** arrivé(e)s	arriv**ons**	arriv**âmes**
arriver**ez**	arriv**iez**	**êtes** arrivé(e)(s)	arriv**ez**	arriv**âtes**
arriver**ont**	arriv**aient**	**sont** arrivé(e)s	arriv**ent**	arriv**èrent**
CONDITIONNEL		PLUS-QUE-PARFAIT DE L'INDICATIF	IMPÉRATIF	IMPARFAIT DU SUBJONCTIF
arriver**ais**		**étais** arrivé(e)	arrive	arriv**asse**
arriver**ais**		**étais** arrivé(e)	arriv**ons**	arriv**asses**
arriver**ait**		**était** arrivé(e)	arriv**ez**	arriv**ât**
			PRÉSENT DU SUBJONCTIF	
arriver**ions**		**étions** arrivé(e)s	arriv**e**	arriv**assions**
arriver**iez**		**étiez** arrivé(e)(s)	arriv**es**	arriv**assiez**
arriver**aient**		**étaient** arrivé(e)s	arriv**e**	arriv**assent**
		PASSÉ ANTÉRIEUR		
		fus arrivé(e)	arriv**ions**	
		fus arrivé(e)	arriv**iez**	
		fut arrivé(e)	arriv**ent**	
		fûmes arrivé(e)s		
		fûtes arrivé(e)(s)		
		furent arrivé(e)s		

FUTUR ANTÉRIEUR	CONDITIONNEL PASSÉ	PASSÉ DU SUBJONCTIF	PLUS-QUE-PARFAIT DU SUBJONCTIF
serai arrivé(e)	**serais** arrivé(e)	**sois** arrivé(e)	**fusse** arrivé(e)
seras arrivé(e)	**serais** arrivé(e)	**sois** arrivé(e)	**fusses** arrivé(e)
sera arrivé(e)	**serait** arrivé (e)	**soit** arrivé(e)	**fût** arrivé(e)
serons arrivé(e)s	**serions** arrivé(e)s	**soyons** arrivé(e)s	**fussions** arrivé(e)s
serez arrivé(e)(s)	**seriez** arrivé(e)(s)	**soyez** arrivé(e)(s)	**fussiez** arrivé(e)(s)
seront arrivé(e)s	**seraient** arrivé(e)s	**soient** arrivé(e)s	**fussent** arrivé(e)s

234 Verbs and prepositions

§7.42 **Verbs and prepositions**

In this section you will learn what preposition goes with what verb.

§7.43 **The following verbs take à + noun**

assister à qqch (à un assemblage, à une réunion, à un spectacle, *etc.*) / to attend a gathering, a meeting, a theatrical presentation, *etc.*, or to be present at: **Allez-vous assister à la conférence du professeur Godard?** / Are you going to attend (to be present at) Prof. Godard's lecture? **Oui, je vais y assister** / Yes, I am going to attend it.

demander à qqn / to ask someone: **Demandez à la dame où s'arrête l'autobus** / Ask the lady where the bus stops.

déplaire à qqn / to displease someone, to be displeasing to someone: **Cet homme-là déplaît à ma soeur** / That man is displeasing to my sister; **Cet homme-là lui déplaît** / That man is displeasing to her.

désobéir à qqn / to disobey someone: **Ce chien ne désobéit jamais à son maître** / This dog never disobeys his master; **Il ne lui désobéit jamais** / He never disobeys him.

être à qqn / to belong to someone: **Ce livre est à Victor** / This book belongs to Victor. [NOTE this special possessive meaning when you use **être + à**.]

faire attention à qqn ou à qqch / to pay attention to someone or to something: **Faites attention au professeur** / Pay attention to the professor; **Faites attention aux marches** / Pay attention to the steps.

se fier à qqn / to trust someone: **Je me fie à mes parents** / I trust my parents; **Je me fie à eux** / I trust them.

goûter à qqch / to taste a little, to sample a little something: **Goûtez à ce gâteau; il est délicieux et vous m'en direz des nouvelles** / Taste a little of this cake; it is delicious and you will rave about it; **Goûtez-y!** / Taste it! [**Goûtez-en!** / Taste some (of it)!]

s'habituer à qqn ou à qqch / to get used to someone or something: **Je m'habitue à mon nouveau professeur** / I am getting used to my new teacher; **Je m'habitue à lui** / I am getting used to him; **Je m'habitue à ce travail** / I am getting used to this work; **Je m'y habitue** / I am getting used to it.

s'intéresser à qqn ou à qqch / to be interested in someone or something: **Je m'intéresse aux sports** / I am interested in sports.

jouer à / to play (a game or sport): **Il aime bien jouer à la balle** / He likes to play ball; **Elle aime bien jouer au tennis** / She likes to play tennis.

manquer à qqn / to miss someone (because of an absence): **Vous me manquez** / I miss you; **Ses enfants lui manquent** / He (or She) misses his (or her) children.

se mêler à qqch / to mingle with, to mix with, to join in: **Il se mêle à tous les groupes à l'école** / He mixes with all the groups at school.

nuire à qqn ou à qqch / to harm someone or something: **Ce que vous faites peut nuire à la réputation de votre famille** / What you are doing may harm the reputation of your family.

obéir à qqn / to obey someone: **Une personne honorable obéit à ses parents** / An honorable person obeys his (her) parents.

s'opposer à qqn ou à qqch / to oppose someone or something: **Je m'oppose aux idées du président** / I am opposed to the president's ideas.

participer à qqch / to participate in something: **Je participe aux sports** / I participate in sports.

penser à qqn ou à qqch / to think of (about) someone or something: **Je pense à mes amis** / I am thinking of my friends; **Je pense à eux** / I am thinking of them; **Je pense à mon travail** / I am thinking about my work; **J'y pense** / I am thinking about it.

plaire à qqn / to please, to be pleasing to someone: **Mon mariage plaît à ma famille** / My marriage pleases my family; **Mon mariage leur plaît** / My marriage pleases them (is pleasing to them).

répondre à qqn ou à qqch / to answer someone or something: **J'ai répondu au professeur** / I answered the teacher; **Je lui ai répondu** / I answered him; **J'ai répondu à la lettre** / I answered the letter; **J'y ai répondu** / I answered it.

résister à qqn ou à qqch / to resist someone or something: **Le criminel a résisté à l'agent de police** / The criminal resisted the police officer.

ressembler à qqn / to resemble someone: **Il ressemble beaucoup à sa mère** / He resembles his mother a lot.

réussir à qqch / to succeed in something; **réussir à un examen** / to pass an examination: **Il a réussi à l'examen** / He passed the exam.

serrer la main à qqn / to shake hands with someone: **Bobby, va serrer la main à la dame**/ Bobby, go shake hands with the lady.

survivre à qqn ou à qqch / to survive someone or something: **Il a survécu à l'ouragan** / He survived the hurricane.

téléphoner à qqn / to telephone someone: **Marie a téléphoné à Paul** / Marie telephoned Paul; **Elle lui a téléphoné** / She telephoned him.

§7.44   **The following verbs take à + inf.**

aider à / to help: **Roger aide son petit frère à faire sa leçon de mathématiques** / Roger is helping his little brother do his math lesson.

aimer à / to like: **J'aime à lire** / I like to read. [NOTE that **aimer à + inf.** is used primarily in literary style; ordinarily, use **aimer + inf.**]

s'amuser à / to amuse oneself, to enjoy, to have fun: **Il y a des élèves qui s'amusent à mettre le professeur en colère** / There are pupils who have fun making the teacher angry.

apprendre à / to learn: **J'apprends à lire** / I am learning to read.

s'apprêter à / to get ready: **Je m'apprête à aller au bal** / I am getting ready to go to the dance.

arriver à / to succeed in: **Jacques arrive à comprendre le subjonctif** / Jack is succeeding in learning the subjunctive.

s'attendre à / to expect: **Je m'attendais à trouver une salle de classe vide** / I was expecting to find an empty classroom.

autoriser à / to authorize, to allow; **Je vous autorise à quitter cette salle de classe tout de suite** / I authorize you to leave this classroom immediately.

avoir à / to have, to be obliged (to do something): **J'ai à faire mes devoirs ce soir** / I have to do my homework tonight.

commencer à / to begin: **Il commence à pleuvoir** / It is beginning to rain. [NOTE that **commencer de + inf.** is also correct.]

consentir à / to consent: **Je consens à venir chez vous après le dîner** / I consent (agree) to come to your house after dinner.

continuer à / to continue: **Je continue à étudier le français** / I am continuing to study French. [NOTE that **continuer de + inf.** is also correct.]

décider qqn à / to persuade someone: **J'ai décidé mon père à me prêter quelques francs** / I persuaded my father to lend me a few francs.

se décider à / to make up one's mind: **Il s'est décidé à l'épouser** / He made up his mind to marry her.

demander à / to ask, to request: **Elle demande à parler** / She asks to speak. [NOTE that here the subjects are the same—she is the one who is asking to speak. If the subjects are different, use **demander de: Je vous demande de parler** / I am asking you to talk.]

encourager à / to encourage: **Je l'ai encouragé à suivre un cours de français** / I encouraged him to take a course in French.

s'engager à / to get oneself around (to doing something): **Je ne peux pas m'engager à accepter ses idées frivoles** / I can't get myself around to accepting his (her) frivolous ideas.

enseigner à / to teach: **Je vous enseigne à lire en français** / I am teaching you to read in French.

s'habituer à / to get used (to): **Je m'habitue à parler français couramment** / I am getting used to speaking French fluently.

hésiter à / to hesitate: **J'hésite à répondre à sa lettre** / I hesitate to reply to her (his) letter.

inviter à / to invite: **Monsieur et Madame Boivin ont invité les Béry à dîner chez eux** / Mr. and Mrs. Boivin invited the Bérys to have dinner at their house.

se mettre à / to begin: **L'enfant se met à rire** / The child is beginning to laugh.

parvenir à / to succeed: **Elle est parvenue à devenir docteur** / She succeeded in becoming a doctor.

persister à / to persist: **Je persiste à croire que cet homme est innocent** / I persist in believing that this man is innocent.

se plaire à / to take pleasure in: **Il se plaît à taquiner ses amis** / He takes pleasure in teasing his friends.

recommencer à / to begin again: **Il recommence à pleuvoir** / It is beginning to rain again.

résister à / to resist: **Je résiste à croire qu'il est malhonnête** / I resist believing that he is dishonest.

réussir à / to succeed in: **Henri a réussi à me convaincre** / Henry succeeded in convincing me.

songer à / to dream, to think: **Elle songe à trouver un millionnaire** / She is dreaming of finding a millionaire.

tarder à / to delay: **Mes amis tardent à venir** / My friends are late in coming.

tenir à / to insist, to be anxious: **Je tiens absolument à voir mon enfant cet instant** / I am very anxious to see my child this instant.

venir à / to happen (to): **Si je viens à voir mes amis en ville, je vous le dirai** / If I happen to see my friends downtown, I will tell you (so).

§7.45   **The following verbs take de + noun**

s'agir de / to be a question of, to be a matter of: **Il s'agit de l'amour** / It is a matter of love.

s'approcher de / to approach: **La dame s'approche de la porte et elle l'ouvre** / The lady approaches the door and opens it.

changer de / to change: **Je dois changer de train à Paris** / I have to change trains in Paris.

dépendre de / to depend on: **Je veux sortir avec toi mais cela dépend des circonstances** / I want to go out with you but that depends on the circumstances.

douter de / to doubt: **Je doute de la véracité de ce que vous dites** / I doubt the veracity of what you are saying.

se douter de / to suspect: **Je me doute de ses actions** / I suspect his (her) actions.

féliciter de / to congratulate on: **Je vous félicite de vos progrès** / I congratulate you on your progress.

jouer de / to play (a musical instrument): **Je sais jouer du piano** / I know how to play the piano.

jouir de / to enjoy: **Mon père jouit d'une bonne santé** / My father enjoys good health.

manquer de / to lack: **Cette personne manque de politesse** / This person lacks courtesy; **Mon frère manque de bon sens** / My brother lacks common sense.

se méfier de / to distrust, to mistrust, to beware of: **Je me méfie des personnes que je ne connais pas** / I distrust persons whom I do not know.

se moquer de / to make fun of: **Les enfants aiment se moquer d'un singe** / Children like to make fun of a monkey.

s'occuper de / to be busy with: **Madame Boulanger s'occupe de son mari infirme** / Mrs. Boulanger is busy with her disabled husband; **Je m'occupe de mes affaires** / I mind my own business; **Occupez-vous de vos affaires!** / Mind your own business!

partir de / to leave: **Il est parti de la maison à 8 h.** / He left the house at 8 o'clock.

se passer de / to do without: **Je me passe de sel** / I do without salt.

se plaindre de / to complain about: **Il se plaint toujours de son travail** / He always complains about his work.

remercier de / to thank: **Je vous remercie de votre bonté** / I thank you for your kindness. [Use **remercier de + an abstract noun or + inf.**; Use **remercier pour + a concrete object**; *e.g.,* **Je vous remercie pour le cadeau** / I thank you for the present.]

se rendre compte de / to realize: **Je me rends compte de la condition de cette personne** / I realize the condition of this person.

rire de / to laugh at; **Tout le monde rit de cette personne** / Everybody laughs at this person.

se servir de / to employ, to use, to make use of: **Je me sers d'un stylo quand j'écris une lettre** / I use a pen when I write a letter.

se soucier de / to care about, to be concerned about: **Marc se soucie de ses amis** / Marc cares about his friends.

se souvenir de / to remember: **Oui, je me souviens de Gervaise** / Yes, I remember Gervaise; **je me souviens de lui** / I remember him; **Je me souviens d'elle** / I remember her; **Je me souviens de l'été passé** / I remember last summer; **Je m'en souviens** / I remember it.

tenir de / to take after (to resemble): **Julie tient de sa mère** / Julie takes after her mother.

§7.46   Verbs that take de + inf.

s'agir de / to be a question of, to be a matter of: **Il s'agit de faire les devoirs tous les jours** / It is a matter of doing the homework every day.

avoir peur de / to be afraid of: **Le petit garçon a peur de traverser la rue seul** / The little boy is afraid of crossing the street alone.

cesser de / to stop, to cease: **Il a cessé de pleuvoir** / It has stopped raining.

commencer de / to begin: **Il a commencé de pleuvoir** / It has started to rain. [NOTE that **commencer à + inf.** is also correct.]

continuer de / to continue: **Il continue de pleuvoir** / It's still raining OR It's continuing to rain. [NOTE that **continuer à + inf.** is also correct.]

craindre de / to be afraid of, to fear: **La petite fille craint de traverser la rue seule** / The little girl is afraid of crossing the street alone.

décider de / to decide: **J'ai décidé de partir tout de suite** / I decided to leave immediately; **Il a décidé d'acheter la maison** / He decided to buy the house.

demander de / to ask, to request: **Je vous demande de parler** / I am asking you to speak. [NOTE that here the subjects are different: I am asking you to speak; whereas, when the subjects are the same, use **demander à: Elle demande à parler** / She is asking to speak; **Je demande à parler** / I am asking to speak.]

se dépêcher de / to hurry: **Je me suis dépêché de venir chez vous pour vous dire quelque chose** / I hurried to come to your place in order to tell you something.

empêcher de / to keep from, to prevent: **Je vous empêche de sortir** / I prevent you from going out.

s'empresser de / to hurry: **Je m'empresse de venir chez toi** / I am hurrying to come to your place.

essayer de / to try: **J'essaye d'ouvrir la porte mais je ne peux pas** / I'm trying to open the door but I can't.

féliciter de / to congratulate: **On m'a félicité d'avoir gagné le prix** / I was congratulated on having won the prize.

finir de / to finish: **J'ai fini de travailler sur cette composition** / I have finished working on this composition.

gronder de / to scold: **La maîtresse a grondé l'élève d'avoir fait beaucoup de fautes dans le devoir** / The teacher scolded the pupil for having made many errors in the homework.

se hâter de / to hurry: **Je me hâte de venir chez toi** / I am hurrying to come to your house.

manquer de / to neglect to, to fail to, to forget to: **Guy a manqué de compléter sa leçon de français** / Guy neglected to complete his French lesson.

offrir de / to offer: **J'ai offert d'écrire une lettre pour elle** / I offered to write a letter for her.

oublier de / to forget: **J'ai oublié de vous donner la monnaie** / I forgot to give you the change.

persuader de / to persuade: **J'ai persuadé mon père de me prêter quelques francs** / I persuaded my father to lend me a few francs.

prendre garde de / to take care not to: **Prenez garde de tomber** / Be careful not to fall.

prendre le parti de faire qqch / to decide to do something: **Théodore n'a pas hésité à prendre le parti de voter pour elle** / Theodore did not hesitate to decide to vote for her.

prier de / to beg: **Je vous prie d'arrêter** / I beg you to stop.

promettre de / to promise: **J'ai promis de venir chez toi à 8 h.** / I promised to come to your place at 8 o'clock.

refuser de / to refuse: **Je refuse de le croire** / I refuse to believe it.

regretter de / to regret, to be sorry: **Je regrette d'être obligé de vous dire cela** / I am sorry to be obliged to tell you that.

remercier de / to thank: **Je vous remercie d'être venu si vite** / I thank you for coming (having come) so quickly. [Use **remercier de + inf.** or **+ abstract noun.** Use **remercier pour + concrete object.**]

se souvenir de / to remember: **Tu vois? Je me suis souvenu de venir chez toi** / You see? I remembered to come to your house.

supplier de / to beg, request, supplicate, beseech: **Je vous ai supplié de venir tôt** / I begged you to come early.

tâcher de / to try: **Tâche de finir tes devoirs avant de sortir** / Try to finish your homework before going out.

venir de / to have just (done something): **Je viens de manger** / I have just eaten OR I just ate.

§7.47   **The following verbs commonly take à + noun + de + inf.**

The model to follow is: **J'ai conseillé à Robert de suivre un cours de français** / I advised Robert to take a course in French.

conseiller à / to advise: **J'ai conseillé à Jeanne de se marier** / I advised Joan to get married.

défendre à / to forbid: **Mon père défend à mon frère de fumer** / My father forbids my brother to smoke.

demander à / to ask, to request: **J'ai demandé à Marie de venir** / I asked Mary to come.

dire à / to say, to tell: **J'ai dit à Charles de venir** / I told Charles to come.

interdire à / to forbid: **Mon père interdit à mon frère de fumer** / My father forbids my brother to smoke.

ordonner à / to order: **J'ai ordonné au chauffeur de ralentir** / I ordered the driver to slow down.

permettre à / to permit: **J'ai permis à l'étudiant de partir quelques minutes avant la fin de la classe** / I permitted the student to leave a few minutes before the end of class.

promettre à / to promise: **J'ai promis à mon ami d'arriver à l'heure** / I promised my friend to arrive on time.

téléphoner à / to telephone: **J'ai téléphoné à Marcel de venir me voir** / I phoned Marcel to come to see me.

§7.48   **Verb + other prepositions**

commencer par + inf. / to begin by + present participle: **La présidente a commencé par discuter les problèmes de la société** / The president began by discussing the problems in society.

continuer par + inf. / to continue by + pres. part.: **La maîtresse a continué la conférence par lire un poème** / The teacher continued the lecture by reading a poem.

s'entendre avec qqn / to get along with someone: **Jean s'entend avec Christophe** / John gets along with Christopher.

entrer dans + noun / to enter, to go in: **Elle est entrée dans le restaurant** / She went into the restaurant.

être en colère contre qqn / to be angry with someone: **Monsieur Laroche est toujours en colère contre ses voisins** / Mr. Laroche is always angry with his neighbors.

finir par + inf. / to end up by + pres. part.: **Clément a fini par épouser une femme plus âgée que lui** / Clement ended up marrying a woman older than he.

s'incliner devant qqn / to bow to someone: **La princesse s'incline devant la reine** / The princess is bowing to the queen.

insister pour + inf. / to insist on, upon: **J'insiste pour obtenir tous mes droits** / I insist on obtaining all my rights.

se marier avec qqn / to marry someone: **Elle va se marier avec lui** / She is going to marry him.

se mettre en colère / to become angry, upset: **Monsieur Leduc se met en colère facilement** / Mr. Leduc gets angry easily.

se mettre en route / to start out, to set out: **Ils se sont mis en route dès l'aube** / They started out at dawn.

remercier pour + a concrete noun / to thank for: **Je vous remercie pour le joli cadeau** / I thank you for the pretty present. [Remember to use **remercier pour + a concrete object**; use **remercier de + an abstract noun** or **+ inf. Je vous remercie de votre bonté** / I thank you for your kindness; **Je vous remercie d'être venue si vite** / I thank you for coming so quickly.]

§7.49   **Verb + NO PREPOSITION + inf.**

adorer + inf. / to adore, to love: **Madame Morin adore mettre tous ses bijoux avant de sortir** / Mrs. Morin loves to put on all her jewelry before going out.

aimer + inf. / to like: **J'aime lire** / I like to read. [You may also say: **J'aime à lire**, but **aimer + à + inf.** is used primarily in literary style.]

aimer mieux + inf. / to prefer: **J'aime mieux rester ici** / I prefer to stay here.

aller + inf. / to go: **Je vais faire mes devoirs maintenant** / I am going to do my homework now.

apercevoir + inf. / to perceive: **J'aperçois s'avancer l'ouragan** / I notice the hurricane advancing. [This is a verb of perception. You may also say: **J'aperçois l'ouragan qui s'avance.**]

compter + inf. / to intend: **Je compte aller en France l'été prochain** / I intend to go to France next summer.

croire + inf. / to believe: **Il croit être innocent** / He believes he is innocent.

désirer + inf. / to desire, to wish: **Je désire prendre une tasse de café** / I desire to have a cup of coffee.

devoir + inf. / to have to, ought to: **Je dois faire mes devoirs avant de sortir** / I have to do my homework before going out.

écouter + inf. / to listen to: **J'écoute chanter les enfants** / I am listening to the children singing. [This is a verb of perception. You may also say: **J'écoute les enfants qui chantent.**]

entendre + inf. / to hear: **J'entends chanter les enfants** / I hear the children singing. [This is a verb of perception. You may also say: **J'entends les enfants qui chantent.**]

espérer + inf. / to hope: **J'espère aller en France** / I hope to go to France.

faire + inf. / to cause, to make, to have something done by someone: **Le professeur fait travailler les élèves dans la salle de classe** / The teacher has the pupils work in the classroom. [This is really the **causative faire**; see §7.117.]

falloir + inf. / to be necessary: **Il faut être honnête** / One must be honest. See also **§7.121.**

laisser + inf. / to let, to allow: **Je vous laisse partir** / I am letting you go.

oser + inf. / to dare: **Ce garçon ose dire n'importe quoi** / This boy dares to say anything.

paraître + inf. / to appear, to seem: **Elle paraît être capable** / She appears to be capable.

penser + inf. / to think, to plan, to intend: **Je pense aller à Paris** / I intend to go to Paris.

pouvoir + inf. / to be able, can: **Je peux marcher mieux maintenant après l'accident** / I can walk better now after the accident.

préférer + inf. / to prefer: **Je préfère manger maintenant** / I prefer to eat now.

regarder + inf. / to look at: **Je regarde voler les oiseaux** / I am looking at the birds flying. [This is a verb of perception. You may also say: **Je regarde les oiseaux qui volent.**]

savoir + inf. / to know, to know how: **Je sais nager** / I know how to swim.

sentir + inf. / to feel: **Je sens s'approcher l'ouragan** / I feel the hurricane approaching. [This is a verb of perception. You can also say: **Je sens l'ouragan qui s'approche.**]

sentir + inf. / to smell: **Je sens venir une odeur agréable du jardin** / I smell a pleasant fragrance coming from the garden. [This is another verb of perception. You may also say: **Je sens une odeur agréable qui vient du jardin.**]

valoir mieux + inf. / to be better: **Il vaut mieux être honnête** / It is better to be honest.

venir + inf. / to come: **Gérard vient voir ma nouvelle voiture** / Gerard is coming to see my new car.

voir + inf. / to see: **Je vois courir les enfants** / I see the children running. [This is another verb of perception. You may also say: **Je vois les enfants qui courent.**]

vouloir + inf. / to want: **Je veux venir chez vous** / I want to come to your house.

§7.50   **Verbs that do not require a preposition, whereas in English a preposition is used**

approuver / to approve of: **J'approuve votre décision** / I approve of your decision.

attendre / to wait for: **J'attends l'autobus depuis vingt minutes** / I have been waiting for the bus for twenty minutes.

chercher / to look for: **Je cherche mon livre** / I'm looking for my book.

demander / to ask for: **Je demande une réponse** / I am asking for a reply.

écouter / to listen to: **J'écoute la musique** / I am listening to the music; **J'écoute le professeur** / I am listening to the teacher.

envoyer chercher / to send for: **J'ai envoyé chercher le docteur** / I sent for the doctor.

essayer / to try on: **Elle a essayé une jolie robe** / She tried on a pretty dress.

habiter / to live in: **J'habite cette maison** / I live in this house.

ignorer / to be unaware of: **J'ignore ce fait** / I am unaware of this fact.

mettre / to put on: **Elle a mis la robe rouge** / She put on the red dress.

payer / to pay for: **J'ai payé le dîner** / I paid for the dinner.

pleurer / to cry about, to cry over: **Elle pleure la perte de son petit chien** / She is crying over the loss of her little dog.

prier / to pray to: **Elle prie le ciel** / She is praying to the heavens; **Elle prie la Vierge** / She is praying to the Holy Mother.

puer / to stink of: **Cet ivrogne pue l'alcool** / This drunkard stinks of alcohol.

regarder / to look at: **Je regarde le ciel** / I am looking at the sky.

sentir / to smell of: **Robert, ta chambre sent la porcherie** / Robert, your room smells like a pigsty (pigpen).

soigner / to take care of: **Cette personne soigne les malades** / This person takes care of (cares for) sick people.

§7.51   **Principal parts of some important verbs—Les temps primitifs de quelques verbes importants**

INFINITIF	PARTICIPE PRÉSENT	PARTICIPE PASSÉ	PRÉSENT DE L'INDICATIF	PASSÉ SIMPLE
aller	allant	allé	je vais	j'allai
avoir	ayant	eu	j'ai	j'eus
battre	battant	battu	je bats	je battis
boire	buvant	bu	je bois	je bus
craindre	craignant	craint	je crains	je craignis
croire	croyant	cru	je crois	je crus
devoir	devant	dû (due)	je dois	je dus
dire	disant	dit	je dis	je dis
écrire	écrivant	écrit	j'écris	j'écrivis
être	étant	été	je suis	je fus
faire	faisant	fait	je fais	je fis
lire	lisant	lu	je lis	je lus
mettre	mettant	mis	je mets	je mis
mourir	mourant	mort	je meurs	je mourus
naître	naissant	né	je nais	je naquis
ouvrir	ouvrant	ouvert	j'ouvre	j'ouvris
porter	portant	porté	je porte	je portai
pouvoir	pouvant	pu	je peux *or* je puis	je pus
prendre	prenant	pris	je prends	je pris

INFINITIF	PARTICIPE PRÉSENT	PARTICIPE PASSÉ	PRÉSENT DE L'INDICATIF	PASSÉ SIMPLE
recevoir	recevant	reçu	je reçois	je reçus
savoir	sachant	su	je sais	je sus
venir	venant	venu	je viens	je vins
vivre	vivant	vécu	je vis	je vécus
voir	voyant	vu	je vois	je vis
voler	volant	volé	je vole	je volai

§7.52   The principal parts (**les temps primitifs**) of a verb are very important to know because from them you can easily form all the tenses and moods. See **§7.40** and **§7.41**.

§7.53   **Orthographical changing verbs—verb forms that change in spelling**

§7.54   Verbs that end in **—cer** in the infinitive form change **c** to **ç** when in front of the vowels **a, o** in order to keep the **s** sound in the infinitive form and retain its identity. That little mark under the **c** (**ç**) is called **une cédille**. Actually it is the lower part of the letter **s** which is used in order to tell the reader that the **ç** should be pronounced as an **s**. Without the mark, the letter **c** in front of the vowels **a, o** and **u** must be pronounced as a **k** sound. Since the **c** in the ending **—cer** is pronounced like an **s**, that same sound must be retained in all forms.

§7.55   Some common verbs that end in **—cer** in the infinitive form are:

annoncer / to announce   **lancer** / to launch, to hurl
avancer / to advance   **menacer** / to threaten
commencer / to begin, to start **placer** / to place, to set
divorcer / to divorce   **prononcer** / to pronounce
effacer / to erase, to efface   **remplacer** / to replace

§7.56   Examples of when this change occurs:

　　　Present indicative: nous annonçons, nous avançons, nous commençons, nous divorçons, nous effaçons, nous lançons, nous menaçons, nous plaçons, nous prononçons, nous remplaçons.
　　　Imperfect indicative: j'annonçais, tu annonçais, il (elle, on) annonçait; ils (elles) annonçaient [You do the same for the other **—cer** type verbs given above in **§7.55.**]
　　　Passé simple: j'annonçai, tu annonças, il (elle, on) annonça; nous annonçâmes, vous annonçâtes [You do the same for the other **—cer** type verbs given above in **§7.55.**]
　　　Imperfect subjunctive: que j'annonçasse, que tu annonçasses, qu'il (qu'elle, qu'on) annonçât; que nous annonçassions, que vous annonçassiez, qu'ils (qu'elles) annonçassent [Now you do the same for the other **—cer** type verbs given above in **§7.55.**]

§7.57   Verbs that end in **—ger** in the infinitive form change **g** to **ge** in front of the vowels **a, o** or **u** in order to keep the soft sound of **g** in the infinitive form and retain its identity; otherwise, **g** in front of **a, o** or **u** is normally pronounced hard **g** as in **go**.

§7.58   Some common verbs that end in **—ger** in the infinitive form are:

arranger / to arrange   **obliger** / to oblige
changer / to change   **partager** / to divide, to share
corriger / to correct   **plonger** / to dive, to plunge
déranger / to disturb   **ranger** / to arrange by row, put in
manger / to eat   order
nager / to swim   **songer** / to think, to dream
neiger / to snow   **voyager** / to travel

§7.59   Examples of when this change occurs:

   Present indicative: nous arrangeons, nous changeons, nous corrigeons, nous dérangeons [Now you do the same for the other —**ger** type verbs given above in §7.58.]

   Imperfect indicative: j'arrangeais, tu arrangeais, il (elle, on) arrangeait; ils (elles) arrangeaient [Now you do the same for the other —**ger** type verbs given above in §7.58.]

   Passé simple: j'arrangeai, tu arrangeas, il (elle, on) arrangea; nous arrangeâmes, vous arrangeâtes [Now you do the same for the other —**ger** type verbs given above in §7.58.]

   Imperfect subjunctive: que j'arrangeasse, que tu arrangeasses, qu'il (qu'elle, qu'on) arrangeât; que nous arrangeassions, que vous arrangeassiez, qu'ils (qu'elles) arrangeassent [Just for the fun of it, do the same for the other —**ger** type verbs given above in §7.58.]

§7.60   Verbs that end in —**oyer** or —**uyer** in the infinitive form must change **y** to **i** in front of mute **e**.

§7.61   Common verbs that end in —**oyer** or —**uyer** in the infinitive form are:

—OYER	**—UYER**
choyer / to fondle, to coddle	**ennuyer** / to bore, to annoy
employer / to employ, to use	**essuyer** / to wipe
envoyer / to send	
nettoyer / to clean	

§7.62   Verbs that end in —**AYER** in the infinitive form may change **y** to **i** or may keep **y** in front of mute **e**.

   Two common verbs that end in —**ayer** in the infinitive form are: **essayer** / to try, to try on; and **payer** / to pay, to pay for.

§7.63   Examples of when this change occurs:

   Present indicative: j'emploie, tu emploies, il (elle, on) emploie; ils (elles) emploient.

   Future: j'emploierai, tu emploieras, il (elle, on) emploiera; nous emploierons, vous emploierez, ils (elles) emploieront.

   Conditional: j'emploierais, tu emploierais, il (elle, on) emploierait; nous emploierions, vous emploieriez, ils (elles) emploieraient.

   Present subjunctive: que j'emploie, que tu emploies, qu'il (qu'elle, qu'on) emploie; qu'ils (qu'elles) emploient.

§7.64   Verbs that contain a mute **e** in the syllable before the infinitive ending —**er**:

acheter / to buy	lever / to raise, to lift
achever / to complete	se lever / to get up
amener / to bring, to lead	mener / to lead
élever / to raise	peser / to weigh
emmener / to lead away, to take away	promener / to walk (a person or an animal)
enlever / to remove, to take off	se promener / to take a walk (for yourself)
geler / to freeze	

§7.65   These verbs, given above in §7.64, change mute **e** to **è** when, in a verb form, the syllable after it contains another mute **e**.

§7.66   This change occurs because that mute **e** in the stem of the infinitive now becomes pronounced clearly in some verb forms. Examples:

   Present indicative: j'achète, tu achètes, il (elle, on) achète; ils (elles) achètent.

   Future: j'achèterai, tu achèteras, il (elle, on) achètera; nous achèterons, vous achèterez, ils (elles) achèteront.

> **Conditional:** j'achèterais, tu achèterais, il (elle, on) achèterait; nous achèterions, vous achèteriez, ils (elles) achèteraient.
>
> **Present subjunctive:** que j'achète, que tu achètes, qu'il (qu'elle, qu'on) achète; qu'ils (qu'elles) achètent.

§7.67 Instead of changing like the verbs above in §7.64–§7.66, the following verbs double the consonant in the syllable that contains the mute **e** in the stem:

appe**l**er / to call   je**t**er / to throw
rappe**l**er / to recall   reje**t**er / to throw again, to throw back
se rappe**l**er / to remember

Examples of when this spelling change occurs:

> **Present indicative:** je m'appelle, tu t'appelles, il (elle, on) s'appelle; ils (elles) s'appellent.
>
> **Future:** je m'appellerai, tu t'appelleras, il (elle, on) s'appellera; nous nous appellerons, vous vous appellerez, ils (elles) s'appelleront.
>
> **Conditional:** je m'appellerais, tu t'appellerais, il (elle,on) s'appellerait; nous nous appellerions, vous vous appelleriez, ils (elles) s'appelleraient.
>
> **Present subjunctive:** que je m'appelle, que tu t'appelles, qu'il (qu'elle, qu'on) s'appelle; qu'ils (qu'elles) s'appellent.

§7.68 Verbs that contain **é** in the syllable before the infinitive ending **—er**:

c**é**der / to cede, to yield, to give up   poss**é**der / to possess, to own
c**é**lébrer / to celebrate   préf**é**rer / to prefer
conc**é**der / to concede, to give up   prot**é**ger / to protect
consid**é**rer / to consider   rép**é**ter / to repeat
esp**é**rer / to hope   sugg**é**rer / to suggest

§7.69 These verbs, given above in §7.68, change **é** to **è** when, in a verb form, the syllable after it contains mute **e**.

Examples of when this spelling change occurs:

> **Present indicative:** je préfère, tu préfères, il (elle, on) préfère; ils (elles) préfèrent.
>
> **Present subjunctive:** que je préfère, que tu préfères, qu'il (qu'elle, qu'on) préfère; qu'ils (qu'elles) préfèrent.

§7.70 The names of tenses and moods in French with English equivalents are:

FRENCH

Les Temps simples	*Les Temps composés*
1. Présent de l'indicatif	**8. Passé composé**
2. Imparfait de l'indicatif	**9. Plus-que-parfait de l'indicatif**
3. Passé simple	**10. Passé antérieur**
4. Futur	**11. Futur antérieur**
5. Conditionnel présent	**12. Conditionnel passé**
6. Présent du subjonctif	**13. Passé du subjonctif**
7. Imparfait du subjonctif	**14. Plus-que-parfait du subjonctif**

ENGLISH

Simple tenses	*Compound tenses*
1. Present indicative	8. Past indefinite
2. Imperfect indicative	9. Pluperfect or Past perfect indicative
3. Past definite	10. Past anterior
4. Future	11. Future perfect or Future anterior
5. Conditional present	12. Conditional perfect
6. Present subjunctive	13. Past subjunctive
7. Imperfect subjunctive	14. Pluperfect or Past perfect subjunctive

Impératif	Imperative or Command

§7.71   OBSERVATIONS:

§7.72   In French, there are 7 simple tenses and 7 compound tenses. A simple tense means that the verb form consists of one word. A compound tense means that the verb form consists of two words (the auxiliary verb and the past participle). The auxiliary verb is also called a helping verb and in French, as you know, it is any of the 7 simple tenses of **avoir** or **être**.

§7.73   Each compound tense is based on each simple tense. The 14 tenses given above are arranged in the following logical order:

§7.74   Tense number 8 is based on Tense number 1; in other words, you form the Passé composé by using the auxiliary **avoir** or **être** (whichever is appropriate) in the Present indicative plus the past participle of the verb you are using. See **§7.26**ff.

§7.75   Tense number 9 is based on Tense number 2; in other words, you form the Plus-que-parfait de l'indicatif by using the auxiliary **avoir** or **être** (whichever is appropriate) in the Imparfait de l'indicatif plus the past participle of the verb you are using.

§7.76   Tense number 10 is based on Tense number 3; in other words, you form·the Passé antérieur by using the auxiliary **avoir** or **être** (whichever is appropriate) in the Passé simple plus the past participle of the verb you are using.

§7.77   Tense number 11 is based on Tense number 4; in other words, you form the Futur antérieur by using the auxiliary **avoir** or **être** (whichever is appropriate) in the Future plus the past participle of the verb you are using.

§7.78   Tense number 12 is based on Tense number 5; in other words, you form the Conditional perfect by using the auxiliary **avoir** or **être** (whichever is appropriate) in the Conditional present plus the past participle of the verb you are using.

§7.79   Tense number 13 is based on Tense number 6; in other words, you form the Past subjunctive by using the auxiliary **avoir** or **être** (whichever is appropriate) in the Present subjunctive plus the past participle of the verb you are using.

§7.80   Tense number 14 is based on Tense number 7; in other words, you form the Pluperfect subjunctive by using the auxiliary **avoir** or **être** (whichever is appropriate) in the Imperfect subjunctive plus the past participle of the verb you are using.

§7.81   What does all the above mean? This: If you ever expect to know or even recognize the meaning of any of the 7 compound tenses, you certainly have to know **avoir** and **être** in the 7 simple tenses. If you do not, you cannot form the 7 compound tenses. This is one perfect example to illustrate that learning French verb forms is a cumulative experience: In order to know the 7 compound tenses, you must first know the forms of **avoir** and **être** in the 7 simple tenses, which are as follows:

AVOIR in the 7 simple tenses

Participe présent	ayant	**Participe passé**	eu	**Infinitif**	avoir
Present participle	having	Past participle	had	Infinitive	to have

1. **Présent indic.**   j'ai, tu as, il (elle, on) a;
   nous avons, vous avez, ils (elles) ont

   Present indic.   I have, you have, he (she, it, one) has;
   we have, you have, they have

OR:
I do have, you do have, he (she, it, one) does have;
we do have, you do have, they do have
OR:
I am having, you are having, he (she, it, one) is having;
we are having, you are having, they are having

2. Imparf. indic.	**j'avais, tu avais, il (elle, on) avait; nous avions, vous aviez, ils (elles) avaient**
Imperf. indic.	I had, you had, he (she, it, one) had; we had, you had, they had

OR:
I used to have, you used to have, he (she, it, one) used to have;
we used to have, you used to have, they used to have
OR:
I was having, you were having, he (she, it, one) was having;
we were having, you were having, they were having

3. Passé simple	**J'eus, tu eus, il (elle, on) eut; nous eûmes, vous eûtes, ils (elles) eurent**
Past def.	I had, you had, he (she, it, one) had; we had, you had, they had
4. Futur	**j'aurai, tu auras, il (elle, on) aura; nous aurons, vous aurez, ils (elles) auront**
Future	I shall have, you will have, he (she, it, one) will have; we shall have, you will have, they will have
5. Cond. prés.	**j'aurais, tu aurais, il (elle, on) aurait; nous aurions, vous auriez, ils (elles) auraient**
Cond. pres.	I would have, you would have, he (she, it, one) would have; we would have, you would have, they would have
6. Prés. subj.	**que j'aie, que tu aies, qu'il (qu'elle, qu'on) ait; que nous ayons, que vous ayez, qu'ils (qu'elles) aient**
Pres. subj.	that I may have, that you may have, that he (she, it, one) may have; that we may have, that you may have, that they may have
7. Imparf. subj.	**que j'eusse, que tu eusses, qu'il (qu'elle, qu'on) eût; que nous eussions, que vous eussiez, qu'ils (qu'elles) eussent**
Imperf. subj.	that I might have, that you might have, that he (she, it, one) might have; that we might have, that you might have, that they might have

ÊTRE in the 7 simple tenses

Participe présent	étant	Participe passé	été	Infinitif	être
Present participle	being	Past participle	been	Infinitive	to be

1. Présent indic.	**je suis, tu es, il (elle, on) est; nous sommes, vous êtes, ils (elles) sont**

Present indic.	I am, you are, he (she, it, one) is; we are, you are, they are **OR:** I am being, you are being, he (she, it, one) is being; we are being, you are being, they are being
2. **Imparf. indic.**	**j'étais, tu étais, il (elle, on) était; nous étions, vous étiez, ils (elles) étaient**
Imperf. indic.	I was, you were, he (she, it, one) was; we were, you were, they were **OR:** I used to be, you used to be, he (she, it, one) used to be; we used to be, you used to be, they used to be **OR:** I was being, you were being, he (she, it, one) was being; we were being, you were being, they were being
3. **Passé simple**	**je fus, tu fus, il (elle, on) fut; nous fûmes, vous fûtes, ils (elles) furent**
Past def.	I was, you were, he (she, it, one) was; we were, you were, they were
4. **Futur**	**je serai, tu seras, il (elle, on) sera; nous serons, vous serez, ils (elles) seront**
Future	I shall be, you will be, he (she, it, one) will be; we shall be, you will be, they will be
5. **Cond. prés.**	**je serais, tu serais, il (elle, on) serait; nous serions, vous seriez, ils (elles) seraient**
Cond. pres.	I would be, you would be, he (she, it, one) would be; we would be, you would be, they would be
6. **Prés. subj.**	**que je sois, que tu sois, qu'il (qu'elle, qu'on) soit; que nous soyons, que vous soyez, qu'ils (qu'elles) soient**
Pres. subj.	that I may be, that you may be, that he (she, it, one) may be; that we may be, that you may be, that they may be
7. **Imparf. subj.**	**que je fusse, que tu fusses, qu'il (qu'elle, qu'on) fût; que nous fussions, que vous fussiez, qu'ils (qu'elles) fussent**
Imperf. subj.	that I might be, that you might be, that he (she, it, one) might be; that we might be, that you might be, that they might be

§7.82 How do you translate the French verb forms into English? See §7.81, §7.84 and §7.85.

§7.83 There are four moods (or modes) in French and English: indicative, subjunctive, conditional, and imperative. For an explanation of this, see §7.1 and the explanations that begin with §7.86.

§7.84 **Sample French verb conjugation with equivalent English verb forms, using an avoir verb**

Participe présent parlant **Participe passé parlé** **Infinitif parler**
Present participle   talking, speaking Past participle   talked, spoken Infinitive to talk, to speak

1. **Présent** **je parle, tu parles, il (elle, on) parle;**
   indic.   **nous parlons, vous parlez, ils (elles) parlent**

   Present   I talk, you talk, he (she, it, one) talks;
   indic.   we talk, you talk, they talk
   OR:
   I do talk, you do talk, he (she, it, one) does talk;
   we do talk, you do talk, they do talk
   OR:
   I am talking, you are talking, he (she, it, one) is talking;
   we are talking, you are talking, they are talking

2. **Imparf.** **je parlais, tu parlais, il (elle, on) parlait;**
   indic.   **nous parlions, vous parliez, ils (elles) parlaient**

   Imperf.   I was talking, you were talking, he (she, it, one) was talking;
   indic.   we were talking, you were talking, they were talking
   OR:
   I used to talk, you used to talk, he (she, it, one) used to talk;
   we used to talk, you used to talk, they used to talk
   OR:
   I talked, you talked, he (she, it, one) talked;
   we talked, you talked, they talked

3. **Passé** **je parlai, tu parlas, il (elle, on) parla;**
   simple **nous parlâmes, vous parlâtes, ils (elles) parlèrent**

   Past   I talked, you talked, he (she, it, one) talked;
   def.   we talked, you talked, they talked
   OR:
   I did talk, you did talk, he (she, it, one) did talk;
   we did talk, you did talk, they did talk

4. **Futur** **je parlerai, tu parleras, il (elle, on) parlera;**
   nous parlerons, vous parlerez, ils (elles) parleront

   Future   I shall talk, you will talk, he (she, it, one) will talk;
   we shall talk, you will talk, they will talk

5. **Cond.** **je parlerais, tu parlerais, il (elle, on) parlerait;**
   prés.   **nous parlerions, vous parleriez, ils (elles) parleraient**

   Cond.   I would talk, you would talk, he (she, it, one) would talk;
   pres.   we would talk, you would talk, they would talk

6. **Prés.** **que je parle, que tu parles, qu'il (qu'elle, qu'on) parle;**
   subj.   **que nous parlions, que vous parliez, qu'ils (qu'elles) parlent**

   Pres.
   subj.

7. **Imparf.** **que je parlasse, que tu parlasses, qu'il (qu'elle, qu'on) parlât;**
   subj.   **que nous parlassions, que vous parlassiez, qu'ils (qu'elles) parlassent**

| Imperf. subj. | that I might talk, that you might talk, that he (she, it, one) might talk; that we might talk, that you might talk, that they might talk |

8. Passé composé — **j'ai parlé, tu as parlé, il (elle, on) a parlé; nous avons parlé, vous avez parlé, ils (elles) ont parlé**

Past indef.
I talked, you talked, he (she, it, one) talked;
we talked, you talked, they talked
OR:
I have talked, you have talked, he (she, it, one) has talked;
we have talked, you have talked, they have talked
OR:
I did talk, you did talk, he (she, it, one) did talk;
we did talk, you did talk, they did talk

9. Plus-q-p. indic. — **j'avais parlé, tu avais parlé, il (elle, on) avait parlé; nous avions parlé, vous aviez parlé, ils (elles) avaient parlé**

Plup. indic.
I had talked, you had talked, he (she, it, one) had talked;
we had talked, you had talked, they had talked

10. Passé antér. — **j'eus parlé, tu eus parlé, il (elle, on) eut parlé; nous eûmes parlé, vous eûtes parlé, ils (elles) eurent parlé**

Past anter.
I had talked, you had talked, he (she, it, one) had talked;
we had talked, you had talked, they had talked

11. Fut. antér. — **j'aurai parlé, tu auras parlé, il (elle, on) aura parlé; nous aurons parlé, vous aurez parlé, ils (elles) auront parlé**

Fut. perf.
I shall have talked, you will have talked, he (she, it, one) will have talked;
we shall have talked, you will have talked, they will have talked

12. Cond. passé — **j'aurais parlé, tu aurais parlé, il (elle, on) aurait parlé; nous aurions parlé, vous auriez parlé, ils (elles) auraient parlé**

Cond. perf.
I would have talked, you would have talked, he (she, it, one) would have talked;
we would have talked, you would have talked, they would have talked

13. Passé subj. — **que j'aie parlé, que tu aies parlé, qu'il (qu'elle, qu'on) ait parlé; que nous ayons parlé, que vous ayez parlé, qu'ils (qu'elles) aient parlé**

Past subj.
that I may have talked, that you may have talked, that he (she, it, one) may have talked;
that we may have talked, that you may have talked, that they may have talked

14. Plus-q-p. subj. — **que j'eusse parlé, que tu eusses parlé, qu'il (qu'elle, qu'on) eût parlé; que nous eussions parlé, que vous eussiez parlé, qu'ils (qu'elles) eussent parlé**

Plup. subj.
that I might have talked, that you might have talked, that he (she, it, one) might have talked;
that we might have talked, that you might have talked, that they might have talked.

Impér. — **parle, parlons, parlez**
Imper. — talk, let's talk, talk

NOTE: For an explanation and examples of each of these tenses and moods, with their uses, see §7.86.

§7.85   **Sample French verb conjugation with equivalent English verb forms, using an être verb**

Participe présent	**allant**	**Participe passé**	**allé**	**Infinitif**	**aller**
Present participle	going	Past participle	gone	Infinitive	to go

1. Présent indic.
je vais, tu vas, il (elle, on) va;
nous allons, vous allez, ils (elles) vont

Present indic.
I go, you go, he (she, it, one) goes;
we go, you go, they go
OR:
I do go, you do go, he (she, it, one) does go;
we do go, you do go, they do go
OR:
I am going, you are going, he (she, it, one) is going;
we are going, you are going, they are going

2. Imparf. indic.
j'allais, tu allais, il (elle, on) allait;
nous allions, vous alliez, ils (elles) allaient

Imperf. indic.
I was going, you were going, he (she, it, one) was going;
we were going, you were going, they were going
OR:
I used to go, you used to go, he (she, it, one) used to go;
we used to go, you used to go, they used to go
OR:
I went, you went, he (she, it, one) went;
we went, you went, they went

3. Passé simple
j'allai, tu allas, il (elle, on) alla;
nous allâmes, vous allâtes, ils (elles) allèrent

Past def.
I went, you went, he (she, it, one) went;
we went, you went, they went
OR:
I did go, you did go, he (she, it, one) did go;
we did go, you did go, they did go

4. Futur
j'irai, tu iras, il (elle, on) ira;
nous irons, vous irez, ils (elles) iront

Future
I shall go, you will go, he (she, it, one) will go;
we shall go, you will go, they will go

5. Cond. prés.
j'irais, tu irais, il (elle, on) irait;
nous irions, vous iriez, ils (elles) iraient

Cond. pres.
I would go, you would go, he (she, it, one) would go;
we would go, you would go, they would go

6. Prés. subj.
que j'aille, que tu ailles, qu'il (qu'elle, qu'on) aille;
que nous allions, que vous alliez, qu'ils (qu'elles) aillent

Pres. subj.
that I may talk, that you may talk, that he (she, it, one) may talk;
that we may talk, that you may talk, that they may talk

7. Imparf. subj.
que j'allasse, que tu allasses, qu'il (qu'elle, qu'on) allât;
que nous allassions, que vous allassiez, qu'ils (qu'elles) allassent

Imperf. subj.	that I might go, that you might go, that he (she, it, one) might go; that we might go, that you might go, that they might go

8. Passé composé

je suis allé(e), tu es allé(e), il (on) est allé, elle est allée; nous sommes allé(e)s, vous êtes allé(e)(s), ils sont allés, elles sont allées

Past indef.

I went, you went, he (she, it, one) went; we went, you went, they went
OR:
I have gone, you have gone, he (she, it, one) has gone; we have gone, you have gone, they have gone
OR:
I did go, you did go, he (she, it, one) did go; we did go, you did go, they did go

9. Plus-q-p. indic.

j'étais allé(e), tu étais allé(e), il (on) était allé, elle était allée; nous étions allé(e)s, vous étiez allé(e)(s), ils étaient allés, elles étaient allées

Plup. indic.

I had gone, you had gone, he (she, it, one) had gone; we had gone, you had gone, they had gone

10. Passé antér.

je fus allé(e), tu fus allé(e), il (on) fut allé, elle fut allée; nous fûmes allé(e)s, vous fûtes allé(e)(s), ils furent allés, elles furent allées

Past anter.

I had gone, you had gone, he (she, it, one) had gone; we had gone, you had gone, they had gone

11. Fut. Antér.

je serai allé(e), tu seras allé(e), il (on) sera allé, elle sera allée; nous serons allé(e)s, vous serez allé(e)(s), ils seront allés, elles seront allées

Fut. perf.

I shall have gone, you will have gone, he (she, it, one) will have gone; we shall have gone, you will have gone, they will have gone

12. Cond. passé

je serais allé(e), tu serais allé(e), il (on) serait allé, elle serait allée; nous serions allé(e)s, vous seriez allé(e)(s), ils seraient allés, elles seraient allées

Cond. perf.

I would have gone, you would have gone, he (she, it, one) would have gone; we would have gone, you would have gone, they would have gone

13. Passé subj.

que je sois allé(e), que tu sois allé(e), qu'il (qu'on) soit allé, qu'elle soit allée; que nous soyons allé(e)s, que vous soyez allé(e)(s), qu'ils soient allés, qu'elles soient allées

Past subj.

that I may have gone, that you may have gone, that he (she, it, one) may have gone; that we may have gone, that you may have gone, that they may have gone

14. Plus-q-p. subj.

que je fusse allé(e), que tu fusses allé(e), qu'il (qu'on) fût allé, qu'elle fût allée; que nous fussions allé(e)s, que vous fussiez allé(e)(s), qu'ils fussent allés, qu'elles fussent allées

Plup. subj.

that I might have gone, that you might have gone, that he (she, it, one) might have gone; that we might have gone, that you might have gone, that they might have gone

Impér.
Imper.

va, allons, allez
go, let's go, go

NOTE: For an explanation and examples of each of these tenses and moods, with their uses, see §7.86.

§7.86 **Comparison of meanings and uses of French verb tenses and moods as related to English verb tenses and moods**

§7.87 The following verb tenses and moods are presented in the same numbered order as in §7.70, §7.84, and §7.85. Please compare those sections with these that follow.

§7.88 **1. Présent de l'indicatif** (Present indicative)

This tense is used most of the time in French and English. It indicates:

(a) An action or a state of being at the present time.

EXAMPLES:
Je **vais** à l'école maintenant. I *am going* to school now.
Je **pense**; donc, je **suis**. I *think*; therefore, I *am*.

(b) Habitual action.

EXAMPLE:
Je **vais** à la bibliothèque tous les jours.
I *go* to the library every day. OR: I *do go* to the library every day.

(c) A general truth, something which is permanently true.

EXAMPLES:
Deux et deux **font** quatre. Two and two *are* four.
Voir c'**est** croire. Seeing *is* believing.

(d) Vividness when talking or writing about past events. This is called the *historical present*.

EXAMPLE:
Marie-Antoinette **est** condamnée à mort. Elle **monte** dans la charrette et **est** en route pour la guillotine.
Marie-Antoinette *is* condemned to die. She *gets* into the cart and *is* on her way to the guillotine.

(e) A near future.

EXAMPLE:
Il **arrive** demain. He *arrives* tomorrow.

(f) An action or state of being that occurred in the past and *continues up to the present*. In English, this tense is the *Present perfect,* which is formed with the Present tense of *to have* (*have* or *has*) plus the past participle of the verb you are using.

EXAMPLES:
Je **suis** ici depuis dix minutes.
I *have been* here for ten minutes. (I am still here at present).
Elle **est** malade depuis trois jours.
She *has been* sick for three days. (She is still sick at present).
J'**attends** l'autobus depuis dix minutes.
I *have been waiting* for the bus for ten minutes.

NOTE: In this last example the formation of the English verb tense is slightly different from the other two examples in English. The present participle (*waiting*) is used instead of the past participle (*waited*). Not so in French: use merely the present tense. This tense is regularly formed as follows:

1st conjugation—**er** verbs: drop the **—er** and add the following endings:
e, es, e; ons, ez, ent

2nd conjugation —**ir** verbs: drop the **—ir** and add the following endings:
is, is, it; issons, issez, issent

3rd conjugation —**re** verbs: drop the **—re** and add the following endings:
s, s, —; ons, ez, ent

See also, in this General Review section, **§7.81** for the present indicative of **avoir** and **être**. For a sample English verb conjugation with equivalent French verb forms in all the tenses, using the verb **avoir** as a helping verb, see **§7.84.** For a sample English verb conjugation with equivalent French verb forms in all the tenses, using the verb **être** as a helping verb, see **§7.85.**

§7.89   **2. Imparfait de l'indicatif** (Imperfect indicative)

This is a past tense. It is used to indicate:

(a) An action that was going on in the past at the same time as another action.

EXAMPLE:

Il **lisait** pendant que j'**écrivais**. He *was reading* while I *was writing*.

(b) An action that was going on in the past when another action occurred.

EXAMPLE:

Il **lisait** quand je suis entré. He *was reading* when I came in.

(c) An action that a person did habitually in the past.

EXAMPLE:

Nous **allions** à la plage tous les jours. We *used to go* to the beach every day.
OR:
We *would go* to the beach every day.

(d) A description of a mental or physical condition in the past.

EXAMPLES:
(mental condition)   Il **était** triste quand je l'ai vu. He *was* sad when I saw him.
(physical condition)   Quand ma mère **était** jeune, elle **était** belle. When my mother *was* young, she *was* beautiful.

(e) An action or state of being that occurred in the past and *lasted for a certain length of time* prior to another past action. In English, it is usually translated as a Pluperfect tense and is formed with *had been* plus the present participle of the verb you are using. It is like the special use of the **Présent de l'indicatif** described in the above section in paragraph (f), except that the action or state of being no longer exists at present.

EXAMPLE:

J'**attendais** l'autobus depuis dix minutes quand il est arrivé. I *had been waiting* for the bus for ten minutes when it arrived.

This tense is regularly formed as follows:

For **—er, —ir** and **—re** verbs, take the "nous" form in the present indicative tense of the verb you have in mind, drop the ending **—ons** and add the following endings: **ais, ais, ait; ions, iez, aient.**
For the Imperfect indicative of **avoir** and **être**, see **§7.81.**

§7.90   **3. Passé simple** (Past definite or Simple past)

This past tense is not ordinarily used in conversational French or in informal writing. It is a literary tense. It is used in formal writing, such as history and literature. You should be able merely to recognize this tense when you see it in the next French SAT II you take. It should be noted that French writers use the **Passé simple** less and less these days. The **Passé composé** is taking its place in literature, except for **avoir** and **être**, which is given in **§7.81**, because it is used abundantly on SAT II: French.

This tense is regularly formed as follows:

For all —**er** verbs, drop the —**er** of the infinitive and add the following endings: **ai, as, a; âmes, âtes, èrent.**

For regular —**ir** and —**re** verbs, drop the ending of the infinitive and add the following endings: **is, is, it; îmes, îtes, irent.**

EXAMPLES:

Il **alla** en Afrique. He *went* to Africa.

Il **voyagea** en Amérique. He *traveled* to America.

Ce château **fut** construit au dix-septième siecle. This castle *was* built in the seventeenth century.

Elle **fut** heureuse. She *was* happy.

Elle **eut** un grand bonheur. She *had* great happiness.

Il **parla** à ses amis et puis il **sortit**. He *spoke* to his friends and then he *went out*.

For the passé simple of **avoir** and **être**, see §7.81.

§7.91   **4. Futur** (Future)

In French and English this tense is used to express an action or a state of being which will take place at some time in the future.

EXAMPLES:

J'**irai** en France l'été prochain. I *shall go* to France next summer.

J'y **penserai**. I *shall think* about it. **OR:** I *will think* about it.

Je **partirai** dès qu'il **arrivera**. I *shall leave* as soon as he arrives.

Je te **dirai** tout quand tu **seras** ici. I *shall tell* you all when you are here.

Je **m'amuserai** au bal ce soir. I *will enjoy myself* at the dance tonight.

If the action of the verb you are using is not past or present and if future time is implied, the future tense is used when the clause begins with the following conjunctions: **aussitôt que** (as soon as), **dès que** (as soon as), **quand** (when), **lorsque** (when), and **tant que** (as long as). Are you consulting the General Index in the back pages of this book for the location of other topics that interest you?

This tense is regularly formed as follows:

Add the following endings to the whole infinitive, except that for —**re** verbs you must drop the **e** in —**re** before you add the future endings: **ai, as, a; ons, ez, ont.**

For the Future of **avoir** and **être**, see §7.81.

§7.92   **5. Conditionnel présent** (Conditional)

The Conditional is used in French and English to express:

(a) An action that you would do if something else were possible.

EXAMPLE:

Je **ferais** le travail si j'avais le temps. I *would do* the work if I had the time. On the SAT II: French you can surely expect **Si clauses**. See §7.104(a) and **(b).**

(b) A conditional desire. This is the Conditional of courtesy in French.

EXAMPLES:

J'**aimerais** du thé. I *would like* some tea. Je **voudrais** du café. I *would like* some coffee.

(c) An obligation or duty.

EXAMPLE:

Je **devrais** étudier pour l'examen. I *should* study for the examination. **OR:** I *ought to* study for the examination.

NOTE: (1): The French verb **devoir** plus the infinitive is used to express the idea of *should* when you mean *ought to*. See §7.105, a–g.

NOTE: (2): When the Conditional of the verb **pouvoir** is used in French, it is translated into English as *could* or *would be able*. See §7.106, a–c.

EXAMPLE:

Je **pourrais** venir après le diner. I *could come* after dinner. **OR:** *I would be able* to come after dinner.

This tense is regularly formed as follows:

Add the following endings to the whole infinitive, except that for —re verbs you must drop the **e** in —re before you add the conditional endings: **ais, ais, ait; ions, iez, aient.** Note that these endings are the same ones you use to form regularly the Imperfect indicative. See §7.89.

For the Conditional of **avoir** and **être**, see §7.81.

§7.93   **6. Présent du subjonctif** (Present subjunctive)

The subjunctive mood is used in French much more than in English. It is disappearing in English, except for the following major uses:

(a) The subjunctive is used in French and English to express a command.

EXAMPLE:

Soyez à l'heure! *Be* on time!

NOTE: In English, the form in the subjunctive applies mainly to the verb *to be*. Also, note that all verbs in French are not in the subjunctive when expressing a command. See **Impératif** in §7.102 farther on. Review the irregular present subjunctive of **avoir, être, savoir.**

(b) The subjunctive is commonly used in English to express a condition contrary to fact.

EXAMPLE:

If I *were* you, I would not do it.

NOTE: In French the subjunctive is not used in this instance. Instead, the **Imparfait de l'indicatif** is used if what precedes is *si* (*if*). Same example in French: Si j'**étais** vous, je ne le ferais pas. See §7.104a,b, **Si clause: a summary.**

(c) The Present subjunctive is used in French and English after a verb that expresses some kind of insistence, preference, or suggestion.

EXAMPLES:

Je préfère qu'il **fasse** le travail maintenant. I prefer that *he do* the work now.
J'exige qu'il **soit** puni. I demand that *he be* punished.

(d) The subjunctive is used in French after a verb that expresses doubt, fear, joy, sorrow, or some other emotion. Notice in the following examples that the subjunctive is not used in English but it is in French. See §7.134–7.139, **Ne expletive.**

EXAMPLES:

Je doute qu'il **vienne.** I doubt that he *is coming.* **OR:** I doubt that he *will come.*
J'ai peur qu'il ne **soit** malade. I'm afraid he *is* sick.
Je suis heureux qu'il **vienne.** I'm happy that he *is coming.*
Je regrette qu'il **soit** malade. I'm sorry that he *is* sick.

(e) The Present subjunctive is used in French after certain conjunctions. Notice, however, that the subjunctive is not always used in English.

EXAMPLES:

Je partirai à **moins qu'il vienne.** I shall leave unless he *comes.*
Je resterai **jusqu'à ce qu'il vienne.** I shall stay until he *comes.*
Quoiqu'elle soit belle, il ne l'aime pas. Although she *is* beautiful, he does not love her.
Je l'explique **pour qu'elle comprenne.** I'm explaining it *so that she may understand.*

(f) The Present subjunctive is used in French after certain impersonal expressions that show a need, a doubt, a possibility or an impossibility. Notice, however, that the subjunctive is not always used in English in the following examples:

1. Il est urgent qu'il **vienne**. It is urgent that he *come*.
2. Il vaut mieux qu'il **vienne**. It is better that he *come*.
3. Il est possible qu'il **vienne**. It is possible that he *will come*.
4. Il est douteux qu'il **vienne**. It is doubtful that he *will come*.
5. Il est nécessaire qu'il **vienne**. It is necessary that he *come*. **OR:** He *must come*.
6. Il faut qu'il **vienne**. It is necessary that he *come*. **OR:** He *must come*.
7. Il est important que vous **fassiez** le travail. It is important that you *do* the work.
8. Il est indispensable qu'elle **fasse** le travail. It is required that she *do* the work.

The Present subjunctive is regularly formed as follows: Drop the **—ant** ending of the present participle of the verb you are using and add the following endings: **e, es, e; ions, iez, ent**.

For the Present subjunctive of **avoir** and **être**, see §7.81. See also §7.122–7.133, **Subjunctive**.

§7.94 **7. Imparfait du subjonctif** (Imperfect subjunctive)

L'Imparfait du subjonctif is used for the same reasons as the **Présent du subjonctif**—that is, after certain verbs, conjunctions, and impersonal expressions which were used in examples above in §7.93, **Présent du subjonctif**. The main difference between these two is the time of the action. If present, use the **Présent du subjonctif**. If the action is related to the past, the **Imparfait du subjonctif** is used, provided that the action was *not* completed. If the action was completed, the **Plus-que-parfait du subjonctif** is used. See below under the section, **Plus-que-parfait du subjonctif, §7.101**.

Since the subjunctive mood is troublesome in French and English, you may be pleased to know that this tense is rarely used in English. It is used in French, however, but only in formal writing and in literature. For that reason, you should merely be familiar with it so you can recognize it when you see it in the next French test you take. In conversational French and in informal writing, **l'Imparfait du subjonctif** is avoided. Use, instead, the **Présent du subjonctif**.

Notice that the **Imparfait du subjonctif** is used in French in both of the following examples, but is used in English only in the second example:

EXAMPLES:

Je voulais qu'il **vînt**. I wanted him to come. (action not completed; he did not come while I wanted him to come)

NOTE: The subjunctive of **venir** is used because the verb that precedes is one that requires the subjunctive *after* it—in this example it is **vouloir**. In conversational French and informal writing, the **Imparfait du subjonctif** is avoided. Use, instead, the **Présent du subjonctif**: Je voulais qu'il **vienne**.

Je le lui expliquais **pour qu'elle le comprît**. I was explaining it to her *so that she might understand it*. (action not completed; the understanding was not completed at the time of the explaining)

NOTE: The subjunctive of **comprendre** is used because the conjunction that precedes is one that requires the Subjunctive *after* it—in this example it is **pour que**. In conversational French and informal writing, the **Imparfait du subjonctif** is avoided. Use, instead, the **Présent du subjonctif**: Je le lui expliquais pour qu'elle le **comprenne**.

The Imperfect subjunctive is regularly formed as follows: Drop the endings of the Passé simple of the verb you are using and add the following endings:

—er verbs: **asse, asses, ât; assions, assiez, assent**
—ir verbs: **isse, isses, ît; issions, issiez, issent**
—re verbs: **usse, usses, ût; ussions, ussiez, ussent**

For the Imperfect subjunctive of **avoir** and **être**, see §7.81. See also §7.122–7.133, **Subjunctive**.

§7.95   **8. Passé composé** (Past indefinite)

This past tense is used in conversational French, correspondence, and other informal writing. The **Passé composé** is used more and more in literature these days and is taking the place of the **Passé simple**. It is a compound tense because it is formed with the **Présent de l'indicatif** of *avoir* or *être* (depending on which of these two auxiliaries is required to form a compound tense) plus the past participle. See **§7.26–7.29** for the distinction made between verbs conjugated with *avoir* or *être*.

> EXAMPLES:
>
> Il **est allé** à l'école. He *went* to school.
> Il **est allé** à l'école. He *did go* to school.
> Il **est allé** à l'école. He *has gone* to school.
> J'**ai mangé** dans ce restaurant beaucoup de fois. I *have eaten* in this restaurant many times.
>
> NOTE: In examples 3 and 4 in English the verb is formed with the present tense of *to have* (*have* or *has*) plus the past participle of the verb you are using. In English, this form is called the *Present Perfect*.
>
> J'**ai parlé** au garçon. I *spoke* to the boy. **OR:** I *have spoken* to the boy. **OR:** I *did speak* to the boy.

See also **§7.4–7.25** and **§7.74**. And the present indicative of **avoir** and **être** in **§7.81**. Also, refer frequently to **§7.84** and **§7.85**.

§7.96   **9. Plus-que-parfait de l'indicatif** (Pluperfect or Past perfect indicative)

In French and English this tense is used to express an action which happened in the past *before* another past action. Since it is used in relation to another past action, the other past action is expressed in either the **Passé composé** or the **Imparfait de l'indicatif** in French. This tense is used in formal writing and literature as well as in conversational French and informal writing. The correct use of this tense is strictly observed in French. In English, however, too often we neglect to use it correctly. It is a compound tense because it is formed with the **Imparfait de l'indicatif** of *avoir* or *être* (depending on which of these two auxiliaries is required to form a compound tense) plus the past participle. See **§7.26–§7.29** for the distinction made between verbs conjugated with *avoir* or *être*. In English, this tense is formed with the past tense of *to have* (*had*) plus the past participle of the verb you are using.

> EXAMPLES:
>
> Je me suis rappelé que j'**avais oublié** de le lui dire. I remembered that I *had forgotten* to tell him.
>
> NOTE: It would be incorrect in English to say: I remembered that I *forgot* to tell him. The point here is that *first* I forgot; then, I remembered. Both actions are in the past. The action that occurred in the past *before* the other past action is in the Pluperfect. And in this example it is *I had forgotten* (**j'avais oublié**).
>
> J'**avais étudié** la leçon que le professeur a expliquée. I *had studied* the lesson which the teacher explained.
>
> NOTE: *First* I studied the lesson; then, the teacher explained it. Both actions are in the past. The action that occurred in the past *before* the other past action is in the Pluperfect. And in this example it is *I had studied* (**j'avais étudié**).
>
> J'étais fatigué ce matin parce que je n'**avais** pas **dormi**. I was tired this morning because I *had not slept*.

See also **§7.4–§7.25** and **§7.75**. And the Imperfect indicative of **avoir** and **être** in **§7.81**.

§7.97   **10. Passé antérieur** (Past anterior)

This tense is similar to the **Plus-que-parfait de l'indicatif**. The main difference is that in French it is a literary tense; that is, it is used in formal writing, such as history and literature.

More and more French writers today use the **Plus-que-parfait de l'indicatif** instead of this tense. Generally speaking, the **Passé antérieur** is to the **Plus-que-parfait** what the **Passé simple** is to the **Passé composé**. The **Passé antérieur** is a compound tense. In French, it is formed with the **Passé simple** of *avoir* or *être* (depending on which of these two auxiliaries is required to form a compound tense) plus the past participle. In English, it is formed in the same way as the *Pluperfect* or *Past Perfect*. This tense is ordinarily introduced by conjunctions of time: **après que, aussitôt que, dès que, lorsque, quand**.

> EXAMPLE:
>
> Quand il **eut mangé** tout, il partit. When he *had eaten* everything, he left.
>
> NOTE: In conversational French and informal writing, the **Plus-que-parfait de l'indicatif** is used instead: Quand il **avait mangé** tout, il est parti. The translation into English is the same.

See also the following sections in this General Review: §7.4–§7.29 and §7.76. And the Passé simple of **avoir** and **être** in §7.81.

§7.98   **11. Futur antérieur** (Future perfect or Future anterior)

In French and English this tense is used to express an action which will happen in the future *before* another future action. Since it is used in relation to another future action, the other future action is expressed in the simple Future in French, but not always in the simple Future in English. In French, it is used in conversation and informal writing as well as in formal writing and in literature. It is a compound tense because it is formed with the **Futur** of *avoir* or *être* (depending on which of these two auxiliaries is required to form a compound tense) plus the past participle of the verb you are using. In English, it is formed by using *shall have* or *will have* plus the past participle of the verb you are using.

> EXAMPLES:
>
> Elle arrivera demain et j'**aurai fini** le travail. She will arrive tomorrow and I *shall have finished* the work.
>
> NOTE: First, I shall finish the work; then, she will arrive. The action that will occur in the future *before* the other future action is in the **Futur antérieur**.
>
> Quand elle arrivera demain, j'**aurai fini** le travail. When she arrives tomorrow, I *shall have finished* the work.
>
> NOTE: The idea of future time here is the same as in the example above. In English, the Present tense is used (*When she arrives . . .*) to express a near future. In French, the **Futur** is used (**Quand elle arrivera . . .**) because **quand** precedes and the action will take place in the future.

See also the following sections in this General Review: §7.4–§7.29 and §7.77. And the Future of **avoir** and **être** in §7.81.

§7.99   **12. Conditionnel passé** (Conditional perfect)

This is used in French and English to express an action that you *would have done* if something else had been possible; that is, you would have done something *on condition* that something else had been possible. It is a compound tense because it is formed with the **Conditionnel présent** of *avoir* or *être* plus the past participle of the verb you are using. In English, it is formed by using *would have* plus the past participle. Observe the difference between the following examples and the one given for the use of the **Conditionnel présent** which was explained and illustrated previously, in §7.92.

> EXAMPLES:
>
> J'**aurais fait** le travail si j'avais étudié. I *would have done* the work if I had studied.
>
> J'**aurais fait** le travail si j'avais eu le temps. I *would have done* the work if I had had the time.

NOTE: Review the **Plus-que-parfait de l'indicatif** which was explained and illustrated previously in order to understand the use of *if I had studied* (**si j'avais étudié**) and *if I had had the time* (**si j'avais eu le temps**). See **§7.104,a,b.**

NOTE FURTHER: The French verb **devoir** plus the infinitive is used to express the idea of *should* when you mean *ought to*. The past participle of **devoir** is **dû**. It is conjugated with **avoir**. See **§7.105** and **§7.105**(f).

EXAMPLE:

J'**aurais dû** étudier. I *should have* studied. **OR:** I *ought to have* studied.

See also the following sections in this General Review: **§7.4–§7.29** and **§7.78.** And the conditional of **avoir** and **être** in **§7.81.** On the SAT II: French you can surely expect **Si clauses.** See **§7.104,a,b.**

§7.100   **13. Passé du subjonctif** (Past subjunctive)

This tense is used to express an action which took place in the past in relation to the present time. It is like the **Passé composé**, except that the auxiliary verb (*avoir* or *être*) is in the **Présent du subjonctif**. The subjunctive is used (as was noted in the previous sections of verb tenses in the subjunctive) because what precedes is a certain verb, a certain conjunction, or a certain impersonal expression. The **Passé du subjonctif** is also used in relation to a future time when another action will be completed. This tense is rarely used in English. In French, however, this tense is used in formal writing and in literature as well as in conversational French and informal writing. It is a compound tense because it is formed with the **Présent du subjonctif** of *avoir* or *être* as the auxiliary plus the past participle of the verb you are using.

EXAMPLES:
A past action in relation to the present
Il est possible qu'elle **soit partie**. It is possible that she *may have left*. **OR:** It is possible that she *has left*.
Je doute qu'il **ait fait** cela. I doubt that he *did that*.

An action that will take place in the future
J'insiste que vous **soyez rentré** avant dix heures. I insist that you *be back* before ten o'clock.

See the Present subjunctive of **avoir** and **être** in **§7.81.** See also **§7.4–§7.29** and **§7.79.**

§7.101   **14. Plus-que-parfait du subjonctif** (Pluperfect or Past perfect subjunctive)

This tense is used for the same reasons as the **Imparfait du subjonctif**—that is, after certain verbs, conjunctions and impersonal expressions which were used in examples previously under **Présent du subjonctif** in **§7.93.** The main difference between the **Imparfait du subjonctif** and this tense is the time of the action in the past. If the action was *not* completed, the **Imparfait du subjonctif** is used. If the action was completed, this tense is used. It is rarely used in English. In French, it is used only in formal writing and in literature. For that reason, you should merely be familiar with it so you can recognize it in the next SAT II: French that you take. In conversational French and in informal writing, this tense is avoided. Use, instead, the **Passé du subjonctif**, explained in **§7.100.** This is a compound tense. It is formed by using the **Imparfait du subjonctif** of *avoir* or *être* plus the past participle. This tense is like the **Plus-que-parfait de l'indicatif**, except that the auxiliary verb (*avoir* or *être*) is in the **Imparfait du subjonctif**. Review the uses of the subjunctive mood, in **§7.122–§7.133.**

EXAMPLES:
Il était possible qu'elle **fût partie**. It was possible that she *might have left*.

NOTE: Avoid this tense in French. Use, instead, **le Passé du subjonctif**: Il était possible qu'elle *soit partie*.

Je ne croyais pas qu'elle **eût dit** cela. I did not believe that she *had said* that.

NOTE: Avoid this tense in French. Use, instead, **le Passé du subjonctif**: Je ne croyais pas qu'elle **ait dit** cela.

Je n'ai pas cru qu'elle **eût dit** cela. I did not believe that she *had said* that.

NOTE: Avoid this tense in French. Use, instead, **le Passé du subjonctif**: Je n'ai pas cru qu'elle **ait dit** cela.

J'ai craint que vous ne **fussiez tombé**. I was afraid that you *had fallen*.

NOTE: Avoid this tense in French. Use, instead, **le Passé du subjonctif**: J'ai craint que vous ne **soyez tombé**.

For the Imperfect subjunctive of **avoir** and **être**, see §7.81. Also, review §7.4–§7.29 and §7.80. When you take the SAT II: French, you ought to be prepared to recognize the following four tenses in the subjunctive mood: Present (§7.93), Imperfect (§7.94), Past subjunctive (§7.100), and Pluperfect subjunctive (§7.101). You will have to recognize these in the reading comprehension passages on the SAT II.

§7.102   **Impératif** (Imperative or Command)

The Imperative mood is used in French and English to express a command or a request. It is also used to express an indirect request made in the third person, as in the fifth and sixth examples below. In both languages it is formed by dropping the subject and using the present tense. There are a few exceptions in both languages when the **Présent du subjonctif** is used.

EXAMPLES:

Sortez! Get out!

Entrez! Come in!

Buvons! Let's drink!

Soyez à l'heure! *Be* on time! (Subjunctive is used)

Dieu le **veuille**! May God *grant* it! (Subjunctive is used)

Qu'ils **mangent** du gâteau! Let them eat cake! (Subjunctive is used)

Asseyez-vous! Sit down!

Levez-vous! Get up!

There is another exception. You must drop the final **s** in the 2d person singular of an **-er** verb. This is done in the affirmative and negative, as in: **Mange! Ne mange pas!** However, when the pronouns **y** and **en** are linked to it, the **s** is retained in all regular **-er** verbs and in the verb **aller.** Examples: **Donnes-en** (Give some)! **Manges-en** (Eat some)! **Vas-y** (Go there)! The reason for this is that it makes it easier to link the two elements by pronouncing the **s** as a **z**.

Review §7.122 and §7.127. For the Present subjunctive of **avoir** and **être**, see §7.81.

§7.103   **Passive Voice**

When verbs are used in the active voice, which is almost all the time, the subject is the doer. However, when the passive voice is used, the subject of the sentence is NOT the doer; the action falls on the subject. The agent (the doer) is sometimes expressed, sometimes not, as is done in English. The passive voice, therefore, is composed of the verb in the passive, which is any tense of **être** + the past participle of the verb you are using to indicate the action performed upon the subject. Since **être** is the verb used in the passive voice, the past participle of your other verb must agree with the subject in gender and number.

EXAMPLES:

Jacqueline a été reçue à l'université / Jacqueline has been accepted at the university.
(No agent, no doer, is expressed here.)

Jacqueline a été blessée par un camion / Jacqueline was (has been) injured by a truck. (Here, the agent—the doer—is expressed.)

Ce livre est écrit par un auteur célèbre / This book is written by a famous author.

Cette composition a été écrite par un jeune élève / This composition was written by a young student.

(a) Preposition **de** instead of the preposition **par**

Usually the preposition **de** is used instead of **par** with such verbs as: **aimer, admirer, accompagner, apprécier, voir.**

EXAMPLES:

Jacqueline est aimée de tout le monde / Jacqueline is liked (loved) by everyone.

BUT: **Nous avons été suivis par un chien perdu** / We were followed by a lost dog.

(b) Use of the indefinite pronoun subject **on** instead of the passive voice.

The passive voice is generally avoided if the thought can be expressed in the active voice with **on** as the subject.

EXAMPLES:

On vend de bonnes choses dans ce magasin / Good things are sold in this store.

On parle français ici / French is spoken here.

(c) You must avoid using the passive voice with a reflexive verb. Use a reflexive verb with an active subject.

EXAMPLES:

Elle s'appelle Jeanne / She is called Joan.

Comment se prononce ce mot? / How is this word pronounced?

§7.104 Si Clause: A Summary

WHEN THE VERB IN THE SI CLAUSE IS:	THE VERB IN THE MAIN OR RESULT CLAUSE IS:
present indicative	present indicative, or future, or imperative
imperfect indicative	conditional
pluperfect indicative	conditional perfect

(a) NOTE: By **si** we mean *if*. Sometimes **si** can mean *whether* and in that case, this summary of what tenses are used with **si** (meaning *if*) does not apply. When **si** means *whether*, there are no restrictions about the tenses. By the way, the sequence of tenses with a **si** clause is the same in English with an *if* clause.

(b) EXAMPLES:

Si elle arrive, je pars / If she arrives, I'm leaving.

Si elle arrive, je partirai / If she arrives, I will leave.

Si elle arrive, partez! / If she arrives, leave!

Si Paul étudiait, il recevrait de meilleures notes / If Paul studied, he would receive better grades.

Si Georges avait étudié, il aurait reçu de bonnes notes / If George had studied, he would have received good grades.

§7.105 Devoir

The verb **devoir** has special uses and different meanings in different tenses. For the complete conjugation of the verb **devoir**, as well as other commonly used irregular verbs, consult **§7.140** farther on. For more examples, see the verb **devoir** in **§7.141.**

(a) Present tense

EXAMPLES:

Je dois étudier / I have to study / I must study / I am supposed to study.

Il doit être fou! / He must be crazy / He's probably crazy!

Mon oncle doit avoir quatre-vingts ans / My uncle must be 80 years old / My uncle is probably 80 years old.

(b) Imperfect tense

EXAMPLES:

Je devais étudier / I had to study / I was supposed to study.

Quand j'étais à l'école, je devais toujours étudier / When I was in school, I always had to study.

Ma mère devait avoir quatre-vingts ans quand elle est morte / My mother was probably 80 years old when she died. OR: My mother must have been 80 years old when she died.

(c) Future

EXAMPLES:

Je devrai étudier / I will have to study.
Nous devrons faire le travail ce soir / We will have to do the work this evening.

(d) Conditional

EXAMPLES:

Je devrais étudier / I ought to study. OR I should study.
Vous devriez étudier plus souvent / You ought to study more often / You should study more often.

(e) Passé composé

EXAMPLES:

Je ne suis pas allé(e) au cinéma parce que j'ai dû étudier / I did not go to the movies because I had to study.

J'ai dû prendre l'autobus parce qu'il n'y avait pas de train à cette heure-là / I had to take the bus because there was no train at that hour.

Robert n'est pas ici / Robert is not here.

Il a dû partir / He must have left / He has probably left / He had to leave / He has had to leave.

(f) Conditional Perfect

EXAMPLES:

J'aurais dû étudier! / I should have studied! I ought to have studied!

Vous auriez dû me dire la vérité / You should have told me the truth / You ought to have told me the truth.

(g) With a direct or indirect object there is still another meaning.

EXAMPLES:

Je dois de l'argent / I owe some money.

Je le lui dois / I owe it to him (*or* to her).

§7.106   **Pouvoir**

The verb **pouvoir** has special uses and special meanings. For a complete conjugation of the verb **pouvoir** in all the tenses and moods, as well as other commonly used irregular verbs, see **§7.140.**

(a) Present tense

EXAMPLES:

Je ne peux pas sortir aujourd'hui parce que je suis malade / I cannot (am unable to) go out today because I am sick.

Est-ce que je peux entrer? Puis-je entrer? / May I come in?

Madame Marin peut être malade / Mrs. Marin may be sick.
This use of **pouvoir** suggests a possibility.

Je n'en peux plus / I can't go on any longer.
This use suggests a physical exhaustion.

Il se peut / It is possible.
This use as a reflexive verb suggests a possibility.

Cela ne se peut pas / That can't be done.
This use as a reflexive verb suggests an impossibility.

(b) Conditional

(a) **Pourriez-vous me prêter dix francs?** / Could you lend me ten francs?

(c) Conditional Perfect

(a) **Auriez-vous pu venir chez moi?** / Could you have come to my place?

(b) **Ils auraient pu rater le train** / They might have missed the train.

§7.107   **Vouloir**

The verb **vouloir** has special uses and meanings.

§7.108   **Present tense**

(a) **Je veux aller en France** / I want to go to France.

(b) **Je veux bien sortir avec vous ce soir** / I am willing to go out with you this evening.

(c) **Voulez-vous bien vous asseoir, madame?** / Would you be good enough to sit down, madam?

(d) **Que veut dire ce mot?** / What does this word mean?

(e) **Que voulez-vous dire, monsieur?** / What do you mean, sir?

(f) **Qu'est-ce que cela veut dire?** / What does that mean?

(g) **Je lui en veux** / I have a grudge against him. (The idiomatic expression here is **en vouloir à qqn** / to bear a grudge against someone)

§7.109   **Conditional**

(a) **Je voudrais un café-crème, s'il vous plaît** / I would like coffee with cream, please.

§7.110   **Imperative**

(a) **Veuillez vous asseoir, madame** / Kindly sit down, madam.

(b) **Veuillez accepter mes meilleurs sentiments** / Please accept my best regards.

(NOTE here that **veuillez** is followed by the infinitive form of a verb.)

§7.111   **Savoir**

The verb **savoir** has special uses and special meanings. For a complete conjugation of the verb **savoir**, as well as other commonly used irregular verbs, see §7.141.

§7.112   **Present tense**

> EXAMPLES:
>
> **Je sais la réponse** / I know the answer.
>
> **Je sais lire en français** / I know how to read in French OR: I can read in French.

§7.113   **Conditional**

(a) **Sauriez-vous l'adresse d'un docteur dans ce quartier?** / Would you know the address of a doctor in this neighborhood? OR: Can you tell me the address of a doctor in this area?

(b) **Je ne saurais penser à tout!** / I can't think of everything!

§7.114   **Imperative**

(a) **Sachons-le bien!** / Let's be well aware of it!

(b) **Sachez que votre père vient de mourir** / Be informed that your father has just died.

§7.115   **Savoir** and **Connaître**

The main difference between the meaning of these two verbs in the sense of *to know* is that **connaître** means merely to be acquainted with; for example, to be acquainted with a person, a city, a neighborhood, a country, the title of a book, the works of an author.

> EXAMPLES:
>
> **Savez-vous la réponse?** / Do you know the answer?
>
> **Savez-vous l'heure qu'il est?** / **Savez-vous quelle heure il est?** / Do you know what time it is?
>
> **Connaissez-vous cette dame?** / Do you know this lady?
>
> **Connaissez-vous Paris?** / Do you know Paris?
>
> **Connaissez-vous les oeuvres de Proust?** / Do you know the works of Proust?
>
> **Connaissez-vous ce livre?** / Do you know this book?

§7.116   **Infinitives**

(a) Definition

In English, an infinitive contains the prep. *to* in front of it: *to give, to finish, to sell*. In French, an infinitive has a certain ending. There are three major types of infinitives in French: 1st type are those that end in **—er** (**donner**); 2nd type, those that end in **—ir** (**finir**); 3rd type, those that end in **—re** (**vendre**). See also, in this General Review section, **§7.86–§7.102**.

(b) Negation

Generally speaking, make an infinitive negative in French merely by placing **ne pas** in front of it: **Je vous dis de ne pas sortir** / I am telling you not to go out.

(c) After a verb of perception

The infinitive is often used after a verb of perception to express an action that is in progress:

> EXAMPLES:
>
> **J'entends quelqu'un chanter** / I hear somebody singing.
>
> **Je vois venir les enfants** / I see the children coming.

(d)   Some common verbs of perception are: **apercevoir** (to perceive), **écouter** (to listen to), **entendre** (to hear), **regarder** (to look at), **sentir** (to feel), **voir** (to see).

(e) Preceded by the prepositions à or de

There are certain French verbs that take either the prep. **à** or **de** + an inf.

EXAMPLES:

Il commence à pleuvoir / It is beginning to rain.

Je songe à faire un voyage / I am thinking of taking a trip.

Il a cessé de pleuvoir / It has stopped raining.

Je regrette de ne pas avoir le temps d'aller avec vous / I am sorry not to have the time to go with you.

See also, in this General Review section, §7.42–§7.50.

(f) Avant de and **sans** + infinitive

The prepositions **avant de** and **sans** + inf. are expressed in English with the present participle form of a verb.

EXAMPLES:

Sylvie a mangé avant de sortir / Sylvia ate before going out.

André est parti sans dire un mot / Andrew left without saying a word.

Generally speaking, a verb is in the infinitive form in French if there is a preposition immediately before it.

(g) Use of infinitive instead of a verb form

Generally speaking, an infinitive is used instead of a verb form if the subject in a sentence is the same for the actions expressed in the sentence:

EXAMPLES:

Je veux faire le travail / I want to do the work. BUT if there are two different subjects, you must use a new clause and a new verb form: **Je veux que vous fassiez le travail** I want you to do the work.

Je préfère me coucher tôt / I prefer to go to bed early. BUT WITH TWO DIFFERENT SUBJECTS: **Je préfère que vous vous couchiez tôt** / I prefer that you go to bed early.

(h) Past infinitive

In French the past infinitive is expressed by using **avoir** or **être** (in the infinitive form) + the past participle of the main verb that is being used. The past participle in French is usually expressed in English by a present participle.

EXAMPLES:

Après avoir quitté la maison, Monsieur et Madame Dubé sont allés au cinéma / After leaving the house, Mr. and Mrs. Dubé went to the movies.

Après être arrivée, Jeanne a téléphoné à sa mère / After arriving, Jeanne telephoned her mother.

In a word, a past infinitive is nothing more than the use of **avoir** or **être** (in the infinitive form) + the past participle of the verb you are expressing. You must be careful to use the appropriate auxiliary (**avoir** or **être**) depending on which one of these two your verb requires.

EXAMPLES:

On l'a déclaré coupable d'avoir volé la bicyclette / He was declared guilty of stealing (of having stolen) the bicycle.

Elle s'est excusée d'être arrivée en retard / She apologized for arriving (having arrived) late.

§7.117   **Causative (Causal) Faire**

§7.118   The construction **faire** + **inf.** means to have something done by someone. The causative **faire** can be in any tense but it must be followed by an infinitive.

Examples with nouns and pronouns as direct and indirect objects:

(a) **Madame Smith fait travailler ses élèves dans la classe de français** / Mrs. Smith makes her students work in French class *or* Mrs. Smith has her students work in French class.

In this example, the direct obj. is the noun **élèves** and it is placed right after the infinitive.

(b) **Madame Smith les fait travailler dans la classe de français** / Mrs. Smith makes them work (has them work) in French class.

In this example, the direct obj. is the pronoun **les**, referring to **les élèves**. It is placed in front of the verb form of **faire**, where it logically belongs. The dir. obj. here is **a** person.

(c) **Madame Smith fait lire la phrase** / Mrs. Smith is having the sentence read *or* Mrs. Smith has the sentence read.

In this example, the direct obj. is the noun **phrase** and it is placed right after the infinitive, as in (a) above.

(d) **Madame Smith la fait lire** / Mrs. Smith is having it read.

In this example, the direct obj. is the pronoun **la**, referring to **la phrase**. It is placed in front of the verb form of **faire**, where it logically belongs. This is like (b) above but here we have a thing as dir. obj. In (a) and (b) above, the dir. obj. is a person.

(e) **Madame Smith fait travailler Anne dans la classe de français** / Mrs. Smith makes Anne work (has Anne work) in the French class.

In this example, the dir. obj. is a noun, **Anne**, who is a person. It is placed right after the infinitive, where it logically belongs. This example is like §7.118(a) above. The dir. obj. in that example is in the plural; this example is in the singular, but both examples have persons as direct object.

(f) **Madame Smith fait lire Anne** / Mrs. Smith makes Anne read (has Anne read). This example is like §7.118(a) above.

(g) **Madame Smith fait lire la phrase** / Mrs. Smith is having the sentence read *or* Mrs. Smith has the sentence read. This example is identical to §7.118(c) above.

(h) Now, watch this carefully:

Madame Smith fait lire la phrase à Anne / Mrs. Smith is having Anne read the sentence. OR Mrs. Smith is having the sentence read by Anne.

When you have two objects—a thing and a person—the thing is the direct object and the person is the indirect object.

(i) And now, note this carefully:

Madame Smith la fait lire à Anne / Mrs. Smith is having Anne read it. OR Mrs. Smith is having it read by Anne.

The thing (**la**, meaning **la lettre**) is the direct object and the person is the indir. obj.—**à Anne**.

(j) And finally, both objects (the direct and the indirect) are both pronouns:

Madame Smith la lui fait lire / Mrs. Smith is having her read it. OR Mrs. Smith is having it read by her.

Note that double object pronouns in the **causative faire** construction are always objects of the verb form of **faire**, not the infinitive that follows. The dir. obj. is usually the thing and the indir. obj. is usually the person.

(k) **Madame Smith les leur fait écrire** / Mrs. Smith is having them write them. OR Mrs. Smith is having them written by them.

(l) In a compound tense, such as the **passé composé**, never make an agreement on the past participle **fait** in a **causative faire** sentence with a preceding direct object.

Madame Smith les leur a fait écrire / Mrs. Smith had them write them. OR Mrs. Smith had them written by them.

(m) In some cases with a **causative faire** construction, the prep. **à** can mean *to* or *by*. In such a case, use **par** to make the thought clear.

EXAMPLES:

> **J'ai fait envoyer la lettre à mon père** / I had the letter sent *to* my father. OR I had the letter sent *by* my father.
>
> If you mean that you had the letter sent *by* your father, then say: **J'ai fait envoyer la lettre par mon père.** The use of **par** avoids ambiguity.
>
> Normally, **J'ai fait envoyer la lettre à mon père** has the meaning: I had the letter sent (by somebody) to my father.

§7.119 Entendre and Comprendre

The main difference between the meaning of these two verbs is that **entendre** means *to hear* and **comprendre** *to understand.* Sometimes **entendre** can mean *to understand* or *to mean*:

EXAMPLES:

> **Entendez-vous la musique?** / Do you hear the music?
>
> **Comprenez-vous la leçon?** / Do you understand the lesson?
>
> **"M'entends-tu?!" dit la mère à l'enfant. "Ne fais pas cela!"** / "Do you understand me?!" says the mother to the child. "Don't do that!"
>
> **Je ne comprends pas le docteur Fu Manchu parce qu'il ne parle que chinois** / I do not understand Dr. Fu Manchu because he speaks only Chinese.
>
> **Qu'entendez-vous par là??** / What do you mean by that?? / What are you insinuating by that remark??
>
> **J'entends vos paroles mais je ne vous comprends pas; expliquez-vous, s'il vous plaît** / I understand your words but I don't understand you; explain yourself, please.

§7.120 Quitter, partir, sortir, and laisser

These four verbs all mean *to leave* but note the differences in their uses:

(a) Use **quitter** when you state a direct object noun or pronoun which could be a person or a place. Examples: **J'ai quitté mes amis devant le théâtre.** I left my friends in front of the theater. **J'ai quitté la maison à six heures du matin.** I left the house at six in the morning.

(b) Use **partir** when there is no direct object noun or pronoun. Example: **Elle est partie tout de suite.** She left immediately. However, if you use the prep. **de** after **partir**, you may add a direct object but it would be object of the prep. **de**, not of the verb **partir**. Example: **Elle est partie de la maison à six heures du matin.** She left the house (She left from the house) at six in the morning.

(c) Use **sortir**, in the sense of *to go out*. With no direct object: **Elle est sortie il y a une heure.** She went out an hour ago. However, if you use the prep. **de** after **sortir**, you may add a direct object but it would be object of the prep. **de**, not of the verb **sortir**. Example: **Elle est sortie de la maison il y a une heure.** She left the house (She went out of the house) an hour ago.

Note that **sortir** can also be conjugated with **avoir** to form a compound tense but then the meaning changes because it can take a direct object. Example: **Elle a sorti son mouchoir pour se moucher.** She *took out* her handkerchief to wipe her nose. **Elle a sorti son mouchoir pour moucher son enfant.** She took out her handkerchief to wipe her child's nose. Go back and review §7.29 (15). In §7.29, you might as well also review sentences #3, 6, 10 and 11 because those verbs, which are also normally conjugated with **être**, are conjugated with **avoir** if they are used transitively (i.e., they take a direct object)—in which case the meaning of the verb changes as does **sortir**, which I just explained to you.

(d) Use **laisser** when you leave behind something that is not stationary; in other words, something movable, for example, books and articles of clothing. Example: **J'ai laissé mes livres sur la table dans la cuisine.** I left my books on the table in the kitchen. **J'ai laissé mon imperméable à la maison.** I left my raincoat at home. Note that **laisser** also has the meaning *to let, to allow a person to do something*: **J'ai laissé mon ami partir.** I let (I allowed) my friend to leave.

§7.121 **Falloir**

(a) **Falloir** is an impersonal verb, which means that it is used only in the 3rd pers. sing. (**il** form) in all the tenses; its primary meaning is *to be necessary*.

(b) EXAMPLES:

Il faut étudier pour avoir de bonnes notes / It is necessary to study in order to have good grades.

Faut-il le faire tout de suite? / Is it necessary to do it at once?

Oui, il le faut / Yes, it is (understood: necessary to do it).

In this example, notice the use of the neuter direct object **le**; it is needed to show emphasis and to complete the thought.

Il faut être honnête / It is necessary to be honest. OR: One must be honest.

IN THE NEGATIVE: **Il ne faut pas être malhonnête** / One must not be dishonest.

Note that **il faut** in the negative means *one must not*.

Il ne faut pas fumer dans l'école / One must not smoke in school.

Il faut de l'argent pour voyager / One needs money to travel.

Note that with a direct object (**de l'argent**) **il faut** means *one needs*.

J'ai besoin d'acheter un livre qui coûte dix francs.   J'ai cinq francs et il me faut encore la moitié, cinq francs.

I need to buy a book that costs ten francs. I have five francs and half (of the amount) is lacking, five francs.

Note that here the meaning is *to need* in the sense of *to lack*.

Il faut que je fasse mes devoirs / I must do my assignments.

Here, note that **il faut que** + a new clause requires the verb in the new clause to be in the subjunctive.

Il me faut étudier / I must study.

Il lui faut un ami / He *or* she needs a friend.

Note that when you use **falloir**, as in this example, you need to use the indirect object for the person and the direct object for the thing.

Il me le faut / I need it (in the sense that *it is lacking to me*).

§7.122 **Subjunctive**

The subjunctive is not a tense; it is a mood, or mode. Usually, when we speak in French or English, we use the indicative mood. We use the subjunctive mood in French for certain reasons. The following are the principal reasons.

§7.123 **After certain conjunctions**

When the following conjunctions introduce a new clause, the verb in that new clause is normally in the subjunctive mood:

à condition que   on condition that; **Je vous prêterai l'argent à condition que vous me le rendiez le plutôt possible.**

à moins que   unless; **Je pars à six heures précises à moins qu'il (n') y ait un orage.** [Expletive **ne** is optional; see §7.134–7.139.]

afin que   in order that, so that; **Je vous explique clairement afin que vous compreniez.**

attendre que   to wait until; **Attendez que je finisse mon dîner.**

au cas où   in case; **Au cas où il vienne, je pars tout de suite.**

autant que   **Autant que je le sache . . .** / As fas as I know . . .

avant que   before; **Ne me dites rien avant qu'il vienne.**   [Expletive **ne** is optional; see §**7.134–7.139.**]

bien que   although; **Bien que Madame Cartier soit malade, elle a toujours bon appétit.**

de crainte que   for fear that; **La mère a dit à sa petite fille de rester dans la maison de crainte qu'elle ne se fasse mal dans la rue.** [Expletive **ne** is required; see §**7.134– 7.139.**]

de façon que   so that, in a way that, in such a way that; **Barbara étudie de façon qu'elle puisse réussir.**

de manière que   so that, in a way that, in such a way that; **Joseph travaille dans la salle de classe de manière qu'il puisse réussir.**

de peur que   for fear that; **Je vous dis de rester dans la maison aujourd'hui de peur que vous ne glissiez sur la glace.** [Expletive **ne** is required; see §**7.134–7.139.**]

de sorte que   so that, in a way that, in such a way that; **Nettoyez la chambre de sorte que tout soit propre.**

en attendant que   until; **Nous allons rester ici en attendant qu'elle vienne.**

jusqu'à ce que   until; **Je vais attendre jusqu'à ce que vous finissiez.**

malgré que   although; **Malgré que Madame Cartier soit malade, elle a toujours bon appétit.** (NOTE: prefer to use **bien que,** as in the example given with **bien que** above on this list)

pour autant que   as far as, as much as; **Pour autant que je me souvienne . . .** / As far as I remember. (NOTE: prefer to use **autant que,** as in the example given with **autant que** above on this list)

pour que   in order that, so that; **Expliquez-vous mieux, s'il vous plaît, pour que je comprenne.**

pourvu que   provided that; **Vous pouvez parler librement pourvu que vous me laissiez faire de même.**

que . . . ou non   whether . . . or not; **Qu'il vienne ou non, cela m'est égal.**

quoique   although; **Quoiqu'il soit vieux, il a l'agilité d'un jeune homme.**

sans que   without; **Ne sortez pas sans que je le sache** / Do not leave without my knowing it.

soit que . . . ou que   whether . . . or; either . . . or; **Soit qu'elle comprenne ou qu'elle ne comprenne pas, cela m'est égal.**

soit que . . . soit que   whether . . . or whether; **Soit que vous le fassiez, soit que vous ne le fassiez pas, cela m'est égal.**

tâcher que   to try to, to attempt to; **Tâchez que le bébé soit bien nourri.**

veiller à ce que   to see to it that; **Veillez à ce que la porte soit fermée à clef pendant mon absence.**

§**7.124**   **After indefinite expressions**

où que   wherever; **Où que vous alliez, cela ne m'importe pas.**

quel que   whatever; **Je vous aiderai, quelles que soient vos ambitions** / I will help you, whatever your ambitions may be. (NOTE that the appropriate form of **quel** is needed in this indefinite expression because you are dealing with a noun (**ambitions**) and **quel** functions as an adjective)

qui que   whoever; **Qui que vous soyez, je ne veux pas vous écouter** / Whoever you are (Whoever you may be), I don't want to listen to you.

quoi que   whatever, no matter what; **Quoi que cet homme dise, je ne le crois pas** / No matter what this man says, I do not believe him.

si + adj. + que   however; **Si bavarde qu'elle soit, elle ne dit jamais de bêtises** / However talkative she may be, she never says anything stupid.

§**7.125**   **After an indefinite antecedent**

See §**6.44** for a brief definition of an antecedent. (Remember to use the General Index for references to explanations and examples located in different parts of this book!)

The reason why the subjunctive is needed after an indefinite antecedent is that the person or thing desired may possibly not exist; or, if it does exist, you may never find it.

    (a) **Je cherche une personne qui soit honnête** / I am looking for a person who is honest.

    (b) **Je cherche un appartement qui ne soit pas trop cher** / I am looking for an apartment that is not too expensive.

    (c) **Connaissez-vous quelqu'un qui puisse réparer mon téléviseur une fois pour toutes?** / Do you know someone who can repair my TV set once and for all?

    (d) **Y a-t-il un élève qui comprenne le subjonctif?** / Is there a student who understands the subjunctive?

    BUT IF THE PERSON OR THING YOU ARE LOOKING FOR DOES EXIST, USE THE INDICATIVE MOOD:

    (a) **J'ai trouvé une personne qui est honnête.**

    (b) **J'ai un appartement qui n'est pas trop cher.**

    (c) **Je connais une personne qui peut réparer votre téléviseur.**

§7.126   After a superlative expressing an opinion

Those superlatives expressing an opinion are commonly: **le seul**, **la seule** (the only), **le premier**, **la première** (the first), **le dernier**, **la dernière** (the last), **le plus petit**, **la plus petite** (the smallest), **le plus grand**, **la plus grande**, *etc.*

    (a) **A mon avis, Marie est la seule étudiante qui comprenne le subjonctif parfaitement.**

    (b) **A mon avis, Henriette est l'élève la plus jolie que j'aie jamais vue.**

§7.127   After **Que**, meaning *let* or *may* to express a wish, an order, a command in the 3rd person singular or plural

    (a) **Qu'il parte!** / Let him leave!

    (b) **Que Dieu nous pardonne!** / May God forgive us! (NOTE that the form *pardonne* is the same in the 3rd pers. subjunctive as in the indicative)

    (c) **Qu'ils s'en aillent!** / Let them go away!
    NOTE that what is understood in front of **Que** here is (**Je veux**) **que** . . .

§7.128   After certain impersonal expressions

c'est dommage que   it's a pity that, it's too bad that; **C'est dommage qu'elle soit morte.**
il est à souhaiter que   it is to be desired that; **Il est à souhaiter qu'elle soit guérie.**
il est bizarre que   it is odd that; **Il est bizarre qu'il soit parti sans rien dire.**
il est bon que   it is good that; **Il est bon que vous restiez au lit.**
il est convenable que   it is fitting (proper) that; **Il est convenable qu'il vienne me voir.**
il est douteux que   it is doubtful that; **Il est douteux qu'il soit présent au concert ce soir.**
il est essentiel que   it is essential that; **Il est essentiel que vous veniez me voir le plus tôt possible.**
il est étonnant que   it is astonishing that; **Il est étonnant qu'elle soit sortie sans rien dire.**
il est étrange que   it is strange that; **Il est étrange qu'il n'ait pas répondu à ta lettre.**
il est faux que   it is false (it is not true) that; **Il est faux que vous ayez vu ma soeur dans ce cabaret.**
il est heureux que   it is fortunate that; **Il est très heureux que Madame Piquet soit guérie.**
il est honteux que   it is shameful (a shame) that; **Il est honteux que vous trichiez.**
il est important que   it is important that; **Il est important que vous arriviez à l'heure.**
il est impossible que   it is impossible that; **Il est impossible que je sois chez vous avant trois heures.**
il est juste que   it is right that; **Il est juste que le criminel soit puni pour son crime.**

il est naturel que   it is natural that; **Il est naturel qu'on ait peur dans un moment dangereux.**

il est nécessaire que   it is necessary that; **Il est nécessaire que tu finisses la leçon de français avant d'aller au cinéma.**

il est possible que   it is possible that; **Il est possible que Madame Paquet soit déjà partie.**

il est rare que   it is rare that; **Il est rare qu'elle sorte.**

il est regrettable que   it is regrettable that; **Il est regrettable que cet homme riche ait tout perdu au jeu.**

il est surprenant que   it is surprising that; **Il est surprenant que tu n'aies pas fait ton devoir aujourd'hui.**

il est temps que   it is time that; **Il est temps que tu fasses tes devoirs tous les jours.**

il est urgent que   it is urgent that; **Il est urgent que le docteur vienne.**

il faut que   it is necessary that; **Il faut que tu sois ici à neuf heures précises.**

il importe que   it is important that; **Il importe que tu me dises toute la vérité.**

il se peut que   it may be that; **Il se peut qu'elle soit sortie.**

il semble que   it seems that, it appears that; **Il semble que Madame Gervaise soit déjà partie.**

il suffit que   it is enough that, it suffices that; **Il suffit qu'il soit informé tout simplement.**

il vaut mieux que   it is better that; **Il vaut mieux que vous soyez présent quand le docteur est ici.**

§7.129   **After the following impersonal expressions** (in English, the subject is *It*) used in the negative or interrogative because they suggest some kind of doubt, uncertainty, hesitation . . .

Il ne me semble pas que . . . Me semble-t-il que . . . ?	Il ne paraît pas que . . . Paraît-il que . . . ?
Il n'est pas clair que . . . Est-il clair que . . . ?	Il n'est pas vrai que . . . Est-il vrai que . . . ?
Il n'est pas évident que . . . Est-il évident que . . . ?	Il n'est pas sûr que . . . Est-il sûr que . . . ?
Il n'est pas certain que . . . Est-il certain que . . . ?	Il n'est pas probable que . . . Est-il probable que . . . ?

§7.130   **After certain verbs expressing doubt, emotion, wishing**

aimer que . . .   to like that . . .

aimer mieux que . . .   to prefer that . . .

s'attendre à ce que . . .   to expect that . . .

avoir peur que . . .   to be afraid that . . . [expletive **ne** is required; see **§7.134–§7.139.**]

craindre que . . .   to fear that . . . [expletive **ne** is required; see **§7.134–§7.139.**]

défendre que . . .   to forbid that . . .

désirer que . . .   to desire that . . .

douter que . . .   to doubt that . . .

empêcher que . . .   to prevent that . . .

s'étonner que . . .   to be astonished that . . .

s'étonner de ce que . . .   to be astonished at the fact that . . .

être bien aise que . . .   to be pleased that . . .

être content que . . .   to be glad that . . .

être désolé que . . .   to be distressed that . . .

être étonné que . . .   to be astonished that . . .

être heureux que . . .   to be happy that . . .

être joyeux que . . .   to be joyful that . . .

être malheureux que . . .   to be unhappy that . . .
être ravi que . . .   to be delighted that . . .
être surpris que . . .   to be surprised that . . .
être triste que . . .   to be sad that . . .
exiger que . . .   to demand that . . .
se fâcher que . . .   to be angry that . . .
ordonner que . . .   to order that . . .
préférer que . . .   to prefer that . . .
regretter que . . .   to regret that . . .
souhaiter que . . .   to wish that . . .
tenir à ce que . . .   to insist upon . . .
trembler que . . .   to tremble that . . . [expletive **ne** is required; see **§7.134–§7.139.**]
vouloir que . . .   to want that . . .

§7.131   SOME EXAMPLES:

J'aimerais que vous restiez ici / I would like you to stay here.

J'aime mieux que vous restiez ici / I prefer that you stay here.

Je m'attends à ce qu'elle vienne immédiatement / I expect her to come immediately.

J'ai peur qu'il ne soit malade / I am afraid that he may be sick. [expletive **ne** is required; see **§7.134–§7.139.**]

Je crains qu'elle ne soit gravement malade / I fear that she may be seriously ill. [expletive **ne** is required; see **§7.134–§7.139.**]

Je m'étonne qu'elle ne soit pas venue me voir / I am astonished that she has not come to see me.

Je m'étonne de ce qu'il ne soit pas parti / I am astonished (at the fact that) he has not left.

Ta mère est contente que tu sois heureux / Your mother is glad that you are happy.

Madame Poulet est désolée que son mari ait perdu toute sa fortune / Mrs. Poulet is distressed that her husband has lost his entire fortune.

§7.132   After verbs of believing and thinking, such as **croire, penser, trouver** (meaning *to think, to have an impression*), and **espérer** when used in the negative OR interrogative but not when both interrogative AND negative . . .

§7.133   EXAMPLES:

Je ne pense pas qu'il soit coupable / I don't think that he is guilty. **Croyez-vous qu'il dise la vérité?** / Do you believe he is telling the truth?

BUT: **Ne croyez-vous pas qu'il dit la vérité?** / Don't you think that he is telling the truth?

Trouvez-vous qu'il y ait beaucoup de crimes dans la société d'aujourd'hui? / Do you find (think) that there are many crimes in today's society?

BUT: **Ne trouvez-vous pas que ce livre est intéressant?** / Don't you think (OR: Don't you find) that this book is interesting?

§7.134   **Ne explétif**

In French, the use of **ne** in front of the verb in the clause introduced by certain conjunctions and some verbs is called **ne explétif**. For years, some American and English grammarians have called this **ne explétif** "pleonastic **ne**" or merely "a pleonasm". This term in English is not entirely accurate.

A pleonasm, in French and English, is the use of an additional word which is not necessary (which is redundant) to express what has already been stated; for example, *to descend downstairs* (**descendre en bas**), *to climb up* (**monter en haut**), *a free gift* (**un cadeau gratuit**).

In English, we have the word *expletive*, which is the best word for the French **explétif**; therefore, in English I refer to the French **ne explétif** as expletive **ne**, not pleonastic **ne**.

An example of an expletive in English grammar is the word *there* used as follows: *There are many books on the desk*; we could easily say *Many books are on the desk*. But when we place the verb *are* in front of the subject *books*, we need to fill out the sentence by beginning it with *There are . . .* ; or even in the singular: *There is one book on the desk*; we could easily say *One book is on the desk*, without the expletive *there*. Another example of an expletive in English is the use of *it*, as in: *It is her obligation to do it*. We could easily say: *Her obligation is to do it*, without the expletive *it*.

All French grammarians do not agree on when to use the **ne explétif** and nowadays most French people do not bother to observe correct usage of this **ne explétif**; the tendency seems to be to ignore it completely or to use it optionally. However:

§7.135   Let me give you examples of when the use of expletive **ne** is required:

        (a) After a verb or conjunction expressing fear: **Je crains qu'elle ne meure; Je prie de peur qu'elle ne meure.**

        (b) After the verb **trembler**: **Je tremble qu'elle ne meure.**

    NOTE that in these two examples, the fear or trembling is about something that may happen: use the expletive **ne**.

§7.136   If the fear or trembling is about something that may NOT happen, use **ne . . . pas** in the result clause: **J'ai peur que mon fils ne soit pas reçu à l'université** / I'm afraid that my son will not be accepted at the university.

§7.137   ALSO NOTE that if the verb of fear or trembling is used in the negative—in other words, you do not fear or tremble about something—there is no need for the expletive **ne**: **Je ne crains pas qu'il vienne** / I am not afraid that he might come; **Je ne tremble pas qu'elle vienne** / I am not trembling that she might come.

§7.138   (c) After the simple conjunction **que** when it is used as a short form to take the place of **à moins que, avant que, de peur que**, or **sans que**: **Partez tout de suite, que je ne vous insulte** / Leave immediately before I insult you. [When these conjunctions are stated in full, only **de peur que** requires the expletive **ne**]

    For the use of the subjunctive of the verb in the **que** clause in the above examples, see **§7.122, §7.123, §7.130, §7.131.**

§7.139   (d) Generally speaking, at all other times, do not use the expletive **ne** because it is used either optionally or it must not be used. You are safe, therefore, if you use it only in the above cases where it is required.

§7.140   **Irregular verbs commonly used**

§7.141   Here are a few samples of commonly used irregular verbs conjugated fully in all the tenses and moods. If there are any not given here, but which interest you, consult *501 French verbs fully conjugated in all the tenses in a new easy to learn format*, 4th ed., which contains them all, also published by Barron's Educational Series, Inc.

    The common irregular verb **aller** is conjugated fully for you in all the tenses and moods in **§7.85.**

    In the format of the verbs that follow, the subject pronouns have been omitted in order to emphasize the verb forms. The subject pronouns are, as you know: **je, tu, il (elle, on)** in the singular in the first line of each tense; **nous, vous, ils (elles)** in the plural in the second line of each tense.

    The numbered sequence of the verb tenses is that used in **§7.70, §7.84** and **§7.85,** which you must consult. A number system is used here in order to conserve space so that you may see, as a picture, all the forms for a particular verb.

apprendre to learn
Part. pr. **apprenant**   Part. passé **appris**

The Seven Simple Tenses		The Seven Compound Tenses	
Singular	Plural	Singular	Plural
1 présent de l'indicatif		**8 passé composé**	
apprends	apprenons	ai appris	avons appris
apprends	apprenez	as appris	avez appris
apprend	apprennent	a appris	ont appris
2 imparfait de l'indicatif		**9 plus-que-parfait de l'indicatif**	
apprenais	apprenions	avais appris	avions appris
apprenais	appreniez	avais appris	aviez appris
apprenait	apprenaient	avait appris	avaient appris
3 passé simple		**10 passé antérieur**	
appris	apprîmes	eus appris	eûmes appris
appris	apprîtes	eus appris	eûtes appris
apprit	apprirent	eut appris	eurent appris
4 futur		**11 futur antérieur**	
apprendrai	apprendrons	aurai appris	aurons appris
apprendras	apprendrez	auras appris	aurez appris
apprendra	apprendront	aura appris	auront appris
5 conditionnel		**12 conditionnel passé**	
apprendrais	apprendrions	aurais appris	aurions appris
apprendrais	apprendriez	aurais appris	auriez appris
apprendrait	apprendraient	aurait appris	auraient appris
6 présent du subjonctif		**13 passé du subjonctif**	
apprenne	apprenions	aie appris	ayons appris
apprennes	appreniez	aies appris	ayez appris
apprenne	apprennent	ait appris	aient appris
7 imparfait du subjonctif		**14 plus-que-parfait du subjonctif**	
apprisse	apprissions	eusse appris	eussions appris
apprisses	apprissiez	eusses appris	eussiez appris
apprît	apprissent	eût appris	eussent appris

Impératif
apprends
apprenons
apprenez

Common idiomatic expressions using this verb

A l'école j'apprends à lire en français. J'apprends à écrire et à parler. Ce matin mon maître de français m'a dit: —Robert, apprends ce poème par coeur pour demain.

La semaine dernière j'ai appris un poème de Verlaine. Pour demain j'apprendrai la conjugaison du verbe *apprendre*.

apprendre par coeur   to memorize
apprendre à qqn à faire qqch   to teach somebody to do something
apprendre qqch à qqn   to inform someone of something; to teach someone something
apprendre à faire qqch   to learn to do something

avoir   to have
Part. pr. **ayant**   Part. passé **eu**

The Seven Simple Tenses		The Seven Compound Tenses	
Singular	Plural	Singular	Plural
1 présent de l'indicatif		**8** passé composé	
ai	avons	ai eu	avons eu
as	avez	as eu	avez eu
a	ont	a eu	ont eu
2 imparfait de l'indicatif		**9** plus-que-parfait de l'indicatif	
avais	avions	avais eu	avions eu
avais	aviez	avais eu	aviez eu
avait	avaient	avait eu	avaient eu
3 passé simple		**10** passé antérieur	
eus	eûmes	eus eu	eûmes eu
eus	eûtes	eus eu	eûtes eu
eut	eurent	eut eu	eurent eu
4 futur		**11** futur antérieur	
aurai	aurons	aurai eu	aurons eu
auras	aurez	auras eu	aurez eu
aura	auront	aura eu	auront eu
5 conditionnel		**12** conditionnel passé	
aurais	aurions	aurais eu	aurions eu
aurais	auriez	aurais eu	auriez eu
aurait	auraient	aurait eu	auraient eu
6 présent du subjonctif		**13** passé du subjonctif	
aie	ayons	aie eu	ayons eu
aies	ayez	aies eu	ayez eu
ait	aient	ait eu	aient eu
7 imparfait du subjonctif		**14** plus-que-parfait du subjonctif	
eusse	eussions	eusse eu	eussions eu
eusses	eussiez	eusses eu	eussiez eu
eût	eussent	eût eu	eussent eu

Impératif
aie
ayons
ayez

Common idiomatic expressions using this verb

avoir. . . ans to be . . . years old	**avoir qqch à faire** to have
avoir à + inf. to have to, to be obliged to + inf.	something to do
avoir besoin de to need, to have need of	**avoir de la chance** to be lucky
avoir chaud to be (feel) warm (persons)	**avoir faim** to be hungry
avoir froid to be (feel) cold (persons)	**avoir soif** to be thirsty
avoir sommeil to be (feel) sleepy	**avoir honte** to be (feel) ashamed

For more idioms using this verb, see §12.24.

boire to drink
Part. pr. **buvant**   Part. passé **bu**

The Seven Simple Tenses		The Seven Compound Tenses	
Singular	Plural	Singular	Plural
1 présent de l'indicatif		**8 passé composé**	
bois	buvons	ai bu	avons bu
bois	buvez	as bu	avez bu
boit	boivent	a bu	ont bu
2 imparfait de l'indicatif		**9 plus-que-parfait de l'indicatif**	
buvais	buvions	avais bu	avions bu
buvais	buviez	avais bu	aviez bu
buvait	buvaient	avait bu	avaient bu
3 passé simple		**10 passé antérieur**	
bus	bûmes	eus bu	eûmes bu
bus	bûtes	eus bu	eûtes bu
but	burent	eut bu	eurent bu
4 futur		**11 futur antérieur**	
boirai	boirons	aurai bu	aurons bu
boiras	boirez	auras bu	aurez bu
boira	boiront	aura bu	auront bu
5 conditionnel		**12 conditionnel passé**	
boirais	boirions	aurais bu	aurions bu
boirais	boiriez	aurais bu	auriez bu
boirait	boiraient	aurait bu	auraient bu
6 présent du subjonctif		**13 passé du subjonctif**	
boive	buvions	aie bu	ayons bu
boives	buviez	aies bu	ayez bu
boive	boivent	ait bu	aient bu
7 imparfait du subjonctif		**14 plus-que-parfait du subjonctif**	
busse	bussions	eusse bu	eussions bu
busses	bussiez	eusses bu	eussiez bu
bût	bussent	eût bu	eussent bu

Impératif
bois
buvons
buvez

Sentences using this verb and words related to it

—Michel, as-tu bu ton lait?
—Non, maman, je ne l'ai pas bu.
—Bois-le tout de suite, je te dis.
—Tous les jours je bois du lait. N'y a-t-il pas d'autres boissons dans la maison?
— Si, il y a d'autres boissons dans la maison mais les bons garçons comme toi boivent du lait.
boire à la santé de qqn   to drink to someone's health
une boisson   drink; boisson gazeuse   carbonated drink
un buveur, une buveuse   drinker; une buvette   bar
un buvard   ink blotter; boire un coup   to have a drink

connaître   to know, to be acquainted with, to make the acquaintance of
Part. pr. **connaissant**   Part. passé **connu**

The Seven Simple Tenses		The Seven Compound Tenses	
Singular	Plural	Singular	Plural
1 présent de l'indicatif		**8 passé composé**	
connais	connaissons	ai connu	avons connu
connais	connaissez	as connu	avez connu
connaît	connaissent	a connu	ont connu
2 imparfait de l'indicatif		**9 plus-que-parfait de l'indicatif**	
connaissais	connaissions	avais connu	avions connu
connaissais	connaissiez	avais connu	aviez connu
connaissait	connaissaient	avait connu	avaient connu
3 passé simple		**10 passé antérieur**	
connus	connûmes	eus connu	eûmes connu
connus	connûtes	eus connu	eûtes connu
connut	connurent	eut connu	eurent connu
4 futur		**11 futur antérieur**	
connaîtrai	connaîtrons	aurai connu	aurons connu
connaîtras	connaîtrez	auras connu	aurez connu
connaîtra	connaîtront	aura connu	auront connu
5 conditionnel		**12 conditionnel passé**	
connaîtrais	connaîtrions	aurais connu	aurions connu
connaîtrais	connaîtriez	aurais connu	auriez connu
connaîtrait	connaîtraient	aurait connu	auraient connu
6 présent du subjonctif		**13 passé du subjonctif**	
connaisse	connaissions	aie connu	ayons connu
connaisses	connaissiez	aies connu	ayez connu
connaisse	connaissent	ait connu	aient connu
7 imparfait du subjonctif		**14 plus-que-parfait du subjonctif**	
connusse	connussions	eusse connu	eussions connu
connusses	connussiez	eusses connu	eussiez connu
connût	connussent	eût connu	eussent connu

Impératif
connais
connaissons
connaissez

Common idiomatic expressions using this verb and words related to it

—Connaissez-vous quelqu'un qui puisse m'aider? Je suis touriste et je ne connais pas cette ville.
—Non, je ne connais personne. Je suis touriste aussi.
—Voulez-vous aller prendre un café? Nous pouvons faire connaissance.

la connaissance   knowledge, understanding, acquaintance
connaisseur, connaisseuse   expert
se connaître   to know each other, to know oneself
faire connaissance   to get acquainted

croire   to believe
Part. pr. **croyant**   Part. passé **cru**

The Seven Simple Tenses		The Seven Compound Tenses	
Singular	Plural	Singular	Plural
1 présent de l'indicatif		**8 passé composé**	
crois	croyons	ai cru	avons cru
crois	croyez	as cru	avez cru
croit	croient	a cru	ont cru
2 imparfait de l'indicatif		**9 plus-que-parfait de l'indicatif**	
croyais	croyions	avais cru	avions cru
croyais	croyiez	avais cru	aviez cru
croyait	croyaient	avait cru	avaient cru
3 passé simple		**10 passé antérieur**	
crus	crûmes	eus cru	eûmes cru
crus	crûtes	eus cru	eûtes cru
crut	crurent	eut cru	eurent cru
4 futur		**11 futur antérieur**	
croirai	croirons	aurai cru	aurons cru
croiras	croirez	auras cru	aurez cru
croira	croiront	aura cru	auront cru
5 conditionnel		**12 conditionnel passé**	
croirais	croirions	aurais cru	aurions cru
croirais	croiriez	aurais cru	auriez cru
croirait	croiraient	aurait cru	auraient cru
6 présent du subjonctif		**13 passé du subjonctif**	
croie	croyions	aie cru	ayons cru
croies	croyiez	aies cru	ayez cru
croie	croient	ait cru	aient cru
7 imparfait du subjonctif		**14 plus-que-parfait du subjonctif**	
crusse	crussions	eusse cru	eussions cru
crusses	crussiez	eusses cru	eussiez cru
crût	crussent	eût cru	eussent cru

Impératif
crois
croyons
croyez

Sentences using this verb and words related to it

Est-ce que vous croyez tout ce que vous entendez? Avez-vous cru l'histoire que je vous ai racontée?

Croyez-m'en!   Take my word for it!
se croire   to think oneself; to consider oneself
Paul se croit beau   Paul thinks himself handsome.
croyable   believable

incroyable   unbelievable
croire à qqch   to believe in something
croire en qqn   to believe in someone

devenir   to become
Part. pr. **devenant**   Part. passé **devenu(e)(s)**

The Seven Simple Tenses		The Seven Compound Tenses	
Singular	Plural	Singular	Plural
1 présent de l'indicatif		**8 passé composé**	
deviens	devenons	suis devenu(e)	sommes devenu(e)s
deviens	devenez	es devenu(e)	êtes devenu(e)(s)
devient	deviennent	est devenu(e)	sont devenu(e)s
2 imparfait de l'indicatif		**9 plus-que-parfait de l'indicatif**	
devenais	devenions	étais devenu(e)	étions devenu(e)s
devenais	deveniez	étais devenu(e)	étiez devenu(e)(s)
devenait	devenaient	était devenu(e)	étaient devenu(e)s
3 passé simple		**10 passé antérieur**	
devins	devînmes	fus devenu(e)	fûmes devenu(e)s
devins	devîntes	fus devenu(e)	fûtes devenu(e)(s)
devint	devinrent	fut devenu(e)	furent devenu(e)s
4 futur		**11 futur antérieur**	
deviendrai	deviendrons	serai devenu(e)	serons devenu(e)s
deviendras	deviendrez	seras devenu(e)	serez devenu(e)(s)
deviendra	deviendront	sera devenu(e)	seront devenu(e)s
5 conditionnel		**12 conditionnel passé**	
deviendrais	deviendrions	serais devenu(e)	serions devenu(e)s
deviendrais	deviendriez	serais devenu(e)	seriez devenu(e)(s)
deviendrait	deviendraient	serait devenu(e)	seraient devenu(e)s
6 présent du subjonctif		**13 passé du subjonctif**	
devienne	devenions	sois devenu(e)	soyons devenu(e)s
deviennes	deveniez	sois devenu(e)	soyez devenu(e)(s)
devienne	deviennent	soit devenu(e)	soient devenu(e)s
7 imparfait du subjonctif		**14 plus-que-parfait du subjonctif**	
devinsse	devinssions	fusse devenu(e)	fussions devenu(e)s
devinsses	devinssiez	fusses devenu(e)	fussiez devenu(e)(s)
devînt	devinssent	fût devenu(e)	fussent devenu(e)s

Impératif
deviens
devenons
devenez

Common idiomatic expressions using this verb

   J'ai entendu dire que Claudette est devenue docteur. Et vous, qu'est-ce que vous voulez devenir?

devenir fou, devenir folle   to go mad, crazy; **devenir vieux/grand**   to grow old/tall
Qu'est devenue votre soeur?   What has become of your sister?

devoir to have to, must, ought, owe, should
Part. pr. **devant**   Part. passé **dû (due)**

The Seven Simple Tenses		The Seven Compound Tenses	
Singular	Plural	Singular	Plural
1 présent de l'indicatif		**8 passé composé**	
dois	devons	ai dû	avons dû
dois	devez	as dû	avez dû
doit	doivent	a dû	ont dû
2 imparfait de l'indicatif		**9 plus-que-parfait de l'indicatif**	
devais	devions	avais dû	avions dû
devais	deviez	avais dû	aviez dû
devait	devaient	avait dû	avaient dû
3 passé simple		**10 passé antérieur**	
dus	dûmes	eus dû	eûmes dû
dus	dûtes	eus dû	eûtes dû
dut	durent	eut dû	eurent dû
4 futur		**11 futur antérieur**	
devrai	devrons	aurai dû	aurons dû
devras	devrez	auras dû	aurez dû
devra	devront	aura dû	auront dû
5 conditionnel		**12 conditionnel passé**	
devrais	devrions	aurais dû	aurions dû
devrais	devriez	aurais dû	auriez dû
devrait	devraient	aurait dû	auraient dû
6 présent du subjonctif		**13 passé du subjonctif**	
doive	devions	aie dû	ayons dû
doives	deviez	aies dû	ayez dû
doive	doivent	ait dû	aient dû
7 imparfait du subjonctif		**14 plus-que-parfait du subjonctif**	
dusse	dussions	eusse dû	eussions dû
dusses	dussiez	eusses dû	eussiez dû
dût	dussent	eût dû	eussent dû

	Impératif
	dois
	devons
	devez

Common idiomatic expressions using this verb

Hier soir je suis allé au cinéma avec mes amis. Vous auriez dû venir avec nous. Le film était excellent.

Vous auriez dû venir You should have come.
le devoir duty, obligation
les devoirs homework
Cette grosse somme d'argent est due lundi.
This large amount of money is due Monday.

faire ses devoirs to do one's homework
Je vous dois cent francs I owe you 100 francs.
J'ai dû attendre deux heures I had to wait two hours.

dire   to say, to tell
Part. pr. **disant**   Part. passé **dit**

The Seven Simple Tenses		The Seven Compound Tenses	
Singular	Plural	Singular	Plural
1 présent de l'indicatif		**8 passé composé**	
dis	disons	ai dit	avons dit
dis	dites	as dit	avez dit
dit	disent	a dit	ont dit
2 imparfait de l'indicatif		**9 plus-que-parfait de l'indicatif**	
disais	disions	avais dit	avions dit
disais	disiez	avais dit	aviez dit
disait	disaient	avait dit	avaient dit
3 passé simple		**10 passé antérieur**	
dis	dîmes	eus dit	eûmes dit
dis	dîtes	eus dit	eûtes dit
dit	dirent	eut dit	eurent dit
4 futur		**11. futur antérieur**	
dirai	dirons	aurai dit	aurons dit
diras	direz	auras dit	aurez dit
dira	diront	aura dit	auront dit
5 conditionnel		**12 conditionnel passé**	
dirais	dirions	aurais dit	aurions dit
dirais	diriez	aurais dit	auriez dit
dirait	diraient	aurait dit	auraient dit
6 présent du subjonctif		**13 passé du subjonctif**	
dise	disions	aie dit	ayons dit
dises	disiez	aies dit	ayez dit
dise	disent	ait dit	aient dit
7 imparfait du subjonctif		**14 plus-que-parfait du subjonctif**	
disse	dissions	eusse dit	eussions dit
disses	dissiez	eusses dit	eussiez dit
dît	dissent	eût dit	eussent dit

Impératif
dis
disons
dites

Common idiomatic expressions using this verb

—Qu'est-ce que vous avez dit? Je n'ai pas entendu.
—J'ai dit que je ne vous ai pas entendu. Parlez plus fort.

c'est-à-dire   that is, that is to say
entendre dire que   to hear it said that
vouloir dire   to mean
dire du bien de   to speak well of

écrire   to write
Part. pr. **écrivant**   Part. passé **écrit**

The Seven Simple Tenses		The Seven Compound Tenses	
Singular	Plural	Singular	Plural
1 présent de l'indicatif		**8 passé composé**	
écris	écrivons	ai écrit	avons écrit
écris	écrivez	as écrit	avez écrit
écrit	écrivent	a écrit	ont écrit
2 imparfait de l'indicatif		**9 plus-que-parfait de l'indicatif**	
écrivais	écrivions	avais écrit	avions écrit
écrivais	écriviez	avais écrit	aviez écrit
écrivait	écrivaient	avait écrit	avaient écrit
3 passé simple		**10 passé antérieur**	
écrivis	écrivîmes	eus écrit	eûmes écrit
écrivis	écrivîtes	eus écrit	eûtes écrit
écrivit	écrivirent	eut écrit	eurent écrit
4 futur		**11 futur antérieur**	
écrirai	écrirons	aurai écrit	aurons écrit
écriras	écrirez	auras écrit	aurez écrit
écrira	écriront	aura écrit	auront écrit
5 conditionnel		**12 conditionnel passé**	
écrirais	écririons	aurais écrit	aurions écrit
écrirais	écririez	aurais écrit	auriez écrit
écrirait	écriraient	aurait écrit	auraient écrit
6 présent du subjonctif		**13 passé du subjonctif**	
écrive	écrivions	aie écrit	ayons écrit
écrives	écriviez	aies écrit	ayez écrit
écrive	écrivent	ait écrit	aient écrit
7 imparfait du subjonctif		**14 plus-que-parfait du subjonctif**	
écrivisse	écrivissions	eusse écrit	eussions écrit
écrivisses	écrivissiez	eusses écrit	eussiez écrit
écrivît	écrivissent	eût écrit	eussent écrit

Impératif
écris
écrivons
écrivez

Sentences using this verb and words and expressions related to it

   Jean: **As-tu écrit ta composition pour la classe de français?**
Jacques: **Non, je ne l'ai pas écrite.**
   Jean: **Écrivons-la ensemble.**

un écrivain   writer;   **une femme écrivain**   woman writer
écriture *(f.)*   handwriting, writing
écrire un petit mot à qqn   to write a note to someone

être   to be
Part. pr. **étant**   Part. passé **été**

The Seven Simple Tenses		The Seven Compound Tenses	
Singular	Plural	Singular	Plural
1 présent de l'indicatif		**8 passé composé**	
suis	sommes	ai été	avons été
es	êtes	as été	avez été
est	sont	a été	ont été
2 imparfait de l'indicatif		**9 plus-que-parfait de l'indicatif**	
étais	étions	avais été	avions été
étais	étiez	avais été	aviez été
était	étaient	avait été	avaient été
3 passé simple		**10 passé antérieur**	
fus	fûmes	eus été	eûmes été
fus	fûtes	eus été	eûtes été
fut	furent	eut été	eurent été
4 futur		**11 futur antérieur**	
serai	serons	aurai été	aurons été
seras	serez	auras été	aurez été
sera	seront	aura été	auront été
5 conditionnel		**12 conditionnel passé**	
serais	serions	aurais été	aurions été
serais	seriez	aurais été	auriez été
serait	seraient	aurait été	auraient été
6 présent du subjonctif		**13 passé du subjonctif**	
sois	soyons	aie été	ayons été
sois	soyez	aies été	ayez été
soit	soient	ait été	aient été
7 imparfait du subjonctif		**14 plus-que-parfait du subjonctif**	
fusse	fussions	eusse été	eussions été
fusses	fussiez	eusses été	eussiez été
fût	fussent	eût été	eussent été

Impératif
sois
soyons
soyez

Common idiomatic expressions using this verb

être en train de + inf.   to be in the act of + pres. part., to be in the process of, to be
busy + pres. part.;
Mon père est en train d'écrire une lettre à mes grands-parents.

être à l'heure to be on time	**Je suis à vous** I am at your service.
être à temps to be in time	**Je suis d'avis que. . .** I am of the opinion that. . .
être pressé(e) to be in a hurry	**être au courant de** to be informed about

For more idioms using this basic verb, see §12.35.

faire   to do, to make
Part. pr. **faisant**   Part. passé **fait**

The Seven Simple Tenses		The Seven Compound Tenses	
Singular	Plural	Singular	Plural
1 présent de l'indicatif		**8 passé composé**	
fais	**faisons**	**ai fait**	**avons fait**
fais	**faites**	**as fait**	**avez fait**
fait	**font**	**a fait**	**ont fait**
2 imparfait de l'indicatif		**9 plus-que-parfait de l'indicatif**	
faisais	**faisions**	**avais fait**	**avions fait**
faisais	**faisiez**	**avais fait**	**aviez fait**
faisait	**faisaient**	**avait fait**	**avaient fait**
3 passé simple		**10 passé antérieur**	
fis	**fîmes**	**eus fait**	**eûmes fait**
fis	**fîtes**	**eus fait**	**eûtes fait**
fit	**firent**	**eut fait**	**eurent fait**
4 futur		**11 futur antérieur**	
ferai	**ferons**	**aurai fait**	**aurons fait**
feras	**ferez**	**auras fait**	**aurez fait**
fera	**feront**	**aura fait**	**auront fait**
5 conditionnel		**12 conditionnel passé**	
ferais	**ferions**	**aurais fait**	**aurions fait**
ferais	**feriez**	**aurais fait**	**auriez fait**
ferait	**feraient**	**aurait fait**	**auraient fait**
6 présent du subjonctif		**13 passé du subjonctif**	
fasse	**fassions**	**aie fait**	**ayons fait**
fasses	**fassiez**	**aies fait**	**ayez fait**
fasse	**fassent**	**ait fait**	**aient fait**
7 imparfait du subjonctif		**14 plus-que-parfait du subjonctif**	
fisse	**fissions**	**eusse fait**	**eussions fait**
fisses	**fissiez**	**eusses fait**	**eussiez fait**
fît	**fissent**	**eût fait**	**eussent fait**

Impératif
fais
faisons
faites

Common idiomatic expressions using this verb

faire beau   to be beautiful weather
faire chaud   to be warm weather
faire froid   to be cold weather
faire de l'autostop   to hitchhike
faire attention à qqn ou à qqch   to pay attention to someone or to something

For more idioms using this basic verb, see §**12.36**.

lire   to read
Part. pr. **lisant**   Part. passé **lu**

The Seven Simple Tenses		The Seven Compound Tenses	
Singular	Plural	Singular	Plural
1 présent de l'indicatif		**8 passé composé**	
lis	lisons	ai lu	avons lu
lis	lisez	as lu	avez lu
lit	lisent	a lu	ont lu
2 imparfait de l'indicatif		**9 plus-que-parfait de l'indicatif**	
lisais	lisions	avais lu	avions lu
lisais	lisiez	avais lu	aviez lu
lisait	lisaient	avait lu	avaient lu
3 passé simple		**10 passé antérieur**	
lus	lûmes	eus lu	eûmes lu
lus	lûtes	eus lu	eûtes lu
lut	lurent	eut lu	eurent lu
4 futur		**11 futur antérieur**	
lirai	lirons	aurai lu	aurons lu
liras	lirez	auras lu	aurez lu
lira	liront	aura lu	auront lu
5 conditionnel		**12 conditionnel passé**	
lirais	lirions	aurais lu	aurions lu
lirais	liriez	aurais lu	auriez lu
lirait	liraient	aurait lu	auraient lu
6 présent du subjonctif		**13 passé du subjonctif**	
lise	lisions	aie lu	ayons lu
lises	lisiez	aies lu	ayez lu
lise	lisent	ait lu	aient lu
7 imparfait du subjonctif		**14 plus-que-parfait du subjonctif**	
lusse	lussions	eusse lu	eussions lu
lusses	lussiez	eusses lu	eussiez lu
lût	lussent	eût lu	eussent lu

Impératif
lis
lisons
lisez

Words and expressions related to this verb

C'est un livre à lire   It's a book worth reading.
lisible   legible, readable
lisiblement   legibly
lecteur, lectrice   reader (a person who reads)
un lecteur d'épreuves, une lectrice d'épreuves   proof reader
la lecture   reading
lectures pour la jeunesse   juvenile reading
Dans l'espoir de vous lire. . .
   I hope to receive a letter from you soon.

lire à haute voix   to read aloud
lire à voix basse   to read in a low voice
lire tout bas   to read to oneself
relire   to reread

mettre   to put, to place
Part. pr. **mettant**   Part. passé **mis**

The Seven Simple Tenses		The Seven Compound Tenses	
Singular	Plural	Singular	Plural
1 présent de l'indicatif		**8 passé composé**	
mets	mettons	ai mis	avons mis
mets	mettez	as mis	avez mis
met	mettent	a mis	ont mis
2 imparfait de l'indicatif		**9 plus-que-parfait de l'indicatif**	
mettais	mettions	avais mis	avions mis
mettais	mettiez	avais mis	aviez mis
mettait	mettaient	avait mis	avaient mis
3 passé simple		**10 passé antérieur**	
mis	mîmes	eus mis	eûmes mis
mis	mîtes	eus mis	eûtes mis
mit	mirent	eut mis	eurent mis
4 futur		**11 futur antérieur**	
mettrai	mettrons	aurai mis	aurons mis
mettras	mettrez	auras mis	aurez mis
mettra	mettront	aura mis	auront mis
5 conditionnel		**12 conditionnel passé**	
mettrais	mettrions	aurais mis	aurions mis
mettrais	mettriez	aurais mis	auriez mis
mettrait	mettraient	aurait mis	auraient mis
6 présent du subjonctif		**13 passé du subjonctif**	
mette	mettions	aie mis	ayons mis
mettes	mettiez	aies mis	ayez mis
mette	mettent	ait mis	aient mis
7 imparfait du subjonctif		**14 plus-que-parfait du subjonctif**	
misse	missions	eusse mis	eussions mis
misses	missiez	eusses mis	eussiez mis
mît	missent	eût mis	eussent mis

Impératif
mets
mettons
mettez

Words and expressions related to this verb

mettre la table   to set the table
mettre de côté   to lay aside, to save
mettre en cause   to question
mettre qqn à la porte   to kick
   somebody out the door
se mettre à + inf.   to begin, to start
   + inf.

mettre au courant   to inform
mettre le couvert   to set the table
mettre au point   to make clear
mettre la télé   to turn on the TV
mettre la radio   to turn on the radio
se mettre à table   to go sit at the table

Try reading aloud as fast as you can this play on the sound **mi: Mimi a mis ses amis
à Miami.**   Mimi dropped off her friends in Miami.

partir   to leave, to depart
Part. pr. **partant**   Part. passé **parti(e)(s)**

The Seven Simple Tenses		The Seven Compound Tenses	
Singular	Plural	Singular	Plural
1 présent de l'indicatif		**8 passé composé**	
pars	partons	suis parti(e)	sommes parti(e)s
pars	partez	es parti(e)	êtes parti(e)(s)
part	partent	est parti(e)	sont parti(e)s
2 imparfait de l'indicatif		**9 plus-que-parfait de l'indicatif**	
partais	partions	étais parti(e)	étions parti(e)s
partais	partiez	étais parti(e)	étiez parti(e)(s)
partait	partaient	était parti(e)	étaient parti(e)s
3 passé simple		**10 passé antérieur**	
partis	partîmes	fus parti(e)	fûmes parti(e)s
partis	partîtes	fus parti(e)	fûtes parti(e)(s)
partit	partirent	fut parti(e)	furent parti(e)s
4 futur		**11 futur antérieur**	
partirai	partirons	serai parti(e)	serons parti(e)s
partiras	partirez	seras parti(e)	serez parti(e)(s)
partira	partiront	sera parti(e)	seront parti(e)s
5 conditionnel		**12 conditionnel passé**	
partirais	partirions	serais parti(e)	serions parti(e)s
partirais	partiriez	serais parti(e)	seriez parti(e)(s)
partirait	partiraient	serait parti(e)	seraient parti(e)s
6 présent du subjonctif		**13 passé du subjonctif**	
parte	partions	sois parti(e)	soyons parti(e)s
partes	partiez	sois parti(e)	soyez parti(e)(s)
parte	partent	soit parti(e)	soient parti(e)s
7 imparfait du subjonctif		**14 plus-que-parfait du subjonctif**	
partisse	partissions	fusse parti(e)	fussions parti(e)s
partisses	partissiez	fusses parti(e)	fussiez parti(e)(s)
partît	partissent	fût parti(e)	fussent parti(e)s

Impératif
pars
partons
partez

Words and expressions related to this verb

A quelle heure part le train pour Paris?   At what time does the train for Paris leave?
à partir de maintenant   from now on; **à partir d'aujourd'hui**   from today on
le départ   departure
partir en voyage   to go on a trip
partir en vacances   to leave for a vacation
repartir   to leave again, to set out again

pouvoir   to be able, can
Part. pr. **pouvant**   Part. passé **pu**

The Seven Simple Tenses		The Seven Compound Tenses	
Singular	Plural	Singular	Plural
1 présent de l'indicatif		**8 passé composé**	
peux *or* **puis**	**pouvons**	**ai pu**	**avons pu**
peux	**pouvez**	**as pu**	**avez pu**
peut	**peuvent**	**a pu**	**ont pu**
2 imparfait de l'indicatif		**9 plus-que-parfait de l'indicatif**	
pouvais	**pouvions**	**avais pu**	**avions pu**
pouvais	**pouviez**	**avais pu**	**aviez pu**
pouvait	**pouvaient**	**avait pu**	**avaient pu**
3 passé simple		**10 passé antérieur**	
pus	**pûmes**	**eus pu**	**eûmes pu**
pus	**pûtes**	**eus pu**	**eûtes pu**
put	**purent**	**eut pu**	**eurent pu**
4 futur		**11 futur antérieur**	
pourrai	**pourrons**	**aurai pu**	**aurons pu**
pourras	**pourrez**	**auras pu**	**aurez pu**
pourra	**pourront**	**aura pu**	**auront pu**
5 conditionnel		**12 conditionnel passé**	
pourrais	**pourrions**	**aurais pu**	**aurions pu**
pourrais	**pourriez**	**aurais pu**	**auriez pu**
pourrait	**pourraient**	**aurait pu**	**auraient pu**
6 présent du subjonctif		**13 passé du subjonctif**	
puisse	**puissions**	**aie pu**	**ayons pu**
puisses	**puissiez**	**aies pu**	**ayez pu**
puisse	**puissent**	**ait pu**	**aient pu**
7 imparfait du subjonctif		**14 plus-que-parfait du subjonctif**	
pusse	**pussions**	**eusse pu**	**eussions pu**
pusses	**pussiez**	**eusses pu**	**eussiez pu**
pût	**pussent**	**eût pu**	**eussent pu**

Impératif
—

Common idiomatic expressions using this verb and words related to it

si l'on peut dire   if one may say so
se pouvoir: Cela se peut   That may be.
le pouvoir   power
avoir du pouvoir sur soi-même   to have self control
n'y pouvoir rien   not to be able to do anything about it;   **Que me voulez-vous?**   What do you want from me?   **Je n'y peux rien.**   I can't help it; I can't do anything about it.
Puis-je entrer? Est-ce que je peux entrer?   May I come in?

prendre   to take
Part. pr. **prenant**   Part. passé **pris**

The Seven Simple Tenses		The Seven Compound Tenses	
Singular	Plural	Singular	Plural
1 présent de l'indicatif		**8 passé composé**	
prends	prenons	ai pris	avons pris
prends	prenez	as pris	avez pris
prend	prennent	a pris	ont pris
2 imparfait de l'indicatif		**9 plus-que-parfait de l'indicatif**	
prenais	prenions	avais pris	avions pris
prenais	preniez	avais pris	aviez pris
prenait	prenaient	avait pris	avaient pris
3 passé simple		**10 passé antérieur**	
pris	prîmes	eus pris	eûmes pris
pris	prîtes	eus pris	eûtes pris
prit	prirent	eut pris	eurent pris
4 futur		**11 futur antérieur**	
prendrai	prendrons	aurai pris	aurons pris
prendras	prendrez	auras pris	aurez pris
prendra	prendront	aura pris	auront pris
5 conditionnel		**12 conditionnel passé**	
prendrais	prendrions	aurais pris	aurions pris
prendrais	prendriez	aurais pris	auriez pris
prendrait	prendraient	aurait pris	auraient pris
6 présent du subjonctif		**13 passé du subjonctif**	
prenne	prenions	aie pris	ayons pris
prennes	preniez	aies pris	ayez pris
prenne	prennent	ait pris	aient pris
7 imparfait du subjonctif		**14 plus-que-parfait du subjonctif**	
prisse	prissions	eusse pris	eussions pris
prisses	prissiez	eusses pris	eussiez pris
prît	prissent	eût pris	eussent pris

Impératif
prends
prenons
prenez

Sentences using this verb and words related to it

—**Qui a pris les fleurs qui étaient sur la table?**
—**C'est moi qui les ai prises.**

à tout prendre   on the whole, all in all; **prendre une photo**   to take a picture
un preneur, une preneuse   taker, purchaser
s'y prendre   to go about it, to handle it, to set about it
Je ne sais comment m'y prendre   I don't know how to go about it.
C'est à prendre ou à laisser   Take it or leave it.
prendre à témoin   to call to witness; **prendre une décision**   to make a decision

For more idiomatic expressions with prendre, see **§12.44.**

recevoir   to receive, to get
Part. pr. **recevant**   Part. passé **reçu**

The Seven Simple Tenses		The Seven Compound Tenses	
Singular	Plural	Singular	Plural

1   présent de l'indicatif

		8 passé composé	
reçois	recevons	ai reçu	avons reçu
reçois	recevez	as reçu	avez reçu
reçoit	reçoivent	a reçu	ont reçu

2   imparfait de l'indicatif   **9   plus-que-parfait de l'indicatif**

recevais	recevions	avais reçu	avions reçu
recevais	receviez	avais reçu	aviez reçu
recevait	recevaient	avait reçu	avaient reçu

3   passé simple   **10   passé antérieur**

reçus	reçûmes	eus reçu	eûmes reçu
reçus	reçûtes	eus reçu	eûtes reçu
reçut	reçurent	eut reçu	eurent reçu

4   futur   **11   futur antérieur**

recevrai	recevrons	aurai reçu	aurons reçu
recevras	recevrez	auras reçu	aurez reçu
recevra	recevront	aura reçu	auront reçu

5   conditionnel   **12   conditionnel passé**

recevrais	recevrions	aurais reçu	aurions reçu
recevrais	recevriez	aurais reçu	auriez reçu
recevrait	recevraient	aurait reçu	auraient reçu

6   présent du subjonctif   **13   passé du subjonctif**

reçoive	recevions	aie reçu	ayons reçu
reçoives	receviez	aies reçu	ayez reçu
reçoive	reçoivent	ait reçu	aient reçu

7   imparfait du subjonctif   **14   plus-que-parfait du subjonctif**

reçusse	reçussions	eusse reçu	eussions reçu
reçusses	reçussiez	eusses reçu	eussiez reçu
reçût	reçussent	eût reçu	eussent reçu

Impératif
reçois
recevons
recevez

Words and expressions related to this verb

réceptif, réceptive   receptive
une réception   reception, welcome
un, une réceptionniste   receptionist
un reçu   a receipt
au reçu de   on receipt of

recevable   receivable
un receveur, une receveuse   receiver
être reçu à un examen
    to pass an exam

savoir   to know (how)
Part. pr. **sachant**   Part. passé **su**

The Seven Simple Tenses		The Seven Compound Tenses	
Singular	Plural	Singular	Plural
1 présent de l'indicatif		**8 passé composé**	
sais	savons	ai su	avons su
sais	savez	as su	avez su
sait	savent	a su	ont su
2 imparfait de l'indicatif		**9 plus-que-parfait de l'indicatif**	
savais	savions	avais su	avions su
savais	saviez	avais su	aviez su
savait	savaient	avait su	avaient su
3 passé simple		**10 passé antérieur**	
sus	sûmes	eus su	eûmes su
sus	sûtes	eus su	eûtes su
sut	surent	eut su	eurent su
4 futur		**11 futur antérieur**	
saurai	saurons	aurai su	aurons su
sauras	saurez	auras su	aurez su
saura	sauront	aura su	auront su
5 conditionnel		**12 conditionnel passé**	
saurais	saurions	aurais su	aurions su
saurais	sauriez	aurais su	auriez su
saurait	sauraient	aurait su	auraient su
6 présent du subjonctif		**13 passé du subjonctif**	
sache	sachions	aie su	ayons su
saches	sachiez	aies su	ayez su
sache	sachent	ait su	aient su
7 imparfait du subjonctif		**14 plus-que-parfait du subjonctif**	
susse	sussions	eusse su	eussions su
susses	sussiez	eusses su	eussiez su
sût	sussent	eût su	eussent su

Impératif
sache
sachons
sachez

Words and expressions related to this verb

le savoir   knowledge
le savoir-faire   know-how, tact, ability
le savoir-vivre   to be well-mannered, well-bred
faire savoir   to inform
Pas que je sache   Not to my knowledge

savoir faire qqch   to know how to do something; **Savez-vous jouer du piano?**
Autant que je sache . . .   As far as I know . . .
C'est à savoir   That remains to be seen.
sans le savoir   without knowing it

sortir to go out, to leave
Part. pr. **sortant** Part. passé **sorti(e)(s)**

The Seven Simple Tenses		The Seven Compound Tenses	
Singular	Plural	Singular	Plural
1 présent de l'indicatif		**8 passé composé**	
sors	sortons	suis sorti(e)	sommes sorti(e)s
sors	sortez	es sorti(e)	êtes sorti(e)(s)
sort	sortent	est sorti(e)	sont sorti(e)s
2 imparfait de l'indicatif		**9 plus-que-parfait de l'indicatif**	
sortais	sortions	étais sorti(e)	étions sorti(e)s
sortais	sortiez	étais sorti(e)	étiez sorti(e)(s)
sortait	sortaient	était sorti(e)	étaient sorti(e)s
3 passé simple		**10 passé antérieur**	
sortis	sortîmes	fus sorti(e)	fûmes sorti(e)s
sortis	sortîtes	fus sorti(e)	fûtes sorti(e)(s)
sortit	sortirent	fut sorti(e)	furent sorti(e)s
4 futur		**11 futur antérieur**	
sortirai	sortirons	serai sorti(e)	serons sorti(e)s
sortiras	sortirez	seras sorti(e)	serez sorti(e)(s)
sortira	sortiront	sera sorti(e)	seront sorti(e)s
5 conditionnel		**12 conditionnel passé**	
sortirais	sortirions	serais sorti(e)	serions sorti(e)s
sortirais	sortiriez	serais sorti(e)	seriez sorti(e)(s)
sortirait	sortiraient	serait sorti(e)	seraient sorti(e)s
6 présent du subjonctif		**13 passé du subjonctif**	
sorte	sortions	sois sorti(e)	soyons sorti(e)s
sortes	sortiez	sois sorti(e)	soyez sorti(e)(s)
sorte	sortent	soit sorti(e)	soient sorti(e)s
7 imparfait du subjonctif		**14 plus-que-parfait du subjonctif**	
sortisse	sortissions	fusse sorti(e)	fussions sorti(e)s
sortisses	sortissiez	fusses sorti(e)	fussiez sorti(e)(s)
sortît	sortissent	fût sorti(e)	fussent sorti(e)s

Impératif
sors
sortons
sortez

This verb is conjugated with **avoir** when it has a direct object.

Example: **Elle a sorti son mouchoir.** She took out her handkerchief.

BUT: **Elle est sortie hier soir.** She went out last night.

Words and expressions related to this verb

ressortir to go out again
une sortie exit;
 une sortie de secours
 emergency exit

sortir du lit to get out of bed
se sortir d'une situation to get oneself out
 of a situation

venir to come
Part. pr. **venant** Part. passé **venu(e)(s)**

The Seven Simple Tenses		The Seven Compound Tenses	
Singular	Plural	Singular	Plural

1 présent de l'indicatif

		8 passé composé	
viens	venons	suis venu(e)	sommes venu(e)s
viens	venez	es venu(e)	êtes venu(e)(s)
vient	viennent	est venu(e)	sont venu(e)s

2 imparfait de l'indicatif

		9 plus-que-parfait de l'indicatif	
venais	venions	étais venu(e)	étions venu(e)s
venais	veniez	étais venu(e)	étiez venu(e)(s)
venait	venaient	était venu(e)	étaient venu(e)s

3 passé simple

		10 passé antérieur	
vins	vînmes	fus venu(e)	fûmes venu(e)s
vins	vîntes	fus venu(e)	fûtes venu(e)(s)
vint	vinrent	fut venu(e)	furent venu(e)s

4 futur

		11 futur antérieur	
viendrai	viendrons	serai venu(e)	serons venu(e)s
viendras	viendrez	seras venu(e)	serez venu(e)(s)
viendra	viendront	sera venu(e)	seront venu(e)s

5 conditionnel

		12 conditionnel passé	
viendrais	viendrions	serais venu(e)	serions venu(e)s
viendrais	viendriez	serais venu(e)	seriez venu(e)(s)
viendrait	viendraient	serait venu(e)	seraient venu(e)s

6 présent du subjonctif

		13 passé du subjonctif	
vienne	venions	sois venu(e)	soyons venu(e)s
viennes	veniez	sois venu(e)	soyez venu(e)(s)
vienne	viennent	soit venu(e)	soient venu(e)s

7 imparfait du subjonctif

		14 plus-que-parfait du subjonctif	
vinsse	vinssions	fusse venu(e)	fussions venu(e)s
vinsses	vinssiez	fusses venu(e)	fussiez venu(e)(s)
vînt	vinssent	fût venu(e)	fussent venu(e)s

Impératif
viens
venons
venez

Words and expressions related to this verb

venir de faire qqch to have just done
something
Je viens de manger I have just eaten.
venir à + inf. to happen to; **Si je viens
à devenir riche. . .** If I happen to
become rich. . .

faire venir to send for
venir chercher to call for, to come to get
D'où vient cela? Where does that come
from?

§7.142 **Common irregular French verb forms and uncommon French verb forms identified by infinitive**

A

a **avoir**
ai **avoir**
aie **avoir**
aient **avoir**
aies **avoir**
aille **aller**
ait **avoir**
as **avoir**
aurai, *etc.* **avoir**
avaient **avoir**
avais **avoir**
avait **avoir**
avez **avoir**
aviez **avoir**
avions **avoir**
avons **avoir**
ayant **avoir**
ayons, *etc.* **avoir**

B

bu **boire**
bûmes **boire**
burent **boire**
bus **boire**
bussent **boire**
but **boire**
bûtes **boire**
buvant **boire**

C

crois **croire**
croîs **croître**
croit **croire**
croît **croître**
croyais, *etc.* **croire**
cru **croire**
crû, crue **croître**
crûmes **croire, croître**
crurent **croire**
crûrent **croître**
crus **croire**
crûs **croître**
crûsse, *etc.* **croître**
crût **croire, croître**

D

dîmes **dire**
disais, *etc.* **dire**
disse, *etc.* **dire**
dit, dît **dire**
dois **devoir**
doive, *etc.* **devoir**

dors **dormir**
dû, due **devoir**
dûmes **devoir**
dus, dussent **devoir**
dut, dût **devoir**

E

es **être**
est **être**
étais, *etc.* **être**
été **être**
êtes **être**
étiez **être**
eu **avoir**
eûmes **avoir**
eurent **avoir**
eus **avoir**
eusse, *etc.* **avoir**
eut, eût **avoir**
eûtes **avoir**

F

faille **faillir, falloir**
fais, *etc.* **faire**
fasse, *etc.* **faire**
faudra **faillir, falloir**
faudrait **faillir, falloir**
faut **faillir, falloir**
faux **faillir**
ferai, *etc.* **faire**
fîmes **faire**
firent **faire**
fis, *etc.* **faire**
font **faire**
fûmes **être**
furent **être**
fus, *etc.* **être**
fut, fût **être**
fuyais, *etc.* **fuir**

G

gisons, *etc.* **gésir**
gît **gésir**

I

ira, irai, iras, *etc.* **aller**

L

lis, *etc.* **lire**
lu **lire**
lus, *etc.* **lire**

M

meure, *etc.* **mourir**
meus, *etc.* **mouvoir**
mîmes **mettre**
mirent **mettre**
mis **mettre**
misses, *etc.* **mettre**
mit **mettre**
mort **mourir**
moulons, *etc.* **moudre**
moulu **moudre**
mû, mue **mouvoir**
mussent **mouvoir**
mut **mouvoir**

N

naquîmes, *etc.* **naître**
né **naître**

O

omis **omettre**
ont **avoir**

P

pars **partir**
paru **paraître**
peignis, *etc.* **peindre**
peuvent **pouvoir**
peux, *etc.* **pouvoir**
plu **plaire, pleuvoir**
plurent **plaire**
plut, plût **plaire, pleuvoir**
plûtes **plaire**
pourrai, *etc.* **pouvoir**
prîmes **prendre**
prirent **prendre**
pris **prendre**
prisse, *etc.* **prendre**
pu **pouvoir**
puis **pouvoir**
puisse, *etc.* **pouvoir**
pûmes, *etc.* **pouvoir**
purent **pouvoir**
pus **pouvoir**
pusse **pouvoir**
put, pût **pouvoir**

R

reçois, *etc.* **recevoir**
reçûmes, *etc.* **recevoir**
relu **relire**
reviens, *etc.* **revenir**

revins, *etc.* **revenir**
riiez **rire**
ris, *etc.* **rire**

S

sache, *etc.* **savoir**
sais, *etc.* **savoir**
saurai, *etc.* **savoir**
séant **seoir**
serai, *etc.* **être**
sers, *etc.* **servir**
seyant **seoir**
sied **seoir**
siéent **seoir**
siéra, *etc.* **seoir**
sois, *etc.* **être**
sommes **être**
sont **être**
sors, *etc.* **sortir**
soyez **être**
soyons **être**
su **savoir**
suis **être, suivre**
suit **suivre**

sûmes **savoir**
surent **savoir**
survécu **survivre**
susse, *etc.* **savoir**
sut, sût **savoir**

T

tiendrai, *etc.* **tenir**
tienne, *etc.* **tenir**
tînmes **tenir**
tins, *etc.* **tenir**
trayant **traire**
tu **taire**
tûmes **taire**
turent **taire**
tus **taire**
tusse, *etc.* **taire**
tut, tût **taire**

V

va **aller**
vaille **valoir**
vais **aller**

vas **aller**
vaudrai, *etc.* **valoir**
vaux, *etc.* **valoir**
vécu **vivre**
vécûmes, *etc.* **vivre**
verrai, *etc.* **voir**
veuille, *etc.* **vouloir**
veulent **vouloir**
veux, *etc.* **vouloir**
viendrai, *etc.* **venir**
vienne, *etc.* **venir**
viens, *etc.* **venir**
vîmes **voir**
vînmes **venir**
vinrent **venir**
vins, *etc.* **venir**
virent **voir**
vis **vivre, voir**
visse, *etc.* **voir**
vit **vivre, voir**
vît **voir**
vîtes **voir**
vont **aller**
voudrai, *etc.* **vouloir**
voyais, *etc.* **voir**
vu **voir**

§8.   NEGATIONS

The common negations are **ne** + **verb** + any of the following:

§8.1   **aucun, aucune: Je n'ai aucun livre; je n'ai aucune automobile** / I have no book; I have no automobile.

guère: Paul n'a guère parlé / Paul hardly (scarcely) spoke.

jamais: François n'étudie jamais / Frank never studies.

ni . . . ni: Je n'ai ni argent ni billets / I have neither money nor tickets.

nul, nulle: Je n'en ai nul besoin / I have no need of it; **Je ne vais nulle part** / I'm not going anywhere.

pas: Je n'ai pas de papier / I haven't any paper OR I don't have any paper OR I have no paper.

pas du tout: Je ne comprends pas du tout / I do not understand at all.

personne: Je ne vois personne / I see nobody OR I don't see anybody OR I see no one.

plus: Mon père ne peut plus travailler / My father can no longer work OR My father can't work any more.

point: Cet enfant n'a point d'argent / This child has no money at all.

que: Je n'ai que deux francs / I have only two francs; **Il ne fait que travailler** / He only works.

rien: Je n'ai rien sur moi / I have nothing on me OR I don't have anything on me.

NOTE that all these negations require **ne** in front of the main verb. Also, note that **aucun, aucune, nul, nulle, personne**, and **rien** can be used as subjects and you still need to use **ne** in front of the verb:

Aucun n'est présent; aucune n'est présente / Not one is present. **Nul homme n'est parfait; nulle femme n'est parfaite** / No man is perfect; no woman is perfect. **Personne n'est ici** / No one is here. **Rien n'est ici** / Nothing is here.

§9. ADVERBS
§9.1 Comparison and Superlative

ADVERB	COMPARATIVE	SUPERLATIVE
vite (quickly)	**plus vite (que)** *more quickly (than)* *faster (than)*	**le plus vite** *(the) most quickly* *(the) fastest*
	moins vite (que) *less quickly (than)*	**le moins vite** *(the) least quickly*
	aussi vite (que) *as quickly (as)* *as fast (as)*	

EXAMPLES:

Arlette parle plus vite que Marie-France.
Madame Legrange parle moins vite que Madame Duval.
Monsieur Bernard parle aussi vite que Monsieur Claude.
Madame Durocher parle le plus vite tandis que Madame Milot parle le moins vite.

§9.2 **Aussi . . . que** becomes **si . . . que** in a negative sentence.

EXAMPLE: Justin ne parle pas si vite que Justine.

§9.3 Common adverbs irregular in the comparative and superlative

ADVERB	COMPARATIVE	SUPERLATIVE
bien (well)	**mieux** (better)	**le mieux** (best, the best)
beaucoup (much)	**plus** (more)	**le plus** (most, the most)
mal (badly)	**plus mal** (worse)	**le plus mal** (worst, the worst)
		le moins bien (the worst)
	pis (worse)	**le pis** (worst, the worst)
peu (little)	**moins** (less)	**le moins** (least, the least)

EXAMPLES:

Pierre travaille bien, Henri travaille mieux que Robert, et Georges travaille le mieux.
Marie étudie beaucoup, Paulette étudie plus que Marie, et Henriette étudie le plus.

§9.4 Formation

§9.5
First, you must know that an adverb is a word that modifies a verb, an adjective, or another adverb: **Lily chante bien, Robert est vraiment intelligent, et Christine récite ses leçons fort bien.**

§9.6
There are many adverbs in French that do not have to be formed from another word; for example: **bien, mal, vite, combien, comment, pourquoi, où.**

§9.7
There are many other adverbs that are formed. The usual way is to add the suffix **-ment** to the masc. sing. form of an adj. whose last letter is a vowel; for example: **probable / probablement, poli / poliment, vrai / vraiment.**

§9.8
The suffix **-ment** is added to the fem. sing. form if the masc. sing. ends in a consonant; for example: **affreux / affreuse / affreusement; seul / seule / seulement; amer / amère / amèrement; franc / franche / franchement.**

§9.9
The ending **-ment** is equivalent to the English ending **-ly**: **lent / lente / lentement** (slow / slowly).

§9.10   Some adjectives that end in **-ant** or **-ent** become adverbs by changing **-ant** to **-amment** and **-ent** to **-emment**: **innocent / innocemment; constant / constamment; récent / récemment.**

§9.11   Some adverbs take **é** instead of **e** before adding **-ment**: **profond / profondément; confus / confusément; précis / précisément.**

§9.12   The adj. **gentil** becomes **gentiment** as an adverb and **bref** becomes **brièvement**.

§9.13   **Interrogative**
Some common interrogative adverbs are: **comment, combien, pourquoi, quand, où.**

> EXAMPLES:
>   Comment allez-vous? Combien coûte ce livre? Pourquoi partez-vous? Quand arriverez-vous? Où allez-vous?

§9.14   **Of quantity**
Some adverbial expressions of quantity are: **beaucoup de, assez de, peu de, trop de, plus de.** With these, no article is used: **peu de sucre, beaucoup de travail, assez de temps, trop de lait.**

§9.15   **Position**

> 1.   David aime **beaucoup** les chocolats.
> 2.   Paulette a parlé **distinctement**.
> 3.   Julie a **bien** parlé.

(a) In French, an adverb ordinarily *follows* the simple verb it modifies, as in the first model sentence in the above box.

(b) If a verb is compound, as in the **passé composé** (model sentence 2 above), the adverb generally *follows* the past participle if it is a long adverb. The adverb **distinctement** is long. Some exceptions: **certainement, complètement,** and **probablement** are usually placed between the helping verb and the past participle: **Elle est probablement partie, Il a complètement fini le travail.**

(c) If a verb is compound, as in the **passé composé** (model sentence 3 above), short common adverbs (like **beaucoup, bien, déjà, encore, mal, mieux, souvent, toujours**) ordinarily precede the past participle; in other words, may be placed between the helping verb and the past participle.

(d) For emphasis, an adverb may be placed at the beginning of a sentence: **Malheureusement**, Suzanne est déjà partie.

§10.   PREPOSITIONS

§10.1   **Dans and En + A Length of Time**

These two prepositions mean *in* but each is used in a different sense.

§10.2   **Dans** + a length of time indicates that something will happen at the end of that length of time. **Le docteur va venir dans une demi-heure** / The doctor will come in a half hour (*i.e.*, at the end of a half hour).

§10.3   If by *in* you mean at the end of that length of time, use **dans**.

§10.4   **Dans** and a duration of time can be at the beginning of the sentence or at the end of it and future time is ordinarily implied.

§10.5   **En** + a length of time indicates that something happened or will happen at any time *within* that length of time.

§10.6   EXAMPLES:

Robert a fait cela en une heure / Robert did that in (within) an (one) hour.

Robert fera cela en une heure / Robert will do that in (within) an (one) hour.

§10.7   BUT: **Robert fera cela dans une heure** / Robert will do that in (at the end of) an (one) hour.

§10.8   AND NOTE: **Le docteur va venir dans une heure** / The doctor will come in (at the end of) one hour.

Le docteur va venir en une heure / The doctor is going to come in (within) one hour (*i.e.*, at any time before the hour is up).

Le docteur est venu en une heure / The doctor came in (within) an hour. OR: **En une heure, le docteur est venu** / In (within) one hour, the doctor came.

In this last example, I think you know enough French by now to feel that it would sound wrong to use **dans** instead of **en**. Why? Because **dans** generally implies only future time and **en** implies either past or future.

§10.9   **Envers** and **Vers**

§10.10   **Envers** is used in a figurative sense in the meaning of *with regard to* someone, *with respect to* someone, *for* someone or *for* something.

EXAMPLES:

Je montre beaucoup de respect envers les vieilles personnes / I show a lot of respect toward old persons.

Je ne montre aucun respect envers un criminel / I show no respect toward a criminal.

§10.11   **Vers** also means *toward* but in a physical sense, in the direction of, as well as in a figurative sense.

EXAMPLES:

Pourquoi allez-vous vers la porte? / Why are you going toward the door?

Je vais partir vers trois heures / I am going to leave toward (around) three o'clock.

J'ai quitté le cinéma vers la fin du film / I left the movies toward the end of the film.

Il va vers elle / He is going toward her.

§10.12   **Pendant** and **Pour**

§10.13   **Pendant** (during, for) and **pour** (for) are not used in the **depuis** construction explained in **§12.1** nor in the other types of constructions explained in **§12.7**.

§10.14   **In the present tense**

Combien de temps étudiez-vous chaque soir? / How long do you study every evening?

J'étudie une heure chaque soir. OR **J'étudie pendant une heure chaque soir.** / I study one hour each night. OR I study for one hour each night.

§10.15   **In the passé composé**

Combien de temps êtes-vous resté(e) à Paris? / How long did you stay in Paris?

Je suis resté(e) deux semaines à Paris. OR **Je suis resté(e) à Paris pendant deux semaines.** / I stayed in Paris two weeks. OR I stayed in Paris for two weeks.

§10.16   **In the future**

Combien de temps resterez-vous à Paris? / How long will you stay in Paris?

J'y resterai pour deux semaines / I will stay there for two weeks. OR **J'y resterai deux semaines** / I will stay there two weeks.

§11. CONJUNCTIONS AND CONJUNCTIVE LOCUTIONS

§11.1 A conjunction is a word that connects words, phrases, clauses or sentences, *e.g.*, and, but, or, because / **et, mais, ou, parce que.**

§11.2 Certain conjunctions that introduce a clause require the subjunctive mood of the verb in that clause. See **Subjunctive** in §7.123 in this General Review section to know what those conjunctions are.

§11.3 Here are some conjunctions that you certainly ought to know before you take the next SAT II: French. Some require the subjunctive and they are discussed under the entry **Subjunctive** in §7.123.

à moins que / unless
afin que / in order that, so that
aussitôt que / as soon as
avant que / before
bien que / although
car / for
comme / as, since
de crainte que / for fear that
de peur que / for fear that
de sorte que / so that, in such a way that
depuis que / since
dès que / as soon as
donc / therefore
en même temps que / at the same time as
et / and
jusqu'à ce que / until

lorsque / when, at the time when
maintenant que / now that
mais / but
ou / or
parce que / because
pendant le temps que / while
pendant que / while
pour que / in order that
pourvu que / provided that
puisque / since
quand / when
que / that
quoi que / whatever, no matter what
quoique / although
si / if
tandis que / while, whereas

§11.4 Here are some that are not used as commonly as those above but you ought to be familiar with them because they are often used in the reading comprehension passages on the SAT II: French Some of them require the subjunctive and they are discussed under the entry **Subjunctive** in §7.123.

à ce que / that, according to, according to what
à mesure que / as, in proportion as
à présent que / now that
à proportion que / as, in proportion as
ainsi que / as, as well as, just as
alors même que / even when, even though
alors que / while, as, just as, when, whereas
après que / after
au cas où / in case, in case that, in the event when, in the event that
au cas que / in case, in case that, in the event when, in the event that
au commencement que / at (in) the beginning when
au début que / at (in) the beginning when
autant que / as much as, as far as, as near as
autre chose que / other than
autre que / other than
car en effet / for in fact
cependant (que) / while, however, yet, nevertheless
d'après ce que / according to, from what
d'autant plus que / all the more . . . as, doubly so . . . as

d'autant que / the more so as, all the more so because
de façon que / so that, in a way that, in such a way that
de la même façon que / in the same way that
de manière que / so that, in a way that, in such a way that
de même que / as . . . , so, as well as, the same as, just as
de telle sorte que / so that, in such a way that, in a way that
en admettant que / admitting that
en cas que / in case, in the case that, in the event that
en ce temps où / at this time when, at that time when
en sorte que / in such a way that, so that, in a way that
en supposant que / supposing that
en tant que / as (like)
encore que / although
malgré que / though, although [Prefer to use **bien que**]
plutôt que / rather than

pour autant que / as much as, as far as [Prefer to use **autant que**]

quand même / even if

sans que / without

si tant est que / if indeed

sinon / if not, otherwise

soit que . . . ou que / whether . . . (or) whether, either . . . or

soit que . . . soit que / whether . . . whether

surtout que / especially because

tant il y a que / the fact remains that

tant que / as long as, as far as

§12. IDIOMATIC EXPRESSIONS

§12.1 Depuis

§12.2 With the present indicative tense

When an action of some sort began in the past and is still going on in the present, use the present tense with **depuis** + the length of time:

Je travaille dans ce bureau depuis trois ans.
I have been working in this office for three years.

J'habite cette maison depuis quinze ans.
I have been living in this house for fifteen years.

Je suis malade depuis une semaine.
I have been sick for one week.

Use **depuis combien de temps** + the present indicative of the verb to ask how long have you been + verb, *e.g.,* **Depuis combien de temps travaillez-vous dans ce bureau?** How long have you been working in this office? **Réponse: Je travaille dans ce bureau depuis un an.** I have been working in this office for one year.

§12.3 With the imperfect indicative tense

When an action of some sort began in the past and continued up to another point in the past, which you are telling about, use the imperfect indicative tense with **depuis** + the length of time:

J'attendais l'autobus depuis vingt minutes quand il est arrivé / I had been waiting for the bus for twenty minutes when it arrived.

Je travaillais dans ce bureau-là depuis trois ans quand j'ai trouvé un autre emploi dans un autre bureau / I had been working in that office for three years when I found another job in another office.

§12.4 Depuis in a question

§12.5 Depuis combien de temps

(a) **Depuis combien de temps attendez-vous l'autobus?** / How long have you been waiting for the bus?

J'attends l'autobus depuis vingt minutes / I have been waiting for the bus for twenty minutes.

NOTE: When you use **depuis combien de temps** in your question, you expect the other person to tell you how long, how much time—how many minutes, how many hours, how many days, weeks, months, years.

(b) **Depuis combien de temps travailliez-vous dans ce bureau-là quand vous avez trouvé un autre emploi dans un autre bureau?** / How long had you been working in that office when you found another job in another office?

Je travaillais dans ce bureau-là depuis trois ans quand j'ai trouvé un autre emploi dans un autre bureau / I had been working in that office for three years when I found another job in another office.

§12.6 Depuis quand

(a) **Depuis quand habitez-vous cet appartement?** / Since when have you been living in this apartment?

J'habite cet appartement depuis le premier septembre / I have been living in this apartment since September first.

> NOTE: When you use **depuis quand** in your question, you expect the other person to tell you since what particular point in time in the past—a particular day, a date, a particular month; in other words, since *when*, not *how long*.

(b) **Depuis quand êtes-vous malade?** / Since when have you been sick?
Je suis malade depuis samedi / I have been sick since Saturday.

(c) **Depuis quand habitiez-vous l'appartement quand vous avez déménagé?** / Since when had you been living in the apartment when you moved?

J'habitais l'appartement depuis le cinq avril 1991 quand j'ai déménagé / I had been living in the apartment since April fifth, 1991, when I moved.

§12.7   **Il y a + Length of Time + Que; Voici + Length of Time + Que; Voilà + Length of Time + Que**

§12.8   **These expressions in questions and answers**

§12.9   (a) **Combien de temps y a-t-il que vous attendez l'autobus?** / How long have you been waiting for the bus?

Il y a vingt minutes que j'attends l'autobus / I have been waiting for the bus for twenty minutes.

Voici vingt minutes que je l'attends / I have been waiting for it for twenty minutes.

Voilà vingt minutes que je l'attends / I have been waiting for it for twenty minutes.

> NOTE: When you use these expressions, you generally use them at the beginning of your answer + the verb.
>
> When you use the **depuis** construction, the verb comes first: **J'attends l'autobus depuis vingt minutes.**

§12.10   (b) **Combien de temps y avait-il que vous attendiez l'autobus?** / How long had you been waiting for the bus?

Il y avait vingt minutes que j'attendais l'autobus / I had been waiting for the bus for twenty minutes (understood: when it finally arrived).

§12.11   **Il y a + Length of Time**

§12.12   **Il y a + length of time** means *ago*. Do not use **que** in this construction as in the above examples in **§12.7** because the meaning is entirely different.

> EXAMPLES:
> **Madame Martin est partie il y a une heure** / Mrs. Martin left an hour ago.
> **L'autobus est arrivé il y a vingt minutes** / The bus arrived twenty minutes ago.

§12.13   **Il y a** and **Il y avait**

§12.14   **Il y a** alone means *there is* or *there are* when you are merely making a statement.

> EXAMPLES:
> **Il y a vingt élèves dans cette classe** / There are twenty students in this class.
> **Il y a une mouche dans la soupe** / There is a fly in the soup.

§12.15   **Il y avait** alone means *there was* or *there were* when you are merely making a statement.

> EXAMPLES:
> **Il y avait vingt élèves dans cette classe** / There were (used to be) twenty students in this class.
> **Il y avait deux mouches dans la soupe** / There were two flies in the soup.

§12.16   **Voici** and **Voilà**

§12.17   These two expressions are used to point out someone or something.

> EXAMPLES:
> **Voici un taxi!** / Here's a taxi!
> **Voilà un taxi là-bas!** / There's a taxi over there!
> **Voici ma carte d'identité et voilà mon passeport** / Here's my I.D. card and there's my passport.
> **Voici mon père et voilà ma mère** / Here's my father and there's my mother.

§12.18   **Idioms**

§12.19   The entries that follow have been arranged by key word. They are not repeated in the French-English Vocabulary and the General Index in the back pages of this book.

§12.20   **With À**

à   with (a descriptive characteristic); **Qui est le monsieur à la barbe noire?** / Who is the gentleman with the black beard?
à bicyclette   by bicycle, on a bicycle
à bientôt   so long, see you soon
à cause de   on account of, because of
à cette heure   at this time, at the present moment
à cheval   on horseback
à côté de   beside, next to
à demain   until tomorrow, see you tomorrow
à demi   half, halfway, by halves
à droite   at (on, to) the right
à fond   thoroughly
à force de   by dint of
à gauche   at (on, to) the left
à haute voix   aloud, out loud, in a loud voice
à jamais   forever
à l'école   at (in, to) school
à l'étranger   abroad, overseas
à l'heure   on time
à l'instant   instantly
à l'occasion   on the occasion
à la bonne heure!   good! fine! swell!
à la campagne   at (in, to) the country(side)
à la fin   at last, finally
à la fois   at the same time
à la légère   lightly
à la main   in one's hand, by hand
à la maison   at home
à la mode   fashionable, in style, in fashion, in vogue
à la page deux   on page two
à la queue leu leu   one after the other (like wolves)
à la radio   on the radio
à la recherche de   in search of
à la renverse   backwards
à la télé   on TV
à malin, malin et demi   set a thief to catch a thief

à merveille   marvelously, wonderfully
à moitié   half, in half
à mon avis   in my opinion
à nous deux, à nous trois   together
à part   aside
à partir de   beginning with
à pas de loup   silently, quietly
à peine   hardly, scarcely
à peu près   approximately, about, nearly
à pied   on foot
à plus tard   see you later
à plusieurs reprises   several times
à présent   now, at present
à propos   by the way
à propos de   about, with reference to, concerning
à quelle heure?   at what time?
à qui est ce livre?   whose is this book?
à quoi bon?   what's the use?
à sa portée   within one's reach
à ses propres yeux   in one's own eyes
à son gré   to one's liking
à temps   in time
à tour de rôle   in turn
à tout à l'heure   see you in a little while
à tout prix   at any cost
à travers   across, through
à tue-tête   at the top of one's voice, as loud as possible
à vélo   on a bike
à voix basse   in a low voice, softly
à volonté   at will, willingly
à vrai dire   to tell the truth
à vue d'oeil   visibly
adresser la parole à   to speak to
agir à la légère   to act thoughtlessly
aller à pied   to walk (to go on foot)
avoir à   to have to, to be obliged to
avoir mal à   to have a pain or ache in
c'est-à-dire   that is, that is to say
de temps à autre   from time to time, occasionally

donner à manger à   to feed
donner congé à   to grant leave to
donner rendez-vous à qqn   to make an appointment with someone
dormir à la belle étoile   to sleep outdoors
fermer à clef   to lock
grâce à   thanks to
jouer à   to play (a game or sport)
laid à faire peur   frightfully ugly
monter à cheval   to go horseback riding
ne pas tarder à   not to be long (late) in
peu à peu   little by little
pleuvoir à verse   to rain hard

quant à   as for
quelque chose à + inf.   something + inf.
savoir à quoi s'en tenir   to know what one is to believe
tête-à-tête   personal, private conversation
tomber à la renverse   to fall backward
tout à coup   suddenly
tout à fait   completely, quite
tout à l'heure   a little while ago, in a little while
venir à bout de + inf.   to manage, to succeed + inf.
ventre à terre   at full speed
vis-à-vis   opposite

§12.21   With AU

au bas de   at the bottom of
au besoin   if need be, if necessary
au bout de   at the end of, at the tip of
au contraire   on the contrary
au courant   in the "know", informed
au début   at (in) the beginning
au-dessous de   below, beneath
au-dessus de   above, over
au fait   as a matter of fact
au fond de   in the bottom of
au fur et à mesure   simultaneously and proportionately
au sommet de   at the top of
au lieu de   instead of
au loin   in the distance, from afar

au milieu de   in the middle of
au moins   at least
au pied de   at the foot of
au printemps   in the spring
au revoir   good-bye
au sous-sol   in the basement
au sujet de   about, concerning
au téléphone   on the telephone
café au lait   coffee light with milk
fermer au verrou   to bolt
mettre au courant de   to inform about
rire au nez   to laugh in someone's face
rosbif au jus   roastbeef with gravy (natural juice)

§12.22   With AUX

aux dépens   at the expense
aux pommes frites   with French fries
être aux écoutes   to be on the watch, to eavesdrop

rire aux éclats   to roar with laughter
sauter aux yeux   to be evident, self evident

§12.23   With ALLER

aller   to feel (health); **Comment allez-vous?**
aller à   to be becoming, to fit, to suit; **Cette robe lui va bien** / This dress suits her fine; **Sa barbe ne lui va pas** / His beard does not look good on him.
aller à la chasse   to go hunting
aller à la pêche   to go fishing

aller à la rencontre de qqn   to go to meet someone
aller à pied   to walk, to go on foot
aller au-devant de qqn   to go to meet someone
aller au fond des choses   to get to the bottom of things
aller chercher   to go get
allons donc!   nonsense! come on, now!

§12.24   With AVOIR

avoir . . . ans   to be . . . years old; **Quel âge avez-vous? J'ai dix-sept ans.**
avoir à + inf.   to have to, to be obliged to + inf.
avoir affaire à qqn   to deal with someone
avoir beau + inf.   to be useless + inf., to do something in vain; **Vous avez beau parler; je ne vous écoute pas** / You are talking in vain; I am not listening to you.

avoir besoin de   to need, to have need of
avoir bonne mine   to look well, to look good (persons)
avoir chaud   to be (feel) warm (persons)
avoir congé   to have a day off, a holiday
avoir de la chance   to be lucky
avoir de quoi + inf.   to have the material, means, enough + inf.; **As-tu de quoi manger?** / Have you something (enough) to eat?

avoir des nouvelles to receive news, to hear (from someone)

avoir du savoir-faire to have tact

avoir du savoir-vivre to have good manners, etiquette

avoir envie de + inf. to feel like, to have a desire to

avoir faim to be (feel) hungry

avoir froid to be (feel) cold (persons)

avoir hâte to be in a hurry

avoir honte to be ashamed, to feel ashamed

avoir l'air + adj. to seem, to appear, to look + adj.; **Vous avez l'air malade** / You look sick.

avoir l'air de + inf. to appear + inf.; **Vous avez l'air d'être malade** / You appear to be sick.

avoir l'habitude de + inf. to be accustomed to, to be in the habit of; **J'ai l'habitude de faire mes devoirs avant le dîner** / I'm in the habit of doing my homework before dinner.

avoir l'idée de + inf. to have a notion + inf.

avoir l'intention de + inf. to intend + inf.

avoir l'occasion de + inf. to have the opportunity + inf.

avoir l'oeil au guet to be on the look-out, on the watch

avoir la bonté de + inf. to have the kindness + inf.

avoir la langue bien pendue to have the gift of gab

avoir la parole to have the floor (to speak)

avoir le coeur gros to be heartbroken

avoir le temps de + inf. to have (the) time + inf.

avoir lieu to take place

avoir mal to feel sick

avoir mal à + (place where it hurts) to have a pain or ache in . . . ; **J'ai mal à la jambe** / My leg hurts; **J'ai mal au dos** / My back hurts; **J'ai mal au cou** / I have a pain in the neck.

avoir mauvaise mine to look ill, not to look well

avoir peine à + inf. to have difficulty in + pres. part.

avoir peur de to be afraid of

avoir pitié de to take pity on

avoir raison to be right (persons)

avoir soif to be thirsty

avoir sommeil to be sleepy

avoir son mot à dire to have one's way

avoir tort to be wrong (persons)

avoir une faim de loup to be starving

en avoir marre to be fed up, to be bored stiff, to be sick and tired of something; **J'en ai marre!** / I'm fed up! I can't stand it!

en avoir par-dessus la tête to have enough of it, to be sick and tired of it; **J'en ai par-dessus la tête!** / I've had it up to here!

en avoir plein le dos to be sick and tired of it; **J'en ai plein le dos!** / I'm sick and tired of it!

§12.25 With BAS

au bas de at the bottom of
en bas downstairs, below
là-bas over there

A bas les devoirs! Down with homework!
parler tout bas to speak very softly
de haut en bas from top to bottom

§12.26 With BIEN

bien des many; **Roger a bien des amis** / Roger has many friends.
bien entendu of course

dire du bien de to speak well of
être bien aise to be very glad, happy
tant bien que mal rather badly, so-so

§12.27 With BON

à quoi bon? what's the use?
bon gré, mal gré willing or not, willy nilly
bon marché cheap, at a low price
bon pour qqn good to someone, kind to someone

de bon appétit with good appetite, heartily
de bon coeur gladly, willingly
savoir bon gré à qqn to be thankful, grateful to someone

§12.28 With ÇA

çà et là here and there
Ça m'est égal It makes no difference to me.
comme ci, comme ça so-so

Ça va? Is everything okay?
C'est comme ça! That's how it is!
Pas de ça! None of that!

§12.29 With CELA

Cela est égal / It's all the same; It doesn't matter / It makes no difference.

Cela m'est égal / It doesn't matter to me / It's all the same to me.

Cela n'importe / That doesn't matter.

Cela ne fait rien / That makes no difference.

Cela ne lui va pas / That doesn't suit her or him.

Cela ne sert à rien / That serves no purpose.

Cela ne vous regarde pas / That's none of your business.

malgré cela   in spite of that

malgré tout cela   in spite of all that

Que veut dire cela? / What does that mean?

§12.30 With CE, C'EST, EST-CE

c'est-à-dire   that is, that is to say

C'est aujourd'hui lundi / Today is Monday.

C'est dommage / It's a pity / It's too bad.

C'est entendu / It's understood / It's agreed / All right / O.K.

C'est épatant! / It's wonderful! / That's wonderful!

C'est trop fort! / That's just too much!

n'est-ce pas? / isn't that so? / isn't it? *etc.*

Qu'est-ce que c'est? / What is it?

Quel jour est-ce aujourd'hui? / What day is it today? **C'est lundi** / It's Monday.

Qu'est-ce qui s'est passé? / What happened?

§12.31 With D'

comme d'habitude   as usual

d'abord   at first

d'accord   okay, agreed

d'ailleurs   besides, moreover

d'aujourd'hui en huit   a week from today

d'avance   in advance, beforehand

d'habitude   ordinarily, usually, generally

d'ici longtemps   for a long time to come

d'ordinaire   ordinarily, usually, generally

changer d'avis   to change one's opinion, one's mind

tout d'un coup   all of a sudden

§12.32 With DE

afin de + inf.   in order + inf.

en haut de   at the top of

autour de   around

avant de + inf.   before + pres. part.

changer de train   to change trains; **changer de vêtements** / to change clothes, *etc.*

combien de   how much, how many

de bon appétit   with good appetite, heartily

de bon coeur   gladly, willingly

de bonne heure   early

de cette façon   in this way

de façon à + inf.   so as + inf.

de jour en jour   from day to day

de l'autre côté de   on the other side of

de la part de   on behalf of, from

de mon côté   for my part, as far as I am concerned

de nouveau   again

de parti pris   on purpose, deliberately

de plus   furthermore

de plus en plus   more and more

de quelle couleur . . . ?   what color . . . ?

de quoi + inf.   something, enough + inf.; **de quoi écrire** / something to write with; **de quoi manger** / something or enough to eat; **de quoi vivre** / something or enough to live on

de rien   you're welcome, don't mention it

de rigueur   required, obligatory

de son mieux   one's best

de suite   one after another, in succession

de temps à autre   from time to time, occasionally

de temps en temps   from time to time, occasionally

de toutes ses forces   with all one's might, strenuously

du côté de   in the direction of, toward

éclater de rire   to burst out laughing

en face de   opposite

entendre parler de   to hear about

et ainsi de suite   and so on and so forth

être de retour   to be back

être en train de   to be in the act of, to be in the process of

être temps de + inf.   to be time + inf.

faire semblant de + inf.   to pretend + inf.

faute de   for lack of, for want of

féliciter qqn de qqch   to congratulate someone for something

Il n'y a pas de quoi!   You're welcome!

jamais de la vie   never in one's life, never! out of the question!

jouer de   to play (a musical instrument)

le long de   along

manquer de + inf.   to fail to, to almost do something; **J'ai manqué de tomber** / I almost fell; **Victor a manqué de venir** / Victor failed to come.

mettre de côté   to lay aside, to save

pas de mal!   no harm!

pas de moyen   no way
pour comble de malheur   to make matters worse
près de   near
quelque chose de + adj.   something + adj.;
   J'ai bu quelque chose de bon! / I drank something good!
Quoi de neuf?   What's new?

Rien de neuf!   Nothing's new!
tout de même   all the same
toute de suite   immediately, at once
venir de + inf.   to have just done something;
   Je viens de manger / I have just eaten / I just ate; **Guillaume vient de sortir** / William has just gone out.

§12.33   With DU

dire du bien de qqn   to speak well of someone
dire du mal de qqn   to speak ill of someone
donner du chagrin à qqn   to give someone grief
du côté de   in the direction of, toward
du matin au soir   from morning until night

du moins   at least
du reste   besides, in addition, furthermore
montrer du doigt   to point out, to show, to indicate by pointing
pas du tout   not at all

§12.34   With EN

de jour en jour   from day to day
de temps en temps   from time to time
en anglais, en français, etc.   in English, in French, etc.
en arrière   backwards, to the rear, behind
en automne, en hiver, en été   in the fall, in winter, in summer
en automobile   by car
en avion   by plane
en avoir marre   to be fed up, to be bored stiff, to be sick and tired of something; **J'en ai marre!** / I'm fed up! / I've had it!
en avoir par-dessus la tête   to have had it up to here; **J'en ai par-dessus la tête!** / I've had it up to here!
en avoir plein le dos   to be sick and tired of something
en bas   downstairs, below
en bateau   by boat
en bois, en pierre, en + some material   made of wood, of stone, *etc.*
en chemin de fer   by train
en dessous (de)   underneath
en dessus (de)   above, on top, over
en effet   in fact, indeed, yes indeed, as a matter of fact
en face de   opposite
en faire autant   to do the same, to do as much

en famille   as a family
en haut   upstairs, above
en huit jours   in a week
en même temps   at the same time
en panne   mechanical breakdown
en plein air   in the open air, outdoors
en quinze jours   in two weeks
en retard   late, not on time
en tous cas   in any case, at any rate
en toute hâte   with all possible speed, haste
en ville   downtown, in (at, to) town
En voilà assez!   Enough of that!
en voiture   by car; **en voiture!** / all aboard!
en vouloir à qqn   to bear a grudge against someone; **Je lui en veux** / I have a grudge against him (her).
être en grève   to be on strike
être en train de + inf.   to be in the act of + pres. part., to be in the process of, to be busy + pres. part.
Je vous en prie   I beg you / You're welcome.
mettre en pièces   to tear to pieces, to break into pieces
n'en pouvoir plus   to be unable to go on any longer, to be exhausted; **Je n'en peux plus** / I can't go on any longer.
voir tout en rose   to see the bright side of things, to be optimistic

§12.35   With ÊTRE

être à l'heure   to be on time
être à qqn   to belong to someone: **Ce livre est à moi** / This book belongs to me.
être à temps   to be in time
être au courant de   to be informed about
être bien   to be comfortable
être bien aise (de)   to be very glad, happy (to)
être bien mis (mise)   to be well dressed
être d'accord avec   to agree with

être dans son assiette   to be "right up one's alley"
être de retour   to be back
être en état de + inf.   to be able + inf.
être en retard   to be late, not to be on time
être en train de + inf.   to be in the act of + pres. part., to be in the process of, to be busy + pres. part.
être en vacances   to be on vacation

être enrhumé   to have a cold, to be sick with a cold

être hors de soi   to be beside oneself, to be upset, to be furious, to be irritated, annoyed

être le bienvenu (la bienvenue)   to be welcomed

être pressé(e)   to be in a hurry

être sur le point de + inf.   to be about + inf.

être temps de + inf.   to be time + inf.

Quelle huere est-il?   What time is it? Il est une huere / It is one o'clock; Ii est deux heures / It is two o'clock.

y être   to be there, to understand it, to get it; J'y suis! / I get it! / I understand it!

§12.36   With FAIRE

aussitôt dit aussitôt fait; aussitôt dit que fait   no sooner said than done

Cela ne fait rien   That doesn't matter / That makes no difference.

Comment se fait-il?   How come?

en faire autant   to do the same, to do as much

faire + inf.   to have something done; See §7.117

faire à sa tête   to have one's way

faire attention (à)   to pay attention (to)

faire beau   to be pleasant, nice weather; (For a list of weather expressions, see §16.–§16.5)

faire bon accueil   to welcome

faire chaud   to be warm (weather); (For a list of weather expressions, see §16.–§16.5)

faire d'une pierre deux coups   to kill two birds with one stone

faire de l'autostop   to hitchhike

faire de la peine à qqn   to hurt someone (morally)

faire de son mieux   to do one's best

faire des châteaux en Espagne   to build castles in the air

faire des emplettes; faire des courses; faire du shopping   to do or to go shopping

faire des progrès   to make progress

faire du bien à qqn   to do good for someone; Cela lui fera du bien / That will do her (or him) some good.

faire du vélo   to ride a bike

faire exprès   to do on purpose

faire face à   to oppose

faire faire qqch   to have something done or made; Je me fais faire une robe / I'm having a dress made (BY SOMEONE) for myself. See also §7.117

faire froid   to be cold (weather); (For a list of weather expressions, see §16.–§16.5)

faire jour   to be daylight

faire la bête   to act like a fool

faire la connaissance de qqn   to make the acquaintance of someone, to meet someone for the first time, to become acquainted with someone

faire la cuisine   to do the cooking

faire la grasse matinee   to sleep late in the morning

faire la lessive   to do the laundry

faire la malle   to pack the trunk

faire la queue   to line up, to get in line, to stand in line

faire la sourde oreille   to turn a deaf ear, to pretend not to hear

faire la vaisselle   to do (wash) the dishes

faire le ménage   to do housework

faire le plein   to fill it up with gasoline

faire le tour de   to take a stroll, to go around

faire les bagages   to pack the baggage, luggage

faire les valises   to pack the suitcases, valises

faire mal à qqn   to hurt, to harm someone

faire mon affaire   to suit me, to be just the thing for me

faire nuit   to be night(time)

faire part à qqn   to inform someone

faire part de qqch à qqn   to let someone know about something, to inform, to notify someone

faire partie de   to be a part of

faire peur à qqn   to frighten someone

faire plaisir à qqn   to please someone

faire sa toilette   to wash and dress oneself

faire savoir qqch à qqn   to inform someone of something

faire semblant de + inf.   to pretend + inf.

faire ses adieux   to say good-bye

faire ses amitiés à qqn   to give one's regards to someone

faire son possible   to do one's best

faire suivre le courrier   to forward mail

faire un tour   to go for a stroll

faire un voyage   to take a trip

faire une malle   to pack a trunk

faire une partie de   to play a game of

faire une promenade   to take a walk

faire une promenade en voiture   to go for a drive

faire une réparation   to do a repair

faire une visite   to pay a visit

faire venir qqn   to have someone come; Il a fait venir le docteur / He had the doctor come. (See causative faire in §7.117)

faire venir l'eau à la bouche   to make one's mouth water

Faites comme chez vous!   Make yourself at home!

Que faire?   What is to be done?

Quel temps fait-il?   What's the weather like? (See also §16.)

§12.37   **With FOIS**

à la fois   at the same time
encore une fois   once more, one more time

Il était une fois . . .   Once upon a time there was (there were) . . .
une fois de plus   once more, one more time

§12.38   **With MIEUX**

aimer mieux   to prefer, to like better
aller mieux   to feel better (person's health); **Etes-vous toujours malade?** / Are you still sick? **Je vais mieux, merci** / I'm feeling better, thank you.

de son mieux   one's best
faire de son mieux   to do one's best
tant mieux   so much the better
valoir mieux   to be better (worth more), to be preferable

§12.39   **With NON**

Je crois que non / I don't think so.
mais non! / of course not!

Non merci!   No, thank you!
J'espère bien que non / I hope not.

§12.40   **With PAR**

par bonheur   fortunately
par ci par là   here and there
par conséquent   consequently, therefore
par exemple   for example
par hasard   by chance
par ici   through here, this way, in this direction
par jour   per day, daily
par la fenêtre   out the window, through the window
par là   through there, that way, in that direction

par malheur   unfortunately
par mois   per month, monthly
par semaine   per week, weekly
par tous les temps   in all kinds of weather
apprendre par coeur   to learn by heart, to memorize
finir par + inf.   to end up by + pres. part.; **Ils ont fini par se marier** / They ended up by getting married.
jeter l'argent par la fenêtre   to waste money

§12.41   **With PAROLE**

adresser la parole à   to address, to speak to
avoir la parole   to have the floor (to speak)

reprendre la parole   to go on speaking, to resume speaking

§12.42   **With PLAIRE**

Plaît-il?   What did you say? / Would you repeat that, please?

s'il te plaît   please (familiar "tu" form)
s'il vous plaît   please (polite "vous" form)

§12.43   **With PLUS**

de plus   furthermore, besides, in addition
de plus en plus   more and more
n'en pouvoir plus   to be exhausted, not to be able to go on any longer; **Je n'en peux plus!** I can't go on any longer!

Plus ça change plus c'est la même chose   The more it changes the more it remains the same.
une fois de plus   once more, one more time

§12.44   **With PRENDRE**

prendre garde de + inf.   avoid + pres. part. OR take care not + inf. **Prenez garde de tomber** / Avoid falling; **Prenez garde de ne pas tomber** / Take care not to fall.

prendre le parti de + inf.   to decide + inf.
prendre ses jambes à son cou   to run fast
prendre un billet   to buy a ticket
prendre une photo   to take a picture
prendre une décision   to make a decision

§12.45   **With QUEL**

Quel âge avez-vous?   How old are you?
Quel garçon!   What a boy!

Quel jour est-ce aujourd'hui?   What day is it today?

§12.46   **With QUELLE**

De quelle couleur est (sont) . . . ?   What color is (are) . . . ?
Quelle fille!   What a girl!

Quelle heure est-il?   What time is it?
Quelle veine!   What luck!

§12.47   **With QUELQUE CHOSE**

quelque chose à + inf.   something + inf.; **J'ai quelque chose à lui dire** / I have something to say to him (to her).

quelque chose de + adj.   something + adj.; **J'ai quelque chose d'intéressant à vous dire** I have something interesting to tell you (to say to you).

§12.48   **With QUOI**

à quoi bon?   what's the use?
avoir de quoi + inf.   to have something (enough) + inf. **Avez-vous de quoi écrire?** Do you have something to write with?

avoir de quoi manger   to have something to eat
Il n'y a pas de quoi!   You're welcome!
Quoi?!   What?! (used in an exclamation)
Quoi de neuf?   What's new?

§12.49   **With RIEN**

Cela ne fait rien / That doesn't matter.
Cela ne sert à rien / That serves no purpose.

de rien   you're welcome, don't mention it
Rien de neuf!   Nothing's new!

§12.50   **With SUR**

donner sur   to look out upon; **La salle à manger donne sur le jardin** / The dining room looks out on the garden.
dormir sur les deux oreilles   to sleep soundly

être sur le point de + inf.   to be about to + inf.
sur mesure   made to order, custom made (clothing)

§12.51   **With TANT**

tant bien que mal   so-so
tant mieux   so much the better
tant pis   so much the worse

J'ai tant de travail!   I have so much work!
Je t'aime tant!   I love you so much!
tant de choses   so many things

§12.52   **With TOUS**

tous deux OR **tous les deux**   both (*masc. pl.*)
tous les ans   every year
tous les jours   every day

tous les matins   every morning
tous les soirs   every evening

§12.53   **With TOUT**

après tout   after all
en tout cas   in any case, at any rate
malgré tout cela   in spite of all that
pas du tout   not at all
tout à coup   suddenly
tout à fait   completely, entirely
tout à l'heure   a little while ago, in a little while
tout d'abord   first of all

tout d'un coup   all of a sudden
tout de même!   all the same! just the same!
tout de suite   immediately, at once, right away
tout le monde   everybody
tout le temps   all the time
voir tout en rose   to see the bright side of anything, to be optimistic

§12.54   **With TOUTE**

en toute hâte   with all possible speed, in great haste
toute chose   everything
de toutes ses forces   with all one's might, strenuously

toutes les deux OR **toutes deux**   both (*fem. pl.*)
toutes les nuits   every night

§12.55   **With Y**

il y a + length of time   ago; **il y a un mois**
a month ago (See also **§12.11.**)

il y a   there is, there are (See also **§12.13**)

Il y avait . . .   there
was (there were) . . . ; (See also **§12.13**)

Il n'y a pas de quoi   You're welcome.

y compris   including

§12.56   **Verbs with special meanings** (See also Verbs, in **§7.—§7.50.**)

arriver   to happen; **Qu'est-ce qui est arrivé?**
What happened?

avoir   to have something the matter; **Qu'est-ce que vous avez?** / What's the matter with you?

entendre dire que   to hear it said that, to hear tell that; **J'entends dire que Robert s'est marié** / I hear (tell) that Robert got married.

entendre parler de   to hear of, to hear about; **J'ai entendu parler d'un grand changement dans l'administration** / I've heard about a big change in the administration.

envoyer chercher   to send for; **Je vais envoyer chercher le médecin** / I'm going to send for the doctor.

être à qqn   to belong to someone; **Ce livre est à moi** / This book belongs to me.

faillir + inf.   to almost do something; **Le bébé a failli tomber** / The baby almost fell.

mettre   to put on; **Gisèle a mis sa plus jolie robe** / Gisèle put on her prettiest dress.

mettre la table   to set the table

profiter de   to take advantage of

rendre visite à   to pay a visit to (a person)

venir à   to happen to; **Si nous venons à nous voir en ville, nous pouvons prendre une tasse de café** / If we happen to see each other downtown, we can have a cup of coffee.

venir de + inf.   to have just done something; **Joseph vient de partir** / Joseph has just left; **Barbara venait de partir quand Françoise est arrivée** / Barbara had just left when Françoise arrived.

§13.   OUI and SI

Ordinarily, **oui** is used to mean **yes**. However, **si** is used to mean **yes** in response to a question in the negative.

EXAMPLES:

Aimez-vous le français?—Oui, j'aime le français.
N'aimez-vous pas le français?—Si, j'aime le français.

§14.   DATES, DAYS, MONTHS, SEASONS

§14.1   **Dates**

You ought to know the following expressions in preparation for the SAT II: French

(a)   **Quelle est la date aujourd'hui?** / What's the date today?
       Quel jour du mois est-ce aujourd'hui? / What's the date today?
       Quel jour du mois sommes-nous aujourd'hui? / What's the date today?

       C'est aujourd'hui le premier octobre / Today is October first.
       C'est aujourd'hui le deux novembre / Today is November second.

(b)   **Quel jour de la semaine est-ce aujourd'hui?** / What day of the week is it today?

       C'est lundi / It's Monday.
       C'est aujourd'hui mardi /Today is Tuesday.

(c)   **Quand êtes-vous né(e)?** / When were you born?
       Je suis né(e) le vingt-deux août, mil neuf cent soixante-six / I was born on August 22, 1966.

       USE THE CARDINAL NUMBERS FOR DATES, EXCEPT FIRST, WHICH IS **LE PREMIER.**

§14.2   **Days**

The days of the week, which are all masc., are:

dimanche, lundi, mardi, mercredi, jeudi, vendredi, samedi
Sunday, Monday, Tuesday, Wednesday, Thursday, Friday, Saturday

In French, the days of the week are written in small letters, although in some French business letters and in French newspapers you will sometimes see them written with the first letter capitalized. Note that **le dimanche** means on Sundays, **le lundi** on Mondays, and so on.

§14.3   Months

The months of the year, which are all masc., are:

janvier, février, mars, avril, mai, juin, juillet, août,
January, February, March, April, May, June, July, August,

septembre, octobre, novembre, décembre
September, October, November, December

In French, the months of the year are customarily written in small letters, although in some French business letters and in French newspapers you will sometimes see them written with the first letter capitalized.

To say *in* + the name of the month, use **en**: **en janvier, en février**; or: **au mois de janvier, au mois de février** / in the month of January . . .

§14.4   Seasons

The seasons of the year, which are all masc., are:

le printemps, l'été, l'automne, l'hiver
spring, summer, fall, winter

To say *in* + the name of the season, use **en**, except with **printemps**: **au printemps, en été, en automne, en hiver** / in spring, in summer . . .

§15.   TELLING TIME

§15.1   Time expressions you ought to know:

(a) **Quelle heure est-il?** / What time is it?
(b) **Il est une heure** / It is one o'clock.
(c) **Il est une heure dix** / It is ten minutes after one.
(d) **Il est une heure et quart** / It is a quarter after one.
(e) **Il est deux heures et demie** / It is half past two; it is two thirty.
(f) **Il est trois heures moins vingt** / It is twenty minutes to three.
(g) **Il est trois heures moins le quart** / It is a quarter to three.
(h) **Il est midi** / It is noon.
(i) **Il est minuit** / It is midnight.
(j) **à quelle heure?** / at what time?
(k) **à une heure** / at one o'clock.
(l) **à une heure précise** / at exactly one o'clock.
(m) **à deux heures précises** / at exactly two o'clock.
(n) **à neuf heures du matin** / at nine in the morning.
(o) **à trois heures de l'après-midi** / at three in the afternoon.
(p) **à dix heures du soir** / at ten in the evening.
(q) **à l'heure** / on time.
(r) **à temps** / in time.
(s) **vers trois heures** / around three o'clock; about three o'clock.
(t) **un quart d'heure** / a quarter of an hour; a quarter hour.
(u) **une demi-heure** / a half hour.
(v) **Il est midi et demi** / It is twelve thirty; It is half past twelve (noon).
(w) **Il est minuit et demi** / It is twelve thirty; It is half past twelve (midnight).

§15.2   Note the following remarks:

(a) In telling time, **Il est** is used plus the hour, whether it is one or more than one, *e.g.,* **Il est une heure, Il est deux heures.**

(b) If the time is *after* the hour, state the hour, then the minutes, *e.g.,* **Il est une heure dix.**

(c) The conjunction **et** is used with **quart** after the hour and with **demi** or **demie**, *e.g.,* **Il est une heure et quart; Il est une heure et demie; Il est midi et demi.**

(d) The masc. form **demi** is used after a masc. noun, *e.g.,* **Il est midi et demi.** The fem. form **demie** is used after a fem. noun, *e.g.,* **Il est deux heures et demie.**

(e) **Demi** remains **demi** when *before* a fem. or masc. noun and it is joined to the noun with a hyphen, *e.g.,* **une demi-heure.**

(f) If the time expressed is *before* the hour, **moins** is used, *e.g.,* **Il est trois heures moins vingt.**

(g) A quarter *after* the hour is **et quart;** a quarter *to* the hour is **moins le quart.**

(h) To express A.M. use **du matin;** to express P.M. use **de l'après-midi** if the time is in the afternoon, or **du soir** if in the evening.

§15.3 **Note another way to tell time, which is official time used by the French government on radio and TV, in railroad and bus stations, and at airports:**

(a) It is the 24-hour system around the clock.

(b) In this system, **quart** and **demi** or **demie** are not used. **Moins** and **et** are not used.

(c) When you hear or see the stated time, subtract 12 from the number that you hear or see. If the number is less than 12, it is A.M. time, except for **24 heures,** which is midnight; **zéro heure** is also midnight.

EXAMPLES:

Il est treize heures / It is 1:00 P.M.
Il est quinze heures / It is 3:00 P.M.
Il est vingt heures trente / It is 8:30 P.M.
Il est vingt-quatre heures / It is midnight.
Il est minuit / It is midnight.
Il est seize heures trente / It is 4:30 P.M.
Il est dix-huit heures quinze / It is 6:15 P.M.
Il est vingt heures quarante-cinq / It is 8:45 P.M.
Il est vingt-deux heures cinquante / It is 10:50 P.M.

(d) The abbreviation for **heure** or **heures** is **h.**

EXAMPLES:

Il est 20 h. 20 / It is 8:20 P.M.
Il est 15 h. 50 / It is 3:50 P.M.
Il est 23 h. 30 / It is 11:30 P.M.

§16.   WEATHER EXPRESSIONS

Quel temps fait-il? / What's the weather like?

§16.1 (a) With **Il fait . . .**

Il fait beau / The weather is fine; The weather is beautiful.
Il fait beau temps / The weather is beautiful.
Il fait bon / It's nice; It's good.
Il fait brumeux / It's misty.
Il fait chaud / It's warm.
Il fait clair / It is clear.
Il fait de l'orage / It's storming; there is a thunderstorm.
Il fait des éclairs / It is lightning.
Il fait doux / It's mild.

Il fait du soleil / It's sunny. (You can also say: **Il fait soleil.**)
Il fait du tonnerre / It's thundering. (You can also say: **Il tonne**.)
Il fait du vent / It's windy.
Il fait frais / It is cool.
Il fait froid / It's cold.
Il fait glissant / It is slippery.
Il fait humide / It's humid.
Il fait jour / It is daylight.
Il fait lourd / The weather is sultry.
Il fait mauvais / The weather is bad.
Il fait nuit / It is dark.
Il fait sec / It's dry.
Il fait une chaleur épouvantable / It's awfully (frightfully) hot.

§16.2   (b) With **Il fait un temps . . .**

Il fait un temps affreux / The weather is frightful.
Il fait un temps calme / The weather is calm.
Il fait un temps couvert / The weather is cloudy.
Il fait un temps de saison / The weather is seasonal.
Il fait un temps épouvantable / The weather is frightful.
Il fait un temps lourd / It's muggy.
Il fait un temps magnifique / The weather is magnificent.
Il fait un temps pourri / The weather is rotten.
Il fait un temps serein / The weather is serene.
Il fait un temps superbe / The weather is superb.

§16.3   (c) With **Le temps + verb . . .**

Le temps menace / The weather is threatening.
Le temps s'éclaircit / The weather is clearing up.
Le temps se gâte / The weather is getting bad.
Le temps se met au beau / The weather is getting beautiful.
Le temps se met au froid / It's getting cold.
Le temps se radoucit / The weather is getting nice again.
Le temps se rafraîchit / The weather is getting cool.

§16.4   (d) With **Le ciel est . . .**

Le ciel est bleu / The sky is blue.
Le ciel est calme / The sky is calm.
Le ciel est couvert / The sky is cloudy.
Le ciel est gris / The sky is gray.
Le ciel est serein / The sky is serene.

§16.5   (e) With other verbs

Il gèle / It's freezing.
Il grêle / It's hailing.
Il neige / It's snowing.
Il pleut / It's raining.
Il tombe de la grêle / It's hailing.
Il va grêler / It's going to hail.
Il tonne / It's thundering.
Je sors par tous les temps / I go out in all kinds of weather.
Quelle est la prévision de la météo pour aujourd'hui? or **Quelles sont les prévisions de la météo pour aujourd'hui?** / What is the weather forecast for today?

§17. NUMBERS

§17.1 Cardinal Numbers: 1 to 1,000

0 zéro	**50 cinquante**	502 cinq cent deux, *etc.*
1 un, une	51 cinquante et un	**600 six cents**
2 deux	52 cinquante-deux, *etc.*	601 six cent un
3 trois	**60 soixante**	602 six cent deux, *etc.*
4 quatre	61 soixante et un	**700 sept cents**
5 cinq	62 soixante-deux, *etc.*	701 sept cent un
6 six	**70 soixante-dix**	702 sept cent deux, *etc.*
7 sept	71 soixante et **onze**	**800 huit cents**
8 huit	72 soixante-douze, *etc.*	801 huit cent un
9 neuf	**80 quatre-vingts**	802 huit cent deux, *etc.*
10 dix	81 quatre-vingt-un	**900 neuf cents**
11 onze	82 quatre-vingt-deux, *etc.*	901 neuf cent un
12 douze	**90 quatre-vingt-dix**	902 neuf cent deux, *etc.*
13 treize	91 quatre-vingt-onze	**1,000 mille**
14 quatorze	92 quatre-vingt-douze, *etc.*	
15 quinze	**100 cent**	
16 seize	101 cent un	
17 dix-sept	102 cent deux, *etc.*	
18 dix-huit	**200 deux cents**	
19 dix-neuf	201 deux cent un	
20 vingt	202 deux cent deux, *etc.*	
21 vingt et un	**300 trois cents**	
22 vingt-deux, *etc.*	301 trois cent un	
30 trente	302 trois cent deux, *etc.*	
31 trente et un	**400 quatre cents**	
32 trente-deux, *etc.*	401 quatre cent un	
40 quarante	402 quatre cent deux, *etc.*	
41 quarante et un	**500 cinq cents**	
42 quarante-deux, *etc.*	501 cinq cent un	

Observations on learning numbers:

(a) Learning numbers in French is easy. It's very much like the way we form numbers in English.

(b) From 0 through 16 it's a matter of learning new vocabulary because there is a word for each number. Study the simple words in French from 0 to 16 in the above table.

(c) Next, notice that numbers 17, 18, 19 are based on 10 plus 7, 8, 9. The word for 10 (**dix**) is joined with a hyphen to the word for 7 (**sept**), 8 (**huit**), and 9 (**neuf**). Examine these three numbers in the above table.

(d) The compound numbers actually start with 20. From 20 to 29, just state the word for 20 (**vingt**) and add to that word the cardinal numbers from 1 to 9. This is how we form the numbers in English, also. There is one exception: You are supposed to use the word **et** (*and*) with **un** (*one*). The **et** is omitted after one: vingt-deux, vingt-trois, *etc.* Don't forget to join the added word with a hyphen.

(e) Next, it's a matter of learning new vocabulary after 20: **vingt** (20), **trente** (30), **quarante** (40), and so on. To each whole number add **un** through **neuf**. Don't forget to use **et** (*and*) with **un** only and drop it from **deux** to **neuf**. Study these numbers in the table above.

(f) The word 100 is also new vocabulary for you: **cent**, with no **un** in front of it for one hundred. It's just plain **cent**.

(g) From 200 to 900, it's only a matter of using words you have already learned: 200 is **deux cents,** 300 is **trois cents,** just as in English. Notice the **s** on **cents.** The **s** drops with compound numbers in the hundreds: **deux cent un** (201), **trois cent un** (301), and so on. In brief, there is an **s** on **cents** only in the round whole number in the hundreds: 200 (**deux cents**), 300 (**trois cents**), 400 (**quatre cents**), and so on. In the hundreds, never use **et** (*and*). Any multiple, any other number added to the round whole number drops the **s** on **cents: cent un** (101), **cent deux** (102), and so on.

§17.2 Simple arithmetical expressions

deux **et** deux **font** quatre	$2 + 2 = 4$
trois **fois** cinq **font** quinze	$3 \times 5 = 15$
douze **moins** dix **font** deux	$12 - 10 = 2$
dix **divisés par** deux **font** cinq	$10 \div 2 = 5$

Some observations:

(a) In French you need to state **et** (*and*) as we do in English when adding. Besides saying two *and* two are four, we can say two *plus* two are four. In French, we say **et** (*and*).

(b) The symbol **x** (meaning *times*) is expressed by **fois** in French.

(c) In French, we use the word **moins** to express *minus* or *less*.

(d) In French, we say **divisés par** to express *divided by*.

(e) In French, we use the word **font** (meaning *make*) to express *are* or *make*.

§17.3 Fractions

½	**un demi**	a (one) half
⅓	**un tiers**	a (one) third
¼	**un quart**	a (one) fourth
⅕	**un cinquième**	a (one) fifth

§17.4 Approximate amounts

une dizaine	about ten
une quinzaine	about fifteen
une vingtaine	about twenty
une trentaine	about thirty
une quarantaine	about forty
une cinquantaine	about fifty
une soixantaine	about sixty
une centaine	about a hundred
un millier	about a thousand

Some observations:

(a) Notice that each of the above approximate amounts is based on a cardinal number.

(b) Did you notice that **une quarantaine** (*about forty*) is related to the English word *quarantine*, which means a period of *forty* days?

§17.5 Ordinal numbers: first to twentieth

first	**premier, première**	1st	**1er, 1re**
second	**deuxième (second, seconde)**	2d	**2e**
third	**troisième**	3d	**3e**
fourth	**quatrième**	4th	**4e**
fifth	**cinquième**	5th	**5e**
sixth	**sixième**	6th	**6e**
seventh	**septième**	7th	**7e**
eighth	**huitième**	8th	**8e**
ninth	**neuvième**	9th	**9e**
tenth	**dixième**	10th	**10e**
eleventh	**onzième**	11th	**11e**
twelfth	**douzième**	12th	**12e**
thirteenth	**treizième**	13th	**13e**
fourteenth	**quatorzième**	14th	**14e**
fifteenth	**quinzième**	15th	**15e**
sixteenth	**seizième**	16th	**16e**
seventeenth	**dix-septième**	17th	**17e**
eighteenth	**dix-huitième**	18th	**18e**
nineteenth	**dix-neuvième**	19th	**19e**
twentieth	**vingtième**	20th	**20e**

Some observations:

(a) You must learn the difference between a **cardinal** number and an **ordinal** number. If you have trouble distinguishing between the two, just remember that we use the cardinal numbers most of the time: un, deux, trois (one, two, three), and so on.

(b) Use the *ordinal* numbers to express a certain *order:* premier (première, if the noun following is feminine), deuxième, troisième (first, second, third), and so on.

(c) **Premier** is the masculine singular form and **première** is the feminine singular form. Examples: **le premier homme** (*the first man*), **la première femme** (*the first woman*).

(d) The masculine singular form **second,** or the feminine singular form **seconde,** is used to mean *second* when there are only two. When there are more than two, **deuxième** is used. Examples: **le Second Empire,** because there were only two empires in France; however, **la Deuxième République,** because there have been more than two Republics in France.

(e) The raised letters in **1er** are the last two letters in the word **premier;** it is equivalent to our *st* in *1st.* The raised letters in **1re** are the last two letters in the word **première,** which is the *feminine* singular form of *first.*

(f) The raised letter **e** after an ordinal number (for example, **2e**) stands for the **ième** ending of a French ordinal number.

(g) When referring to sovereigns or rulers, the only ordinal number used is **Premier.** For all other designations, the cardinal numbers are used. The definite article (*the*) is used in English but not in French. Examples:

	François 1er	François Premier	Francis the First
but:			
	Louis XIV	Louis Quatorze	Louis the Fourteenth

§18. SYNONYMS

In **§19.** in this General Review section there are many antonyms that you ought to know to prepare yourself for the SAT II: French and I suggest that one very good way to increase your French vocabulary is to think of an antonym or synonym for every word in French that you already know or that you come across in your readings.

§18.1 Listed below are some basic synonyms that you certainly ought to know because they are really for review. Do you know one very good way to study them? Let me give you a suggestion. Take a 3 × 5 card and cover the words in English on the right side. Look at the first French line of synonyms. Read them in French out loud. Then give the English meaning aloud. If you do not remember the English meaning, move the 3 × 5 card down so you can see the printed English word or words. Then cover the English again. Then repeat the French words again that are on the left side. Then give the English meaning. If you still do not remember the English meaning, take another peek at the English and start over again. Do this for each line of French synonyms and for the antonyms, too, given in **§19.1** and **§19.2.** What you need to concentrate on is recognizing what the French words mean because that is what the SAT II: French is all about. You will not be asked in any way on the SAT II: French to give the French for an English word or idiom. You will see nothing but French words in front of you on the SAT II: French and you must train yourself to recognize the words and recall the meaning or meanings in English when you have to if you are faced with deciding that the correct answer is choice A or B or C or D.

Very frequently, in the reading comprehension passages on the SAT II: French, the correct answer is one that contains either a synonym or antonym of the key words in the reading passage. For example, if the key word is **fatigué** in a reading passage and the sentence states that Paul was unable to do something because he was **fatigué,** the correct answer among the multiple choices may be a synonym, for example, **épuisé;** the correct answer may state something like: **Pierre n'a pas pu le faire parce qu'il était épuisé.** Of course, in the reading of the passage you surely understood **fatigué,** but could you recognize **épuisé** as a synonym of that word to spot the correct answer?

§18.2

accoster *v.,* **aborder**	to come up to, to approach
adresse *n.f.,* **habileté**	skill, expertness
aide *n.f.,* **secours** *n.m.*	aid, help
aimer mieux *v.,* **préférer**	to like better, to prefer
aliment *n.m.,* **nourriture** *n.f.*	food, nourishment
aller *v.,* **se porter**	to feel, to be (health)
aller *v.,* **se rendre**	to go
amas *n.m.,* **tas**	heap, pile
anneau *n.m.,* **bague** *n.f.*	ring (on finger)
arriver *v.,* **se passer**	to happen, to occur
aussitôt que *conj.,* **dès que**	as soon as
auteur *n.m.,* **écrivain**	author, writer
bâtiment *n.m.,* **édifice**	building, edifice
bâtir *v.,* **construire**	to build, to construct
beaucoup de *adv.,* **bien des**	many
besogne *n.f.,* **tâche**	work, piece of work, task
bienveillance *n.f.,* **bonté**	kindness, goodness
bref, brève *adj.,* **court, courte**	brief, short
calepin *n.m.,* **carnet**	memo book, note book
calmer *v.,* **apaiser**	to calm, to appease
casser *v.,* **rompre** *v.,* **briser**	to break
causer *v.,* **parler**	to chat, to talk
centre *n.m.,* **milieu**	center, middle
certain, certaine *adj.,* **sûr, sûre**	certain, sure
cesser *v.,* **arrêter**	to cease, to stop
chagrin *n.m.,* **souci**	sorrow, trouble, care, concern

châtier *v.*, **punir**	to chastise, to punish
chemin *n.m.*, **route** *n.f.*	road, route
commencer à + inf., *v.* **se mettre à**	to commence, to begin, to start + inf.
conseil *n.m.*, **avis**	counsel, advice, opinion
content, contente *adj.*, **heureux, heureuse**	content, happy
de façon que *conj.*, **de manière que**	so that, in such a way
décéder *v.*, **mourir**	to die
dédain *n.m.*, **mépris**	disdain, scorn
dégoût *n.m.*, **répugnance** *n.f.*	disgust, repugnance
dérober *v.*, **voler**	to rob, to steal
désirer *v.*, **vouloir**	to desire, to want
disputer *v.*, **contester**	to dispute, to argue, to contest
docteur *n.m.*, **médecin**	doctor, physician
dorénavant *adv.*, **désormais**	henceforth, from now on
dur, dure *adj.*, **insensible**	hard, callous, unfeeling, insensitive
embrasser *v.*, **donner un baiser**	to embrace, to hug, to give a kiss
employer *v.*, **se servir de**	to employ, to use, to make use of
éperdu, éperdue *adj.*, **agité, agitée**	distracted, confused, troubled
épouvanter *v.*, **effrayer**	to frighten, to terrify, to scare
erreur *n.f.*, **faute**	error, fault, mistake
espèce *n.f.*, **sorte**	species, type, kind, sort
essayer de *v.*, **tâcher de + inf., tenter**	to try, to attempt + inf.
étaler *v.*, **exposer**	to display, to show, to expose
étrennes *n.f.*, **cadeau** *n.m.*	Christmas gifts, present, gift
façon *n.f.*, **manière**	way, manner
fainéant, fainéante *adj.*, **paresseux, paresseuse**	a do nothing, idler, lazy
fameux, fameuse *adj.*, **célèbre**	famous, celebrated
fatigué, fatiguée *adj.*, **épuisé, épuisée**	tired, fatigued, exhausted
favori, favorite *adj.*, **préféré, préférée**	favorite, preferred
femme *n.f.*, **épouse**	wife, spouse
fin *n.f.*, **bout** *n.m.*	end
finir *v.*, **terminer**	to finish, to end, to terminate
flot *n.m.*, **onde** *n.f.*	wave (water)
frémir *v.*, **trembler**	to shiver, to quiver, to tremble
galette *n.f.*, **gâteau** *n.m.*	cake
gaspiller *v.*, **dissiper**	to waste, to dissipate
gâter *v.*, **abîmer**	to spoil, to ruin, to damage
glace *n.f.*, **miroir** *n.m.*	hand mirror, mirror
grossier, grossière *adj.*, **vulgaire**	gross, vulgar, cheap, common
habiter *v.*, **demeurer**	to live (in), to dwell, to inhabit
haïr *v.*, **détester**	to hate, to detest
image *n.f.*, **tableau** *n.m.*	image, picture
indiquer *v.*, **montrer**	to indicate, to show
jadis *adv.*, **autrefois**	formerly, in times gone by
jeu *n.m.*, **divertissement**	game, amusement
jeûne *n.m.*, **abstinence** *n.f.*	fasting, abstinence
labourer *v.*, **travailler**	to labor, to work
laisser *v.*, **permettre**	to allow, to permit
las, lasse *adj.*, **fatigué, fatiguée**	weary, tired
lier *v.*, **attacher**	to tie, to attach
lieu *n.m.*, **endroit**	place, spot, location
logis *n.m.*, **habitation** *n.f.*	lodging, dwelling
lueur *n.f.*, **lumière**	gleam, light
lutter *v.*, **combattre**	to struggle, to fight, to combat
maître *n.m.*, **instituteur**	master, teacher, instructor
maîtresse *n.f.*, **institutrice**	mistress, teacher, instructor
mari *n.m.*, **epoux (épouser, *v.*, se marier avec)**	husband, spouse (to get married, to marry, to wed)
mauvais, mauvaise *adj.*, **méchant, méchante**	bad, mean, nasty

mêler *v.*, **mélanger**	to mix, to blend
mener *v.*, **conduire**	to lead, to take (someone)
mignon, mignonne *adj.*, **délicat, délicate, gentil, gentille**	dainty, delicate, nice
mince *adj.*, **grêle**	thin, slender, skinny
naïf, naïve *adj.*, **ingénu, ingénue**	naive, simple, innocent
net, nette *adj.*, **propre**	neat, clean
noces *n.f.*, **mariage** *n.m.*	wedding, marriage
oeuvre *n.f.*, **travail** *n.m.*	work
ombre *n.f.*, **obscurité**	shade, shadow, darkness
ombrelle *n.f.*, **parasol** *n.m.*	sunshade, parasol, beach umbrella
oreiller *n.m.*, **coussin**	pillow (for sleep), cushion
parce que *conj.*, **car**	because, for
pareil, pareille *adj.*, **égal, égale**	similar, equivalent, equal
parmi *prep.*, **entre**	among, between
parole *n.f.*, **mot** *n.m.*	spoken word, written word
parvenir à *v.*, **réussir à**	to succeed, to attain
pays *n.m.*, **nation** *n.f.*	country, nation
pensée *n.f.*, **idée**	thought, idea
penser *v.*, **réfléchir**	to think, to reflect
penser à *v.*, **songer à**	to think of, to dream of
pourtant *adv.*, **cependant, néanmoins**	however, nevertheless
professeur *n.m.*, **maître, maîtresse**	professor, teacher
puis *adv.*, **ensuite**	then, afterwards
quand *conj.*, **lorsque**	when
quelquefois *adv.*, **parfois**	sometimes, at times
rameau *n.m.*, **branche** *n.f.*	branch (tree)
se rappeler *v.*, **se souvenir de**	to recall, to remember
rater *v.*, **échouer**	to miss, to fail
récolter *v.*, **recueillir**	to gather, to collect
rendre *v.*, **retourner, aller**	to return, to go
rester *v.*, **demeurer**	to stay, to remain
réussir à *v.*, **parvenir à**	to succeed, to attain
secours *n.m.*, **aide** *n.f.*	help, aid
sérieux, sérieuse *adj.*, **grave**	serious, grave
seulement *adv.*, **ne** + verb + **que**	only
soin *n.m.*, **attention** *n.f.*	care, attention
soulier *n.m.*, **chaussure** *n.f.*	shoe, footwear
sud *n.m.*, **Midi**	south
tout de suite *adv.*, **immédiatement**	right away, immediately
triste *adj.*, **malheureux, malheureuse**	sad, unhappy
verser *v.*, **répandre**	to pour, to spread
vêtements *n.m.*, **habits**	clothes, clothing
visage *n.m.*, **figure** *n.f.*	face
vite *adv.*, **rapidement**	quickly, rapidly

§19.   ANTONYMS

One very good way to increase your French vocabulary is to think of an antonym (opposite meaning) or synonym (similar meaning) for every word in French that you already know. Of course, there is no antonym or synonym for all words in the French language—nor in English. But you should, at least, wonder what the possible antonyms and synonyms are of French words. For example, stop and think: What is the antonym of **aller**? The antonym of **jamais**? A synonym of **erreur**?

§19.1 **Here are some simple antonyms you ought to know:**

absent, absente *adj.*, absent / **présent, présente** *adj.*, present

acheter *v.*, to buy / **vendre** *v.*, to sell

agréable *adj.*, pleasant, agreeable / **désagréable** *adj.*, unpleasant, disagreeable

aimable *adj.*, kind / **méchant, méchante** *adj.*, mean, nasty

aller *v.*, to go / **venir** *v.*, to come

ami, amie *n.*, friend / **ennemi, ennemie** *n.*, enemy

s'amuser *refl.v.*, to enjoy oneself, to have a good time / **s'ennuyer** *refl.v.*, to be bored

ancien, ancienne *adj.*, old, ancient / **nouveau, nouvel, nouvelle** *adj.*, new

avant *prep.*, before / **après** *prep.*, after

bas, basse *adj.*, low / **haut, haute** *adj.*, high

beau, bel, belle *adj.*, beautiful, handsome / **laid, laide** *adj.*, ugly

beaucoup (de) *adv.*, much, many / **peu (de)** *adv.*, little, some

beauté *n.f.*, beauty / **laideur** *n.f.*, ugliness

bête *adj.*, stupid / **intelligent, intelligente** *adj.*, intelligent

blanc, blanche *adj.*, white / **noir, noire** *adj.*, black

bon, bonne *adj.*, good / **mauvais, mauvaise** *adj.*, bad

bonheur *n.m.*, happiness / **malheur** *n.m.*, unhappiness

chaud, chaude *adj.*, hot, warm / **froid, froide** *adj.*, cold

cher, chère *adj.*, expensive / **bon marché** cheap

content, contente *adj.*, glad, pleased / **mécontent, mécontente** *adj.*, displeased

court, courte *adj.*, short / **long, longue** *adj.*, long

debout *adv.*, standing / **assis, assise** *adj.*, seated, sitting

dedans *adv.*, inside / **dehors** *adv.*, outside

demander *v.*, to ask / **répondre** *v.*, to reply

dernier, dernière *adj.*, last / **premier, première** *adj.*, first

derrière *adv.*, *prep.*, behind, in back of / **devant** *adv.*, *prep.*, in front of

dessous *adv.*, *prep.*, below, underneath / **dessus** *adv.*, *prep.*, above, over

différent, différente *adj.*, different / **même** *adj.*, same

difficile *adj.*, difficult / **facile** *adj.*, easy

domestique *adj.*, domestic / **sauvage** *adj.*, wild

donner *v.*, to give / **recevoir** *v.*, to receive

droite *n.f.*, right / **gauche** *n.f.*, left

emprunter *v.*, to borrow / **prêter** *v.*, to lend

entrer (dans) *v.*, to enter (in, into) / **sortir (de)** *v.*, to go out (of, from)

est *n.m.*, East / **ouest** *n.m.*, West

étroit, étroite *adj.*, narrow / **large** *adj.*, wide

faible *adj.*, weak / **fort, forte** *adj.*, strong

fermer *v.*, to close / **ouvrir** *v.*, to open

fin *n.f.*, end / **commencement** *n.m.*, beginning

finir *v.*, to finish / **commencer** *v.*, to begin; **se mettre à** *v.*, to begin + inf.

gagner *v.*, to win / **perdre** *v.*, to lose

gai, gaie *adj.*, gay, happy / **triste** *adj.*, sad

grand, grande *adj.*, large, tall, big / **petit, petite** *adj.*, small, little

gros, grosse *adj.*, fat / **maigre** *adj.*, thin

grossier, grossière *adj.*, coarse, impolite / **poli, polie** *adj.*, polite

heureux, heureuse *adj.*, happy / **malheureux, malheureuse** *adj.*, unhappy

hier *adv.*, yesterday / **demain** *adv.*, tomorrow

homme *n.m.*, man / **femme** *n.f.*, woman

ici *adv.*, here / **là** *adv.*, there

inutile *adj.*, useless / **utile** *adj.*, useful

jamais *adv.*, never / **toujours** *adv.*, always

jeune *adj.*, young / **vieux, vieil, vieille** *adj.*, old

jeune fille *n.f.*, girl / **garçon** *n.m.*, boy

jeunesse *n.f.*, youth / **vieillesse** *n.f.*, old age

joli, jolie *adj.*, pretty / **laid, laide** *adj.*, ugly

jour *n.m.*, day / **nuit** *n.f.*, night

léger, légère *adj.*, light / **lourd, lourde** *adj.*, heavy

lendemain *n.m.*, the next (following) day / **veille** *n.f.*, the eve (evening before)

lentement *adv.*, slowly / **vite** *adv.*, quickly

mal *adv.*, badly / **bien** *adv.*, well

mari *n.m.*, husband / **femme** *n.f.*, wife

matin *n.m.*, morning / **soir** *n.m.*, evening

mer *n.f.*, sea / **ciel** *n.m.*, sky

midi *n.m.*, noon / **minuit** *n.m.*, midnight

moderne *adj.*, modern / **ancien, ancienne** *adj.*, ancient, old

moins *adv.*, less / **plus** *adv.*, more

monter *v.*, to go up / **descendre** *v.*, to go down

né, née *adj.*, *past part.*, born / **mort, morte** *adj.*, *past part.*, died, dead

nord *n.m.*, North / **sud** *n.m.*, South

nouveau, nouvel, nouvelle *adj.*, new / **vieux, vieil, vieille** *adj.*, old

obéir (à) *v.*, to obey / **désobéir (à)** *v.*, to disobey

ôter *v.*, to remove, to take off / **mettre** *v.*, to put, to put on

oui *adv.*, yes / **non** *adv.*, no

paix *n.f.*, peace / **guerre** *n.f.*, war

paraître *v.*, to appear / **disparaître** *v.*, to disappear

paresseux, paresseuse *adj.*, lazy / **diligent, diligente** *adj.*, diligent

partir *v.*, to leave / **arriver** *v.*, to arrive

pauvre *adj.*, poor / **riche** *adj.*, rich

perdre *v.*, to lose / **trouver** *v.*, to find

plancher *n.m.*, floor / **plafond** *n.m.*, ceiling

plein, pleine *adj.*, full / **vide** *adj.*, empty

poli, polie *adj.*, polite / **impoli, impolie** *adj.*, impolite

possible *adj.*, possible / **impossible** *adj.*, impossible

prendre *v.*, to take / **donner** *v.*, to give

près (de) *adv.*, *prep.*, near / **loin (de)** *adv.*, *prep.*, far (from)

propre *adj.*, clean / **sale** *adj.*, dirty

quelque chose *pron.*, something / **rien** *pron.*, nothing

quelqu'un *pron.*, someone, somebody / **personne** *pron.*, nobody, no one

question *n.f.*, question / **réponse** *n.f.*, answer, reply, response

refuser *v.*, to refuse / **accepter** *v.*, to accept

reine *n.f.*, queen / **roi** *n.m.*, king

réussir (à) *v.*, to succeed (at, in) / **échouer (à)** *v.*, to fail (at, in)

rire *v.*, to laugh / **pleurer** *v.*, to cry, to weep

sans *prep.*, without / **avec** *prep.*, with

silence *n.m.*, silence / **bruit** *n.m.*, noise

soleil *n.m.*, sun / **lune** *n.f.*, moon

souvent *adv.*, often / **rarement** *adv.*, rarely

sur *prep.*, on / **sous** *prep.*, under

sûr, sûre *adj.*, sure, certain / **incertain, incertaine** *adj.*, unsure, uncertain

terre *n.f.*, earth, land / **ciel** *n.m.*, sky

tôt *adv.*, early / **tard** *adv.*, late

travailler *v.*, to work / **jouer** *v.*, to play

travailleur, travailleuse *adj.*, diligent, hardworking / **paresseux, paresseuse** *adj.*, lazy

vie *n.f.*, life / **mort** *n.f.*, death

ville *n.f.*, city / **campagne** *n.f.*, country(side)

vivre *v.*, to live / **mourir** *v.*, to die

vrai, vraie *adj.*, true / **faux, fausse** *adj.*, false

§19.2 Now try these antonyms. They are not so simple as the others:

abolir *v.*, to abolish / **conserver** *v.*, to preserve, to conserve

accuser *v.*, to accuse / **justifier** *v.*, to justify

adresse *n.f.*, *skill* / **maladresse** *n.f.*, clumsiness

aider *v.*, to help / **nuire** *v.*, to harm

aisé *adj.*, easy / **difficile** *adj.*, difficult

allonger *v.*, to lengthen / **abréger** *v.*, to shorten

attrayant, attrayante *adj.*, attractive / **repoussant, repoussante** *adj.*, repulsive

avare *adj.*, stingy, miserly / **dépensier, dépensière** *adj.*, thriftless, extravagant

barbare *adj.*, savage, barbarous / **civilisé, civilisée** *adj.*, civilized

bavard, bavarde *adj.*, talkative / **taciturne** *adj.*, quiet, taciturn

bénir *v.*, to bless / **maudire** *v.*, to curse

bonté *n.f.*, goodness / **méchanceté** *n.f.*, wickedness

cadet, cadette *n.*, younger, youngest / **aîné, aînée** *n.*, older, oldest

calmer *v.*, to calm / **agiter** *v.*, **exciter** *v.*, to excite

chaleureux, chaleureuse *adj.*, warm / **froid, froide** *adj.*, cold

chauffer *v.*, to heat, to warm up / **refroidir** *v.*, to cool, to cool off

condamner *v.*, to condemn / **absoudre** *v.*, to absolve

confiance *n.f.*, confidence / **méfiance** *n.f.*, distrust

créer *v.*, to create / **détruire** *v.*, to destroy

dépenser *v.*, to spend / **économiser** *v.*, to save

déplaisant, déplaisante *adj.*, unpleasant / **agréable** *adj.*, pleasant, agreeable

descendre *v.*, to go down, to descend / **monter** *v.*, to go up, to ascend

diminuer *v.*, to lessen, to diminish / **augmenter** *v.*; to increase, to augment

divertissant, divertissante *adj.*, amusing, diverting / **ennuyant, ennuyante; ennuyeux, ennuyeuse** *adj.*, annoying

éclaircir *v.*, to light up / **obscurcir** *v.*, to darken

effrayant, effrayante *adj.*, frightening / **rassurant, rassurante** *adj.*, reassuring

élever *v.*, to raise / **abaisser** *v.*, to lower

(s')éloigner *v.*, to separate, to withdraw / **(se) rapprocher** *v.*, to draw near

embonpoint *n.m.*, stoutness, plumpness / **maigreur** *n.f.*, leanness, thinness

épouvanter *v.*, to frighten / **rassurer** *v.*, to reassure

facultatif, facultative *adj.*, optional / **obligatoire** *adj.*, obligatory, mandatory

fainéant, fainéante *adj.*, lazy / **diligent, diligente** *adj.*, industrious

femelle *n.f.*, female / **mâle** *n.m.*, male

gaspiller *v.*, to waste / **économiser** *v.*, to save

gratuit *adj.*, free / **coûteux** *adj.*, costly

(s')habiller *v.*, to dress / **(se)déshabiller** *v.*, to undress

haïr *v.*, to hate / **aimer** *v.*, to like, to love

humble *adj.*, humble / **orgueilleux, orgueilleuse** *adj.*, proud

humide *adj.*, damp / **sec, sèche** *adj.*, dry

inférieur, inférieure *adj.*, lower / **supérieur, supérieure** *adj.*, upper

innocent, innocente *adj.*, innocent / **coupable** *adj.*, guilty

introduire *v.*, to show in / **expulser** *v.*, to expel

joie *n.f.*, joy / **tristesse** *n.f.*, sadness

lâche *adj.*, cowardly / **brave** *adj.*, brave

liberté *n.f.*, liberty / **esclavage** *n.m.*, slavery

louange *n.f.*, praise / **blâme** *n.m.*, blame, disapproval

mensonge *n.m.*, lie, falsehood / **vérité** *n.f.*, truth

mépriser *v.*, to scorn / **estimer** *v.*, to esteem

nain *n.m.*, dwarf / **géant** *n.m.*, giant

négliger *v.*, to neglect / **soigner** *v.*, to care for

ouverture *n.f.*, opening / **fermeture** *n.f.*, closing

pair *adj.*, even / **impair** *adj.*, odd

paresse *n.f.*, laziness / **travail** *n.m.*, work

pauvreté *n.f.*, poverty / **richesse** *n.f.*, wealth, riches

peine *n.f.*, trouble, pain, hardship / **plaisir** *n.m.*, pleasure

plat, plate *adj.*, flat / **montagneux, montagneuse** *adj.*, mountainous

récolter *v.*, to harvest / **semer** *v.*, to sow

reconnaissant, reconnaissante *adj.*, grateful / **ingrat, ingrate** *adj.*, ungrateful

remplir *v.*, to fill / **vider** *v.*, to empty

retour *n.m.*, return / **départ** *n.m.*, departure

sécher *v.*, to dry / **mouiller** *v.*, to dampen, to wet

souple *adj.*, flexible / **raide** *adj.*, stiff

vacarme *n.m.*, uproar, tumult / **silence** *n.m.*, silence

vitesse *n.f.*, speed / **lenteur** *n.f.*, slowness

§20. NOTEWORTHY FRENCH PROVERBS

Mains froides, coeur chaud. Cold hands, warm heart.

L'appétit vient en mangeant. Appetite comes while eating. (The more you have, the more you want.)

Les bons comptes font les bons amis. Good accounts make good friends.

Le chat parti, les souris dansent. When the cat is away, the mice will play. (The cat gone, the mice dance.)

A bon chat, bon rat. Tit for tat. (A good cat is entitled to a good rat.)

Le temps, c'est de l'argent. Time is money.

Loin des yeux, loin du coeur. Out of sight, out of mind. (Far from one's eyes, far from one's heart.)

Pas de nouvelles, bonnes nouvelles. No news is good news.

Bien faire et laisser dire. Do your work well and never mind the critics. (Do well and let others say what they want.)

La fin justifie les moyens. The end justifies the means.

Tel père, tel fils. Like father, like son. (Such a father, such a son.)

Telle mère, telle fille. Like mother, like daughter. (Such a mother, such a daughter.)

Le jeu n'en vaut pas la chandelle. The game isn't worth the candle.

Mieux vaut tard que jamais. Better late than never.

Rira bien qui rira le dernier. She/He who laughs last laughs best. (She/He will laugh well who will laugh last.)

Pauvreté n'est pas vice. Poverty is no crime. (Poverty is not a vice.)

Les murs ont des oreilles. Walls have ears.

Chacun (à) son goût. To each his own. (Each one has his/her own taste.)

Le contentement dépasse la richesse. It's better to be happy than rich. (Happiness—contentment—goes beyond wealth.)

Qui se ressemble s'assemble. Birds of a feather flock together. (Those who are like each other get together.)

Qui ne risque rien n'a rien. Nothing ventured, nothing gained. (He/She who risks nothing has nothing.)

L'exception confirme la règle. The exception proves (confirms) the rule.

Vouloir, c'est pouvoir. Where there's a will, there's a way. (To want is to be able.)

Beaucoup de bruit pour rien. Much ado about nothing. (A lot of noise—racket—over nothing.)

Qui vivra verra. Time will tell. (Who will live long enough will see.)

Tout nouveau, tout beau. A new broom sweeps clean. (All new, all beautiful.)

L'habit ne fait pas le moine. Clothes don't make the person. (Wearing a robe does not make one a monk.)

Tout est bien qui finit bien. All's well that ends well.

Il n'y a pas de fumée sans feu. Where there's smoke there's fire. (There is no smoke without fire.)

DEFINITIONS OF BASIC GRAMMATICAL TERMS WITH EXAMPLES IN ENGLISH AND FRENCH

PART

V

The purpose of this section is to prepare you to become aware of the different parts of a sentence and the grammatical terms used when you analyze the structure of a sentence in French. If you study this section thoroughly, it will help you train yourself to analyze sentences on the next SAT II French test that you take. You can acquire this skill through practice; in other words, when you read a sentence in French, you must ask yourself, for example: What is the subject of this sentence? Is there a direct object or indirect object noun or pronoun? If so, where is it? Is it in front of the verb or after it? Do I have to make it agree in gender and number with some other part of the sentence? Are there any words in the sentence that indicate the tense of the verb as being in the present, past, or future? What is the tense of the verb? Is it singular or plural? First, second, or third person? Do I know my French verb forms in all the tenses? Should the past participle agree in gender and number with the subject or with the preceding direct object? Is there a certain type of conjunction in the sentence that requires the subjunctive mood in the verb form that follows it? There are many more questions you must learn to ask yourself while analyzing a sentence in French so you can be able to choose the correct multiple choice answer.

At the end of each of the following grammatical terms, you are referred to the various numerical sections designated with the symbol § in the General Review, which is in Part IV of this book. There, you will find in-depth explanations with additional examples.

Also, to prepare yourself for the SAT II French test, you must know French verb forms in all the tenses. Study the ones given in the General Review section of this book in §7.–§7.142. Also, study the conjugation of verbs and explanations of verb tense usage in Barron's book, *501 French Verbs*, 4th edition.

Active voice

When we speak or write in the active voice, the subject of the verb performs the action. The action falls on the direct object.

> EXAMPLE:
> Everyone loves Janine / **Tout le monde aime Janine.**

The subject is *everyone* / **tout le monde.** The verb is *loves* / **aime.** The direct object noun is *Janine.*

Review §6.19 in the General Review section. See also *passive voice* in this section. Compare the above sentence with the example in the passive voice.

Adjective

An adjective is a word that modifies a noun or a pronoun. In grammar, to modify a word means to describe, limit, expand, or make the meaning particular. In French an adjective agrees in gender (masculine or feminine) and in number (singular or plural) with the noun or pronoun it modifies.

> EXAMPLES:
> This garden is beautiful/**Ce jardin est beau.**
> She is beautiful/**Elle est belle.**

The adjective *beautiful/* **beau** modifies the noun *garden/* **jardin.** It is masculine singular because **le jardin** is masculine singular. The adjective *beautiful* modifies the pronoun *She/* **Elle.** It is feminine singular because *she* is feminine singular.

Study agreement of adjectives in §5.1. In French there are different kinds of adjectives. *See also* comparative adjective, demonstrative adjective, descriptive adjective, interrogative adjective, limiting adjective, possessive adjective, superlative adjective.

For the use of **ce (jardin)** in the above example, review §5.7.

Adverb

An adverb is a word that modifies a verb, an adjective, or another adverb. An adverb says something about how, when, where, to what extent, or in what way.

EXAMPLES:

Jane runs swiftly/**Jeanne court rapidement.**

The adverb *swiftly*/**rapidement** modifies the verb *runs*/**court.** The adverb shows *how* she runs.

Jack is a very good friend/**Jacques est un très bon ami.**

The adverb *very*/**très** modifies the adjective *good*/**bon.** The adverb shows *how good* a friend he is.

The boy is eating too fast now/**Le garçon mange trop vite maintenant.**

The adverb *too*/**trop** modifies the adverb *fast*/**vite.** The adverb shows *to what extent* he is eating *fast.* The adverb *now*/**maintenant** tells us *when.*

The post office is there/**Le bureau de poste est là.**

The adverb *there*/**là** modifies the verb *is*/**est.** It tells us *where* the post office is.

Mary writes carefully/**Marie écrit soigneusement.**

The adverb *carefully*/**soigneusement** modifies the verb *writes*/**écrit.** It tells us *in what way* she writes. Study adverbs in §9.–§9.15.

Affirmative statement, negative statement

A statement in the affirmative is the opposite of a statement in the negative. To negate an affirmative statement is to make it negative.

EXAMPLES:

In the affirmative: I like chocolate ice cream/**J'aime la glace au chocolat.**
In the negative: I do not like chocolate ice cream/**Je n'aime pas la glace au chocolat.**

Review §8. and §8.1.

Agreement of adjective with noun

Agreement is made on the adjective with the noun it modifies in gender (masculine or feminine) and number (singular or plural).

EXAMPLES:

a white house/**une maison blanche**

The adjective **blanche** is feminine singular because the noun **une maison** is feminine singular.

two white houses/**deux maisons blanches**

The adjective **blanches** is feminine plural because the noun **maisons** is feminine plural. Study §5., §5.1, §5.10, and §5.11.

Agreement of past participle of a reflexive verb with its reflexive pronoun

Agreement is made on the past participle of a reflexive verb with its reflexive pronoun in gender (masculine or feminine) and number (singular or plural) if that pronoun is the *direct object* of the verb. The agreement is determined by looking at the subject to see its gender and number, which is the same as its reflexive pronoun. If the reflexive pronoun is the *indirect object*, an agreement is *not* made.

EXAMPLES:

to wash oneself/**se laver**
She washed herself/**Elle s'est lavée.**

There is a feminine agreement on the past participle **lavée** (added **e**) with the reflexive pronoun **se** (here, **s'**) because it serves as a direct object pronoun that is in front of the verb form. What or whom did she wash? Herself, which is expressed in **se** (**s'**).

But:

She washed her hair/**Elle s'est lavé les cheveux.**

There is no feminine agreement on the past participle **lavé** here because the reflexive pronoun (**se**, here, **s'**) serves as an *indirect object*. The direct object is **les cheveux** and it is stated *after* the verb. What did she wash? She washed her hair, *on herself (s').*

Review §7.3, §7.5–§7.7. Review **se laver** and other reflexive verbs conjugated in all the tenses. *See also* reflexive pronoun and reflexive verb.

Agreement of past participle with its preceding direct object

Agreement is made on the past participle with its direct object in gender (masculine or feminine) and number (singular or plural) when the verb is conjugated with **avoir** in the compound tenses. Agreement is made when the direct object *precedes* the verb.

EXAMPLES:

Where are the little cakes? Paul ate them/**Où sont les petits gâteaux? Paul les a mangés.**

The verb **a mangés** is in the *passé composé*; **manger** is conjugated with **avoir**. There is a plural agreement on the past participle **mangés** (added **s**) because the *preceding* direct object *them/ les* is masculine plural, referring to **les petits gâteaux**, which is masculine plural.

Who wrote the letters? Robert wrote them/**Qui a écrit les lettres? Robert les a écrites.**

The verb **a écrites** is in the *passé composé*; **écrire** is conjugated with **avoir**. There is a feminine plural agreement on the past participle **écrites** (added **e** and **s**) because the *preceding* direct object *them/ les* is feminine plural, referring to **les lettres**, which is feminine plural. A past participle functions as an adjective. An agreement in gender and number is *not* made with *an indirect object. See* indirect object noun, indirect object pronoun.

Study the **passé composé** in §7.95 and the formation of past participles in §7.23 and §7.24. Review the forms in all the tenses of the verbs **avoir, écrire, être, manger**. *See also* direct object noun, direct object pronoun.

Agreement of past participle with the subject

Agreement is made on the past participle with the subject in gender (masculine or feminine) and number (singular or plural) when the verb is conjugated with **être** in the compound tenses.

EXAMPLES:

She went to Paris /**Elle est allée à Paris.**

The verb **est allée** is in the *passé composé*; **aller** is conjugated with **être**. There is a feminine agreement on the past participle **allée** (added **e**) because the subject **elle** is feminine singular.

The boys have arrived /**Les garçons sont arrivés.**

The verb **sont arrivés** is in the *passé composé*; **arriver** is conjugated with **être**. There is a plural agreement on the past participle **arrivés** (added **s**) because the subject **les garçons** is masculine plural.

Study §7.4 and §7.26 to find out about which verbs are conjugated with either **avoir** or **être** to form the **passé composé** tense and other compound tenses. Review the forms in all the tenses of the verbs **aller, arriver, avoir, être**. *See also* past participle and subject in this section.

Agreement of verb with its subject

A verb agrees in person (1st, 2nd, or 3rd) and in number (singular or plural) with its subject.

> EXAMPLES:
> Does he always tell the truth? /**Dit-il toujours la vérité?**

The verb **dit** (of **dire**) is 3rd person singular because the subject *he*/ *il* is 3rd person singular.

> Where are they going?/**Où vont-ils?**

The verb **vont** (of **aller**) is 3rd person plural because the subject *they*/ *ils* is 3rd person plural.
Review §6.11 for subject pronouns in all three persons of the singular and plural.
Review §7.2 about agreement of subject and verb. Review the forms in all the tenses of the verbs **aller** and **dire**. *See also* Person (1st, 2nd, 3rd).

Antecedent

An antecedent is a word to which a relative pronoun refers. It comes *before* the pronoun.

> EXAMPLES:
> The girl who is laughing over there is my sister / **La jeune fille qui rit là-bas est ma soeur.**

The antecedent is *girl*/ *la jeune fille*. The relative pronoun *who*/ *qui* refers to the girl.

> The car that I bought is expensive /**La voiture que j'ai achetée est chère.**

The antecedent is *car*/**la voiture**. The relative pronoun *that*/ *que* refers to the car. Note also that the past participle **achetée** is fem. sing. (**e** added to **é**) because it refers to **la voiture** (feminine singular), which *precedes* the verb.
Study §7.17. Review the forms in all the tenses of the verbs **acheter** and **rire**. *See also* relative pronoun.

Auxiliary verb

An auxiliary verb is also known as a helping verb. In English grammar it is *to have*. In French grammar it is **avoir** (to have) or **être** (to be). An auxiliary verb is used to help form the **passé composé** tense and other compound tenses.

> EXAMPLES:
> I have eaten/**J'*ai* mangé.**   She has left/**Elle *est* partie.**

Review §7.26 to find out about which verbs are conjugated with either **avoir** or **être** as helping verbs to form the **passé composé** and other compound tenses. Also, review the forms in all the tenses of the verbs **avoir, être, manger, partir.**

Cardinal number

A cardinal number is a number that expresses an amount, such as *one, two, three,* and so on. Review the cardinal numbers in §17.1. *See also* ordinal number.

Causative *faire*

In English grammar, a causative verb causes something to be done. In French grammar the idea is the same. The subject of the verb causes the action expressed in the verb to be carried out by someone else.

> EXAMPLES:
> Mrs. Durand makes her students work in French class/**Madame Durand fait travailler ses élèves dans la classe de français.**
> Mr. Dupont is having a house built /**Monsieur Dupont fait construire une maison.**

Review §7.118. Also, review the forms in all the tenses of the verbs **construire, faire, travailler.**

Clause

A clause is a group of words that contains a subject and a predicate. A predicate may contain more than one word. A conjugated verb form is revealed in the predicate. A sentence may contain more than one clause.

EXAMPLE:

Mrs. Coty lives in a small apartment/**Madame Coty demeure dans un petit appartement.**

The subject is *Mrs. Coty*/***Madame Coty***. The predicate is *lives in a small apartment*/***demeure dans un petit appartement***. The verb is *lives (resides)*/***demeure***.

See also dependent clause, independent clause, predicate.

Comparative adjective

When making a comparison between two persons or things, an adjective is used to express the degree of comparison in the following ways.

EXAMPLES:

Of the same degree of comparison:

Raymond is *as tall as* his father /**Raymond est *aussi grand que* son père.**

Of a lesser degree of comparison:

Monique is *less intelligent than* her sister /**Monique est *moins intelligente que* sa soeur.**

Of a higher degree of comparison:

This apple is *more delicious than* that apple /**Cette pomme-ci est *plus délicieuse que* cette pomme-là.**

Study comparative and superlative adjectives in §5.3, §5.17, §5.20. *See also* superlative adjective.

Comparative adverb

An adverb is compared in the same way as an adjective is compared. *See* comparative adjective, above.

EXAMPLES:

Of the same degree of comparison:

Mr. Bernard speaks *as fast as* Mr. Claude /**Monsieur Bernard parle *aussi vite que* Monsieur Claude.**

Of a lesser degree of comparison:

Alice studies *less seriously than* her sister /**Alice étudie *moins sérieusement que* sa soeur.**

Of a higher degree of comparison:

Albert works *more slowly than* his brother /**Albert travaille *plus lentement que* son frère.**

Study comparative and superlative adverbs in §9.1–§9.3. Review the conjugations in all the tenses of the verbs **étudier, parler, travailler.** *See also* superlative adverb.

Complex sentence

A complex sentence contains one independent clause and one or more dependent clauses.

EXAMPLES:

One independent clause and one dependent clause:

Jack is handsome but his brother isn't /**Jacques est beau mais son frère ne l'est pas.**

The independent clause is *Jack is handsome.* It makes sense when it stands alone because it expresses a complete thought. The dependent clause is *but his brother isn't.* The dependent clause, which is introduced by the conjunction *but*, does not make complete sense when it stands alone because it *depends* on the thought expressed in the independent clause.

One independent clause and two dependent clauses:

Mary gets good grades in school because she studies but her sister never studies /**Marie reçoit de bonnes notes à l'école parce qu'elle étudie mais sa soeur n'étudie jamais.**

The independent clause is *Mary gets good grades in school.* It makes sense when it stands alone because it expresses a complete thought. The first dependent clause is *because she studies.* This dependent clause, which is introduced by the conjunction *because*, does not make complete sense when it stands alone because it *depends* on the thought expressed in the independent clause. The second dependent clause is *but her sister never studies.* That dependent clause, which is introduced by the conjunction *but*, does not make complete sense either when it stands alone because it *depends* on the thought expressed in the independent clause. Review the conjugations in all the tenses of the verbs **étudier** and **recevoir**. *See also* dependent clause, independent clause.

Compound sentence

A compound sentence contains two or more independent clauses.

EXAMPLE:

Mrs. Dubois went to the supermarket, she bought some groceries, and then she returned home /**Madame Dubois est allée au supermarché, elle a acheté des provisions, et puis elle est rentrée chez elle**.

This compound sentence contains three independent clauses. They are independent because they make sense when they stand alone. Review the **passé composé** in §7.95. Review the conjugations in all the tenses of the verbs **acheter, aller, avoir, être, rentrer**. *See also* clause, independent clause.

Conjugation

The conjugation of a verb is the fixed order of all its forms showing their inflections (changes) in the three persons of the singular and the three persons of the plural in a particular tense.

In French there are three major types of regular verb conjugations:

1st conjugation type: regular verbs that end in **er,** for example, **donner**.

2nd conjugation type: regular verbs that end in **ir,** for example, **finir**.

3rd conjugation type: regular verbs that end in **re,** for example, **vendre**.

Review §7.40, §7.41, §7.88–§7.102.

Conjunction

A conjunction is a word that connects words or groups of words.

EXAMPLES:
and/**et**, or/**ou**, but/**mais**
You *and* I are going downtown / **Toi *et* moi, nous allons en ville.**
You can stay home *or* you can come with us / **Tu peux rester à la maison *ou* tu peux venir avec nous.**

Review §7.91, §7.98, §7.123, §11.–§11.4. Study the conjugations in all the tenses of the verbs **aller, avoir, être, faire, pouvoir, rester, venir.**

Declarative sentence

A declarative sentence makes a statement.

> EXAMPLE:
> I have finished the work /**J'ai fini le travail.**
> Study the use of verbs and verb tenses in §7.–§7.142.

Definite article

The definite article in French has four forms and they all mean *the*.
> They are: **le, la, l', les**, as in:
> **le livre**/the book; **la maison**/the house; **l'école**/the school; **les enfants**/the children
> Study §4., §5.19. The definite articles are also used as direct object pronouns. *See* direct object pronoun.

Demonstrative adjective

A demonstrative adjective is an adjective that points out. It is placed in front of a noun.

> EXAMPLES:
> this book/**ce livre**; this hotel/**cet hôtel**; this child/**cet enfant**; this house/**cette maison**; these flowers/**ces fleurs**
> Study §5.7, §5.8, §5.9.

Demonstrative pronoun

A demonstrative pronoun is a pronoun that points out. It takes the place of a noun. It agrees in gender and number with the noun it replaces.

> EXAMPLES:
> I have two apples; do you prefer *this one* or *that one?* /**J'ai deux pommes; préférez-vous celle-ci ou celle-là?**
> I prefer *those* /**Je préfère celles-là.**
> Do you like the ones that are on the table? /**Aimez-vous celles qui sont sur la table?**

Study the demonstrative pronouns in §6.13–§6.18. Review the conjugations in all the tenses of the verbs **aimer, avoir, être, préférer**. For demonstrative pronouns that are neuter, *see* neuter.

Dependent clause

A dependent clause is a group of words that contains a subject and a predicate. It does not express a complete thought when it stands alone. It is called *dependent* because it depends on the independent clause for a complete meaning. Subordinate clause is another term for dependent clause.

> EXAMPLE:
> Mary is absent today because she is sick / **Marie est absente aujourd'hui parce qu'elle est malade.**

The independent clause is *Mary is absent today.* The dependent clause is *because she is sick.*
Study verbs in §7.–§7.142. *See also* clause, independent clause.

Descriptive adjective

A descriptive adjective is an adjective that describes a person, place, or thing.

> EXAMPLES:
>
> a beautiful woman/**une belle femme**; a handsome man/**un bel homme**; a small house/**une petite maison**; a big city/**une grande ville**; an expensive car/**une voiture chère**.

Study descriptive adjectives in §5.10 and §5.11. *See also* adjective.

Direct object noun

A direct object noun receives the action of the verb *directly*. That is why it is called a *direct* object, as opposed to an indirect object. A direct object noun is normally placed *after* the verb.

> EXAMPLES:
>
> I am writing a letter /**J'écris une lettre.**
>
> The subject is *I/J' (Je)*. The verb is *am writing/ écris*. The direct object is the noun *letter/ une lettre*.
>
> I bought a car /**J'ai acheté une voiture.**
>
> The subject is *I/J' (Je)*. The verb is *bought/ai acheté*. The direct object is the noun *car/une voiture*.

Review direct objects in §2.1–§2.4, §6.19, and §7.30. *See also* direct object pronoun, below.

Direct object pronoun

A direct object pronoun receives the action of the verb *directly*. It takes the place of a direct object noun. In French a pronoun that is a direct object of a verb is ordinarily placed *in front of* the verb.

> EXAMPLE:
>
> I am reading it [the letter] / **Je *la* lis**.

A direct object pronoun is placed *after* the verb and joined with a hyphen *in the affirmative imperative*.

> EXAMPLE:
>
> Write it [the letter] now / **Écrivez-*la* maintenant**.

Study §6.19 (a)–(f). The direct object pronouns are summed up below:

Person	Singular		Plural	
1st	**me (m')**	me	**nous**	us
2nd	**te (t')**	you *(fam.)*	**vous**	you (sing. polite or pl.)
3rd	{ **le (l')**	him, it (person or thing)	**les**	them (persons or things)
	{ **la (l')**	her, it (person or thing)		

See also imperative. Review the imperative (command) in §7.102 and word order in a sentence in §2.

Disjunctive pronoun

In French grammar a disjunctive pronoun is a pronoun that is stressed; in other words, emphasis is placed on it.

> EXAMPLES:
>
> *I* speak well; *he* does not speak well /***Moi*, je parle bien; *lui*, il ne parle pas bien.**
>
> Talk to *me* /**Parlez-*moi*.**

A disjunctive pronoun is also the object of a preposition.

EXAMPLES:
   She is talking *with me* /**Elle parle *avec moi.***
   I always think *of you* /**Je pense toujours *à toi.***

The disjunctive pronouns are summed up below:

Person	Singular		Plural	
1st	**moi**	me, I	**nous**	us, we
2nd	**toi**	you *(fam.)*	**vous**	you (sing. polite or pl.)
3rd	**soi**	oneself		
	lui	him, he	**eux**	them, they *(m.)*
	elle	her, she	**elles**	them, they *(f.)*

Study §6.22 (a)–(h). Review word order in a sentence in §2.

Ending of a verb

In French grammar the ending of a verb form changes according to the person and number of the subject and the tense of the verb.

EXAMPLE:
To form the present indicative tense of a regular **-er** type verb like **parler**, drop the **er** ending of the infinitive and add the following endings: **-e, -es, -e** for the 1st, 2nd, and 3rd persons of the singular; **-ons, -ez, -ent** for the 1st, 2nd, and 3rd persons of the plural.

   You then get: **je parle, tu parles, il (elle, on) parle; nous parlons, vous parlez, ils (elles) parlent**

Study verb tenses and the use of verbs in §7.–§7.142. *See also* stem of a verb.

Feminine

In French grammar the gender of a noun, pronoun, or adjective is feminine or masculine, not female or male.

EXAMPLES:

Masculine			Feminine		
noun	pronoun	adjective	noun	pronoun	adjective
le garçon	**il**	**grand**	**la femme**	**elle**	**grande**
the boy	*he*	*tall*	*the woman*	*she*	*tall*
le livre	**il**	**petit**	**la voiture**	**elle**	**petite**
the book	*it*	*small*	*the car*	*it*	*small*

See also gender, below.

Gender

In French and English grammar gender means masculine or feminine.

EXAMPLES:
   Masculine: the boy/**le garçon;** he, it/**il;** the rooster/**le coq;** the book/**le livre**
   Feminine: the lady/**la dame;** she, it/**elle;** the hen/**la poule;** the house/**la maison**

Gerund

In English grammar, a gerund is a word formed from a verb. It ends in *ing*. Actually, it is the present participle of a verb. But it is not used as a verb. It is used as a noun.

EXAMPLE:
Seeing is believing / **Voir c'est croire.**

However, in French grammar, the infinitive form of the verb is used, as in the above example, when the verb is used as a noun. In French, *seeing is believing* is expressed as *to see is to believe*.

The French gerund is also a word formed from a verb. It ends in **ant**. It is also the present participle of a verb. As a gerund, it is normally preceded by the preposition **en**.

EXAMPLE:
En partant, il a fait ses excuses/While leaving, he made his excuses.

See also present participle.

Imperative mood

The imperative is a mood, not a tense. It is used to express a command. In French it is used in the 2nd person of the singular (**tu**), the 2nd person of the plural (**vous**), and in the 1st person of the plural (**nous**). Review the imperative (command) with examples in §7.102. *See also* person (1st, 2nd, 3rd).

Indefinite article

In English the indefinite articles are *a, an*, as in *a book, an apple*. They are indefinite because they do not refer to any definite or particular noun.

In French there are two indefinite articles in the singular: one in the masculine form (**un**) and one in the feminine form (**une**).

EXAMPLES:
Masculine singular: **un livre**/*a book*
Feminine singular: **une pomme**/*an apple*

In French they both change to **des** in the plural.

EXAMPLES:
I have a brother/**J'ai un frère**; I have brothers/**J'ai des frères.**
I have a sister/**J'ai une soeur**; I have sisters/**J'ai des soeurs.**
I have an apple/**J'ai une pomme**; I have apples/**J'ai des pommes.**

Review §4.5–§4.8. *See also* definite article.

Indefinite pronoun

An indefinite pronoun is a pronoun that does not refer to any definite or particular noun.

EXAMPLES:
something/**quelque chose**; someone, somebody/**quelqu'un, quelqu'une**; one, "they"/ **on** (3rd pers., sing.), as in **On ne sait jamais**/One never knows; **On dit qu'il va neiger**/They say it's going to snow; each one/**chacun, chacune**; anything/**n'importe quoi**.

Review §6.23.

Independent clause

An independent clause is a group of words that contains a subject and a predicate. It expresses a complete thought when it stands alone.

EXAMPLE:
The cat is sleeping under the bed / **Le chat dort sous le lit.**
Study verb tenses and the use of verbs in §7.–§7.142. *See also* clause, dependent clause, predicate.

Indicative mood

The indicative mood is used in sentences that make a statement or ask a question. We use the indicative mood most of the time when we speak or write in English or French.

EXAMPLES:
I am going home now/**Je vais chez moi maintenant.**
Where are you going?/**Où allez-vous?**
Study §7.1. Review verb tenses and the use of verbs in §7.2–§7.142.

Indirect object noun

An indirect object noun receives the action of the verb *indirectly*.

EXAMPLE:
I am writing a letter to Mary   *or*   I am writing Mary a letter /**J'écris une lettre à Marie.**
The subject is *I*/ *Je*. The verb is *am writing*/ *écris*. The direct object noun is *a letter*/ *une lettre*. The indirect object noun is *to Mary*/ *à Marie*. An agreement is not made with an indirect object noun.
See also indirect object pronoun, direct object noun, direct object pronoun.

Indirect object pronoun

An indirect object pronoun takes the place of an indirect object noun. It receives the action of the verb *indirectly*. In French a pronoun that is the indirect object of a verb is ordinarily placed *in front of* the verb.

EXAMPLE:
I am writing a letter to her   *or*   I am writing her a letter /**Je lui écris une lettre.**
The indirect object pronoun is *(to) her*/**lui**.
An agreement is not made with an indirect object pronoun. An indirect object pronoun is placed *after* the verb and joined with a hyphen *in the affirmative imperative*.

EXAMPLE:
Write to her now /**Écris-lui maintenant.**
The indirect object pronouns are summed up below:

Person	Singular		Plural	
1st	**me (m')**	to me	**nous**	to us
2nd	**te (t')**	to you *(fam.)*	**vous**	to you (sing. polite or pl.)
3rd	**lui**	to him, to her	**leur**	to them

Study §6.20 (a)–(e). Review the imperative (command) with examples in §7.102. *See also* indirect object noun.

Infinitive

An infinitive is a verb form. In English, it is normally stated with the preposition *to*, as in *to talk, to finish, to sell*. In French, the infinitive form of a verb consists of three major types: those of the 1st conjugation that end in **-er**, those of the 2nd conjugation that end in **-ir**, and those of the 3rd conjugation that end in **-re**.

> EXAMPLES:
> **parler**/*to talk, to speak*; **finir**/*to finish*; **vendre**/*to sell*

Study infinitives in §7.116 (a)–(h) and §7.42–§7.51.

Interjection

An interjection is a word that expresses emotion, a feeling of joy, of sadness, an exclamation of surprise, and other exclamations consisting of one or two words.

> EXAMPLES:
> Ah!/**Ah!**   Oh!/**Oh!**   Darn it!/**Zut!**   Whew!/**Ouf!**   My God!/**Mon Dieu!**

Interrogative adjective

An interrogative adjective is an adjective that is used in a question. It agrees in gender and number with the noun it modifies.

> EXAMPLES:
> *Which* book do you want? / ***Quel*** **livre désirez-vous?**
> *What* time is it? / ***Quelle*** **heure est-il?**

Study §5.12 and §5.13.

Interrogative adverb

An interrogative adverb is an adverb that introduces a question. As an adverb, it modifies the verb.

> EXAMPLES:
> *How* are you? / ***Comment*** **allez-vous?**
> *How much* does this book cost? / ***Combien*** **coûte ce livre?**
> *When* are you leaving? / ***Quand*** **partez-vous?**

Study them in §9.13.

Interrogative pronoun

An interrogative pronoun is a pronoun that asks a question. There are interrogative pronouns that refer to persons and those that refer to things.

> EXAMPLES:
> *Who* is on the phone? / ***Qui*** **est à l'appareil?**
> *What* are you saying? / ***Que*** **dites-vous?** or *Qu'est-ce que* **vous dites?**

Study them in §6.24–§6.32.

Interrogative sentence

An interrogative sentence asks a question.

EXAMPLE:
What are you doing? / *Que* **faites-vous?**   or   *Qu'est-ce que* **vous faites?**
Review §6.31.

Intransitive verb

An intransitive verb is a verb that does not take a direct object.

EXAMPLE:
The professor is talking too fast / **Le professeur parle trop rapidement.**
An intransitive verb takes an indirect object.

EXAMPLE:
The professor is talking to us / **Le professeur nous parle.**
Study §7.33, §7.34. *See also* indirect object pronoun, and transitive verb.

Irregular verb

An irregular verb is a verb that does not follow a fixed pattern in its conjugation in the various verb tenses.
Examples of basic irregular verbs in French:
   aller/to go;   **avoir**/to have;   **être**/to be;   **faire**/to do, to make
Study §7.141, §7.142. *See also* conjugation, regular verb.

Limiting adjective

A limiting adjective is an adjective that limits a quantity.

EXAMPLE:
three tickets/**trois billets**

Main clause

Main clause is another term for independent clause. *See* independent clause.

Masculine

In French grammar the gender of a noun, pronoun, or adjective is masculine or feminine, not male or female.
For examples, *see* gender.

Mood of verbs

Some grammarians use the term *the mode* instead of *the mood* of a verb. Either term means *the manner or way* a verb is expressed. In English and in French grammar a verb expresses an action or state of being in the following three moods (modes, *ways*): the indicative mood, the imperative mood, and the subjunctive mood.
   Study verbs in §7.–§7.142.

Negative statement, affirmative statement

See Affirmative statement, negative statement

Neuter

A word that is neuter is neither masculine nor feminine. Common neuter demonstrative pronouns are **ce** (**c'**)/*it*, **ceci**/*this*, **cela**/*that*, **ça**/that. They are invariable, which means they do not change in gender and number.

> EXAMPLES:
>
> It's not true/**Ce n'est pas vrai**; it is true/**c'est vrai**; this is true/**ceci est vrai**; that is true/**cela est vrai**; what is that?/**qu'est-ce que c'est que ça?**
>
> For demonstrative pronouns that are not neuter, *see* demonstrative pronoun.
> There is also the neuter pronoun **le,** as in: **Je le crois**/I believe it; **Je le pense**/I think so.
> Review §6.33.

Noun

A noun is a word that names a person, animal, place, thing, condition or state, or quality.

> EXAMPLES:
>
> the man/**l'homme**; the woman/**la femme**; the horse/**le cheval**; the house/**la maison**; the book/**le livre**; happiness/**le bonheur**; excellence/**l'excellence** *(fem.)*
>
> In French, the noun **le nom** is the word for name and noun. Review §3.–§4.10.

Number

In English and French grammar, number means singular or plural.

> EXAMPLES:
>
> Masc. sing.: the man/**l'homme**; the arm/**le bras**; the eye/**l'oeil**
> Masc. pl.: the men/**les hommes**; the arms/**les bras**; the eyes/**les yeux**
>
> Fem. sing.: the woman/**la femme**; the house/**la maison**; the hen/**la poule**
> Fem. pl.: the women/**les femmes**; the houses/**les maisons**; the hens/**les poules**

Ordinal number

An ordinal number is a number that expresses position in a series, such as *first, second, third,* and so on. In English and French grammar we talk about 1st person, 2nd person, 3rd person singular or plural regarding subjects and verbs.

> Review the ordinal numbers in §17.5. *See also* cardinal number, and person (1st, 2nd, 3rd).

Orthographical changes in verb forms

An orthographical change in a verb form is a change in spelling.

> EXAMPLES:
>
> The second letter **c** in the verb **commencer**/*to begin* changes to **ç** if the letter after it is **a, o,** or **u,** as in **nous commençons**/*we begin*. The reason for this spelling change is to preserve the sound of *s* as it is pronounced in the infinitive form **commencer**. The letter **ç** is pronounced as **s**.
>
> Ordinarily, when **a, o,** or **u** follow the letter **c,** the **c** is pronounced as in the sound of **k**. The mark under the letter **ç** is called **une cédille**/*cedilla*. Some linguists say it is the lower part of the letter **s** and it tells you to pronounce **ç** as an **s** sound. Other linguists say that the letter **ç** was borrowed from the Greek alphabet, which represents the sound of **s**.
>
> The verb **s'appeler**/*to call oneself, to be named* contains a single **l**. When a verb form is stressed on the syllable containing one **l,** it doubles, as in **je m'appelle** . . . /*I call myself . . . , my name is . . .*
>
> Study other types of orthographical changing verbs in §7.53–§7.69.

Participle

See past participle, present participle.

Partitive

In French grammar the partitive denotes a *part* of a whole. In English we express the partitive by saying *some* or *any* in front of the noun. In French we use the following partitive forms in front of the noun:

>Masculine singular: **du** or **de l'**
>Feminine singular: **de la** or **de l'**
>Masculine or feminine plural: **des**

EXAMPLES:
>I have some coffee /**J'ai du café.**
>Bring me some water, please /**Apportez-moi de l'eau, s'il vous plaît.**
>Is there any meat?/**Y a-t-il de la viande?**
>Do you have any candies?/**Avez-vous des bonbons?**

In the negative, these partitive forms change to **de** or **d'**:

>I don't have any coffee /**Je n'ai pas de café.**
>I don't want any water /**Je ne veux pas d'eau.**
>There isn't any meat /**Il n'y a pas de viande.**
>No, I don't have any candies /**Non, je n'ai pas de bonbons.**

Review the partitive in §4.9, §4.10, §6.2–§6.8.

Passé composé

This is the name of a commonly used past tense. It is defined with examples in French and English in §7.95.

Passive voice

When we speak or write in the active voice and change to the passive voice, the direct object becomes the subject, the subject becomes the object of a preposition, and the verb becomes *to be* plus the past participle of the active verb. The past participle functions as an adjective.

EXAMPLE:
>Janine is loved by everyone /**Janine est aimée de tout le monde.**

The subject is *Janine.* The verb is *is*/**est.** The object of the preposition *by*/ **de** is *everyone*/ **tout le monde.** Study §7.103. *See also* active voice. Compare the above sentence with the example in the active voice.

Past indefinite tense

In French this tense is the **passé composé**. Review it in §7.95.

Past participle

A past participle is derived from a verb. It is used to form any of the seven compound tenses, for example, the **passé composé**. Its auxiliary verb in English is *to have*. In French, the auxiliary verb is **avoir**/ *to have* or **être**/ *to be*. It is part of the verb tense.

EXAMPLES:
>with avoir as the auxiliary verb:
>**Elle a mangé**/She has eaten.

The subject is *elle/ she.* The verb is a **mangé**/ *has eaten.* The tense of the verb is the **passé composé**. The auxiliary verb is **a**/ *has.* The past participle is **mangé**/ *eaten.*

with **être** as the auxiliary verb:

Elle est arrivée/She has arrived.

The verb is *est arrivée/ has arrived.* The tense of the verb is the **passé composé**. The auxiliary verb is **est**. The past participle is *arrivée/ arrived.*

Review §7.23 for the regular formation of a past participle and §7.24 for a list of commonly used irregular past participles. Also, study §7.26–§7.29 to find out about which verbs are conjugated with either **avoir** or **être** to form any of the seven compound tenses, for example, the **passé composé**.

Person (1st, 2nd, 3rd)

Verb forms in a particular tense are learned systematically according to person (1st, 2d, 3d) and number (singular, plural).

EXAMPLE

showing the present indicative tense of the verb **aller**/to go:

Singular	*Plural*
1st person: **je vais**	1st person: **nous allons**
2nd person: **tu vas**	2nd person: **vous allez**
3rd person: **il, elle, on va**	3rd person: **ils, elles vont**

Personal pronoun

A personal pronoun is a pronoun that refers to a person. Review the personal subject pronouns in §6.12. For examples of other types of pronouns, *see also* demonstrative pronoun, direct object pronoun, disjunctive pronoun, indefinite pronoun, indirect object pronoun, interrogative pronoun, reflexive pronoun, relative pronoun.

Plural

Plural means more than one. *See also* person (1st, 2nd, 3rd), and singular.

Possessive adjective

A possessive adjective is an adjective that is placed in front of a noun to show possession. In French their forms change in gender (masculine or feminine) and number (singular or plural) to agree with the noun they modify.

EXAMPLES:

my book/**mon livre**   my books/**mes livres**
my dress/**ma robe**   my dresses/**mes robes**

Review them all in §5.16.

Possessive pronoun

A possessive pronoun is a pronoun that shows possession. It takes the place of a possessive adjective with the noun. Its form agrees in gender (masculine or feminine) and number (singular or plural) with what it is replacing.

EXAMPLES IN ENGLISH:

mine, yours, his, hers, its, ours, theirs

EXAMPLES IN FRENCH:

Possessive adjective	*Possessive pronoun*
my book/**mon livre**	*mine*/**le mien**
my house/**ma maison**	*mine*/**la mienne**
my books/**mes livres**	*mine*/**les miens**
my houses/**mes maisons**	*mine*/**les miennes**

Review them all in §6.35.

Predicate

The predicate is that part of the sentence that tells us something about the subject. The main word of the predicate is the verb.

EXAMPLE:
The tourists are waiting for the tour bus /**Les touristes attendent l'autocar.**

The subject is *the tourists*/ ***les touristes***. The predicate is *are waiting for the tour bus*/ ***attendent l'autocar***. The verb is *are waiting*/ ***attendent***. The direct object is *the tour bus*/ ***l'autocar***.

Preposition

A preposition is a word that establishes a rapport between words.

EXAMPLES
with, in, on, at, between
with me/ ***avec* moi**   *in* the drawer/ ***dans* le tiroir**   *on* the table/ ***sur* la table**
at six o'clock/ ***à* six heures**   *between* him and her/ ***entre* lui et elle**

Review prepositions in §7.42–§7.50 and §10.–§10.16.

Prepositional pronoun

A prepositional pronoun is a pronoun that is the object of a preposition. The term disjunctive pronoun is also used. For examples, *see* disjunctive pronoun.

Present indicative tense

This is a commonly used tense. It is defined with examples in French and English in §7.88.

Present participle

A present participle is derived from a verb form. In French it is regularly formed like this: take the **nous** form of the present indicative tense of the verb you have in mind, then drop the ending **ons** and add **ant**. In English a present participle ends in *ing*.

EXAMPLES:

Infinitive	*Present Indicative **nous** form*	*Present participle*
chanter/to sing	**nous chantons**/we sing	**chantant**/singing
finir/to finish	**nous finissons**/we finish	**finissant**/finishing
vendre/to sell	**nous vendons**/we sell	**vendant**/selling

Review §7.36 for the regular formation of a present participle and §7.37 for common irregular present participles. Also, study §7.38 and §7.39.

Pronoun

A pronoun is a word that takes the place of a noun, such as *he, she, it, they, them.*

EXAMPLES:

l'homme/*il*   **la femme/***elle*   **l'arbre/***il*   **la voiture/***elle*
the man/*he*   the woman/*she*   the tree/*it*   the car/*it*

For examples of other kinds of pronouns, *see also* demonstrative pronoun, direct object pronoun, disjunctive pronoun, indefinite pronoun, indirect object pronoun, interrogative pronoun, possessive pronoun, reflexive pronoun, relative pronoun.

Reflexive pronoun and reflexive verb

In English a reflexive pronoun is a personal pronoun that contains *self* or *selves.* In French and English a reflexive pronoun is used with a verb that is called reflexive because the action of the verb falls on the reflexive pronoun.

In French, as in English, there is a required set of reflexive pronouns for a reflexive verb.

EXAMPLES:

se laver/to wash oneself   **Je me lave/**I wash myself.
se blesser/to hurt oneself   **Elle s'est blessée/**She hurt herself.

In French a reflexive verb is conjugated with être to form a compound tense. The French term for a reflexive verb is **un verbe pronominal** because a pronoun goes with the verb.

Review §6.36–§6.42. *See also* agreement of past participle of a reflexive verb with its reflexive pronoun.

Regular verb

A regular verb is a verb that is conjugated in the various tenses according to a fixed pattern. For examples, review regular **er, ir,** and **re** verbs in the present indicative tense in §7.88. *See also* conjugation, irregular verb.

Relative pronoun

A relative pronoun is a pronoun that refers to its antecedent.

EXAMPLE:

The boy who is laughing over there is my brother /**Le garçon qui rit là-bas est mon frère**.

The antecedent is *boy/ **le garçon**.* The relative pronoun *who/ **qui*** refers to the boy.
Review the relative pronouns in §6.43–§6.53. *See also* antecedent.

Sentence

A sentence is a group of words that contains a subject and a predicate. The verb is contained in the predicate. A sentence expresses a complete thought.

EXAMPLE:

The train leaves from the North Station at two o'clock in the afternoon /**Le train part de la Gare du Nord à deux heures de l'après-midi.**

The subject is *train/ **le train**.* The predicate is *leaves from the North Station at two o'clock in the afternoon/ **part de la Gare du Nord à deux heures de l'après-midi**.* The verb is *leaves/ **part.***
Review the conjugations in all the tenses of the verb **partir.** *See also* complex sentence, compound sentence, simple sentence.

Simple sentence

A simple sentence is a sentence that contains one subject and one predicate. The verb is the core of the predicate. The verb is the most important word in a sentence because it tells us what the subject is doing.

EXAMPLE:

Mary is eating an apple from her garden /**Marie mange une pomme de son jardin.**

The subject is *Mary/**Marie***. The predicate is is *eating an apple from her garden/**mange une pomme de son jardin.** The verb is *is eating/**mange***. The direct object is *an apple/**une pomme**. From her garden/**de son jardin** is an adverbial phrase. It tells you from where the apple came.

Review the conjugations in all the tenses of the verb **manger**. *See also* complex sentence, compound sentence.

Singular

Singular means one. *See also* person (1st, 2nd, 3rd), and plural.

Stem of a verb

The stem of a verb is what is left after we drop the ending of its infinitive form. It is needed to add to it the required endings of a regular verb in a particular verb tense.

EXAMPLES:

Infinitive	*Ending of infinitive*	*Stem*
donner/to give	**er**	**donn**
choisir/to choose	**ir**	**chois**
vendre/to sell	**re**	**vend**

Review the conjugations in all the tenses of the verbs **choisir, donner, vendre**. *See also* ending of a verb.

Subject

A subject is that part of a sentence that is related to its verb. The verb says something about the subject.

EXAMPLE:

Mary and Catherine are working / **Marie et Catherine travaillent.**

Subjunctive mood

The subjunctive mood is the mood of a verb that is used in specific cases, *e.g.*, after certain verbs expressing a wish, doubt, emotion, fear, joy, uncertainty, an indefinite expression, an indefinite antecedent, certain conjunctions, and others, for example, in the imperative mood of **avoir** and **être**.

Study the subjunctive in §7.93, §7.94, §7.100, §7.101, and in §7.122–§7.133. *See also* mood of verbs. You must know the conjugations in all the tenses of the basic verbs **avoir, être, faire**.

Subordinate clause

Subordinate clause is another term for dependent clause. *See* dependent clause.

Superlative adjective

A superlative adjective is an adjective that expresses the highest degree when making a comparison of more than two persons or things.

EXAMPLES:

	Adjective	Comparative	Superlative
(masc.)	**bon**/good	**meilleur**/better	**le meilleur**/the best
(fem.)	**bonne**/good	**meilleure**/better	**la meilleure**/the best
(masc.)	**mauvais**/bad	**plus mauvais**/worse	**le plus mauvais**/the worst
(fem.)	**mauvaise**/bad	**plus mauvaise**/worse	**la plus mauvaise**/the worst

Review §5.17–§5.22. *See also* comparative adjective.

Superlative adverb

A superlative adverb is an adverb that expresses the highest degree when making a comparison of more than two persons or things.

EXAMPLE:

Adverb	Comparative	Superlative
vite/quickly	**plus vite**/more quickly	**le plus vite**/the most quickly
	moins vite/less quickly	**le moins vite**/the least quickly

Review §9.–§9.15. *See also* comparative adverb.

Tense of verb

In English and French grammar, tense means time. The tense of the verb indicates the time of the action or state of being. The three major segments of time are past, present, and future. Review the fourteen tenses in §7.70–§7.81 and §7.88–§7.101.

Transitive verb

A transitive verb is a verb that takes a direct object.

EXAMPLE:

I am closing the window /**Je ferme la fenêtre.**

The subject is *Il/Je*. The verb is *am closing/ferme*. The direct object is *the window/ la fenêtre*. *See also* direct object noun, direct object pronoun, intransitive verb.

Verb

A verb is a word that expresses action or a state of being.

EXAMPLES:

Action: **Nous sommes allés au cinéma hier soir** /We went to the movies last night.
The subject is **nous**/*we*. The verb is **sommes allés** /went.

State of being: **Janine est heureuse** /Janine is happy.
The subject is **Janine**. The verb is *est/ is*.

Review the conjugations in all the tenses of the basic verbs **aller, avoir, devoir, être, faire**. The best verb review book is Barron's *501 French Verbs*, 4th edition.

LISTENING COMPREHENSION TESTS

PART
VI

The College Board offers two types of one-hour SAT II: French tests. The current type consists of 85 multiple-choice reading questions that test skills in vocabulary and idiomatic expressions in context, structure (which is grammar), and general reading comprehension. This book contains nine full-length practice tests plus a full-length diagnostic test of that type. That's ten complete practice tests in all.

The other type is the SAT II: French test with Listening. Approximately 40% tests listening comprehension and 60% tests reading comprehension. The reading comprehension consists of the same types of questions found in the current French test described above.

If you plan to take the SAT II: French test with Listening, this section will give you considerable practice.

The Listening test contains questions based on: (1) pictures (**Part A**), (2) short dialogues (**Part B**), and (3) long dialogues and monologues (**Part C**).

Directions for these three types of listening questions are given below in each of the three parts: **Part A, Part B,** and **Part C**.

To help you do your best in all parts of the Listening test, here is a tip: Do not attempt to translate silently into English what you hear in French. If you do, you will fall behind the speaker and you will not hear everything spoken. Just concentrate on listening attentively to the French.

The script of everything on the compact disc (CD) begins on page 365. The CD is in an envelope on the inside of the back cover of this book.

Photo credits. The ten photos in this part were reprinted with permission of the French Government Tourist Office, New York, N.Y.

A. TEN PICTURES

Directions: There are ten pictures in this part. For each picture you will hear four statements, but only one statement accurately states what is in the picture.

With your CD, listen to the speaker who will read four sentences, each designated (A), (B), (C), and (D). Examine the picture very carefully while listening to the four sentences. They will not be printed in your test booklet. You will hear them only once. Therefore, you must listen attentively and remember the letter of each statement when you choose the correct answer.

Choose the letter of the statement that accurately states what is in the picture and blacken the corresponding space on the answer sheet.

Check your answers with the answer key on page 362. The answer sheet is on page 363.

Now, examine picture number one and listen to the four statements designated (A), (B), (C), and (D).

Picture number 1

Picture number 2

Picture number 3

Picture number 4

Picture number 5

Picture number 6

Picture number 7

Picture number 8

Picture number 9

Picture number 10

B. TEN SHORT DIALOGUES

Directions: There are ten short dialogues in this part. You will hear a chime at the beginning of each new dialogue. Each dialogue will be spoken twice. At the end of each dialogue, you will hear one or two questions about what was stated. Each question will be followed by three possible answers, designated A, B, and C. They will be spoken only once.

Although the complete CD script is printed farther on in this book, the dialogues for the actual test will not be printed in your test booklet.

Choose the letter of the statement that is the best answer and blacken the corresponding space on the answer sheet that you used for the pictures, numbered 1 to 10. The short dialogues begin with question number 11 on your practice answer sheet. You will hear a chime on the CD to indicate the beginning of a new selection.

C. SIX LONG DIALOGUES AND MONOLOGUES

Directions: There are six selections in this part consisting of longer dialogues and a few monologues. Each selection will be spoken only once. After each selection, you will hear several questions based on what you heard.

The multiple-choice answers will not be spoken on the CD but they will be printed in your booklet. The questions will also be in your booklet. Although the entire script of the long dialogues and monologues for these practice tests is in this book, the dialogues and monologues for the actual test will not be printed in your test booklet.

*Choose the letter of the statement that is the best answer (A, B, C, or D), and blacken the corresponding space on the answer sheet. This **Part C** begins with question number 26 on your practice answer sheet. You will hear a chime to indicate the beginning of a new selection.*

Selection number 1. Question numbers **26** to **29**:

26. Pourquoi Monsieur Goulay ne s'est-il pas arrêté au feu rouge?
    A. Ça fait quelques années.
    B. à cause de son permis de conduire
    C. Il ne l'a pas vu.
    D. L'agent de police avait l'air pressé.

27. Qu'est-ce que l'agent de police a demandé à Monsieur Goulay de lui donner?
    A. une amende
    B. un feu d'une autre couleur
    C. un rendez-vous
    D. un certificat de capacité, nécessaire pour la conduite des automobiles

28. Qu'est-ce que l'agent de police a donné à Monsieur Goulay?
    A. un retard
    B. une amende
    C. un permis
    D. un arrêt

29. Chez qui Monsieur Goulay a-t-il rendez-vous?
    A. chez le docteur
    B. chez lui
    C. chez l'avocat
    D. chez le dentiste

Selection number 2. Question numbers **30** to **34**:

30. Si vous avez un oiseau en cage, que faut-il faire?
   A. jouer avec lui chaque matin
   B. le mettre au soleil
   C. le laisser voler à l'extérieur
   D. lui donner très peu de liberté

31. Que faut-il faire pour le confort de l'oiseau?
   A. le laisser dans une salle où la température est modérée
   B. le mettre près d'une fenêtre ouverte
   C. le faire sortir souvent de sa cage
   D. le garder avec d'autres animaux

32. Pourquoi faut-il donner des jaunes d'oeufs à l'oiseau?
   A. pour le tenir occupé
   B. pour lui conserver sa couleur
   C. pour lui donner de l'intelligence
   D. pour le nourrir mieux

33. Comment faut-il nettoyer les perchoirs de la cage?
   A. en les frottant avec du sable
   B. en les mettant dans un courant d'air
   C. en les lavant avec du lait
   D. en les stérilisant fréquemment

34. Et quant au papier qui sert de tapis dans la cage, que faut-il en faire?
   A. le remplacer tous les jours
   B. en couvrir la cage
   C. employer une couleur qui plaise
   D. le plier en forme d'accordéon

Selection number 3. Question numbers **35** to **38**:

35. Qu'est-ce qui se passe en route?
   A. Madame Dupuy parle sans cesse.
   B. La voiture est en panne.
   C. Il y a une maisonnette au loin.
   D. Débrouille-toi!

36. Selon Madame Dupuy, quel est le problème?
   A. Il n'y a plus d'essence pour faire marcher la voiture.
   B. Il y a une station-service de l'autre côté du chemin.
   C. Monsieur Dupuy n'est pas aussi parfait qu'elle.
   D. Cela ne lui arrive jamais.

37. Qui est au volant de la voiture?
   A. Monsieur Dupuy
   B. Madame Dupuy
   C. le garagiste de la station-service
   D. quelqu'un de la maisonnette

38. Où Monsieur Dupuy va-t-il à pied?
   A. à la campagne
   B. chez lui
   C. vers la petite maison pour demander de l'aide
   D. à la station-service pour chercher de l'essence

Selection number 4. Question numbers **39** to **42**:

39. Quelle est la saison favorite de cette personne?
   A. l'automne
   B. l'hiver
   C. l'été
   D. le printemps

40. Pourquoi aime-t-elle cette saison?
   A. Elle commence à la fin du mois de juin et se termine vers la fin de septembre.
   B. Elle aime écouter des disques et danser.
   C. Elle peut se livrer à son sport favori.
   D. Elle peut faire ses emplettes.

41. Quel est son sport favori?
   A. le ski
   B. le ski nautique
   C. la natation
   D. les feux d'artifice

42. Qu'est-ce qu'elle espère faire l'été prochain?
   A. voyager
   B. nager
   C. finir ses études
   D. faire un temps splendide

Selection number 5. Question numbers **43** to **46**:

43. Pourquoi Madame Dumas entre-t-elle dans une épicerie?
   A. pour parler de la maladie de son mari
   B. pour payer son compte
   C. pour manger une bonne omelette au fromage
   D. pour faire quelques achats

44. Pourquoi Madame Dumas refuse-t-elle le jambon?
   A. Il n'est pas bon.
   B. Il est trop cher.
   C. Elle n'a pas assez d'argent.
   D. Il lui reste encore quelques tranches du demi-kilo qu'elle a acheté hier.

45. Pourquoi est-il défendu que le mari de Madame Dumas mange des oeufs?
   A. Il aime beaucoup les bonnes omelettes au fromage.
   B. Il mange un oeuf chaque matin.
   C. Le cholestérol n'est pas bon pour sa santé.
   D. Il n'y a pas de danger.

46. Combien d'oeufs Madame Dumas achète-t-elle?
   A. une douzaine
   B. une demi-douzaine
   C. un kilo
   D. un demi-kilo

Selection number 6. Question numbers **47** to **50**:

47. A quelle heure Janine s'est-elle réveillée ce matin?
   A. avant sept heures
   B. après sept heures
   C. avant sept heures et quart
   D. après le déjeuner

48. Où est-elle allée avec sa mère?
   A. à un grand magasin pour acheter quelque chose
   B. à un restaurant japonais
   C. au cinéma
   D. au théâtre

49. Quel âge son père aura-t-il demain?
   A. quarante ans
   B. quarante-cinq ans
   C. cinquante ans
   D. cinquante-cinq ans

50. Pourquoi Janine et sa mère n'aiment-elles pas les heures d'affluence?
   A. parce que Janine s'est réveillée à sept heures et demie
   B. parce qu'elles ont acheté un portefeuille pour l'anniversaire de papa
   C. parce qu'elles sont rentrées à la maison vers une heure
   D. parce qu'il y a une foule de gens

ANSWER KEY

A. PICTURES	B. SHORT DIALOGUES	C. LONG DIALOGUES and MONOLOGUES	
1. D	11. A	26. C	39. C
2. B	12. B	27. D	40. C
3. C	13. C	28. B	41. B
4. B	14. B	29. D	42. A
5. A	15. A	30. D	43. D
6. C	16. C	31. A	44. D
7. A	17. C	32. D	45. C
8. C	18. B	33. D	46. B
9. B	19. A	34. A	47. B
10. B	20. A	35. B	48. A
	21. C	36. A	49. C
	22. C	37. A	50. D
	23. A	38. C	
	24. B		
	25. B		

ANALYSIS CHART

In evaluating your score in the Listening Comprehension section, use the following table:

45 to 50 correct: *Excellent*
40 to 44 correct: *Very Good*
35 to 39 correct: *Average*
26 to 34 correct: *Below Average*
less than 25 correct: *Unsatisfactory*

Answer Sheet: Listening Comprehension

A. PICTURES

1 Ⓐ Ⓑ Ⓒ Ⓓ
2 Ⓐ Ⓑ Ⓒ Ⓓ
3 Ⓐ Ⓑ Ⓒ Ⓓ
4 Ⓐ Ⓑ Ⓒ Ⓓ
5 Ⓐ Ⓑ Ⓒ Ⓓ
6 Ⓐ Ⓑ Ⓒ Ⓓ
7 Ⓐ Ⓑ Ⓒ Ⓓ
8 Ⓐ Ⓑ Ⓒ Ⓓ
9 Ⓐ Ⓑ Ⓒ Ⓓ
10 Ⓐ Ⓑ Ⓒ Ⓓ

B. SHORT DIALOGUES

11 Ⓐ Ⓑ Ⓒ
12 Ⓐ Ⓑ Ⓒ
13 Ⓐ Ⓑ Ⓒ
14 Ⓐ Ⓑ Ⓒ
15 Ⓐ Ⓑ Ⓒ
16 Ⓐ Ⓑ Ⓒ
17 Ⓐ Ⓑ Ⓒ
18 Ⓐ Ⓑ Ⓒ
19 Ⓐ Ⓑ Ⓒ
20 Ⓐ Ⓑ Ⓒ
21 Ⓐ Ⓑ Ⓒ
22 Ⓐ Ⓑ Ⓒ
23 Ⓐ Ⓑ Ⓒ
24 Ⓐ Ⓑ Ⓒ
25 Ⓐ Ⓑ Ⓒ

C. LONG DIALOGUES and MONOLOGUES

26 Ⓐ Ⓑ Ⓒ Ⓓ
27 Ⓐ Ⓑ Ⓒ Ⓓ
28 Ⓐ Ⓑ Ⓒ Ⓓ
29 Ⓐ Ⓑ Ⓒ Ⓓ
30 Ⓐ Ⓑ Ⓒ Ⓓ
31 Ⓐ Ⓑ Ⓒ Ⓓ
32 Ⓐ Ⓑ Ⓒ Ⓓ
33 Ⓐ Ⓑ Ⓒ Ⓓ
34 Ⓐ Ⓑ Ⓒ Ⓓ
35 Ⓐ Ⓑ Ⓒ Ⓓ
36 Ⓐ Ⓑ Ⓒ Ⓓ
37 Ⓐ Ⓑ Ⓒ Ⓓ
38 Ⓐ Ⓑ Ⓒ Ⓓ
39 Ⓐ Ⓑ Ⓒ Ⓓ
40 Ⓐ Ⓑ Ⓒ Ⓓ
41 Ⓐ Ⓑ Ⓒ Ⓓ
42 Ⓐ Ⓑ Ⓒ Ⓓ
43 Ⓐ Ⓑ Ⓒ Ⓓ
44 Ⓐ Ⓑ Ⓒ Ⓓ
45 Ⓐ Ⓑ Ⓒ Ⓓ
46 Ⓐ Ⓑ Ⓒ Ⓓ
47 Ⓐ Ⓑ Ⓒ Ⓓ
48 Ⓐ Ⓑ Ⓒ Ⓓ
49 Ⓐ Ⓑ Ⓒ Ⓓ
50 Ⓐ Ⓑ Ⓒ Ⓓ

COMPLETE CD SCRIPT FOR SAT II FRENCH WITH LISTENING COMPREHENSION

PART
VII

TRACK 1	(MUSIC)

MALE NARRATOR: Welcome to Barron's Educational Series practice for the SAT II: French test with Listening Comprehension. Copyright 1999.

(CHIMES)

MN: Before beginning this part of the listening test, make sure that you have read and understood the directions for Part A—Pictures, printed in your book. Now, carefully examine picture number one in your book while listening attentively to the four statements designated A, B, C, and D. You will hear each letter and statement only once. Choose the letter of the statement that best describes the picture and blacken the corresponding space on the answer sheet in your book.

TRACK 2	(CHIMES)

Picture number 1

FEMALE SPEAKER 1: A. Il est évident qu'on est en hiver. (PAUSE)
B. Ils se promènent à pied. (PAUSE)
C. Ces personnes à bicyclette ont l'air triste. (PAUSE)
D. Ils font du vélo. (PAUSE)

TRACK 3	(CHIMES)

MN: ### Picture number 2

FS1: A. Quelle joie de voyager en chemin de fer! (PAUSE)
B. Il y a plus de gens que de voitures dans cette photo. (PAUSE)
C. Cette publicité vous encourage à rester chez vous. (PAUSE)
D. Ces personnes sont en train de monter dans une voiture. (PAUSE)

TRACK 4	(CHIMES)

MN: ### Picture number 3

FS1: A. Quelle jolie salle de lecture! (PAUSE)
B. De beaux oiseaux boivent de l'eau. (PAUSE)
C. La belle dame est en train de sortir du restaurant. (PAUSE)
D. Quelle joie de manger dans un bon restaurant! (PAUSE)

TRACK 5	(CHIMES)

MN: ### Picture number 4

FS1: A. Ce bâtiment est d'une architecture moderne. (PAUSE)
B. L'homme est en train de dessiner. (PAUSE)
C. Voici un artiste qui fait la cuisine. (PAUSE)
D. Il lit un livre dans un lit. (PAUSE)

TRACK 6	(CHIMES)

MN:	**Picture number 5**
FS1:	A. Le monsieur et la dame sont assis dans un jardin public. (PAUSE) B. Ces deux personnes font la vaisselle. (PAUSE) C. Il y a une foule de visiteurs dans ce jardin public. (PAUSE) D. Ce jardin est bien laid. (PAUSE)
TRACK 7	**(CHIMES)**
MN:	**Picture number 6**
FS1:	A. Le petit garçon donne à manger aux oiseaux. (PAUSE) B. Le cycliste et le garçon sont ensemble. (PAUSE) C. Le garçon sourit. (PAUSE) D. Le pain long est dans le four. (PAUSE)
TRACK 8	**(CHIMES)**
MN:	**Picture number 7**
FS1:	A. Ces personnes sont à table sur la terrasse d'un café. (PAUSE) B. Ils sont en train de lire. (PAUSE) C. Le serveur est très occupé avec les clients. (PAUSE) D. Ils boivent et ils écrivent des cartes postales. (PAUSE)
TRACK 9	**(CHIMES)**
MN:	**Picture number 8**
FS1:	A. Cette dame porte une jolie blouse à manches courtes. (PAUSE) B. L'homme est un marchand de viande. (PAUSE) C. La dame tient une corbeille de fruits. (PAUSE) D. Les cerises sont chères. (PAUSE)
TRACK 10	**(CHIMES)**
MN:	**Picture number 9**
FS1:	A. La femme regarde le petit lapin. (PAUSE) B. L'homme regarde le petit chien. (PAUSE) C. Les trois personnes se battent. (PAUSE) D. Ces personnes entrent dans le cabaret. (PAUSE)
TRACK 11	**(CHIMES)**
MN:	**Picture number 10**
FS1:	A. Ces enfants jouent bien. (PAUSE) B. Le monsieur regarde le Plan de Métro. (PAUSE) C. Une de ces dames est dans une cabine téléphonique. (PAUSE) D. Ces personnes sont en grève. (PAUSE)
MN:	This is the end of Part A. Now go on to Part B.

TRACK 12	**(MUSIC)**

MALE NARRATOR: This is Part B of the Listening Test. There are ten short dialogues in this part. You will hear a chime at the beginning of each new dialogue. (CHIME) Each dialogue will be spoken *twice*. They are *not* printed in your test booklet. At the end of each dialogue, you will hear one or two questions about what was stated. Each question will be followed by three possible answers, designated A, B, and C. They are not printed in your test booklet either. They will be spoken only *once*. Choose the letter of the statement that is the best answer and blacken the corresponding space on the answer sheet that you used for the ten pictures in **Part A**, numbered **1** to **10**. This **Part B** begins with number **11**.

TRACK 13	**(CHIMES)**

MN: Dialogue number one.

MALE SPEAKER 1: Je suis très heureux de te voir à Paris!

MALE SPEAKER 2: Moi aussi, ça me fait grand plaisir.

M1: Alors, ton voyage en chemin de fer n'a pas été trop fatigant, j'espère.

M2: Pas du tout. Tout s'est très bien passé.

MN: Now, listen to this dialogue again.

(PAUSE)

MN: Now, listen to the question and multiple-choice answers A, B, and C. This is question number **11** on your answer sheet.

FEMALE SPEAKER 1: Comment le voyageur a-t-il fait son voyage?
A. par le train
B. en avion
C. en autocar

TRACK 14	**(CHIMES)**

MN: Dialogue number two.

F1: Alors, Jacqueline, je suppose que tu es sortie en ville hier.

FEMALE SPEAKER 2: C'est ça, Louise. Je suis allée faire des emplettes.

F1: Je t'ai donné un coup de téléphone vers trois heures mais personne n'a répondu.

F2: Je ne suis rentrée qu'à cinq heures.

F1: Tu as trouvé ce que tu voulais?

F2: Je me suis acheté une jolie robe rouge.

MN: Now, listen to this dialogue again.

(PAUSE)

MN: Now, listen to the question and multiple-choice answers A, B, C. This is question number **12** on your answer sheet.

F1: Où Jacqueline est-elle allée hier?
A. Elle est allée voir son amie Louise.
B. Elle est allée acheter un vêtement.
C. Elle a répondu au téléphone.

MN: Now, listen to another question. It is number **13** on your answer sheet.

F1: Qui a répondu au téléphone?
A. Jacqueline
B. Louise
C. personne

TRACK 15 **(CHIMES)**

MN: Dialogue number three.

M1: Bonjour, monsieur. Vous désirez?

M2: Je voudrais changer quelques dollars en francs français.

M1: Combien d'argent voulez-vous changer, monsieur?

M2: Cent dollars.

M1: Votre passeport, s'il vous plaît. Quelle est votre adresse?

M2: Voici mon passeport. Je suis à l'Hôtel Daguerre.

M1: Aujourd'hui le dollar est à quatre francs quatre-vingt-dix.

M2: Oh! Il est plus bas que la semaine dernière.

M1: C'est ça, monsieur.

MN: Now, listen to this dialogue again.

(PAUSE)

MN: Now, listen to the first question. It is number **14** on your answer sheet.

F1: Où sont les deux messieurs?
A. au guichet d'un cinéma
B. dans une banque
C. dans un hôtel

MN: Now, listen to another question. It is number **15** on your answer sheet.

F1: Combien de dollars le monsieur veut-il changer?
A. plus de quatre-vingt-dix
B. plus de quatre cents
C. moins de cinquante

TRACK 16	**(CHIMES)**

MN:	Dialogue number four.
F1:	Bonjour, Claire. Iras-tu au match de tennis cet après-midi?
F2:	Bien sûr. Tu sais, Catherine, que mon petit ami Paul va jouer.
F1:	Ah, oui. Il joue dans la meilleure équipe.
F2:	C'est le meilleur joueur, tu sais.
F1:	Ce sera certainement le champion.
F2:	Il n'y a pas de doute!
MN:	Now, listen to this dialogue again.

(PAUSE)

MN:	Now, listen to the question. It is number **16** on your answer sheet.
M1:	Qui va jouer dans le match de tennis? A. le petit ami de Catherine B. la petite amie de Paul C. le petit ami de Claire

TRACK 17	**(CHIMES)**

MN:	Dialogue number five.
M1:	Où donc est Marguerite? Elle sait bien que nous dînons à huit heures chez nous. Quelle fille!
F1:	Elle m'a dit qu'elle rentrerait à l'heure, chéri.
M1:	Tant pis! Mangeons sans elle!
F1:	Si tu veux . . . Nous pouvons commencer par le potage.
M1:	Qu'est-ce que tu as préparé comme dessert?
F1:	Une tarte aux pommes, chéri.
MN:	Now, listen to this dialogue again.

(PAUSE)

MN:	Now, listen to the first question. It is number **17** on your answer sheet.
F1:	Où se trouvent cette femme et cet homme? A. dans un restaurant B. chez une coiffeuse C. chez eux

MN:	Now, listen to question number **18** on your answer sheet.
F1:	Qu'y a-t-il comme dessert? A. des fruits B. de la pâtisserie C. un flan

TRACK 18 (CHIMES)

MN:	Dialogue number six.
F1:	Bonjour, monsieur. Vous désirez?
M1:	Je voudrais six roses.
F1:	Rouges? Jaunes? Blanches? C'est pour offrir?
M1:	Rouges. C'est pour ma femme. C'est notre anniversaire.
F1:	Tout de suite, monsieur.
M1:	Combien je vous dois?
F1:	Ça fait cent francs, monsieur.
MN:	Now, listen to this dialogue again.

(PAUSE)

MN:	Now, listen to question number **19** on your answer sheet.
F1:	Avec qui le monsieur parle-t-il? A. avec une fleuriste B. avec son épouse C. avec une amie de sa femme
MN:	Now, listen to question number **20** on your answer sheet.
F1:	Qu'est-ce qu'on peut dire de ce monsieur? A. Il est aimable. B. Il est méchant. C. Il est enfantin.

TRACK 19 (CHIMES)

MN:	Dialogue number seven.
F1:	Bonjour, monsieur.
M1:	Bonjour, madame. Je voudrais une chambre climatisée, s'il vous plaît. Il fait terriblement chaud.
F1:	Une chambre à un lit? Avec douche?
M1:	C'est ça. S'il y en a une.

F1:   Un instant, monsieur, je vais consulter l'ordinateur.

F1:   Oui, monsieur, il y en a une au troisième. Pour la nuit c'est cinq cents francs. Ça va, monsieur?

M1:   Oui, d'accord.

MN: Now, listen to this dialogue again.

(PAUSE)

MN: Now, listen to question number **21** on your answer sheet.

F1:   Selon cette conversation, en quel mois de l'année est-on?
A. en décembre
B. en février
C. en juillet

TRACK 20   (CHIMES)

MN: Dialogue number eight.

M1:   Je peux vous servir, monsieur?

M2:   Oui. Faites le plein, s'il vous plaît.

M1:   Oui, monsieur, tout de suite. Du super? De l'ordinaire?

M2:   Du super, s'il vous plaît.

M1:   C'est tout?

M2:   Veuillez vérifier les freins, le carburateur, le niveau de l'huile, et la pression des pneus, s'il vous plaît.

M1:   D'accord, monsieur.

M2:   Voici ma carte de crédit.

MN: Now, listen to this dialogue again.

(PAUSE)

MN: Now, listen to question number **22** on your answer sheet.

F1:   Où est le client?
A. dans un grand magasin
B. dans un supermarché
C. dans une station-service

TRACK 21   (CHIMES)

MN:	Dialogue number nine.

F1: Il me faut quelque chose pour la migraine.

F2: C'est grave, madame?

F1: Il me semble que ce n'est pas grave, mais donnez-moi un de vos meilleurs médicaments, s'il vous plait.

F2: Le voici, madame. Le mode d'emploi est écrit sur le flacon.

MN: Now, listen to this dialogue again.

(PAUSE)

MN: Now, listen to question number **23** on your answer sheet.

F1: Qu'est-ce qu'on peut dire de la cliente?
A. Elle est un peu malade.
B. Elle voudrait se parfumer.
C. Elle aimerait changer la couleur de ses cheveux.

TRACK 22   **(CHIMES)**

MN: Dialogue number ten.

F1: Voyons, chéri, tu ne vas pas sortir comme ça!

M1: Pourquoi pas?
F1: Parce qu'il fait un temps horrible.

M1: Et alors?

F1: Alors, tu as besoin de ton imperméable.

M1: Mais non, mais non. Ne me dis pas ce que je dois me mettre!

MN: Now, listen to this dialogue again.

MN: Now, listen to question number **24** on your answer sheet.

F2: Quel temps fait-il?
A. Il neige.
B. Il pleut.
C. Il y a un arc-en-ciel.

MN: And now, listen to question number **25** on your answer sheet.

F2: Qu'est-ce qu'on peut dire de ce monsieur?
A. Il est raisonnable.
B. Il est obstiné.
C. Il est docile.

MN: This is the end of Part B. Now go on to Part C.

(MUSIC)

MALE NARRATOR: This is Part C of the Listening Test. There are six selections in this part consisting of longer dialogues and a few monologues. Each selection will be spoken only *once*. They are *not* printed in your test booklet. After each selection, you will hear several questions based on what you heard. The multiple-choice answers will not be spoken but they *are* printed in your booklet. The questions are also printed in your booklet. Choose the letter of the statement that is the best answer (A, B, C, or D), and blacken the corresponding space on the answer sheet. This **Part C** begins with question number **26** on your practice answer sheet. You will hear a chime to indicate the beginning of a new selection.

TRACK 23 (CHIMES)

MN: This is selection number one.

MALE SPEAKER 2: Dans ce dialogue, Monsieur Goulay roule dans sa voiture quand un agent de police l'arrête et lui parle.

MALE SPEAKER 1: Votre permis de conduire, s'il vous plaît.

MALE SPEAKER 2: Oui, monsieur, le voici. Mais qu'est-ce qu'il y a? Qu'est-ce que j'ai fait?

M1: Vous ne vous êtes pas arrêté au feu rouge. Pourquoi?

M2: C'est vrai? C'était un feu rouge?

M1: C'est ce que je viens de dire, monsieur.

M2: Mille pardons. Je ne l'ai pas vu!

M1: Vous ne l'avez pas vu, vous dites? Vous ne faisiez pas attention! Depuis combien de temps avez-vous un permis de conduire?

M2: Ça fait quelques années. Depuis l'âge de vingt ans, je crois.

M1: Je vois que c'est une voiture toute neuve.

M2: Oui, elle est belle, n'est-ce pas?

M1: Vous avez l'air pressé, il me semble. Où allez-vous?

M2: J'ai rendez-vous chez le dentiste et je suis déjà en retard.

M1: Tenez, monsieur, je vous rends votre permis de conduire. Et voici une amende.

MN: Question number **26**.

FEMALE SPEAKER 1: Pourquoi Monsieur Goulay ne s'est-il pas arrêté au feu rouge?
(PAUSE ten seconds)

MN: Question number **27**.

F1: Qu'est-ce que l'agent de police a demandé à Monsieur Goulay de lui donner?
(PAUSE ten seconds)

MN:	Question number **28**.
F1:	Qu'est-ce que l'agent de police a donné à Monsieur Goulay? (PAUSE ten seconds)
MN:	Question number **29**.
F1:	Chez qui Monsieur Goulay a-t-il rendez-vous? (PAUSE ten seconds)

TRACK 24   (CHIMES)

MN:	This is selection number two.
F1:	Dans ce monologue, le narrateur parle des animaux favoris, en particulier, comment soigner un oiseau en cage.
M1:	Vos animaux favoris s'attendent à ce que vous les aidiez à supporter les chaleurs de l'été. Quant à votre oiseau en cage, sortir ne l'intéresse pas. Il est même possible que cela lui fasse peur; que des chiens, des chats, ou des oiseaux plus gros l'attaquent; ou que le soleil soit trop chaud ou trop brillant pour lui. Gardez-le plutôt dans une pièce ni trop chaude ni trop froide, sans courants d'air. Suspendez un os pour lui. Ajoutez un peu de laitue et des jaunes d'oeufs durs à sa portion de graines afin de soigner son alimentation. Nettoyez ses perchoirs tous les jours et plongez-les dans l'eau bouillante au moins deux fois la semaine. Essuyez-les bien avant de les remettre en place. Changez chaque jour le papier qui couvre le fond de sa cage et recouvrez de sable propre.
MN:	Question number **30**.
F1:	Si vous avez un oiseau en cage, que faut-il faire? (PAUSE ten seconds)
MN:	Question number **31**.
F1:	Que faut-il faire pour le confort de l'oiseau? (PAUSE ten seconds)
MN:	Question number **32**.
F1:	Pourquoi faut-il donner des jaunes d'oeufs à l'oiseau? (PAUSE ten seconds)
MN:	Question number **33**.
F1:	Comment faut-il nettoyer les perchoirs de la cage? (PAUSE ten seconds)
MN:	Question number **34**.
F1:	Et quant au papier qui sert de tapis dans la cage, que faut-il en faire? (PAUSE ten seconds)

TRACK 25   (CHIMES)

MN:	Selection number three.
F1:	Dans ce dialogue, Monsieur et Madame Dupuy sont dans leur voiture en pleine campagne quand tout à coup la voiture s'arrête.
M1:	Zut, alors! Qu'est-ce qu'il arrive au moteur? La voiture s'est arrêtée.
F2:	Si tu me demandes pourquoi la voiture s'est arrêtée, c'est qu'il n'y a probablement plus d'essence. Cela ne m'arrive jamais quand je conduis.
M1:	C'est parce que tu es si parfaite! Tu penses à tout et à toi-même!
F2:	La prochaine fois tu me laisseras conduire parce que je m'occupe de tout.
M1:	Et maintenant, qu'est-ce que nous allons faire?
F2:	Débrouille-toi!
M1:	Je ne vois pas de station-service.
F2:	Nous sommes en pleine campagne. Naturellement il n'y a pas de station-service.
M1:	Tiens! Voilà une maisonnette au loin.
F2:	Tu peux y aller à pied et voir s'il y a un téléphone chez eux.
M1:	C'est ce que je vais faire. Attends ici.
F2:	Je ne bouge pas.
MN:	Question number **35**.
F1:	Qu'est-ce qui se passe en route? (PAUSE ten seconds)
MN:	Question number **36**.
F1:	Selon Madame Dupuy, quel est le problème? (PAUSE ten seconds)
MN:	Question number **37**.
F1:	Qui est au volant de la voiture? (PAUSE ten seconds)
MN:	Question number **38**.
F1:	Où va Monsieur Dupuy à pied? (PAUSE ten seconds)
TRACK 26	**(CHIMES)**
MN:	Selection number four.
M1:	Dans ce monologue, une étudiante parle de sa saison favorite.

F1: J'aime assez bien l'hiver, mais je préfère l'été. Cette saison commence à la fin du mois de juin et se termine vers la fin de septembre. J'aime l'été surtout à cause des grandes vacances. D'ordinaire le ciel est bleu, les fleurs abondent et il fait un temps splendide. Le beau temps et mes jours de loisir me permettent de me livrer à mon sport favori, le ski nautique. Lorsqu'il pleut, mes amis et moi, nous nous réunissons pour écouter des disques et danser.

Comme il fait très beau et chaud, je peux m'habiller très légèrement pour être plus à l'aise. Quand vient le quatorze juillet, on fait un pique-nique à la plage ou dans les montagnes et le soir, on assiste aux feux d'artifice. Cependant, il y a des jours où la chaleur est si forte qu'on ne peut pas dormir.

L'été prochain, puisque j'aurai fini mes études, j'espère faire des voyages.

MN: Question number **39**.

F2: Quelle est la saison favorite de cette personne?
(PAUSE ten seconds)

MN: Question number **40**.

F2: Pourquoi aime-t-elle cette saison?
(PAUSE ten seconds)

MN: Question number **41**.

F2: Quel est son sport favori?
(PAUSE ten seconds)

MN: Question number **42**.

F2: Qu'est-ce qu'elle espère faire l'été prochain?
(PAUSE ten seconds)

TRACK 27 **(CHIMES)**

MN: Selection number five.

F1: Dans ce dialogue, Madame Dumas entre dans une épicerie de quartier pour acheter quelques provisions.

M1: Bonjour, Madame Dumas. Qu'est-ce que je vous donne aujourd'hui? Le jambon que vous aimez est délicieux. Est-ce que vous en voulez quelques tranches?

F2: Je ne pense pas. Il m'en reste encore quatre tranches du demi-kilo que j'ai acheté hier.

M1: Du fromage, peut-être? J'ai le fromage que vous aimez tant. Il est arrivé ce matin.

F2: Magnifique! Donnez-m'en un kilo, s'il vous plaît.

M1: Si c'est pour faire une omelette au fromage, vous avez peut-être besoin de quelques oeufs. Vous aimez les oeufs, n'est-ce pas?

F2: Ah, oui! Je mange un oeuf chaque matin. Mais pour mon mari, c'est une autre histoire. C'est le cholestérol, vous savez. Ce n'est pas bon pour sa santé. Chez lui, le cholestérol peut provoquer l'artériosclérose. Cela peut être dangereux à cause de son âge.

M1:	Evidemment. Après un certain âge, on ne peut plus manger tout.
F2:	Mais pour moi, il n'y a pas de danger. Alors, donnez-moi six oeufs, s'il vous plaît. J'aime une bonne omelette au fromage.
M1:	D'accord, madame. Tout de suite.
F2:	Mettez le montant sur mon compte. Je vais le régler demain. Au revoir.
MN:	Question number **43**.
F1:	Pourquoi Madame Dumas entre-t-elle dans une épicerie? (PAUSE ten seconds)
MN:	Question number **44**.
F1:	Pourquoi Madame Dumas refuse-t-elle le jambon? (PAUSE ten seconds)
MN:	Question number **45**.
F1:	Pourquoi est-il défendu que le mari de Madame Dumas mange des oeufs? (PAUSE ten seconds)
MN:	Question number **46**.
F1:	Combien d'oeufs Madame Dumas achète-t-elle? (PAUSE ten seconds)
TRACK 28	**(CHIMES)**
MN:	Selection number six.
M1:	Dans ce monologue, Janine parle de ses activités pendant la journée.
F1:	Quand je me suis réveillée ce matin à sept heures et demie, il faisait très beau. Par conséquent, ma mère et moi avons décidé d'aller en ville faire des emplettes. Nous espérions acheter un cadeau d'anniversaire pour mon père. Demain il aura cinquante ans. Pour y arriver le plus tôt possible, nous avons pris le métro. Dans un des grands magasins, nous avons regardé des cravates, des parapluies, et des pipes. Enfin, nous avons choisi un portefeuille en cuir parce que celui de mon père est tout à fait usé. Vers une heure, puisque nous avions faim, nous avons pris le déjeuner Chez Ming Wu, un restaurant chinois très célèbre. J'y ai commandé du poulet rôti au riz et ma mère a choisi la spécialité de la maison. Quand nous sommes rentrées chez nous, nous n'en pouvions plus. La prochaine fois que nous irons en ville, nous tâcherons de rentrer à la maison plus tôt pour éviter la foule pendant les heures d'affluence.
MN:	Question number **47**.
M2:	A quelle heure Janine s'est-elle réveillée ce matin? (PAUSE ten seconds)

MN:	Question number **48**.
M2:	Où est-elle allée avec sa mère? (PAUSE ten seconds)
MN:	Question number **49**.
M2:	Quel âge son père aura-t-il demain? (PAUSE ten seconds)
MN:	Question number **50**.
M2:	Pourquoi Janine et sa mère n'aiment-elles pas les heures d'affluence? (PAUSE ten seconds)
MN:	This is the end of the listening portion of the SAT II: French test.

FRENCH-ENGLISH VOCABULARY

PART

VIII

The SAT French test does not test your ability to translate from English to French, so an English-French vocabulary is not included here. Additional French words are covered in this book's General Review, for instance under Synonyms and Antonyms.

The key to abbreviations is on page xxi.

A

à *prep.* at, to; *see* idioms & idiomatic expressions with **à,** §12.20. You must know those idioms to recognize them on the test.

à moins que *conj.* unless; *see* conjunctions & conjunctive locutions, §11.ff, §7.138, §7.52, §7.123ff

abaisser *v.* to lower

abattre *v.* to knock down, to fell, to cut down

abeille *n.f.* bee

abîmer *v.* to spoil, to ruin

aboie *v. form of* **aboyer**

abondamment *adv.* abundantly

aborder qqn/to approach someone

aboutir *v.* to lead to, to come to an end

aboyer *v.* to bark

abréger *v.* to abridge, to shorten

abri *n.m.* shelter; **abriter**/to shelter

absolument *adv.* absolutely

accablant, accablante *adj.* overwhelming; **accabler**/to overwhelm

accepter *v.* to accept

accompagner *v.* to accompany

accord *n.m.* agreement; **d'accord**/O.K., in agreement

accorder *v.* to grant, to accord

accourir *v.* to run up to, to rush forward, to hasten to

accoutumé, accoutumée *adj.* accustomed

accrocher *v.* to hang (up)

accueillir *v.* to welcome

achat *n.m.* purchase

s'acheminer *v.* to proceed to lead to (road), to be on the way

acheter *v.* to buy, to purchase

achever *v.* to achieve, to end, to terminate, to finish; **achevé, achevée** *adj.* completed, achieved, finished

acier *n.m.* steel

acquérir *v.* to acquire; *past part.* **acquis**

actuel, actuelle *adj.* present, of the present time

actuellement *adv.* at present, now

addition *n.f.* check, bill (to pay in a restaurant)

adieu *n.m., adv.* farewell, good-bye

admettre *v.* to admit

admirateur *n.m.* admirer

adoucir *v.* to make sweet, to sweeten, to make soft, to soften

adroit, adroite *adj.* skilled, skillful, clever

affaire *n.f.* affair, business; **un homme d'affaires**/businessman; **Occupez-vous de vos affaires**/Mind your own business

affamé, affamée *adj.* famished, starving

affranchi, affranchie *adj.* liberated

affreux, affreuse *adj.* frightful

afin de + *inf.* in order (to)

agacer *v.* to annoy, to bother, to irritate; **agaçant, agaçante** *adj.* annoying, irritating

s'agenouiller *refl. v.* to kneel

agile *adj.* nimble, agile

agir *v.* to act, to behave; **s'agir de** *refl. v.* to be a question of, to be a matter of

agiter *v.* to move, to shake, to stir

agoniser *v.* to be in agony

agrandir *v.* to grow tall, big

agréable *adj.* pleasant, agreeable

aide *See* §3.1ff

aient *v. form of* **avoir;** *see* §7.141 and §7.142

aigle *n.m.* eagle

aigu, aiguë *adj.* acute, sharp

aiguille *n.f.* needle

aile *n.f.* wing

ailleurs *adv.* elsewhere, somewhere else; **d'ailleurs**/besides, moreover

aimable *adj.* pleasant, kind, amiable

aimer *v.* to love

ainsi *adv.* thus; **et ainsi de suite**/and so forth; *see* idioms with **de,** §12.32

ainsi que *conj.* as well as; *see* §11.ff

aise *n.f.* ease; **à l'aise**/at ease

ajouter *v.* to add

alimentaire *adj.* alimentary; **produit alimentaire**/food product

alimentation *n.f.* food

aliter *v.* to keep in bed

alla *v. form of* **aller;** *see* §7.85

Allemagne *n.f.* Germany

allemand *n.m.* German (language); **Allemand, Allemande** *n.* German (person)

aller *v.* to go; **s'en aller**/to go away; *see* idioms with **aller,** §12.23. You must know those idioms to recognize them on the test; *see also* §7.85.

allèrent *v. form of* **aller;** *see* §7.85

allonger *v.* to lengthen, to extend

allons/let's go; *see* §7.85

allumer *v.* to light

alors *adv.* so, well, then

alouette *n.f.* lark, skylark

alpinisme *n.m.* mountain climbing

amateur *n.m.* amateur, lover (of)

âme *n.f.* soul

améliorer *v.* to improve, to ameliorate

amende *n.f.* fine, penalty

amener *v.* to lead, to bring along, to take (someone somewhere)

amer, amère *adj.* bitter

ami, amie *n.* friend

amical, amicale *adj.* friendly

amitié *n.f.* friendship

amour *n.m.* love

amusant, amusante *adj.* funny, amusing

amuser *v.* to amuse; **s'amuser**/to amuse oneself, to have fun, to have a good time

an *n.m.* year

ancêtre *n.m.* ancestor

ancien, ancienne *adj.* old, ancient, former

Angleterre *n.f.* England

animé, animée *adj.* animated, lively

année *n.f.* year (long)

anniversaire *n.m.* anniversary; **anniversaire de naissance**/birthday

annonce *n.f.* announcement

apaiser *v.* to appease

apercevoir *v.* to notice, to perceive

apparaître *v.* to appear

appareil *n.m.* apparatus

appartenir à *v.* to belong to

appel *n.m.* appeal, call

appeler *v.* to call; **s'appeler**/to be named, to call oneself

appellation *n.f.* name

appétissant, appétissante *adj.* appetizing

appétit *n.m.* appetite; **de bon appétit;** *see* idioms with **de,** §12.32

applaudir *v.* to applaud

appliquer *v.* to apply

apporter *v.* to bring, to carry away

apprendre *v.* to learn, to teach; *see* §7.141ff

approcher *v.* to bring near; **s'approcher de**/to approach, to draw near

appuyer *v.* to lean, to press

après *prep., adv.* after; **après-midi**/afternoon

arbre *n.m.* tree

arbuste *n.m.* bush, shrub

arc-en-ciel *n.m.* rainbow; *pl.,* **des arcs-en-ciel**

ardoise *n.f.* slate

argent *n.m.* money

argile *n.f.* clay

arme *n.f.* weapon, arm

armée *n.f.* army

arracher *v.* to pull out, to pull off, to tear away

arrêt *n.m.* stop; **arrêter, s'arrêter**/to stop; **s'arrêter net**/to stop short

arrière *n.m.* rear, back; **en arrière**/backwards

arrivée *n.f.* arrival

arriver *v.* to arrive, to happen, to succeed

ascenseur *n.m.* elevator

asperge *n.f.* asparagus

s'assembler *v.* to assemble; **Qui se ressemble s'assemble**/Birds of a feather flock together

asseoir *v.* to seat; **s'asseoir**/to sit down, to seat oneself; **asseyez-vous**/sit down

assez *adv.* enough, rather, somewhat; **assez bien** quite well, well enough

assis, assise *adj.* seated

assister à *v.* to be present at, to attend

atelier *n.m.* studio, workroom, atelier

attaquer *v.* to attack

atteindre *v.* to attain, to reach

attendre *v.* to wait for; *see* §7.50; **s'attendre à**/to expect

attente *n.f.* waiting; **la salle d'attente**/waiting room

attestation *n.f.* proof

attirer *v.* to attract

attitude *n.f.* position, attitude

attraper *v.* to catch

au *See* idioms with **au,** §12.21. You must know those idioms and idiomatic expressions to recognize them on the test.

aubaine *n.f.* luck, windfall, Godsend, stroke of good luck

auberge *n.f.* inn

aubergine *n.f.* eggplant

aucun, aucune *See* negations, §8.ff

aucunement *adv.* in no way, not at all

au-dessous *adv.* below, underneath

au-dessus *adv.* above, over

augmenter *v.* to increase, to augment

auguste *adj.* majestic, august

aumône *n.f.* alms, charity

auprès de/next to, near

aussi *adv.* also, too

aussi . . . que/as . . . as; *see* §5.2ff

aussitôt *adv.* at once, immediately

aussitôt dit aussitôt fait/no sooner said than done

aussitôt que *conj.* as soon as; *see* conjunctions, §11.ff

autant *adv.* as much, as many

autant que *conj.* as much as, as far as; *see* §11.ff

autel *n.m.* altar (church)

auteur *n.m.* author; **une femme auteur**/woman author

automne *n.m.* autumn, fall; *see also* §14.4

autour de/around

autrefois *adv.* formerly; *see* Adverbs, §9.ff

autrement/otherwise

Autriche *n.f.* Austria

Autrichien, Autrichienne *n.* Austrian (person)

aux *See* idioms and idiomatic expressions with **aux,** §12.22. You must know those idioms and idiomatic expressions to recognize them on the test.

avaler *v.* to swallow; **avaler des yeux**/to eye greedily, to be fascinated by

avancer, s'avancer *v.* to advance, to come forward; **d'avance**/in advance; *see* idioms with **d',** §12.31

avant que *conj.* before; *see* §11.ff

avantage *n.m.* advantage; **d'avantage**/more

avare *adj.* miserly, stingy

avenir *n.m.* future; **à l'avenir**/in the future, henceforth; **d'avenir**/with a future

avertir *v.* to warn, to inform

avertissement *n.m.* warning

aveugle *adj.* blind

avide *adj.* eager (for), keen (on)

avis *n.m.* opinion

aviser *v.* to notice, to consider, to advise

avocat *n.m.* lawyer; **une femme avocat**/woman lawyer

avoir *v.* to have; *see* §7.141ff and idioms and idiomatic expressions with **avoir,** §12.24

avouer *v.* to admit, to confess

B

bac *abbrev. of* **baccalauréat** *n.m.* scholastic degree

bachelier, bachelière *n.* a student who has taken the **baccalauréat**

bague *n.f.* ring (on finger)

baie *n.f.* bay

se baigner *refl. v.* to bathe oneself

bain *n.m.* bath; **la salle de bains**/bathroom

baisser *v.* to lower

bal *n.m.* dance

balai *n.m.* broom

balance *n.f.* scale (weighing)

balayer *v.* to sweep

baleine *n.f.* whale

balle *n.f.* ball

banc *n.m.* bench

bande *n.f.* recording tape, group, band

banlieue *n.f.* suburbs, outskirts (of a city)

bannir *v.* to banish, to exile

banque *n.f.* to bank

barbe *n.f.* beard; **pousser une barbe**/to grow a beard

bas *n.m.* stocking

bas *adv.* low; **en bas**/down, downstairs; **bas, basse** *adj.* low; *see* idioms & idiomatic expressions with **bas,** §12.25 and with **au,** §12.21. You must know those idioms & idiomatic expressions to recognize them on the test.

bataille *n.f.* battle; **livrer bataille**/to give battle

bateau *n.m.* boat; **bateau à voile**/sailboat; **bateau-mouche**/small passenger boat

bâti, bâtie *adj.* built

bâtiment *n.m.* building

bâtir *v.* to build

bâton *n.m.* stick

battant(e) *adj.* beating; *pres. part. of* **battre; au beau milieu d'une pluie battante** of a pouring rain

battre *v.* to beat; **battre des mains**/to clap hands, to applaud

bavard, bavarde *adj.* talkative

bavardage *n.m.* chattering, talkativeness

bavarder *v.* to chat, to chatter, to prattle

beau, bel, belle, beaux, belles *adj.* beautiful, fine, handsome; *see* Adjectives, §5.ff; *see also* idioms & idiomatic expressions with **avoir,** §12.24. You must know those idioms to recognize them on the test.

beaucoup (de) *adv.* much, many; *see* Antonyms, §19.ff

beaux-arts *n.m.* fine arts

bec *n.m.* beak

bée; bouche bée/open-mouthed
Belge *n.* Belgian (person)
Belgique *n.f.* Belgium
bénir *v.* to bless
berceau *n.m.* cradle
berger, bergère *n.* shepherd, shepherdess
besogne *n.f.* work, toil
besoin *n.m.* need; **avoir besoin de**/to need, to have need of; *see* idioms & idiomatic expressions with **avoir**, §12.24
bête *n.f.* animal, beast; *adj.* foolish, stupid, silly
bêtise *n.f.* nonsense, stupidity
beurre *n.m.* butter
bibliothèque *n.f.* library
bien *adv.* well; **bien des**/many; *see* idioms & idiomatic expressions with **bien**, §12.26
bien que *conj.* although; *see* Conjunctions & conjunctive locutions, 11.ff. You must know those conjunctions to recognize them on the test; also, 7.123ff.
bienfaiteur *n.m.* benefactor
bientôt *adv.* soon
bijou *n.m.* jewel
bilingue *adj.* bilingual
billet *n.m.* ticket, note
bistro(t) *n.m.* café, pub
bizarre *adj.* strange, bizarre
blanc, blanche *adj.* white
blesser *v.* to injure, to wound
blessure *n.f.* wound, injury
boire *v.* to drink; *see* §7.104ff
bois *n.m.* wood, woods
boîte *n.f.* box
bon, bonne *adj.* good; *see* idioms & idiomatic expressions with **bon**, §12.27
bonbons *n.m.* candies
bonheur *n.m.* happiness
bonhomme de neige/snowman; **un bonhomme de paille**/scarecrow
bonté *n.f.* goodness, kindness
bord *n.m.* edge
bordé, bordée *adj.* bordered
borne *n.f.* boundary, limit
borner *v.* to bound
bouche *n.f.* mouth; **bouche bée**/open-mouthed
boucle *n.f.* buckle, lock of hair
bouffée *n.f.* puff
bouger *v.* to budge, to move
bouillant, bouillante *adj.* boiling
bouillir *v.* to boil
boulanger, boulangère *n.* baker
boulangerie *n.f.* bakery
bouleverser *v.* to dumbfound, to overwhelm, to bowl over
bourgeois, bourgeoise *n.* middle-class person
bourse *n.f.* purse
bousculer *v.* to push, to shove

bout *n.m.* end, tip; *see* idioms & idiomatic expressions with **au**, §12.21
bouteille *n.f.* bottle
boutique *n.f.* shop, small store
boutiquier, boutiquière *n.* shopkeeper
bouton *n.m.* button, pimple
Brahmane *n.m.* Brahman, Brahmin
bras *n.m.* arm; **bras dessus, bras dessous**/arm in arm
briller *v.* to shine, to glitter
briser *v.* to break, to shatter
brosse *n.f.* brush; **brosser**/to brush
brouillard *n.m.* fog
bruit *n.m.* noise
brûlé, brûlée *adj.* burned
brûler *v.* to burn
brume *n.f.* mist, fog
brumeux, brumeuse *adj.* misty, foggy
brunir *v.* to tan, to brown
brusquement *adv.* abruptly
bruyant, bruyante *adj.* noisy
bubonique *adj.* bubonic
bûche *n.f.* log
bureau *n.m.* desk, office; **bureau de poste**/post office
but *n.m.* goal, aim, purpose
buveur, buveuse *n.* drinker

C

ça *See* idiomatic expressions with **ça**, §12.28
cabane *n.f.* hut
cabinet *n.m.* closet, office
cacher, se cacher *v.* to hide, to hide oneself
cadeau *n.m.* gift
cadre *n.m.* frame
cahier *n.m.* notebook
caisse *n.f.* cash register
caissier, caissière *n.* cashier
cambrioleur *n.m.* burglar
camion *n.m.* truck
camionneur *n.m.* truck driver
campagne *n.f.* country(side)
canard *n.m.* duck
canne *n.f.* cane, walking stick
car *conj.* for; *see* Conjunctions and conjunctive locutions, §11.ff. You must know those conjunctions to recognize them on the test.
carafe *n.f.* decanter, carafe
carré *n.m.* square
carrière *n.f.* career
carte *n.f.* card, map
cas *n.m.* case
casser *v.* to break; **casser la croûte**/to have a bite, to have a snack
cause *n.f.* cause; **à cause de**/on account of; *see* idioms and idiomatic

expressions with **à**, §12.20. You must know those idioms to recognize them on the test.
causer *v.* to chat, to talk
cave *n.f.* cellar
caverne *n.f.* cave
ce *See* dem. adj., §5.ff; *see also* idioms & idiomatic expressions with **ce**, §12.30
ceci *See* pronouns, §6.ff
céder *v.* to cede, to yield
ceinture *n.f.* belt
cela *See* pronouns, §6.ff; *see also* idioms & idiomatic expressions with **cela**, §12.29
célèbre *adj.* famous, celebrated
célibataire *adj.* unmarried, single
celle, celle-ci, celle-là, celui, celui-ci, celui-là; *see* dem. pronouns, §6.13ff
cellule *n.f.* cell
cent *number* (a, one) hundred; *see also* numbers in §17.ff
centaine *n.f.* about a hundred; **centaines**/hundreds
cependant *conj.* however; *see also* other conjunctions you ought to know for the test, §11.–§11.4.
cercle *n.m.* circle, club
cerise *n.f.* cherry
certitude *n.f.* certitude, certainty
cerveau *n.m.* brain
cesser *v.* to stop, to cease
c'est, c'est-à-dire; *see* idioms and idiomatic expressions with **ce, c'est, est-ce**, §12.30
ceux, ceux-ci, ceux-là; *see* dem. pronouns, §6.13ff
chacun, chacune *pron.* each one
chagrin *n.m.* sorrow, grief
chaîne *n.f.* chain
chaleur *n.f.* heat, warmth
chaleureusement *adv.* warmly
champ *n.m.* field; **le champ de bataille**/battle field
chance *n.f.* chance, luck
chandelle *n.f.* candle
changement *n.m.* change
chanson *n.f.* song
chanter *v.* to sing
chanteur, chanteuse *n.* singer
chapitre *n.m.* chapter
chaque *adj.* each
charbon *n.m.* coal
charcuterie *n.f.* pork shop
charcutier, charcutière *n.* pork butcher
charger *v.* to load, to charge; **chargé de**/filled with, jammed with; **se charger de** *v.* to take charge of; **s'en charger**/to take charge of
chasse *n.f.* chase, hunt, hunting
chasser *v.* to hunt
chasseur *n.m.* hunter
château *n.m.* castle, manor; **faire des**

châteaux en Espagne/to build castles in the air (in Spain)

châtelain, châtelaine *n.* lord, lady of a manor, a castle

chatouiller *v.* to tickle

chaud, chaude *adj.* warm

chaudement *adv.* warmly

chauffage *n.m.* heat

chauffer *v.* to warm, to heat

chauffeur *n.m.* driver

chaussette *n.f.* sock

chaussure *n.f.* shoe

chemin *n.m.* road, way; **chemin de fer**/railroad; **chemin faisant**/on the way

chêne *n.m.* oak

cher, chère *adj.* dear, expensive; **chéri, chérie**/dear, honey, darling

chercher *v.* to get, to look for, to try

cheval *n.m.* horse; **cheval de course**/race horse; **chevaux-va-peur**/horsepower

cheveu, cheveux *n.m.* hair

chez *prep.* at the place of, at the home of, at the shop of; **chez soi**/in (at) one's house (home)

chiffre *n.m.* number, figure

choix *n.m.* choice

chose *n.f.* thing

chrétien, chrétienne *adj.* Christian

christianisme *n.m.* Christianity

chuchoter *v.* to whisper

ciel *n.m.* sky, heaven

cieux *n.m.pl.* skies, heavens

circulation *n.f.* circulation, traffic

cirer *v.* to wax, to polish

cireur *n.m.* shoe shiner, shoe polisher (person)

cité *n.f.* city (usually, the oldest section of a city; *e.g.,* **l'île de la Cité** is the oldest section of Paris)

citoyen, citoyenne *n.* citizen

citoyenneté *n.f.* citizenship

citron *n.m.* lemon; **citronnier** *n.m.* lemon tree

clair, claire *adj.* clear

clé, clef *n.f.* key

client, cliente *n.* customer, client

cligner *v.* to blink, to wink; **un clin d'oeil**/a wink

cloche *n.f.* bell

clou *n.m.* nail

clouer *v.* to nail

coeur *n.m.* heart; *see* idioms & idiomatic expressions with **avoir**, §12.24; with **bon**, §12.27; and with **de**, §12.32

coffre, coffret *n.m.* case, box, small chest

coiffeur *n.m.* barber, hair stylist

coiffeuse *n.f.* hairdresser, hair stylist

coiffure *n.f.* hairdressing, hair style, headdress

coin *n.m.* corner

colère *n.f.* anger

coller *v.* to glue, to paste, to stick

collier *n.m.* necklace, collar

colline *n.f.* hill

combattre *v.* to fight, to combat

combler *v.* to fill in, fill up, fill with (de)

comédien, comédienne *n.* actor, actress

commandement *n.m.* command

commander *v.* to order

comme *adv.* how; *conj.* as; **comme d'habitude**/as usual

commencer à + inf. *v.* to begin + inf.; *see* §7.44

commentaire *n.m.* comment, commentary

commerçant, commerçante *n.* merchant, business person

commun, commune *adj.* common; **peu commun, peu commune**/uncommon

complet *n.* suit

complet, complète *adj.* complete; **au complet**/filled up

se comporter *refl. v.* to behave

comprendre *v.* to understand, to include

compris *past part. of* **comprendre**; *see* §12.55, **y compris**/including

compte *n.m.* account

compter *v.* to count, to rank, to include

compter + inf. *v.* to intend + inf.

compter sur *v.* to count on

comte, comtesse *n.* count, countess

conclure *v.* to conclude

concours *n.m.* contest

concurrent *n.m.* contestant

condamner *v.* to condemn

conduire *v.* to drive, to conduct, to lead, to take (someone somewhere)

se conduire *refl. v.* to behave oneself, to conduct oneself

conduite *n.f.* conduct, behavior

conférence *n.f.* meeting, lecture

conférencier, conférencière *n.* lecturer

confiance *n.f.* confidence

confiserie *n.f.* candy store

confiseur, confiseuse *n.* confectioner, candy maker, candy seller

confort *n.m.* comfort

congé *n.m.* holiday, day off from work

connaissance *n.f.* acquaintance

connaître *v.* to know; *see* §7.141ff, **connu** *past part.*

se consacrer *refl. v.* to devote oneself

conseil *n.m.* advice

conseiller *v.* to advise, to counsel

consentir *v.* to consent

consommer *v.* to consume

consonne *n.f.* consonant

constamment *adv.* constantly; *see* §9.ff

constater *v.* to figure out, to ascertain, to notice, to observe

constation *n.f.* finding, opinion

construit, construite *adj.* built

conte *n.m.* story

content, contente *adj.* content, happy; *see* Antonyms, §19.ff and Synonyms, §18.ff

se contenter *refl. v.* to content oneself

contenu *n.m.* content, contents

contre *prep.* against

contrôleur *n.m.* ticket taker

convaincre *v.* to convince

convenir à *v.* to be convenient, to be suitable

coque *n.f.* shell; **un oeuf à la coque**/soft-boiled egg

coquille *n.f.* shell

corbeau *n.m.* crow, raven

corbeille *n.f.* basket

corde *n.f.* cord, string; **un instrument à corde**/string instrument

corps *n.m.* body

corriger *v.* to correct

costume *n.m.* suit

côté *n.m.* side; **de mon côté**/for my part; *see* idioms & idiomatic expressions with **de**, §12.32. You must know those idioms to recognize them on the test.

cou *n.m.* neck; **prendre ses jambes à son cou**/to run fast

couche *n.f.* layer

coucher *v.* to lay, to lay down

se coucher *refl. v.* to lie down, to go to bed

coude *n.m.* elbow

coudre *v.* to sew

couleur *n.f.* color

couloir *n.m.* hallway

coup *n.m.* hit, knock, blow; **un coup de main**/a helping hand

coupable *adj.* guilty

couper *v.* to cut; **se couper**/to cut oneself

cour *n.f.* court, courtyard, yard

courant *n.m.* current; **un courant d'air**/draft, air current

courier *n.m.* mail

courir *v.* to run

cours *n.m.* course; **au cours de**/in the course of, during the course of; *see also* idioms with **au**, §12.21. You must know those idioms to recognize them on the test.

course *n.f.* race; **cheval de course**/race horse

court *v. form of* **courir**/to run

court, courte *adj.* short; *see* Antonyms, §19.ff. You must know those Antonyms to recognize them on the test.

courtoisie *n.f.* courtesy

courut *passé simple of* **courir**

coussin *n.m.* cushion
couteau *n.m.* knife
coûter *v.* to cost
coutume *n.f.* custom
couturier *n.m.* fashion designer
couturière *n.f.* seamstress, dress-maker, fashion designer
couvert, couverte *adj.* covered
craignaient, craignant *forms of* **craindre** *v.* to fear
crainte *n.f.* fear
craintif, craintive *adj.* fearful
crâne *n.m.* skull
cravate *n.f.* necktie
crayon *n.m.* pencil
créer *v.* to create
crêpe *See* §3.1ff
creuser *v.* to dig
cri *n.m.* cry, shout
crier *v.* to cry out, to shout
crise *n.f.* crisis; **crise cardiaque**/heart attack
critique *See* §3.1ff
critiquer *v.* to criticize
croire *v.* to believe; *see* §7.141ff
croiser *v.* to cross
croûte *n.f.* crust; **casser la croûte**/to have a bite, snack
cueillir *v.* to gather, to pick
cuiller, cuillère *n.f.* spoon
cuisine *n.f.* cooking, kitchen; **faire la cuisine**/to do the cooking, to cook; *see also* other idioms & idiomatic expressions with **faire**, §12.36. You must know those idioms to recognize them on the test.
cuisinier, cuisinière *n.* cook
cuisson *n.f.* cooking time
culinaire *adj.* culinary
culotte *n.f.* shorts (clothing), knickers, breeches

D

d' *prep.* of, from; **d'abord**/at first. *See* idioms with **d'**, §12.31. You must know those idioms & idiomatic expressions to recognize them on the test; *see also* Prepositions.
d'après *prep.* from
dater (de) *v.* to date (from)
davantage *adv.* enough, more
de *prep.* of, from; **de fait**/as a matter of fact; **de nos jours**/these days, in our time; **de nouveau**/again; **de parti pris**/on purpose, deliberately; **de plus**/besides; **de plus en plus**/more and more; **de sorte que**/*conj.* so that. *See* idioms and idiomatic expressions with **de**, §12.32. You must know those to recognize them on the test; *see*

also Prepositions.
débarquer *v.* to disembark
se débarrasser de *refl. v.* to get rid of, to do away with
debout *adv.* standing up, on one's feet
se débrouiller *refl. v.* to figure it out for oneself
début *n.m.* beginning
décevoir *v.* to deceive, to disappoint
décourager *v.* to discourage
découverte *n.f.* discovery
découvrir *v.* to discover
décrire *v.* to describe
décrit, décrite *adj.* described
décrocher *v.* to unhook, to pick up the receiver of a telephone
déçu, déçue *adj.* deceived, disappointed
déduire *v.* to deduce
déesse *n.f.* goddess
défaire *v.* to undo, to unpack
défaite *n.f.* failure
défaut *n.m.* fault, defect
défendre *v.* to forbid, to prohibit, to defend; **se défendre**/to defend oneself
dégoût *n.m.* disgust
dégoûter *v.* to disgust
dehors *adv.* outside. *See* Antonyms, §19.ff.
déjà *adv.* already
délice *n.m.* delight
délinquance *n.f.* delinquency
demander *v.* to ask, to request; **se demander**/to wonder
demeure *n.f.* dwelling, residence
demeurer *v.* to remain, to dwell, to live (in a place)
demi, demie *adj.* half
démontrer *v.* to demonstrate
denrée *n.f.* commodity, produce
dent *n.f.* tooth
départ *n.m.* departure
dépasser *v.* to surpass, to go beyond
se dépêcher *refl. v.* to hurry; **dépêchons-nous!**/let's hurry!
dépenser *v.* to spend (money)
dépenses *n.f.* expenses
déplacer, se déplacer *v.* to move, to displace, to budge
dépouiller *v.* to skin
dépression *n.f.* depression, recess, flattening
déprimer *v.* to depress, to weaken
depuis *adv.* since; **depuis longtemps**/for a long time; **depuis lors**/since then, since that time. *See* §12.1, §12.6. Study that section to understand the use of **depuis** in order to recognize it on the test.
déranger *v.* to disturb
dernier, dernière *adj.* last
dès *prep.* from, since; **dès aujourd'hui**/from today; **dès que** *conj.* as soon as. *See* Conjunctions

& conjunctive locutions, §11.ff and §7.123. You must know them to recognize them on the test.
désagréable *adj.* unpleasant
descendre *v.* to go down, to come down, to descend; *see* §7.29; **faire descendre**/to make or to have someone or something come down. *See* **causative faire** in §7.117ff
désert *n.m.* desert
désespéré, désespérée *adj.* in despair
déshonorer *v.* to dishonor
désormais *adv.* from now on
dessein *n.m.* project, plan, design
déssert *n.m.* dessert
dessin *n.m.* drawing, sketch
dessous *prep., adv.* under; **par-dessous**/below
dessus *prep., adv.* above; **par-dessus**/above
déterrer *v.* to unearth
détruire *v.* to destroy
dette *n.f.* debt
deuil *n.m.* mourning
devant *prep.* before, in front of
devenir *v.* to become; *see* §7.141ff
deviner *v.* to guess
devinrent, devint *v. forms of* **devenir;** *see* §7.141ff
devoir *n.m.* duty, obligation, homework
devoir *v.* to owe, to have to, must, ought, should; *see* §7.105, §7.92, §7.141
devrais *v. form of* **devoir**
diminuer *v.* to diminish, to lessen
dire *v.* to say, to tell; **dire du mal de**/to speak ill of; **vouloir dire**/to mean; *see* §12.30 and §7.141
diriger *v.* to direct; **se diriger** *refl. v.* to go toward, to head for
discours *n.m.* speech
disparaître *v.* to disappear
disparition *n.f.* disappearance
disputer, se disputer *v.* to quarrel, to dispute
distrait, distraite *adj.* distracted
divertissant, divertissante *adj.* entertaining; **divertissement** *n.m.* amusement
dizaine *n.f.* about ten
doigt *n.m.* finger
dois, doit *v. forms of* **devoir;** *see* §7.105, §7.141, and §7.142
domaine *n.m.* domain, realm
domestique *n.* servant
donc *conj.* therefore; when not used as a conj., **donc** is used as a locution to emphasize (usually the verb) what is being said, *e.g.:* **Où donc allez-vous?**/Where *are* you going? **Où donc est Simone?**/Where *is* Simone?

donner *v.* to give; **donner sur**/to face, to overlook, to look out upon; **donner un coup de main**/ to give a helping hand; *see* idioms with **sur**, §12.50

dont *pron.* of which, whose, *etc.; see* §6.15 and §6.43ff; for the many uses of **dont**, *see* this entry in the General Index.

doré, dorée *adj.* decorated

dorénavant *adv.* from now on, henceforth

dormir *v.* to sleep; **dormir à la belle étoile**/to sleep outdoors, under the stars; **dormir sur les deux oreilles**/to sleep soundly

dortoir *n.m.* dormitory

dos *n.m.* back (of a person); **en avoir plein le dos**/to have it up to here, to be sick and tired of something; *see* idioms with **avoir**, §12.24. You must know those idioms with **avoir** to recognize them on the test.

douane *n.f.* customs (entering or leaving a country)

douanier *n.m.* customs official

doucement *adv.* softly, quietly, sweetly

douceur *n.f.* sweetness, pleasantness

douche *n.f.* shower

doute *n.f.* doubt; **sans doute** / without (a) doubt, undoubtedly

douleur *n.f.* pain

douter *v.* to doubt; **se douter**/to suspect

doux, douce *adj.* sweet, pleasant

drapeau *n.m.* flag

drôle *adj.* funny, droll

du *See* idioms with **du**, §12.33. You must know those idioms & idiomatic expressions with **du** to recognize them on the test.

dû *past part.* of **devoir**; *see* §7.105, §7.105(f), §7.51, §7.141. You must know the various uses of the verb **devoir** and its different meanings for the test.

dur, dure *adj.* hard

durable *adj.* lasting, durable

durée *n.f.* duration, length

durent, dut *v. forms of* **devoir**; *see* **devoir** and references to this important verb

E

échanger *v.* to exchange

échapper, s'échapper *v.* to escape; **l'échapper belle**/to have a narrow escape

échelle *n.f.* ladder

échouer *v.* to fail

éclair *n.m.* lightning

éclaircir *v.* to brighten up, to clear up

éclairer *v.* to light, to light up

éclatant, éclatante *adj.* striking, dazzling

éclater *v.* to burst (out)

écolier, écolière *n.* schoolboy, schoolgirl

économe *adj.* thrifty

écouler *v.* to flow, to flow by, to slip away

écouter *v.* to listen to

écrin *n.m.* case, jewel case

écrire *v.* to write; *see* §7.141ff

écriture *n.f.* handwriting

écrivain *n.m.* writer; **une femme écrivain**/woman writer

écume *n.f.* foam, froth

écureuil *n.m.* squirrel

écurie *n.f.* stable (for animals)

édicter *v.* to issue an edict, to promulgate

édifice *n.m.* building, edifice

effacer *v.* to erase, to efface

effrayer *v.* to frighten

effroi *n.m.* fright

égal, égale *adj.* equal; **également** *adv.* also, as well

s'égarer *refl. v.* to go astray

égoïste *n.* egoist

égorger *v.* to cut the throat of, to slaughter, to butcher

éloigner, s'éloigner *v.* to move away from, to keep distant

embarquer, s'embarquer *v.* to embark

émettre *v.* to emit, to issue

emmener *v.* to lead (take) away

émouvoir *v.* to move, to stir, to affect

empêcher *v.* to prevent

emplette *n.f.* purchase; **faire des emplettes**; *see* idioms with **faire**, §12.36

emploi *n.m.* employment

employé, employée *n.* employee

employer *v.* to use, to employ

emporter *v.* to carry off, to carry away, to sweep away

emprisonné, emprisonnée *adj.* enclosed, imprisoned

emprunter *v.* to borrow

en *See* idioms with **en**, §12.34. You must know those idioms with **en** to recognize them on the test.

encore *adv.* still, again, more, yet

encre *n.f.* ink

endormi, endormie *adj.* asleep; **s'endormir**/to fall asleep

endroit *n.m.* place

enfance *n.f.* infancy, childhood

enfer *n.m.* Hades, hell

enfin *adv.* at last, finally; in short, in a word

enflé, enflée *adj.* swollen

enfoncer *v.* to push in, to stick in, to drive in

s'enfuir *refl. v.* to flee, to run away

enlever *v.* to remove, to take off; *see* §7.64

s'ennuyer *refl. v.* to be bored

enquête *n.f.* inquiry

enregistrer *v.* to record (on a tape, record)

s'enrhumer *refl. v.* to catch a cold

enseigne *See* §3.1ff

enseigner *v.* to teach

enseignement *v.* teaching

ensoleillé, ensoleillée *adj.* sunny

ensuite *adv.* then, next

entendre *v.* to hear, to understand; *see* §7.119; **entendre dire que**/to hear it said that; **entendre parler de**/to hear about; **s'entendre avec qqn**/to get along with someone

enterrer *v.* to bury

entêté, entêtée *adj.* stubborn

entier, entière *adj.* entire

entouré de/surrounded by

entracte *n.m.* intermission

entraînement *n.m.* training

entraîner *v.* to bring about, to carry along

entre *prep.* among, between

entre chien et loup/at dusk

entrée *n.f.* entrance

entreprendre *v.* to undertake; *past part.*, **entrepris**

entreprise *n.f.* industry

entretenir *v.* to maintain

entretien *n.m.* upkeep

envers *prep.* toward; *see* §10.9

envie *n.f.* envy, longing, desire; **avoir envie de**/to feel like; *see* idioms with **avoir**, §12.24

environ *adv.* nearly, about

environs *n.m.* suburbs, outskirts (of a city)

s'envoler *refl. v.* to fly away

envoyer *v.* to send; **envoyer chercher**/to send for

épais, épaisse *adj.* thick

épargner *v.* to save (money), to spare; **s'épargner**/to spare oneself, to save oneself

épatant(e) *adj.* wonderful

épaule *n.f.* shoulder

épée *n.f.* sword

éperdu, éperdue *adj.* distracted, frantic, dumbfounded

épices *n.f.* spices

épicier, épicière *n.* grocer

épingle *n.f.* pin

éponge *n.f.* sponge

époque *n.f.* epoch, time, period

épouse *n.f.* wife; *see* Synonyms, §18.ff

époux *n.m.* husband; *see* Synonyms, §18.ff

éprouver *v.* to feel, to experience

équilibre *n.m.* balance, equilibrium

équipe *n.f.* team

ère *n.f.* era

escadrille *n.f.* flight

espace *n.m.* space

Espagne *n.f.* Spain

espèce *n.f.* type, species, kind

espérance *n.f.* hope

espérer *v.* to hope

esprit *n.m.* spirit, mind

essayer *v.* to try on; **essayer de**/to try (to)

essence *n.f.* gasoline, essence; **poste d'essence**/gas station

essuyer *v.* to wipe; *see* §7.61

est-ce *See* idioms and idiomatic expressions with **est-ce**, §12.30

estimer *v.* to value, to consider

établir *v.* to establish

étage *n.m.* floor (of a building)

étain *n.m.* tin

été *n.m.* summer; also *past part.* of **être**; *see* §7.81 and §14.4

éteindre *v.* to extinguish

éteint, éteinte *adj.* extinguished

étendre *v.* to extend

étendue *n.f.* extent, expanse

étoile *n.f.* star; **à la belle étoile**/under the stars; *see* §12.20

étonnement *n.m.* astonishment

étonner *v.* to astonish, to surprise

étourdi, étourdie *adj.* giddy, dizzy, light-headed

étranger *n.m.* overseas, abroad

étranger, étrangère *n.* foreigner

être *v.* to be; *see* §7.81 and §7.141ff; *see also* idioms and idiomatic expressions with **être**, §12.35. You must know these to recognize them on the test.

étroit, étroite *adj.* narrow; *see* Synonyms, §19.ff

étude *n.f.* study

eu, eus, eut, eurent *v. forms of* **avoir**; *see* §7.81, §7.141, and §7.142. You must know all the forms of **avoir** to recognize them on the test.

éveiller *v.* to awaken

éviter *v.* to avoid

évoquer *v.* to evoke

examen *n.m.* examination, exam

s'exclamer *refl. v.* to exclaim

s'exercer *refl. v.* to exert oneself, to try hard

exiger *v.* to demand, to insist, to require

expédier *v.* to expedite

exprès/on purpose, deliberately

exprimer *v.* to express

expulser *v.* to drive out, to expel

extérieur *n.m.* exterior, outside

extrait *n.m.* extract

F

fable *n.f.* story, fable

fabrique *n.f.* manufacture

fabriquer *v.* to manufacture, to fabricate

face/en face de *See* idioms with **en**, §12.34

fâché, fâchée *adj.* angry, upset

fâcher *v.* to anger; **se fâcher**/to get angry, to become upset

façon *n.f.* way, manner; **de toute façon**/any way, in any case

fade *adj.* tasteless

faible *adj.* weak; *see* Antonyms, §19.ff

faillir + inf. to almost (do something); **J'ai failli tomber**/I almost fell.

faim *n.f.* hunger

faire *v.* to do, to make; *see* §7.141ff and idioms with **faire**, §12.36. You must know those idioms to recognize them on the test.

faire + inf. *See* Causative **faire**, §7.117.

se faire *v.* to be done; **Cela ne se fait pas ici**/That isn't done here.

se faire mal *v.* to hurt oneself

faisaient *imperf. indic.* of **faire**; *see* **faire** in §1.41.

fait *n.m.* fact; **au fait**/as a matter of fact; **de fait**/as a matter of fact; *see* idioms with **au**, §12.21; **Comment se fait-il?**/How come?

faites comme chez vous/make yourself at home; *see* §12.36

falloir *v.* to be necessary; *see* §7.121

familial, familiale *adj.* family

fatigant, fatigante *adj.* tiring

fatigué, fatiguée *adj.* tired

faute *n.f.* lack, error, mistake

fauteuil *n.m.* arm chair, seat (in a theater)

faux *n.m.* falsehood

faux, fausse *adj.* false

fée *n.f.* fairy; **un conte de fées**/fairy tale

féliciter *v.* to congratulate

femme *n.f.* woman; **femme de chambre**/chamber maid; wife; *see* Synonyms, §18.

fer *n.m.* iron; **le chemin de fer**/railroad

ferme *n.f.* farm

ferme *adj.* firm

fermer *v.* to close; **fermer à clef**/to lock

fermier, fermière *n.* farmer

fête *n.f.* holiday, feast, party

fêter *v.* to celebrate

feu *n.m.* fire; **le feu rouge**/red light (traffic)

feuille *n.f.* leaf, sheet of paper

se fiancer *refl. v.* to become engaged

ficelle *n.f.* string

fier, fière *adj.* proud

fierté *n.f.* pride

fièvre *n.f.* fever

figure *n.f.* face

figurer *v.* to figure in, to be included in

fil *n.m.* thread, string, wire; **la télégraphie sans fil (T.S.F.)**/wireless (radio)

fille *n.f.* daughter; **une jeune fille**/girl

fils *n.m.* son; **fils unique**/only son

fin *n.f.* end; **fin de semaine**/weekend

fis, fit, fîmes, fîtes, firent, fisse, fît, fissions *v. forms of* **faire**; *see* §7.141 and §7.142

fixer *v.* to fix, to attach

flamme *n.f.* flame

Flandre *n.f.* Flanders

fleur *n.f.* flower

fleuri, fleurie *adj.* flowered, in bloom; **fleuriste** *n.m.f.*/florist

fleuve *n.m.* river

florin *n.m.* florin (coin, money)

foi *n.f.* faith; **ma foi!**/my word!

fois *n.f.* time; **la première fois**/the first time; **à la fois**/at the same time; **Il était une fois**/Once upon a time there was . . . *See* idioms and idiomatic expressions with **fois**, §12.37 and **à**, §12.20

fol, folle *adj.* crazy

fonctionnaire *n.m.* official; civil servant

fond *n.m.* bottom; **à fond**/thoroughly; *pres. indic.* of **fondre** *v.* to melt; **fondu**, *past part.*

fonder *v.* to found, to establish

force *n.f.* force; **à force de**/by dint of

forcément *adv.* naturally, forcefully

forêt *n.f.* forest

formidable *adj.* amazing, wonderful

fort(e) *adj.* strong; *adv.* very

fossé *n.m.* ditch

fou, fol, folle *adj.* crazy

foudre *n.f.* lightning

foule *n.f.* crowd

four *n.m.* oven

fourchette *n.f.* fork

fournir *v.* to furnish

fourrure *n.f.* fur

foyer *n.m.* lobby, home, hearth

frais *n.m.pl.* expenses

frais, fraîche *adj.* cool, healthy

fraise *n.f.* strawberry

framboise *n.f.* raspberry

franc, franche *adj.* frank

franchement *adv.* frankly

frapper *v.* to hit, to knock, to strike

frémir *v.* to shudder, to shiver

fréquemment *adv.* frequently

fromage *n.m.* cheese

front *n.m.* forehead

frotter *v.* to rub

fuir *v.* to flee, to run away
furent, fus, fussent, fut, fût *v.* *forms of* **être;** *see* §7.81, §7.141, and §7.142ff. You must know all those forms of **être** for the test, at least to recognize them and their meaning when you see them.
fuyait *v. form of* **fuir;** *see* §7.142ff

G

gagner *v.* to earn, to gain, to win; **gagner sa vie**/to earn one's living
gai, gaie *adj.* gay
gant *n.m.* glove
garde *n.f.* watch, surveillance
garder *v.* to keep, to guard; **garder le lit**/to stay in bed
gare *n.f.* station
gare!/look out! beware!
garni, garnie *adj.* garnished, decorated
gaspiller *v.* to waste
gastronomique *adj.* gastronomical (having to do with cooking and eating food)
gâteau *n.m.* cake
gâter *v.* to spoil
gèle *pres.indic. of* **geler**
geler *v.* to freeze; *see* §16.ff
gémir *v.* to groan, to moan
gendre *n.m.* son-in-law
généreux, généreuse *adj.* generous
genou *n.m.* knee
genre *n.m.* type, kind
gens *n.m.* people; **jeunes gens**/young people
gentil, gentille *adj.* nice, pleasant
gésir *v.* to be lying down
geste *n.m.* gesture
gibier *n.m.* game (hunting)
gifle *n.f.* slap
gigantesque *adj.* gigantic
gilet *n.m.* vest
glace *n.f.* hand mirror, ice cream; ice
glacé, glacée *adj.* frozen, icy cold
glacial, glaciale *adj.* freezing
glacière *n.f.* refrigerator
gloire *n.f.* glory
gomme *n.f.* eraser
gorge *n.f.* throat
gourmand, gourmande *adj.* gluttonous
gourmandise *n.f.* gluttony, greediness, love of good food
goût *n.m.* taste
goûter *v.* to taste; *n.m.* snack
goutte *n.f.* drop (liquid)
grâce à/thanks to
grand, grande *adj.* great, big, large
Grande Bretagne *n.f.* Great Britain
grandir *v.* to grow, to grow big
grange *n.f.* barn

gras, grasse *adj.* fat; **faire la grasse matinée**/to sleep late in the morning; *see* idioms with **faire,** §12.36
gratification *n.f.* gratification, tip (money)
gratte-ciel *n.m.* skyscraper
gratter *v.* to scratch
gratuit, gratuite *adj.* free, gratis
gratuitement *adv.* free of charge
grave *adj.* serious, grave; **gravement**/seriously
gré *n.m.* will, pleasure; *see* idioms with **à,** §12.20 and with **bon,** §12.27
grec, grecque *adj.* Greek; **à la grecque**/Greek style
Grèce *n.f.* Greece
grêler *v.* to hail; *see* §16.ff
grenouille *n.f.* frog
grève, être en to be on strike
grimper *v.* to climb
gris, grise *adj.* gray
gronder *v.* to scold
gros, grosse *adj.* big, fat, large; **avoir le coeur gros**/to be heartbroken
grosseur *n.f.* size, thickness
guérir *v.* to cure
guerre *n.f.* war
gueule *n.f.* mouth (of an animal)
guichet *n.m.* box office, teller's window

H

habile *adj.* skilled, skillful
habiller *v.* to dress (someone); **s'habiller**/to dress oneself
habit *n.m.* clothes, clothing
habitant *n.m.* inhabitant
habitation *n.f.* house
habitude *n.f.* habit, custom; **d'habitude**/usually, ordinarily; **comme d'habitude**/as usual
haleine *n.f.* breath; **reprendre haleine**/to catch one's breath
haricot vert *n.m.* string bean
hasard *n.m.* chance, risk, danger; **par hasard**/by chance; *see* idioms with **par,** §12.40
hâte *n.f.* haste; **à la hâte**/hastily
hausser les épaules/to shrug one's shoulders
haut, haute *adj.* high, tall; **en haut**/up, above, upstairs; *see* idioms with **en,** §12.34
hectare *n.m.* hectare (about 2.47 acres)
herbe *n.f.* grass
héritier, héritière *n.* heir, heiress
heureusement *adv.* fortunately, happily
heureux, heureuse *adj.* happy; *see* Antonyms, §19.ff and Synonyms,

§18.ff. You must know those antonyms and synonyms to recognize them on the test.
hibou *n.m.* owl
hideux, hideuse *adj.* hideous
hiver *n.m.* winter; *see also* §14.4
Hollandais, Hollandaise *n.* Dutch (person)
homme *n.m.* man; **homme d'état**/statesman
honte *n.f.* shame
horaire *n.m.* time schedule, time table
horloge *n.f.* clock
hors *adv.* outside
huile *n.f.* oil
humeur *n.f.* humor, mood, disposition

I

île *n.f.* island
illisible *adj.* illegible
illustre *adj.* famous, illustrious
image *n.f.* picture, image
imaginer *v.* to imagine; **s'imaginer** *refl. v.* to imagine; **Je ne me serais jamais imaginé. . .** I never would have imagined . . .
immeuble *n.m.* building
imperméable *n.m.* raincoat
impétueux, impétueuse *adj.* impetuous
importe; il importe/it is important
imprimer *v.* to print
inattention *n.f.* inattention, absent-mindedness; **par inattention**/carelessly
incendie *n.m.* fire
inclinaison *n.f.* bow
incompris, incomprise *adj.* misunderstood
inconnu, inconnue *adj.* unknown
indice *n.m.* indication, sign, mark
inférieur, inférieure *adj.* lower
innombrable *adj.* innumerable
inondation *n.f.* flood, inundation
inquiet, inquiète *adj.* restless
inquiétant, inquiétante *adj.* upsetting, disturbing, disquieting
inquiétude *n.f.* restlessness, anxiety
inscrire *v.* to inscribe; **inscrit, inscrite** *adj.* inscribed
insensé, insensée *adj.* insane
instant *n.m.* instant; **à l'instant**/instantly; *see* idioms with **à,** §12.20
s'instruire *refl. v.* to inform oneself
interdire *v.* to prohibit, to forbid, to interdict
interdit, interdite *adj.* forbidden, prohibited
interrompre *v.* to interrupt
inutile *adj.* useless; *see* Antonyms, §19.ff

inutilement *adv.* uselessly

invité, invitée *n.* guest

irai, iras, ira, *etc. v. forms of* **aller;** *see* §7.85

irriter *v.* to irritate

issue *n.f.* result, outcome

Italie *n.f.* Italy

Italien, Italienne *n.* Italian (person)

italien *n.m.* Italian (language)

ivre *adj.* drunk

J

jadis *adv.* formerly, in days gone by

jamais *adv.* never; **à jamais**/forever

jambe *n.f.* leg; **prendre ses jambes à son cou**/to run fast

jambon *n.m.* ham

Japon *n.m.* Japan

Japonais, Japonaise *n.* Japanese (person)

jardin *n.m.* garden; **aux jardins**/at the gardens

jardinier, jardinière *n.* gardener; **jardinière des neiges**/babysitter at a ski resort

jeter *v.* to throw; **jeter un coup d'oeil**/to glance

jeu *n.m.* game

jeunes, jeunes gens *n.m.f.* young people, youth

jeunesse *n.f.* youth

jeux *n.m.pl.* games

joindre *v.* to join; **joindre les deux bouts**/to make ends meet

joli(e) *adj., m.f.* pretty

joue *n.f.* cheek

jouer *v.* to play; **jouer gros jeux**/to take chances

jouet *n.m.* toy

joueur, joueuse *n.* player

jouir (de) *v.* to enjoy

jour *n.m.* day; **de nos jours**/in our day

journal *n.m.* newspaper

journée *n.f.* day

joyeux, joyeuse *adj.* joyous, happy, merry; *see* Antonyms, §19.ff and Synonyms, §18.ff

jupe *n.f.* skirt

jusqu'à *prep.* as far as, until, up to; **jusqu'à ce que** *conj.* until; *see* §11–11.4

K

kilo, kilogramme *n.m.* kilogram (1 kilogram equals about 2.2 pounds)

kilomètre *n.m.* kilometer (1 kilometer equals about 0.62137 mile or about ⅝ mile, or 1,000 meters)

L

là *adv.* there; **là-dessus**/thereon, thereupon, on that

lac *n.m.* lake

laid, laide *adj.* ugly; *see* Antonyms, §19.ff

laisser *v.* to leave (something); **laisser tomber** *v.* to let fall, to drop

laitier, laitière *adj.* dairy

laitue *n.f.* lettuce

lame *n.f.* blade

langue *n.f.* tongue, language; **avoir la langue bien pendue;** *see* idioms & idiomatic expressions with **avoir,** §12.24

laquelle, lesquelles; *see* §6.26ff

large *adj.* wide; *see* Antonyms, §19.ff

larme *n.f.* tear (from eyes)

las, lasse *adj.* tired, weary

lasser *v.* to tire, to weary; **se lasser**/to become tired, to become weary

laver *v.* to wash (someone or something); **se laver**/to wash oneself

lecteur, lectrice *n.* reader (person who reads)

lecture *n.f.* reading

léger, légère *adj.* light (in weight); **à la légère;** *see* idioms & idiomatic expressions with **à,** §12.18, §12.19, §12.20

légèrement *adv.* lightly

légume *n.m.* vegetable

lendemain *n.m.* the following day, the following morning

lent, lente *adj.* slow

lentement *adv.* slowly; *see* Adverbs, §9.ff

lequel, lesquels, lesquelles; *see* §6.26

lever *n.m.* the raising; **le lever du soleil**/sun rise; **le lever du rideau**/curtain rise (theater)

lever *v.* to raise; *see* §7.53ff; **se lever** *refl. v.* to get up

lèvre *n.f.* lip

libraire *n.* bookseller

librairie *n.f.* book shop

licencié, licenciée *n.* person with a scholastic degree

lien *n.m.* tie, bond

lier *v.* to tie, to link, to bind; **lier connaissance**/to become acquainted

lieu *n.m.* place; **avoir lieu**/to take place; **au lieu de**/instead of, in place of; *see* idioms & idiomatic expressions with **au,** §12.21 and with **avoir,** §12.24

ligne *n.f.* line; **une ligne de pêche**/fishing line

linge *n.m.* linen, laundry

lion, lionne *n.* lion, lioness

lire *v.* to read; *see* §7.141ff

livre *n.m.* book

livrer *v.* to deliver; **livrer bataille**/to wage a battle, to give battle; **se livrer à**/to devote oneself to

logement *n.m.* lodging, housing

loger *v.* to lodge, to dwell

logis *n.m.* lodging, dwelling

loi *n.f.* law

loin *adv.* far; **au loin**/in the distance; *see* idioms with **au,** §12.21

loisir *n.m.* leisure

Londres *n.m.* London

long, longue *adj.* long; **à la longue**/in the long run, in the end; **le long de**/along

longtemps *adv.* for a long time

lors *adv.* then, at the time

lorsque *adv.* when; *see* Adverbs, §9.ff

louer *v.* to rent, to praise

loup *n.m.* wolf; **à pas de loup**/softly, quietly; *see* idioms and idiomatic expressions with **à,** §12.20

lourd, lourde *adj.* heavy

lumière *n.f.* light

lune *n.f.* moon

lutter *v.* to fight, to combat, to struggle

lycée *n.m.* lyceum; French secondary school

lycéen, lycéenne *n.* high school student

M

maigre *adj.* thin; *see* Antonyms, §19.ff and Synonyms, §18.ff

main *n.f.* hand; **un coup de main**/helping hand; **main-d'oeuvre** *n.f.* manpower, labor

maintenir *v.* to maintain

maintien *n.m.* maintenance

maire *n.m.* mayor

maïs *n.m.* corn

maître, maîtresse *n.* teacher, master, mistress

majestueux, majestueuse *adj.* majestic

mal *n.m.* evil, harm; **se faire mal**/to hurt (harm) oneself; **le mal de mer**/seasickness; **mal à l'aise**/ill at ease; *as an adv.* badly, poorly

malade *n.m.f.* sick person

malade *adj.* sick, ill

maladie *n.f.* illness, sickness, malady

maladroit, maladroite *adj.* clumsy

malgré *prep.* in spite of

malheur *n.m.* unhappiness, misfortune; **Malheur!**/What a bad fix!

malhonnête *adj.* dishonest

malle *n.f.* trunk (luggage)

manche *n.f.* sleeve; *see* §3.1

manger *v.* to eat; *see* §7.58 & §7.140

mannequin *n.m.* mannequin, fashion model

manque *n.m.* lack

manquer *v.* to miss; **manquer (de)/** to lack, to fail to

manteau *n.m.* coat, overcoat

manucure *n.f.* manicure

se maquiller *refl. v.* to put make-up on one's face

marchand, marchande *n.* merchant

marche *n.f.* step (of stairs)

marché *n.m.* market; **bon marché;** *see* idioms and idiomatic expressions with **bon,** §12.27

marcher *v.* to walk, to march, to run (of a machine)

maréchal *n.m.* marshal

marguerite *n.f.* daisy

mari *n.m.* husband; *see* Synonyms, §18.

marier *v.* to marry someone to someone; **se marier/**to get married

marin *n.m.* sailor

marine *n.f.* navy

marquer *v.* to mark, to hit (a score)

marron *n.m.* brown, chestnut brown

marteau *n.m.* hammer

matelas *n.m.* mattress

matelot *n.m.* sailor, seaman

matinée *n.f.* morning; **faire la grasse matinée;** *see* idioms & idiomatic expressions with **faire,** §12.36

mauvais, mauvaise *adj.* bad

méchant, méchante *adj.* mean, nasty

mécontent, mécontente *adj.* unhappy

mécontentement *n.m.* dissatisfaction

médaille *n.f.* medal

médecin *n.m.* doctor; **une femme médecin/**woman doctor

médecine *n.f.* medicine (profession)

médicament *n.m.* medicine (that you take)

se méfier (de) *refl. v.* to distrust, to watch out for

meilleur, meilleure *adj.* better; *see* §5.21; **meilleur marché/**at a better price, at a lower price

mêler *v.* to mix, to mingle; **se mêler de ses affaires/**to mind one's own business; **Mêlez-vous de vos affaires!/**Mind your own business!

même *adj., adv.* same, even; **le même jour/**the same day; **le jour même/**the very day

ménage *n.m.* household, home, married couple; **ménagère** *n.f.* housewife

mener *v.* to lead

mensonge *n.m.* lie, falsehood

mentir *v.* to lie, tell a lie

menton *n.m.* chin

mer *n.f.* sea; **mal de mer/**seasickness

mériter *v.* to deserve, merit

messager, *n.m.* messenger

métier *n.m.* trade, occupation

metteur en scène/director (theater, film)

mettre *v.* to put, to place; *see* §7.141; **mettre à la porte/**to send out of the room, to put out, to dismiss, to discharge; **mettre au courant/** to inform; **mettre du temps/**to spend some time; **mettre fin à/**to put an end to; **mettre une lettre à la poste/**to mail (post) a letter; **se mettre en colère/**to become angry, upset; **se mettre à + inf./** to begin (to)

meuble *n.m.* piece of furniture; **meubles** *n.m.pl.* furniture

meurt *v. form of* **mourir;** *see* §7.142

midi *n.m.* noon

miel *n.m.* honey

mieux *adv.* better; *see* §5.21; *see also* idioms & idiomatic expressions with **mieux,** §12.38 and with **tant,** §12.51

milieu *n.m.* middle

mille *number* thousand; *see numbers in* 17.ff

millier *n.m.* thousand

mineur *n.m.* miner

mineur, mineure *adj.* minor

ministre *n.m.* minister

minuit *n.m.* midnight

se mirer *refl. v.* to look at oneself, to be reflected

mis *past part. of* **mettre;** *see* §7.51 and §7.141, §7.142

mis, mise *adj.* placed, put; **mise au point/**perfected

misérable *adj.* miserable, wretch

misère *n.f.* misery; **un chien de misère/**a stray dog

mit *form of* mettre; *see* §7.141 and §7.142

mobilier *n.m.* furniture, furnishings

mode *See* §3.1; *see also* idioms and idiomatic expressions with **à,** §12.20

modéré, modérée *adj.* moderated

moindre *adj.* least

mois *n.m.* month

monde *n.m.* world, people; **beaucoup de monde/**many people; **tout le monde/**everybody

mondial, mondiale *adj.* world

monnaie *n.f.* change (money)

montagne *n.f.* mountain; **montagnard, montagnarde/**mountain person

monter *v.* to go up, to come up, to get on; *see* §7.29; **monter à cheval/**to go horseback riding; **monter dans/**to get into (a vehicle); **monter la garde/**to place a watch (surveillance)

montre *n.f.* watch

montrer *v.* to show; **montrer de doigt/**to point out

se moquer *v.* to make fun of

morceau *n.m.* piece, morsel

morne *adj.* sad, cheerless

mort *n.f.* death; *also past part. of* **mourir**

mot *n.m.* word (written); **parole** *n.f.* word (spoken); **un petit mot** / a note

mouche *n.f.* fly (insect)

se moucher *refl. v.* to wipe one's nose with a handkerchief

mouchoir *n.m.* handkerchief

moudre *v.* to grind, to mill

mouillé, mouillée *adj.* wet, damp

mourir *v.* to die

mourut *passé simple of* **mourir**

mouton *n.m.* sheep

mouvementé, mouvementée *adj.* eventful, lively, choppy (travel on water)

moyen *n.m.* means, way; **au moyen de/**by means of; **Moyen Age/** Middle Ages

moyen, moyenne *n. adj.* average

moyennant *prep.* thanks to, by means of

mur *n.m.* wall

mûr, mûre *adj.* ripe

musée *n.m.* museum

N

nage *n.f.* swimming

naissaient *v. form of* **naître**

naître *v.* to be born

nappe *n.f.* tablecloth

naquis, naquit, naquîmes, *etc. passé simple of* **naître;** *see* §7.142

natal, natale *adj.* native

natation *n.f.* swimming

navire *n.m.* boat

ne . . . plus; *see* Negations, §8.

négligé, négligée *adj.* careless, neglectful

neige *n.f.* snow; **un bonhomme de neige/**snowman

neiger *v.* to snow; *see also* §16.ff

nettoyer *v.* to clean; *see* §7.61

neuf, neuve *adj.* (brand) new

neveu *n.m.* nephew

nez *n.m.* nose

n'importe quel, quoi, où, quand, *etc.; see* Indefinite pronouns, §6.23

Noël *n.m.* Christmas; **Joyeux Noël!/**Merry Christmas! **le Père Noël/**Santa Claus

nombreux, nombreuse *adj.* numerous

non *See* idioms and idiomatic expressions with **non,** §12.39

nord *n.m.* north

note *n.f.* grade, mark

nouer *v.* to tie; **nouer les deux bouts**/to make both ends meet

nouilles *n.f.pl.* noodles

nourri, nourrie *adj.* nourished, fed

nourrir *v.* to nourish, to feed; **se nourrir**/to feed oneself

nourriture *n.f.* nourishment, food

nouveau, nouvelle *adj.* new; **de nouveau**/again; *see* idioms and idiomatic expressions with **de,** §12.32

nouvelles, *n.f.pl.* news

nuage *n.m.* cloud

nuit *n.f.* night; **passer une nuit blanche**/to spend a sleepless night

nul, nulle/no one, not any one, *etc.*; *see* §8.

O

obéissant, obéissante *adj.* obedient

obstinément *adv.* obstinately; **s'obstiner** *refl. v.* to be obstinate

occasion *n.f.* opportunity, occasion

occupé, occupée *adj.* busy, occupied; **s'occuper de** *refl. v.* to be busy with, to take care of, to mind; **occupez-vous de vos affaires**/mind your own business

oeil *n.m.* eye; **les yeux**/the eyes

oeillet *n.m.* carnation

oeuf *n.m.* egg; **un oeuf à la coque**/boiled egg, *i.e.,* in the shell (coque)

oeuvre *n.f.* work (of art)

offrir *v.* to offer; **s'offrir**/to offer to each other

oiseau *n.m.* bird

ongle *n.m.* fingernail

opprimer *v.* to oppress

or *n.m.* gold; *as a conj.* now, well

orage *n.m.* storm

oranger *n.m.* orange tree

ordinaire *adj.* ordinary; **d'ordinaire**/ordinarily

ordonner *v.* to order

oreille *n.f.* ear; **dormir sur les deux oreilles**/to sleep soundly

organisateur *n.m.* organizer

orgueil *n.m.* pride; **orgueilleux, orgueilleuse** *adj.* proud

orné, ornée *adj.* decorated

orteil *n.m.* toe

orthographe *n.f.* spelling

os *n.m.* bone

ou *conj.* or; **où** *adv.* where

oubli *n.m.* oblivion; **oublier**/to forget

ouïr *v.* to hear; **ouïes** *n.f.pl.* gills

ours *n.m.* bear (animal)

outil *n.m.* tool

outre *prep.* in addition to; **en outre**/besides

ouverture *n.f.* opening

ouvrage *n.m.* work

ouvreur, ouvreuse *n.* usher

ouvrier, ouvrière *n.* worker, laborer

ouvrir *v.* to open

P

pacifier *v.* to pacify

page *See* §3.1

paille *n.f.* straw; **un bonhomme de paille**/scarecrow

pain *n.m.* bread

paisiblement *adv.* peacefully; *see* Adverbs, §9.

paix *n.f.* peace

palais *n.f.* palace

pamplemousse *n.m.* grapefruit

panne *n.f.* mechanical failure

pantalon *n.m.* trousers, pants

pantoufle *n.f.* slipper

papeterie *n.f.* stationery store

papillon *n.m.* butterfly

paquebot *n.m.* boat, steamship liner

Pâques *n.f.pl.* Easter

paquet *n.m.* package, parcel

par *prep.* by, on; **par contre**/on the other hand; **par terre**/on the ground, on the floor; for other idioms & idiomatic expressions with **par,** *see* §12.40

paradis *n.m.* paradise

paraître *v.* to seem, to appear

parapluie *n.m.* umbrella

parce que *conj.* because; *see* §11.ff. You must know those conjunctions in §11.ff to recognize them.

parcimonieux, parcimonieuse *adj.* sparing, parsimonious, frugal

parcourir *v.* to pass by, through, over, to cover distance

pardessus *n.m.* overcoat

pareil, pareille *adj.* such, similar; **sans pareil**/unparalleled

paresseux, paresseuse *adj.* lazy; *see* Antonyms, §19.

parfois *adv.* at times

parloir *n.m.* parlor (the word is based on the *v.* **parler,** to talk, so that a **parloir** is a room where people talk.)

parmi *prep.* among

parole *n.f.* word (spoken); **le mot** (written word); *see* idioms & idiomatic expressions with **parole,** §12.41

part *n.f.* part, share; **quelque part**/somewhere

partager *v.* to share

parti *n.m.* political party, side; **de parti pris**/on purpose, deliberately, foregone conclusion; *see* idioms & idiomatic expressions with **de,** §12.32

partie *n.f.* part, game; **faire partie de**/to take part in

partir *v.* to leave, to depart; *see* §7.141; **à partir de**/beginning with; *see* idioms & idiomatic expressions with **à,** §12.20

partout *adv.* everywhere

parvenir (à) *v.* to reach, to attain, to succeed in

pas *n.m.* step (foot)

pas du tout/not at all

passer *v.* to spend (time); to go by, to pass by, to pass; *see* §7.29; **passer une nuit blanche**/to spend a sleepless night; **se passer** *v.* to happen; **se passer de**/to do without; **passer un examen** / to take an exam

pâte *n.f.* paste, pasta

patiner *v.* to skate

pâtisserie *n.f.* pastry shop

pâtissier, pâtissière *n.* pastry cook

patrie *n.f.* country

patron, patronne *n.* owner, proprietor

patte *n.f.* paw

pauvre *adj.* poor; **pauvrement** *adv.* poorly (*see* §9.ff); **pauvreté** *n.f.* poverty

payer *v.* to pay (for); *see* §7.50, §7.53ff

Pays-Bas *n.m.pl.* Low Countries, Netherlands

paysan, paysanne *n., adj.* farmer, country

peau *n.f.* skin

pêche *n.f.* peach

pêche *n.f.* fishing; **aller à la pêche**/to go fishing; **faire la pêche**/to fish, to go fishing; *see also* idioms & idiomatic expressions with **aller,** §12.23 and with **faire,** §12.36

pêcher *v.* to fish

péché *n.m.* sin

pécher *v.* to sin

peigne *n.m.* comb

peigné, peignée *adj.* combed

peindre *v.* to paint; **peint,** *past part.*

peine *n.f.* pain, hardship; **à peine**/hardly, scarcely; *see* idioms & idiomatic expressions with **à,** §12.20

peint *pas. part.* of **peindre**

peinture *n.f.* painting

pelle *n.f.* shovel

pendant *prep.* during; **pendant que** *conj.* while, during; *see* Conjunctions, §11.ff

pénible *adj.* painful

péniblement *adv.* painfully

pensée *n.f.* thought

penser *v.* to think

penser à *See* §7.43 and §7.49

perchoir *n.m.* perch

perdre *v.* to lose, to waste

Père Noël *n.m.* Santa Claus

permis *n.m.* permit

perruque *n.f.* wig

personnage *n.m.* character; personage

personne *n.f.* person; with **ne . . .**/no one, nobody; *see* §8.ff

perte *n.f.* loss

peser *v.* to weigh; *see* §7.64

petit-fils *n.m.* grandson

peu *adv.* little; **peu à peu**/little by little; *see* idoms with **à**, §12.20

peur *n.f.* fear; **avoir peur**/to be afraid; *see* idioms with **avoir**, §12.24; **faire peur**/to frighten; *see idioms with* **faire**, §12.36

peut *pres. indic. of* **pouvoir**; *see* **pouvoir** in §7.141

pharmacie *n.f.* pharmacy, drug store; **pharmacien, pharmacienne** *n.* pharmacist, druggist

pièce *n.f.* play (theater); room (of an apartment, a house)

pied *n.m.* foot; **à pied**/on foot; **aller à pied**/to walk

pierre *n.f.* stone; **faire d'une pierre deux coups**/to kill two birds with one stone, to hit two with one blow

pin *n.m.* pine wood

pis; tant pis; *see* idioms & idiomatic expressions with **tant**, §12.51

piscine *n.f.* swimming pool

pitoyable *adj.* pitiful

pittoresque *adj.* picturesque

place *n.f.* seat

plafond *n.m.* ceiling

plage *n.f.* seashore, beach

plaignit *v. form of* **plaindre**

plaindre, se plaindre *v.* to complain

plainte *n.f.* complaint

plaintif, plaintive *adj.* complaining, plaintive

plaire *v.* to please; *see* idioms and idiomatic expressions with **plaire**, §12.42

plaisir *n.m.* pleasure

plancher *n.m.* floor

plante *n.f.* plant

plein, pleine *adj.* full; *see* Antonyms, §19.; **plein de**/full of; **en plein air**/outdoors, in the open air; *see* idioms & idiomatic expressions with **en**, §12.34; *see also* §12.36

pleurer *v.* to cry, to weep

pleut *pres. indic. of* **pleuvoir** *v.* to rain; *see* §16.ff

pleuvoir *v.* to rain; *past part.,* **plu**

pli *n.m.* crease, fold, pleat

plier *v.* to fold

plonger *v.* to dive, to plunge

plu *past part. of* **pleuvoir** and **plaire**

pluie *n.f.* rain

plupart *n.f.* most

plus *adv.* more; **de plus en plus**/more and more; **plus de**/more than; *see* idioms with **plus**, §12.43, and with **en**, §12.34

plusieurs *adv.* several

plut *passé simple of* **plaire** and **pleuvoir**

plutôt *adv.* rather, instead

poche *n.f.* pocket

podomètre *n.m.* pedometer

poêle *See* §3.2

poids *n.m.* weight

poignet *n.m.* wrist

poil *n.m.* hair (on one's body, *e.g.,* face, arms, legs)

point *n.m.* period, point; **à point**/well done; **mise au point**/perfected; **ne . . . point** / not . . . at all; **où je n'étais point connu**/where I was not known at all

poison *n.m.* poison

poisson *n.m.* fish

poivre *n.m.* pepper

poli, polie *adj.* polite

politesse *n.f.* courtesy, politeness

pomme *n.f.* apple; **pommier** *n.m.* apple tree; **une pomme de terre**/potato; **pommes frites**/French fries

pompier *n.m.* fireman

porc *n.m.* pork

portée *n.f.* reach; **à la portée**/within reach

portefeuille *n.m.* wallet

porter *v.* to bear, to carry, to wear

se porter *refl. v.* to feel (health)

porteur *n.m.* bearer, porter

poser *v.* to put, to pose, to place; **poser une question**/to ask a question; **se poser**/to place oneself

posséder *v.* to possess

poste *n.m.* job, position, post; *n.f.* post, mail; **un bureau de poste**/post office; *see* §3.1

potage *n.m.* soup

poubelle *n.f.* trash bin

poule *n.f.* hen

poulet *n.m.* chicken

poupée *n.f.* doll

pourboire *n.m.* tip (money)

poursuivre *v.* to follow, to pursue

pourtant *adv.* however, yet, still

pourvu que *conj.* provided that; *see* Conjunctions and conjunctive locutions, §11.ff and §7.123

pousser *v.* to push, to grow; **pousser une barbe**/to grow a beard

pouvoir *v.* to be able, can; *see* §7.141ff; *as a n.,* power

pré *n.m.* meadow

précieux, précieuse *adj.* precious

se précipiter *refl. v.* to rush

préciser *v.* to state precisely, to be precise

prédicateur *n.m.* preacher

prédire *v.* to predict

premier, première *adj.* first

prendre *v.* to take, to take on, to catch; *see* §7.141ff and §7.142; **prendre des billets**/to get (buy) tickets; **prendre garde**/to watch out for; **prendre ses jambes à son cou**/to run fast; **se prendre à +** inf./to begin + inf.; for other idioms and idiomatic expressions with **prendre**, *see* §12.44

près *prep.* near; **à peu près**; *see* idioms with **à**, §12.20

présenter *v.* to introduce, to present

presque *adv.* almost

pressé, pressée *adj.* hurried, hurrying; **se presser**/to be in a hurry

prêt, prête *adj.* ready

prêter *v.* to lend

preuve *n.f.* proof

prévenir *v.* to warn

prévoir *v.* to foresee; **prévu, prévue** *adj.* foreseen, expected

prier *v.* to beg, to pray; **Je vous en prie**/I beg you, You're welcome.

printemps *n.m.* spring; see also §4.4

pris *past part. of* **prendre**; *see* §7.24 and §7.51

se priver *refl. v.* to deprive oneself

prix *n.m.* prize, price

procédé *n.m.* process

prochain, prochaine *adj.* next

prochainement *adv.* soon

procurer *v.* to procure, to obtain; **se procurer** *refl. v.* to procure for oneself

prodigue *adj.* wasteful, prodigal, extravagant

prodiguer *v.* to lavish

produit *n.m.* product; **produit laitier**/dairy product

profond, profonde *adj.* deep

profondeur *n.f.* depth

projet *n.m.* plan, project

prolonger *v.* to prolong

promenade *n.f.* walk; **faire une promenade**/to take a walk, to go for a walk; **faire une promenade en voiture**/to go for a drive; *see* idioms and idiomatic expressions with **faire**, §12.36

(se) promener *refl. v.* to take a walk

promeneur *n.m.* stroller, walker

promettre *v.* to promise; **promis** *past part.;* **promirent** *passé simple of* **promettre**

propos *n.m.* resolution; **à propos de**/concerning, regarding, having to do with; *see* idioms with **à**, §12.20

propre *adj.* own, clean; *see* Antonyms, §19

propreté *n.f.* cleanliness

propriétaire *n.* owner, proprietor

propriété *n.f.* property
protéger *v.* to protect
Prussien, Prussienne *n.* Prussian
puis *or* **peux** *v. form of* **pouvoir;** *see* §7.141
puisque *conj.* since; *see* Conjunctions and conjunctive locutions, §11.ff and §7.123
puissance *n.f.* power
puissant, puissante *adj.* powerful
puits *n.m.* well (for water, oil, mining)
pullover *n.m.* sweater
punir *v.* to punish
punissait *v. form of* **punir**
punition *n.f.* punishment
purent *v. form of* **pouvoir;** *see* §7.141 and §7.142

Q

quai *n.m.* wharf, quay
quand même! all the same! even so!
quant à, quant au *conj. locution* as for
quartier *n.m.* quarter, section
quel, quelle See §5.12, §12.45, and §12.46
quelque chose See §12.47
quelque part *adv. locution* somewhere
quelquefois *adv.* sometimes
quelques-uns, quelques-unes *pron.* some
se quereller *refl. v.* to quarrel
qu'est-ce que & qu'est-ce qui See §6.26ff
queue *n.f.* tail; **faire la queue;** *see* idioms with **faire,** §12.36
qui est-ce qui See §6.26ff
quincaillerie *n.f.* hardware store
quitter *v.* to leave (a person or place); **se quitter**/to leave each other
quoi *pron.* what; *see* §12.24, §12.48, §6., §6.32
quoique *conj.* although; *see* §11.– §11.4 & §7.123
quotidien, quotidienne *adj.* daily

R

raccrocher *v.* to hang up (again)
raconter *v.* to relate; **se raconter**/to tell stories to each other
raffiné, raffinée *adj.* refined
rafraîchir *v.* to refresh
rafraîchissement *n.m.* refreshment
rageusement *adv.* in a rage
ragoût *n.m.* stew
raison *n.f.* reason; **avoir raison**/to be right; *see* idioms and idiomatic expressions with **avoir,** §12.24
raisonnement *n.m.* reasoning
raisonner *v.* to reason
ramasser *v.* to pick up

ramener *v.* to bring back
rang *n.m.* rank, row; **rangée** *n.f.* row
ranimer *v.* to revive
rappeler *v.* to recall; *see* §7.53
rapport *n.m.* report; **rapporter** *v.* to report
rarement *adv.* rarely; *see* §9.ff
ras *n.m.* surface level; **au ras de la peau**/on the surface of the skin; **se raser**/to shave oneself
rassurant, rassurante *adj.* reassuring **Rassurez-vous!**/Rest assured!
rayon *n.m.* ray; **rayonnant, rayonnante** *adj.* beaming
rebâtir *v.* to rebuild
recevoir *v.* to receive; *see* §7.141ff; **recevoir des nouvelles**/to receive news, to hear from
rechauffer *v.* to heat again, to warm up
recherché, recherchée *adj.* sought after
récit *n.m.* story, tale
reçoit *v. form of* **recevoir;** *see* §7.141 and §7.142
recommencer *v.* to begin again, to start over again
reconnaître *v.* to recognize
recouvrir *v.* to cover again
reçut *v. form of* **recevoir;** *see* §7.141 and §7.142
rédaction *n.f.* composition, essay
redoubler *v.* to double again, to do again, to repeat
réfectoire *n.m.* refectory
réfléchir *v.* to think, to reflect
refroidir *v.* to cool (off)
se réfugier *v.* to take refuge
regard *n.m.* glance; **regarder** *v.* to look at; **Cela ne vous regarde pas**/That is none of your business; **se regarder**/to look at each other, to look at oneself
règle *n.f.* rule; **règlement** *n.m.* rule, ruling
régler *v.* to regulate; *see* §7.68ff
régner *v.* to reign; *see* §7.68ff
regretter *v.* to regret, to be sorry
reine *n.f.* queen
religieux, religieuse *n., adj.* religious person
remarquer *v.* to notice, to observe
remède *n.m.* remedy
remerciement *n.m.* gratefulness, gratitude; **remercier**/to thank
remettre *v.* to put back, to replace, to submit, to deliver, to hand in; **se remettre**/to pull oneself together
remise *n.f.* **en état**/restoration
remonter *v.* to go back in time
remplacer *v.* to replace
rempli, remplie *adj.* filled; **remplir de**/to fill with
remporter *v.* to carry away, to win (a game in sports)

remuer *v.* to shake
renard *n.m.* fox
rencontre *n.f.* encounter; **aller à la rencontre de qqn**/to go to meet someone; *see* idioms with **à,** §12.20 and with **aller,** §12.23
rencontrer *v.* to encounter, to find, to meet
rendement *n.m.* yield, return, profit
rendez-vous *n.m.* meeting, date, appointment
rendre *v.* to return (something), to render, to make; **se rendre**/to go, to surrender; **se rendre compte de**/to realize; **rendu, rendue** *adj.* rendered, made; *see also* §12.56 and §7.–§7.50
renommé, renommée *adj.* famous, famed
renommée *n.f.* fame
renoncer *v.* to renounce
rénover *v.* to renew, to revive
renseignement *n.m.* information
renseigner *v.* to inform
rentrée *n.f.* return; **la rentrée des classes**/back to school
rentrer *v.* to go in again, to return (home); *see* §7.29
renverser *v.* to knock over, to knock down; **tomber à la renverse**/to fall backwards
renvoyer *v.* to send away
repas *n.m.* meal
réplique *n.f.* verbal reply
répliquer *v.* answer verbally
repos *n.m.* rest; **reposé, reposée**/rested; **se reposer**/to rest
reprendre haleine/to catch one's breath
représentant, représentante *n.* representative
représentation *n.f.* show, presentation (theatrical)
réputé, réputée *adj.* famous, reputed
résoudre *v.* to resolve, to solve
se ressembler/to resemble each other; **Qui se ressemble s'assemble**/Birds of a feather flock together.
ressentiment *n.m.* resentment
ressortir *v.* to go out again; *see* **sortir,** §7.141
rester *v.* to remain, to stay
retard *n.m.* delay; **en retard**/late; *see* idioms and idiomatic expressions with **en,** §12.34
retenir *v.* to retain, to reserve
retirer *v.* to pull out, to withdraw; **se retirer**/to retire, to withdraw
retour *n.m.* return; **de retour**/back; **être de retour**/to be back; *see* idioms and idiomatic expressions with **être,** §12.35. You must know those idioms to recognize them on the test.

retraite *n.f.* retreat; **à la retraite**/retired

retrouver *v.* to retrieve, to regain, to find again

réunion *n.f.* meeting, reunion

réunir *v.* to meet, to bring together, to reunite; **se réunir**/to join each other, to meet

réussir *v.* to succeed; *see* §7.44

revanche *n.f.* revenge

rêve *n.m.* dream

réveil *n.m.* awakening, waking, alarm clock

réveille-matin *n.m.* alarm clock

réveillé, réveillée *adj.* awakened

réveiller *v.* to awaken

se révéler *v.* to reveal oneself

rêver *v.* to dream; **rêveur, rêveuse** *adj.* dreamer

revins, revint, revînmes, revinrent *v. forms of* **revenir**/to return; *see* §7.142 and **venir** in §7.141

rhume *n.m.* cold (common cold, illness)

rideau *n.m.* curtain

ridiculiser *v.* to ridicule

rien *See* idioms and idiomatic expressions with **rien**, §12.49

rigueur *n.f.* rigor, severity, rigidity; **de rigueur**/required; *see* idioms and idiomatic expressions with **de**, §12.32

rinçage *n.m.* rinsing, rinse

rire *n.m.* laughter

rire *v.* to laugh; **rire dans sa barbe**/to laugh in one's sleeve

rival, rivaux, rivale, rivales *n., adj.* rival, rivals

rive *n.f.* edge, bank (of a river)

robe *n.f.* dress

roi *n.m.* king; **Roi-Soleil**/Sun-King (Louis XIV)

romain, romaine *adj.* Roman

roman *n.m.* novel

rompre *v.* to break

ronfler *v.* to snore

roquefort *n.m.* name of a cheese

rose *n.f.* rose; *adj.* pink; **voir tout en rose**; *see* idioms with **en**, §12.34

roue *n.f.* wheel

rougir *v.* to blush, to turn red

rouler *v.* to move, to roll along, to roll, to drive

Roumanie *n.f.* Romania

route *n.f.* road

royaume *n.m.* kingdom

ruban *n.m.* ribbon, bow

rude *adj.* rugged

ruelle *n.f.* narrow street

ruse *n.f.* trick, ruse

rusé, rusée *adj.* tricky

Russe *n.* (person); **le russe**/Russian language

S

sable *n.m.* sand

sac *n.m.* bag; **un sac à main**/handbag

sachez bien/know well, be informed

sage *adj.* wise; **la sagesse**/wisdom

saignant *adj.* rare (meat)

sain et sauf/safe and sound

sain, saine *adj.* healthy, sound

sale *adj.* dirty, soiled; *see* Antonyms, §19.

salé, salée *adj.* salty

salir *v.* to soil, to dirty

salle *n.f.* room; **salle de bains**/bathroom; **salle de conférence**/meeting room

saluer *v.* to greet, to salute

salut *n.m.* salutation, greeting, salute, salvation

sang *n.m.* blood; **sanglant, sanglante** *adj.* bloody; cruel

sans *prep.* without; **sans cesse**/unceasingly; **sans doute**/undoubtedly, without a doubt

santé *n.f.* health

sauf *prep.* except

sauf, sauve *adj.* safe; **sain et sauf**/safe and sound

saumon *n.m.* salmon

sauter *v.* to jump, to leap

sauvage *adj.* savage

sauver *v.* to save; **se sauver**/to run away

sauvetage *n.m.* rescue, saving

sauveur, sauveuse *n.* savior, rescuer

savon *n.m.* soap

scolaire *adj.* scholastic, school

séchage *n.m.* drying

sécher *v.* to dry

secouer *v.* to shake

secourir *v.* to help

secours *n.m.* help

Seigneur *n.m.* Lord

sel *n.m.* salt

selon *prep.* according to

semaine *n.f.* week; **la fin de semaine**/week-end

semblable *adj.* similar; **faire semblant**/to pretend; *see* idioms with **faire**, §12.36

sembler *v.* to seem; **il semble que**; *see* Impersonal expressions, §7.129

sens *n.m.* sense, meaning

sentiment *n.m.* feeling

sentir *v.* to feel, to smell, to sense; **se sentir**/to feel (health)

seoir *v.* to be becoming, to suit

sérieux, sérieuse *adj.* serious; **sérieusement** *adv.* seriously

serrer *v.* to squeeze, to shake (hands)

sert *See* §7.142

serveur, serveuse *n.* waiter, waitress

service *n.m.* favor, service

serviette *n.f.* napkin

servir *v.* to serve; **se servir de**/to use, to make use of

seul, seule *adj.* single

si *adj.* so; *as a conj.*, if, what if, whether; **si** is sometimes used instead of **oui**, meaning *yes; see* §13.

siècle *n.m.* century

siège *n.m.* seat

sien: le sien, la sienne, les siens, les siennes; *see* §6.35ff

siffler *v.* to whistle

signification *n.f.* meaning

s'il te plaît/please (familiar form)

s'il vous plaît/please (polite s. and plural form)

silencieux, silencieuse *adj.* silent

singulier, singulière *adj.* odd

soi *pron.* oneself

soie *n.f.* silk

soient *v.* form of **être**; *see* §7.81, §7.102, §7.141, §7.142

soif *n.f.* thirst

soigné, soignée *adj.* cared for

soigner *v.* to care for

soigneusement *adv.* carefully

soin *n.m.* care

soirée *n.f.* evening

sois, soit *v.* form of **être**; *see* §7.81, §7.102, §7.141, §7.142

sol *n.m.* dirt, ground

soleil *n.m.* sun; **le lever du soleil**/sunrise

somme *See* §3.1

sommeil *n.m.* sleep

sommet *n.m.* summit, height

songer (à) *v.* to think of, to dream of; *see* §7.42ff

sonner *v.* to ring

sort *n.m.* fate

sorte *n.f.* sort, kind; **de sorte que** *conj.* so that; *see* §11.ff and §7.123

sortir *v.* to go out; *see* §7.29 and §7.141

souci *n.m.* care, worry; **se soucier**/to be worried, to be concerned

soudain *adv.* suddenly

souffler *v.* to blow, to puff, to prompt

souffrant, souffrante *adj.* ill, sick; **souffrir** *v.* to suffer

souhait *n.m.* wish; **souhaiter**/to wish

soulier *n.m.* shoe; *see* Synonyms, §18.

soumettre *v.* to submit

soupçonner *v.* to suspect

soupe *n.f.* soup; **souper** *v.* to sup, to have supper

sourcil *n.m.* eyebrow

sourd, sourde *adj.* deaf

sourire *n.m.* smile

sourire *v.* to smile

souris *n.f.* mouse

sous *prep.* under

soutenir *v.* to maintain, to uphold

se souvenir de *refl. v.* to remember; **Souvenez-vous . . .**/Remember . . .

souvent *adv.* often

soyons *v. form of* **être;** *see* §7.81, §7.102, §7.141, §7.142

spectacle *n.m.* theatrical show, presentation

station *n.f.* station; **station thermale**/spa, health resort

stationner *v.* to station, to park (a vehicle)

su *past part. of* **savoir;** *see* §7.141, §7.142

sucré, sucrée *adj.* sweetened

sucreries *n.f.pl.* sweets, candy

suffire *v.* to suffice, to be sufficient; **suffise** *v. form of* **suffire; suffisamment** *adv.* sufficiently

suis *v. form of* **être** and **suivre;** *see* §7.81, §7.142

Suisse *n.f.* Switzerland

suit *v. form of* **suivre**

suite *n.f.* continuation; **et ainsi de suite**/and so on and so forth; *see* idioms with **de,** §12.32

suivre *v.* to follow; **suivre un cours**/ to take a course

sujet *n.m.* subject; **au sujet de**/concerning

superficie *n.f.* surface area

supérieur, supérieure *adj.* higher, superior

supermarché *n.m.* supermarket

supplier *v.* to beg

supporter *v.* to endure

supprimer *v.* to suppress

sur *prep.* on, upon; *see* idioms with **sur,** §12.50

sûr, sûre *adj.* sure

surcharger *v.* to overload, to overburden

sur-le-champ *adv.* quickly, at once, on the spot

surlendemain *n.m.* second day after, two days later

surnommer *v.* to give a surname to, to nickname

surprenant, surprenante *adj.* surprising

surprendre *v.* to surprise

surtout *adv.* above all, especially

survendre *v.* to charge too much, to overcharge

suspendre *v.* to hang

T

T.S.F. télégraphie sans fil/(wireless) radio

tableau *n.m.* painting, picture

tablette *n.f.* **de chocolat** / chocolate bar

tâche *n.f.* task

tâcher (de) *v.* to try (to)

taille *n.f.* size

tailler *v.* to trim

tailleur *n.m.* tailor

se taire *refl. v.* to be silent, to be quiet; **taisez-vous**/be quiet

tandis que *conj.* while, whereas; *see* Conjunctions & conjunctive locutions, §11. and §7.123. You must know those conjunctions to recognize them on the test.

tant *adv.* so, so much, so many; *see* idioms with **tant,** §12.51

tape *n.f.* slap, hit, tap

taper *v.* to tap, to hit

tapis *n.m.* carpet

tapisserie *n.f.* tapestry

tard *adv.* late

tarder *v.* to be late, to delay

tardivement *adv.* late

tel, tels, telle, telles/such; **un tel garçon**/such a boy; **une telle fille**/such a girl; **tel que**/such as

téléviseur *n.m.* television set

télévision *n.f.* television; **la télé**/TV

tellement *adv.* so

tempéré, tempérée *adj.* temperate

tempête *n.f.* tempest, storm

temps *n.m.* time; **à temps**/in time; weather; *see* weather expressions, §16.

tenir *v.* to keep, to hold; **tenir à;** *see* §7.44; **se tenir debout**/to stand; **se tenir droit**/to stand erect, straight; **tenir le ménage**/to keep house; **tenir sa parole**/to keep one's word

tenter (de) *v.* to attempt (to)

terrasser *v.* to throw down to the floor, to the ground

terre *n.f.* earth, ground; **par terre**/ on the floor, on the ground

terrestre *adj.* terrestrial, ground

tête *n.f.* head

thé *n.m.* tea

théâtre *n.m.* theater; **faire du théâtre**/to act on the stage

thermal, thermale *adj.* thermal; **une station thermale**/spa, health resort

tiède *adj.* warm

tiens *v. form of* **tenir; un tiens vaut mieux que deux tu l'auras**/a bird in the hand is worth two in the bush; **Tiens!**/Look! Here!

timbre-poste *n.m.* postage stamp

tirer *v.* to pull, to draw; **se tirer d'affaire**/to get along, to get out of a fix, to get out of trouble, to get out of a situation

tiroir *n.m.* drawer

tissu *n.m.* cloth, material

toile *n.f.* canvas

toilette *n.f.* toilet; **faire la toilette**/ to wash and dress oneself

toit *n.m.* roof

tomber *v.* to fall; **laisser tomber**/to let fall, to drop; **faire tomber**/to knock down; **tomber à la renverse**/to fall backwards

tonne: il tonne/it is thundering; *see* weather expressions, §16.

tortueux, tortueuse *adj.* winding

tôt *adv.* early

tour *See* §3.1

tourmenter *v.* to torment

tourner autour du pot/to beat around the bush

tourner des films/to shoot films

tous *pron., adj., m.pl.* all; *see* idioms with **tous,** §12.52

tousser *v.* to cough

tout *n., pron., adj.m.* all; *see* idioms with **tout,** §12.53 and with **à,** §12.20; **tout le monde** / everybody

toute *pron., adj.f.pl.* all; *see* idioms with **toute,** §12.54

trahir *v.* to betray

train *n.m.* train; **être en train de** + inf. *see* idioms with **être,** §12.35

traire *v.* to milk

traître, traîtresse *n.* traitor

tramway *n.m.* trolley car

trancher *v.* to slice

tranquille *adj.* calm, quiet

transport *n.m.* transportation; **le transport en commun**/public transportation

travailleur, travailleuse *n.* worker; *see* Antonyms, §19.1

traverser *v.* to cross; **la traversée**/crossing; **à travers**/cross, through; *see* idioms with **à,** §12.20

trésor *n.m.* treasure

trêve *n.f.* truce

tricher *v.* to cheat

triste *adj.* sad, unhappy; *see* Antonyms, §19. and Synonyms, §18.

tromper *v.* to deceive; **se tromper**/to be mistaken

trompette *See* §3.2

trône *n.m.* throne

trop *adv.* too (much)

trottoir *n.m.* sidewalk

trou *n.m.* hole

troupeau *n.m.* flock, herd

trouver *v.* to find, to think (opinion); **se trouver**/to be located; **trouver que**/to be of the opinion

tu *past. part. of* **taire;** *see* **se taire**

tuer *v.* to kill

tue-tête *adv. locution* at the top of one's voice; *see* idioms with **à,** §12.20

U

unique *adj.* unique, only; **fils unique**/only son; **fille unique**/only daughter

uniquement *adv.* only, solely, expressly for

unir *v.* to bring together, to unite

usage *n.m.* use
usine *n.f.* factory
utile *adj.* useful; *see* Antonyms, §19.
utiliser *v.* to use

V

vacances *n.f.pl.* vacation; **les grandes vacances**/summer vacation
vache *n.f.* cow
vaincu, vaincue *adj.* conquered, vanquished
vaisselle *n.f.* dishware, dishes; **faire la vaisselle**/to do the dishes; *see* idioms and idiomatic expressions with **faire**, §12.36
valeureux, valeureuse *adj.* valorous
valoir *v.* to be worth; **valoir la peine**/to be worth while; **valoir mieux**/to be better, to be preferable
vapeur *n.f.* steam; *see* §3.2
vase *See* §3.1
vaut *v. form of* **valoir**
veille *n.f.* eve; **la veille de Noël**/Christmas eve
veiller *v.* to stay up late, to keep watch
vélo *n.m.* bike, bicycle
velours *n.m.* velvet
vendeur, vendeuse *n.* salesperson
vendre *v.* to sell
venir *v.* to come; **venir à**/to happen; *see* §7.141.; *see* **venir de** in §12.32
vent *n.m.* wind; **un coup de vent**/a gust of wind
vente *n.f.* sale
vérité *n.f.* truth; **en vérité**/in truth, truthfully
verni, vernie *adj.* shiny, glossy, patent leather
verre *n.m.* glass (drinking); **un verre de lait**/a glass of milk
vers *n.m.* verse, poetry

vers *prep.* toward; *see* §10.9.
vertige *n.m.* vertigo, dizziness
veston *n.m.* jacket, coat (of a suit)
vêtement *n.m.* clothing, clothes
vêtu, vêtue *adj.* dressed
veuf, veuve *n.* widower, widow
veut dire; *see* **vouloir dire**; *see also* §12.56 and §7.–§7.50
viande *n.f.* meat
vibrer *v.* to vibrate
victoire *n.f.* victory
vide *adj.* empty; *see* Antonyms, §19.
vie *n.f.* life, living
vieil, vieille *adj.* old
vieillard, vieillarde *adj.* old person
vient de/has just; **venir de** + *inf.*/ to have just done something + past part.; **Elle vient de partir**/ She has just left; *see* **venir de** in §12.32
vieux, vieil, vieille *adj.* old
vif, vive *adj.* alive, lively, active
vigueur *n.f.* vigor, strength; **en vigueur**/in force
villageois, villageoise *n.* village person, villager
ville *n.f.* city; **en ville**/down town
vin *n.m.* wine
vint *passé simple of* **venir**; *see* §7.141 and §7.142
virgule *n.f.* comma
visage *n.m.* face
vit *v. form of* **vivre** *and* **voir**; *see* §7.142
vitesse *n.f.* speed
vitre *n.f.* window pane
vitrine *n.f.* window (of a store); shop window
vivre *v.* to live
voeu *n.m.* vow, wish
voie *n.f.* road, way, track
voile *See* §3.1
voir *v.* to see; *see* §3.1 and §7.142
voisin, voisine *n.,adj.* neighbor, neighboring
voisinage *n.m.* neighborhood

voiture *n.f.* car, automobile; **faire une promenade en voiture**/to go for a drive; **en voiture!**/all aboard!
voix *n.f.* voice; **à voix basse**/in a low voice; **à haute voix**/in a loud voice, aloud; *see* idioms with **à**, §12.20
vol *n.m.* flight, theft, hold-up; **un vol à main armée**/armed robbery; **faire de vol**/to fly
volaille *n.f.* poultry
voler *v.* to fly, to steal
voleur, voleuse *n.* thief
volontiers *adv.* willingly
voudrait *cond. of* **vouloir**
vouloir *v.* to want; *see* §7.107; **en vouloir à qqn**/to hold a grudge against someone; *see* idioms with **en**, §12.34; **vouloir dire**/to mean; *see* §12.56 and §7.–§7.50
voûté, voûtée *adj.* arched
voyage *n.m.* trip, voyage; **faire un voyage**/to take a trip; *see* idioms with **faire**, §12.36
voyager *v.* to travel
voyageur, voyageuse *n.* traveler
voyelle *n.f.* vowel
voyons *imper. of* **voir** let's see, see here; *see* **voir** in §7.141
vrai, vraie *adj.* true; **à vrai dire**/to tell the truth, truthfully; *see* idioms with **à**, §12.20
vu *past part. of* **voir**
vue *n.f.* sight

W

wagon *n.m.* freight car; **wagon restaurant**/dining car (on a train)

Y

y *See* idioms with **y**, §12.55
y compris/including
yeux *n.m.* eyes; **l'oeil**/the eye

GENERAL INDEX

PART
IX

Most references in this index are to sections of this book's General Review; such references are indicated by the symbol §. There are also some references to page numbers. For additional references, consult the French-English Vocabulary beginning on page 383.

The key to abbreviations is on page xxi.

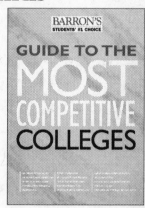